融合教育导论

邓 猛 李 芳◎主 编

RONGHE JIAOYU DAOLUN

北京师范大学出版集团
BEIJING NORMAL UNIVERSITY PUBLISHING GROUP
北京师范大学出版社

图书在版编目(CIP)数据

融合教育导论/邓猛，李芳主编．—北京：北京师范大学出版社，2022.5(2024.8重印)

全国高等院校特殊教育专业精品教材

ISBN 978-7-303-27817-6

Ⅰ．①融… Ⅱ．①邓… ②李… Ⅲ．①特殊教育－教育理论－高等学校－教材 Ⅳ．①G760

中国版本图书馆 CIP 数据核字(2022)第 030290 号

图书意见反馈 **gaozhifk@bnupg.com 010-58805079**
营销中心电话 010-58802755 58800035
北师大出版社教师教育分社微信公众号 京师教师教育

RONGHE JIAOYU DAOLUN
出版发行：北京师范大学出版社 www.bnupg.com
北京市西城区新街口外大街 12-3 号
邮政编码：100088
印　　刷：北京虎彩文化传播有限公司
经　　销：全国新华书店
开　　本：787 mm×1092 mm 1/16
印　　张：20.25
字　　数：400 千字
版　　次：2022 年 5 月第 1 版
印　　次：2024 年 8 月第 3 次印刷
定　　价：56.00 元

策划编辑：王建虹　　责任编辑：肖　寒
美术编辑：焦　丽　　装帧设计：焦　丽
责任校对：包冀萌　　责任印制：马　洁

总 序

经过两个多世纪的发展，特殊教育已逐渐形成自己的学科体系，具备独特的研究范畴及研究方法。党和国家一直关心和支持特殊教育的发展。2016 年 8 月，国务院印发的《“十三五”加快残疾人小康进程规划纲要》特别指出，要“大力推行融合教育，建立随班就读支持保障体系，在残疾学生较多的学校建立特殊教育资源教室，提高普通学校接收残疾学生的能力，不断扩大融合教育规模”。2017 年 7 月，教育部等七部门联合印发了《第二期特殊教育提升计划(2017－2020 年)》，该计划是巩固一期成果、进一步提升残疾人受教育水平的必然要求，是推进教育公平、实现教育现代化的重要任务，是增进残疾人家庭福祉、加快残疾人小康进程的重要举措。2017 年 1 月，国务院对《残疾人教育条例》进行修订，修订后的条例强调保障残疾人教育机会平等、积极推进融合教育、加强对残疾人教育的支持保障，体现了国家对残疾人平等受教育权的尊重、对残疾人的关爱以及对残疾人公平接受教育机会、融入社会的关切。该条例的修订也是我国残疾人教育发展的新突破、新起点、新征程。

特殊教育对于残疾儿童和少年而言，是促进社会化发展、提高生活质量的必要途径。同时，特殊教育解决的不仅是残疾人的个人问题，更是家庭问题和社会问题。特殊教育的发展水平是社会文明和科学进步的体现，具有重要的社会效益。现代社会的特殊教育被纳入全民教育体系，不再单纯是一种福利式、慈善型教育，而是专业化教育。发展特殊教育是推进教育公平、实现教育现代化的重要内容，是坚持以人为本理念、弘扬人道主义精神的重要举措，是保障和改善民生、构建社会主义和谐社会的重要任务。

从特殊教育的发展史来看，它走过了一条从隔离到回归主流再到融合的道路，一些发达国家的特殊教育现在已经到了融合的阶段。从 20 世纪 90 年代开始，越来越多的教师、学生家长、法律工作者、各级行政管理人员都在不断地表达这样的希望：创造一个融合的社会环境，所有的儿童都可以进入普通学校接受有质量的教育。这导致发达国家的教育政策发生了巨大的改变。而我国的特殊教育发展也具有自己的特色，存在着相应的问题。尽管近几十年来我国的特殊教育发展迅速，但仍需要指出：相较于普通教育，特殊教育的理论研究和学科建设还较为薄弱，发展还不均衡，经费短缺，办学条件亟待改善，办学规模远不能满足社会发展要求，教师队伍还有待进一步加强，具有中国特色的特殊教育学科体系还不够完善。可见，我国的特殊教育还面临着艰巨的变革与发展任务，需要一代又一代特殊教育工作者的不断努力和进取。

为了进一步完善我国的特殊教育体系，发展具有中国特色的特殊教育，更好地满足残疾儿童少年对更公平、更高质量的特殊教育的需求，本丛书汇集国内知名专家，从特殊教育体系、不同类型特殊儿童教育、特殊教育相关服务以及西方先进特殊教育研究等不同板块来编写较为系统、完善、前沿的特殊教育教材，一方面促进特殊教育学科的发展，另一方面也为新生的特殊教育力量提供坚实的知识和实践基础。最后，期待在未来的日子里，残疾人进入普通学校学习的障碍会越来越少，我国的教育系统能够越来越自觉地给包括残疾学生在内的所有学生提供有质量的教育，也期待我们的教育可以满足每一个孩子的需要。

肖　非

自　序

党的十八大以来，我国特殊教育进入发展的“快车道”。党和政府对特殊教育事业重视程度不断提高，从“支持特殊教育”到“办好特殊教育”，再到“强化特殊教育普惠发展”，特殊教育发展不断提速。《中国教育现代化 2035》明确“全面推进融合教育”的宏伟目标，《“十四五”特殊教育提升行动计划》明确提出“全面推进适宜融合，构建融合教育长效机制和专业支持体系”的要求。党的二十大提出“强化特殊教育普惠发展”的重要论述指明了中国式特殊教育现代化的发展方向，丰富了我国特殊教育高质量发展的时代内涵。强化特殊教育普惠性，是党和政府保障残疾儿童平等享有教育权利的重要措施，是社会文明进步和公平正义的体现，是高质量融合教育发展的行动指南。

越是简单而深刻的道理，解释起来越是复杂；一句“大道至简”，自古以来解释此句的著述汗牛充栋。越是熟悉而易行的法则，推广起来越是艰难；一个“知易行难”，古往今来人们熙熙攘攘，却甚少知行合一。宝物自晦，往往藏于尘埃之间，凡俗之人熟视无睹。用此种比喻来描述“融合教育”，也恰如其分。融合教育其意初看很简单而明了，无非是让所有儿童在一起快乐地学习而已。可是真正做到的几乎不可见，看似简单的目标，好像更难实现。近些年来，关于融合本质的讨论也多了起来，融合导论方面的书籍也出版了不少。即使是我自己，在几十年推广融合教育的过程中，关于融合的基本理论与实践方式等方面的论文、著述也不算少，却总觉得词不达意或者未尽其意。融合的本质未得其真，理想未能彰显，辞藻未得其美，行动未得其法！或许写得越多，离题越远，但也只能期望写得更多一些，愚人千虑，总有一得；或许在不经意之间，能够激发出思想的火花。

几十年以来，融合教育以其独特的魅力，点燃无数处境不利者的希望之光，使他们在黑暗崎岖的人生道路上，有了前行的力量。融合教育所秉持的平等、自由、多元等信念，是人类发展到今天最美好理想的展现。这是它经久不衰，站于伦理道德制高点，无须任何科学论证即不断推进的根本原因。公平的理想从来不是为优势地位者所设，优势地位者更易欢呼的是物竞天择，处境不利者却更需要人文情怀。但人类的高尚之处在于，优势地位者也会“俯首甘为孺子牛”，处境不利者更是“吾将上下而求索”。融合教育为社会精英及大众所接受，是因为它包含着最朴素美好的价值观，将人类对真善美的追求表达出来，使我们在践行人道的理念、寄托人文情怀的过程中完善自己的生命。融合教育给弱者带来希望，是因为它包含着公平的教育理念与实践方式，使处境不利者有机会实现参与共享、追求尊严与梦想。融合教育事实上成为难以企及的"乌托邦"，却吸引无数人飞蛾扑火般为之奉献呐喊。无数的国际条约与文献对融合教育的绝对倡导与推崇，无数的公益机构与慈善组织为其游说与奔走。融合教育成为一种教育思想，即"融合主义"(Inclusivism)；融合也就成为一种教育信仰，许多为融合奔走倡导的人集结在一起，被称为"融合主义者"(Inclusivist)。今天几乎没有人怀疑融合教育的基本信念。2016 年联合国颁布的《2030 年可持续发展议程》，第四条中明确指出：确保包容和公平的优质教育，让全民终身享有学习机会。融合教育终于打破了"残疾人融合"的束缚，吹响了现代教育体制整体变革的号角。即使是最保守的、站在教育研究的生物链顶端的教育理论精英，也已然接受融合的理念与原则。融合与全纳，恰如后工业化、后现代时空背景下的草根与庶民，终于堂而皇之地迈向世界舞台的中央，发出强劲的声音。

融合是什么？融合教育信仰"在自然的、普通教育环境中为所有人提供公平优质的教育"。融合是儿童的基本权利，而非他人的恩赐；融合是儿童成长的机会，而非强加的无奈；融合是一个生命的全过程，而非静态的结果。融合是渐进的、历史的过程；它自然而然地开始，从来不需要准备，也无法准备，更无法准备好。融合意味着在一起，意味着持续的支持；融合需要激情与奉献，是意料之外又是意料之中的惊喜。每个人都处在融合的过程之中，我们要做的无非是因势利导，而非随波逐流。融合的路上有欢笑，融合的路上有汗水，融合的路上有勇气，融合的路上有朋友。

在发达国家，传统的隔离式特殊教育学校体系已基本崩溃，隔离的特殊学校(班)已经或正在消失；普通学校响应儿童多样性特征，成为全纳学校；特殊与普通教育合为一体，实现一加一大于二的功能；其首要目标是保障所有学生获得高质量、适合其特点的教育，追求的是公平与优异。在许多发展中国家，融合教育的首要目标是让残疾学生上学。在中国，融合教育发展呈多元化特点，既有发展中国家普及残疾孩子入学的基础性目标与实践，也有追求卓越优异的融合先行者。多元选择，朝向融合；零拒绝、全覆盖，融合正在从理想走向现实。

在这个背景下，作者觉得有必要再次总结、归纳融合教育的基本概念与话语体系，重构融合教育的基本原则与实践方式，撰写此书稿。其目标是为致力于融合教育发展的特殊教育及相关专业的本科生、研究生提供基本的专业教材，为相关研究者、管理者、实践者，以及志愿人员提供最基本的参考资料。本书各个章节的主要编写者均来自国内研究融合教育、特殊教育的一线专家、学者和特殊教育学专业的博硕研究生。书稿共分为 10 章，各章编写者如下：第 1 章 李芳(天津体育学院)、张桂莹(天津体育学院)；第 2 章 景时(辽宁师范大学)；第 3 章 马滢(陕西师范大学)、杨兴华(天津体育学院)；第 4 章 颜廷睿(华东师范大学)；第 5 章 刘慧丽(潍坊学院)、王瑜(深圳市宝安区星光学校)；第 6 章 江小英(西南大学)、张贵军(厦门市特殊教育学校)；第 7 章 关文军(新疆师范大学)、陈慧星(广州市启聪中学)；第 8 章 林潇潇(广州大学)、张桂莹(天津体育学院)；第 9 章 王晶(天津体育学院)；第 10 章 赵梅菊(中华女子学院)。全书由主编与副主编进行统稿立项，天津体育学院贾玉营和张二恒做了大量的文字校对、格式调整等工作。教材中难免有诸多疏漏之处，请各同行批评指正！

本书从立项到完成，历时两年有余。作者每每或忙于生活琐事，或者蹉跎岁月，难以下笔。恰恰是在庚子岁初，鼠年之始，新冠肺炎疫情意外而至，国家人民遭受苦难、居家隔离之际，方才专注文字，得以成稿，实在是塞翁失马的结果。新冠期间，因旅游受阻，困于厦门，每日坐对鼓浪屿，感慨万千。对昔日熟悉的沙坡尾、曾厝垵等风景名胜无法亲近，同事友人不得相见欢；居然感受到从未有过的潮湿阴冷以及绿色依然的黯淡凋零。此时此刻，唯有平日最为喜爱的三角梅依然怒放，红得好像燃烧的火，鲜得使人不忍离去！不觉提笔写下以下一首小诗：鹭岛冬日颜色凋，傲寒唯有三角梅。清雨才落鼓浪屿，落日又照沙坡尾。身困斗室躲瘟神，心忧华夏盼天威。愿提三尺龙泉剑，斩尽妖邪报春晖。3 月中旬，结束厦门隔离及困居生活，回到了北京，再次开启居家隔离，也再次启动对本书稿的雕琢与修改。其间对撰写各章节的学生多有苛求，好在多为融合教育之同道中人。反复打磨书稿，算是好事多磨，终于完稿，以飨读者；并希望为推动融合研究与实践有所裨益。特以此作为本书的前言。

目　录

第一章

融合教育发展基础

本章导读

近年来融合的理念不断发展，已成为全球教育事业发展的一大趋势。世界各国在教育改革的实践中均逐步体现“融合”的理念，包括政策的制定、相关支持体系的建立、教育教学的实践等。我国2014年以来国家制定了两期《特殊教育提升计划》，也一再强调推进融合教育；既表明了我国特殊教育发展方向与国际特殊教育发展趋势的一致，同时也要求继续推进随班就读工作，建立“本土化”的融合教育模式，使特殊教育需要儿童少年能够获得适切的教育，平等参与社会生活。那么什么是融合教育、融合教育究竟有什么意义？以及如何融合才能满足各方需求？本章聚焦于融合教育的“前世今生”，对我国及世界各国融合的发展与实践进行论述。

第一节 融合教育概述

融合教育(Inclusive Education)思想起源于美国20世纪60年代以来的民权运动，更远可以追溯到西方文艺复兴、启蒙运动时期对平等、自由等的追求的一系列社会运动[①]。20世纪中期以来，“正常化”运动、回归主流运动等一系列教育运动不断影响特殊教育的发展方向。直到80年代末期，融合教育被正式提出并发展成为全球范围内教育改革的主流思想。

一、融合教育的概念

“融合教育”的理念虽然在正常化运动(Normalization)、回归主流(Mainstreaming)运动中就已有雏形，但这一词汇的明确提出，是由Stainback夫妇于1984年在批评“回归主流”运动的基础上提出的。不过，当时产生的影响却并不大。1993年在我国哈尔滨市召开的“亚太地区有特殊教育需要儿童、青少年教育政策、规则和组织研究会”上曾强调过这一教育新概念[②]，并被翻译成为“全纳教育”，介绍到我国。但当时并没有引起广泛关注。直到1994年在由联合国教科文组织召开的“世界特殊教育需要大会”上，正

① 邓猛：《从隔离到全纳：对美国特殊教育发展模式变迁的思考》，载《教育研究与实验》，1999(4)。

② 朴永馨：《融合与随班就读》，39～40页，载《教育研究与实验》，2004(4)。

式提出融合教育的理念与原则，并将它写进了著名的《萨拉曼卡宣言》(the Salamanca Statement)和《特殊需要教育行动纲领》(the Program of Action on Special Needs Education)当中。当时共有92个国家与25个国际组织签署此宣言，并以此作为本国或者组织融合教育发展的重要依据。自此，融合教育在世界范围内得以推广，其理念也开始在世界范围内广为人知，成为各国特殊教育发展及整体教育体制变革的基本依据。

不过，《萨拉曼卡宣言》并没有对融合教育下一个明确的定义，但它提出了至今仍然有着巨大影响的五条黄金原则：

①每个儿童都应享有接受良好的基础教育的基本权利；

②每个儿童都有其独特的特性、兴趣、能力和学习需要；

③教育制度的设计和教育计划的实施应该考虑到这些特性和需要的广泛差异；

④有特殊需要的儿童必须有机会进入普通学校，而这些学校应以一种能满足其特殊需要的、以儿童为中心的教育学思想接纳他们；

⑤以融合为导向的普通学校是反对歧视态度、创造受人欢迎的社区、建立融合社会以及实现全民教育的最有效途径。①

这些理念包含着浓厚的人文价值及理想主义色彩，明确地表达"所有儿童无论残疾与否、处境如何都应进入普通学校接受适合其年龄阶段和水平的教育"的主张。

根据上述融合教育的基本理念，很多研究机构及学者都曾对融合教育有过自己的界定。例如，美国教育改革及融合中心将"融合教育"界定为："对所有学生，包括障碍程度严重者，提供公平接纳而有效的教育机会，将其安置在住家附近学校且合乎其生理年龄的班级，使用所需的协助与相关服务，使学生日后成为充分参与社会，且对社会有用的一分子。"②再如国内学者邓猛等认为融合教育是：让所有儿童就读于适合其年龄层次及学习特点的普通班级或学校，并通过多方的协同合作，为他们提供高质量的、有效的教育，让所有儿童都获得充分发展。③

从上述概念可以看出，虽然不同的研究机构或学者对融合教育的定义各有不同，但他们都强调融合教育在保障人权的基础上，关注所有儿童的入学教育问题，主张教育公平；强调让所有儿童包括特殊需要儿童在普通学校就近入学，并为其提供满足身心发展需要的有效的、高质量的教育。

二、融合教育的对象

融合教育的对象即在融合教育环境中接受教育的学生。按照《特殊需要教育行动纲

---

① 赵中建：《〈萨拉曼卡宣言〉摘录》，80页，载《全球教育展望》，2005(2)。

② 张文京：《融合教育与教学》，3～4页，桂林，广西师范大学出版社，2013。

③ 邓猛、孙颖、李芳：《融合教育理论指南》，2页，北京，北京大学出版社，2017。

领》中的规定：作为融合学校“应接纳所有的学生，而不考虑其身体、智力、社会、情感、语言及其他状况”。这里的所有学生“包括残疾儿童和天才儿童，流浪儿与童工，边远地区及游牧民族的儿童，少数民族儿童及其他处境不利的儿童”。由此可见，融合教育的对象是面向所有儿童，它不单指身心障碍儿童，而是以所有特殊需求儿童以及普通儿童为主体的。

在《特殊需要教育行动纲领》中还尤其提到了“特殊教育需要”(Special Educational Needs，SEN)一词。不过有“特殊教育需要”的儿童并不等于传统的“特殊儿童”。目前，世界上对特殊儿童的界定主要包括三类儿童：第一类是残疾儿童，其中包括盲、聋等感官残疾、智力残疾、肢体残疾、病残和多重残疾等不同类型和不同程度残疾的儿童；第二类是问题儿童，包括学习问题、行为问题、情绪问题等不同有明确适应性困难或者不足的儿童；第三类是天才儿童，包括超常智力、能力和天赋优异的儿童。① 特殊教育需要儿童，则是一个更广泛的、动态的概念，彻底抛弃传统的基于医学为基础的残疾分类的做法，从儿童发展与教育的角度来描述儿童的需要。在《特殊需要教育行动纲领》中提到，很多儿童在其求学生涯的某个时期会经历到短暂或者持续的学习困难，并由此产生特殊教育需要。融合教育就要求教师在普通教育情境下，为这些儿童提供特殊的教育计划、课程、教材、教学方法和相关服务，以满足其在正常教育情境下的特殊困难或更高需求。例如，从偏远农村转到城市上学的儿童，由于地区文化差异等可能造成学习上的困难，在教学过程中教师要在照顾整体水平的基础上，采用相应的教学策略满足其个别的特殊教育需求，从而让其在新的环境中顺利完成学习任务。

由此可见，融合教育的对象是起初是残疾儿童，此后逐步扩展到有各种适应性困难、处境不利的特殊教育需要儿童，进而发展为所有学生服务。因此，全体儿童，不论其身体、智力、社会、情感、语言及其他状况如何都是融合教育的对象。只是当这些儿童在学习的某个阶段或某个领域表现出特殊教育需要时，融合教育须针对这些儿童的独特特性、兴趣、能力和学习需要，为他们提供满足其多样性需求的适性教育。

三、融合教育的模式

融合教育是在一体化(Integrated)教育、回归主流的实践运动中不断发展起来的一种新的教育理念，由于各国国情及残疾分类方式不同，对融合教育安置形式也不同。但总体来说，融合教育的模式分为完全融合和部分融合两种模式；并逐步形成“多元模式、朝向融合”的基本特征。

---

① 方俊明：《特殊教育学》，4～5页，北京，人民教育出版社，2005。

(一)完全融合模式

完全融合(Full inclusion)模式是融合教育发展的理想状态，指不管其障碍程度如何，有特殊教育需要的学生接受教育的地点与其他普通学生完全一样，只在普通班级里接受教育。虽然都在普通班内就读，但接受的方式略有区别，有以下几种方式：

1. 普通教师完全负责

该方式主要针对障碍程度较轻的、需要的辅助与支持较少的特殊教育需要学生。在这种方式下，特殊教育需要学生基本完全由普通教师一人负责其在校学习的各项工作，包括教育评估、制订个别化教育计划、个别指导等，必要时可求助于“巡回指导教师”。巡回指导教师往返在校际间提供特别服务，为普通学校相关人员提供咨询服务及个别化指导的教师，他不直接面对特殊教育需要学生，只向一线普通教育教师或特殊教育教师提供专门的教材、教具以及教学策略等，对教师进行指导。但从另一面而言，这种模式对普通教育教师的要求较高，教师不仅要具备普通教育知识与技能，还需要掌握特殊教育的基本知识与技能，在普通课堂上兼顾特殊教育需要学生和普通学生，并能很好地实现角色转换，成为真正的融合教师。当然，为了使两类学生均能受益，教师可以通过组织“小组学习”“朋辈辅导”“同伴支持”等方式，发动普通学生参与到特殊需要学生的教育中来，使双方学生都受益①。

2. 普通教师为主，巡回服务人员为辅

相对于完全由普通教师负责，这种模式的特点是，普通教师负责特殊教育需要学生的全面的、常规的教学，由巡回服务人员对其进行特殊评估、特殊教育和提供所需的其他服务以及材料等。优点在于由专门、专业的巡回服务经过协商确定后直接进入学校和社区，为特殊教育需要学生提供专业的指导。有研究指出，当前我国巡回服务人员的工作内容主要围绕着直接支持指导、沟通协调和培训三方面展开。其中，对学生的直接支持指导主要体现在开展评估、制订和实施计划等方面；在沟通协调方面，较多是与家长和普通学校的一线老师沟通；在培训方面，主要是对一线的教师进行培训。② 不过，巡回服务人员并不是固定在某个班级或是学校服务，而是在一个学区或是几个学区之间巡回服务。巡回服务人员会根据特殊教育需要学生的情况，与学校探讨服务的频率及每次服务时间的长短，为其提供相关服务。待学生情况明显好转或基本达到普通学生水平，由巡回服务人员提议，经学校研究后，即可停止这类形式的特殊

---

① 邓猛：《融合与共享：中国残疾青少年社区参与及支持保障体系》，2页，南京，南京师范大学出版社，2017。

② 张悦歆、王蒙蒙、王雁、栗敏姗：《随班就读巡回指导工作现状及反思：巡回指导教师的视角》，63～72页，载《基础教育》，2019，16(1)。

教育服务①。

3. 普通教师为主，特殊教师为辅

该模式在一些发达国家是比较常见的。美国称该模式为助手服务模式，日本称为助教模式。这种模式下，在班级授课过程中，不仅有普通教师，还有特殊教育教师。特殊教育教师作为普通教师的助手，主要负责特殊教育需要学生。可见该模式对特殊教育教师的数量和质量有较高的要求。这类教育方式是由特殊教育教师直接固定进入到班级里，负责特殊教育需要学生的全面评估，制订个别化教学计划，配合正在教的教学内容。他们往往坐在特殊教育需要学生旁边，或是往返于班上几个特殊教育需要学生之间，采取个别辅导的方式辅导学生，帮助他们理解和消化课堂上的内容等。有时候这类教师也被称为"影子教师"②。该模式的优点在于，在与普通学生一起上课的情况下，特殊教育需要学生能够享有更专业和细致的服务，比较能保证其受教育的质量。

(二)部分融合模式

部分融合(Partial Inclusion)模式指特殊教育需要学生在部分时间与普通儿童一起接受普通教育，如果有特殊教育需要时，会抽出一部分时间到另外的教室或地方接受个别辅导；或者是被安置在普通学校的特殊班里进行教育。具体来说，又可以分为以下三类：

1. 普通学校特殊班

特殊班是在普通学校内为特殊教育需要学生单独附设的班级，专门为特殊教育需要学生服务。它接受的对象通常是障碍程度较重的儿童，班级人数一般 10～15 人，教师一般是受过特殊教育专业训练的教师。特殊教育需要学生一般在特殊班里上文化课，在某些时间，会部分参与普通学生的体育、音乐、美术等课程，不过晨会、运动会、外出游玩等学校的活动，特殊班的学生一般会与普通学生在一起。总体而言，特殊班的学生大部分的教学活动都在特殊班进行，只有少部分的活动会与普通学生一起。它的优势在于：(1)特殊教育需要学生增加了与正常儿童的日常交往，有利于相互了解；(2)教师可以进行有效的个别化教学；(3)为特殊教育需要学生创造了适合他们的学习环境和可以达到最大可能发展的环境；(4)有利于全校同学正确认识人与人之间的关系。③

2. 普通班＋资源教室/中心

这种模式是指特殊教育需要学生在一般时间与普通儿童一起接受普通教育，但会

---

① [美]任颂羔：《特殊教育发展模式》，51 页，北京，北京大学出版社，2012。

② Fennick E.，"Co-teaching: An inclusive Curriculum for Transition," in *Teaching Exceptional Children*，2012，pp. 60-66.

③ 方俊明：《特殊教育学》，88 页，北京，人民教育出版社，2005。

根据学生需要抽出一部分时间到资源教室或是资源中心接受辅导。资源教室是在普通学校专门设置的特殊教育辅导室，配备有特殊教育需要学生所需要的各种辅助设备、教材、教具、训练器材等，由受过特殊教育专业训练的资源教师负责。资源中心相对于资源教室而言，其服务范围更大，它会跨校为辖区内不同的学校提供服务。不过他们的功能是一样的，主要为特殊教育需要学生提供个案管理、教育心理诊断、个别化教育计划、教学支持、学习辅导、补救教学、康复训练以及教育评估等多种服务，以满足具有显著个别差异学生的特殊教育需求。[①] 当然，资源教室和资源中心还会为普通教师和家长提供咨询、支持和资源。这种模式的优点是，特殊教育需要学生不脱离正常的班级教学环境，既与正常儿童一起接受教育，发展了其社会适应能力，又能获得必要的、专业化的特殊教育与服务，使他们的潜能得到最大限度的发挥。

3. 普通学校＋特殊学校

这种形式是指特殊教育需要学生根据需要，在普通学校与特殊学校两地灵活接受教育，灵活性是其最大的特点。相对来说，该模式的融合程度较低。多适用于障碍程度较重的特殊教育需要学生。特殊教育需要学生根据需要可以大部分时间就读于普通学校，抽出少部分的时间到特殊教育学校学习。也可以是特殊教育需要学生的大部分时间就读于特殊教育学校，利用一部分时间到普通学校融合。总体而言，在这类形式中，特殊教育需要学生可以拥有“双重学籍”，即同时拥有普通学校和特殊教育学校的学籍，他们可以根据需要在两校间灵活转换。这种形式的融合教育在国内很多地方都存在，但并没有建立起良好的衔接制度，普特之间转换的教育评估、安置衔接、课程结合等还存在着较大的问题。

(三)我国的“随班就读”模式

我国的随班就读在其早期发展中，采用的方式很简单，就是让残疾儿童就近进入普通班学习。相应的专业支持和辅助因为资源匮乏、特教基础薄弱等原因极为不足。例如，1948 年出版的《第二次中国教育年鉴》中就记载了盲人罗福鑫在普通大学毕业的事例。20 世纪 70 年代后在中国东北、长沙、北京、南京等地有聋人黄夷欧、杨军辉、周婷婷，盲人邵佐夫、王韧等在国内外高校读书并毕业的事例。改革开放初期，为了普及儿童的初等教育，东北的一些学校出现了不追求升学率而让智力障碍儿童就近跟班学习的事例，海伦市也出现了聋童、多重残疾儿童在村小就读的实践。[②] 这种模式下，虽然残疾儿童完全在普通班就读，但获得的支持是较少的，只是跟班学习。只有少数残疾儿童凭借个人的天资、努力等，能有资格就读普通学校，在较贫乏的教育支

---

① 许家成、周月霞：《资源教室的建设与运作》，1 页，北京，华夏出版社，2006。

② 朴永馨：《融合与随班就读》，38 页，载《教育研究与实验》，2004(4)。

持下去努力获得成功。

1993年，亚太地区"特殊教育研讨会"在黑龙江省哈尔滨市召开，融合教育理念逐渐成为我国探讨随班就读发展的新视角。通过几十年来一系列的实验，我国随班就读的对象呈多元化趋势，由以视力障碍、听力障碍、智力障碍学生为主扩展到所有可以适应普通学校学习生活的特殊教育需要学生；不仅有让有特殊教育需要学生在普通学校普通班就读的模式，还有"普通班＋资源教室/资源中心""普通学校＋特殊班"及"普通学校＋特殊学校"等多种安置选择。相关法律法规的出台以及相关服务体系的支持与配合使学龄阶段的特殊教育需要学生有了更多的入学机会，不仅提高了我国义务教育的入学率，而且随班就读的质量上也有了很大改善。

北京市在2013年出台了《北京市残疾儿童少年随班就读工作管理办法(试行)》和《北京市各类残疾类别随班就读具体标准》，将随班就读对象扩展到包含孤独症在内的7类残疾儿童，进一步明确了随班就读工作的意义、政府责任、规范的流程及管理等。各区学校融合教育工作的开展也取得了很大进步，形成了多种安置方式并存的融合学校。例如，朝阳区新源西里小学，该小学1983年建校，1984年设立特教班，开始招收特殊儿童，2003年9月建立资源教室，到2016年成为集普通班、特教班、资源教室于一体的融合教育学校。① 此外，北京市还积极推行"双学籍"制度，让残疾学生既具有特殊教育学校的学籍，也具有其户口所在地就近的普通学校学籍，保障残疾学生能够以正当身份参加普通学校的融合教育活动。截止到2016年，北京有市级特殊教育中心1个、区级特教中心15个，普通中小学建有资源教室近400间，形成了以特殊教育中心为指导的融合教育专业支持与服务体系，② 为融合教育有质有量的开展提供了丰硕资源。

四、融合教育的基本理念

融合教育是人们在追求平等、尊重、包容、和谐的基础上建立起来的一种新兴教育，它寄予着人们对追求美好生活的期望，它秉承的基本理念为我们描绘出美好教育的基本蓝图。尽管有人批评它有"乌托邦"式的教育之嫌，但它激励了人们对于特殊教育美好前景的展望，使得人道主义与教育公平的理念深入人心。一大批融合教育倡导者甚至提出了"融合主义"的主张，并形成了信仰、推广融合教育的"融合主义者"阵营。

---

① 梁松梅、朱振云、梁秋勇：《普校融合教育的创新实践——北京市朝阳区新源西里小学的探索》，23页，载《现代特殊教育》，2016(17)。

② 徐建姝：《聚焦供给侧结构改革，深入推进融合教育发展》，11～13页，载《现代特殊教育》，2016(17)。

(一)所有儿童都享有平等接受教育的权利

20世纪40年代的《联合国人权宣言》即规定，不论什么阶层，不论经济条件，也不论父母的居住地，一切儿童都有受教育的权利。在20世纪60年代以来世界性的教育改革浪潮中，教育平等成为“全世界所有国家和所有与教育问题有关的人最关心的问题”①。教育公平包括教育权利平等与教育机会均等，而教育机会均等是教育公平与教育民主的核心②。尽管早在100多年前，许多国家就颁布了义务教育法来保障公民基本的受教育权利，但是，直至20世纪末，世界上仍然还有7700万适龄儿童失学，约7.7亿的成人文盲。③ 残疾人更是受到排斥和隔离，基本没有机会上学，或是即使有机会上学，也只能上特殊学校，在与普通人隔离的、单一的环境中学习。尽管有法律的要求以及多方的倡导，残疾人的平等受教育权利并没有得到很好的保障。这是20世纪后期国际社会和许多国家一直在努力试图解决却没有得到很好地解决的问题。

融合教育一直致力于解决人类平等接受教育的问题。1994年，在“世界特殊需要教育大会”上，通过的《萨拉曼卡宣言》和《特殊需要教育行动纲领》都强调了所有儿童享有平等接受教育的权利这一思想。《萨拉曼卡宣言》重申了1948年《世界人权宣言》中提出的人人享有受教育的权利的思想，也强调了国际社会在1990年“世界全民教育大会”上倡导的“确保所有人，不论其个体差异如何，都有受教育的权利”的承诺。融合教育主张每个人均有享受平等的受教育的机会，每个儿童都应在主流教育体系中平等地接受教育，所有儿童都有权利共同学习。这是融合教育最基本的理念。

(二)让每一个有特殊教育需要的儿童获得优质适性的教育

融合教育不仅强调有特殊教育需要的儿童应与同伴一同在普通学校接受适性的、高质量的教育，也强调所有学生无论个别差异与身心状况，教育机构皆需提供合适且最大的支持，以使每个儿童都能在普通班级中获得充分、和谐的发展。

在融合教育者眼中，儿童的兴趣、爱好以及个人的需要是摆在第一位的，依据儿童自身的特点和需要进行教育，个体才会得到充分自由的发展，个体的价值和差异才会真正得以尊重。《特殊需要教育行动纲领》中明确指出：融合教育必须“认识到和照顾到学生之间的不同需要，顺应不同的学习类型和学习速度，通过适宜的课程、组织安排、教学策略、资源利用及社区合作，确保面向全体学生的教育质量”。这与以教师、教材为中心，极力追求教学目标的达成而不考虑学生的真正需求的传统教育模式不同，

---

① 查尔斯·赫梅尔：《今日的教育为了明日的世界》，68页，北京，中国对外翻译出版公司，1983。

② 杨东平：《教育公平的理论和在我国的实践》，86～94页，载《东方文化》，2000(6)。

③ UNESCO：Inclusive Education，The Way of the Future，http://www.ibe.unesco.org/National_Reports/ICE_2008/brazil_NR08.pdf，2019-09-12.

它以儿童为中心，真正重视个体间的特点和差异，从而使其接受到适合自身的教育，这样个体潜能才能得到最大程度的发展，个体的价值也才能真正被尊重。换言之，融合教育主张以学习者为中心，针对儿童的多样化需求提供相应的教学和帮助，使学生的个性特征得到充分发展。

在看到差异的同时，融合教育同样强调个体间的共性，即使是有特殊教育需要的人，他们也是社会的人，是不断发展、不断成长、有教育需求的主体，他们与普通儿童一样有基本的发展规律。特殊教育需要儿童首先是儿童，其次才是特殊教育需要儿童。从共性出发，关注特性。只有看到共性，才能在此基础上正确看待他们，才不会随意对其贴标签或产生歧视心理，从而使其更好地融入主流教育系统，为以后融入社会打下坚实的基础。当然这并不意味着在教育过程中需要以牺牲普通儿童为代价，来迎合或满足有特殊教育需要儿童的教育需求，融合教育是在尊重差异的基础上通过不同的教育目标、教育方式等，让学生一起学习，一起获得发展。它整体关注“如何教育所有的学生、在哪里受教育、为什么这样教育、这样教育会有什么结果这样的问题”①。它倡导应使教育适应每个儿童的需要，实施个性化的教育，使有特殊教育需要的儿童和普通儿童一样得到和谐的发展。

（三）融合教育的实现需要各方面的协同合作

融合教育提倡所有儿童都在普通教育环境中一起接受教育，这对教师和学校来说，无疑是一个巨大的挑战。学生群体多元化，意味着个别差异会扩大，个别需求也会增多。正因如此，越发凸显了跨专业团队服务的重要性，不同身心特点、学习风格、发展速度和残障类别的学生需要各种不同的支持与专业服务，单一的专业服务无法满足学校中所有学生需求，必须有效整合包括卫生医疗、教育、社会福利、就业服务等来自不同组织与专业的各种专业人员，才能为所有学生，包括有特殊教育需要学生提供完整而全面性的教育等服务。

《特殊需要教育行动纲领》中明确指出：尽管融合学校“为实现平等机会和全面参与提供了有利的环境，它们的成功仍需要不仅仅是教师和学校其他人员的努力，而且还包括同伴、家长、家庭和志愿者的共同努力”②。也就是说，任何与融合教育有关的人，都应该积极参与和投入到教育活动和学校生活中去。首先是教师之间的合作，每个儿童在求学生涯的某个时期都会产生特殊教育需要，而这种需要很可能是多方面的，这就需要各方人员如任课教师、心理教师、康复治疗师等进行合作，共同对其进行教育。

---

① 黄志成：《全纳教育：关注所有学生的学习和参与》，48 页，上海，上海教育出版社，2004。

② 赵中建：《教育的使命——面向二十一世纪的教育宣言和行动纲领》，136～137 页，北京，教育科学出版社，1996。

其次是学生间的合作与支持，融合教育提出尽可能将有特殊教育需要的学生安置在普通学校，就是为特殊教育需要学生提供了一个最大正常化的环境，提供与普通儿童交流、合作和学习的机会，进而让他们适应社会生活。因此，融合教育是让有特殊教育需要的儿童与其他儿童团结合作的最有效的途径。另外，融合教育也强调普通儿童主动与特殊教育需要儿童合作，其功能就在于发展普通儿童正确的社会认知，培养其社会责任感并增强对特殊教育需要儿童的情感支持。总之，在同一教育环境中，学生之间可以利用各自的长处互相帮助、互相学习、相互支持、互相合作。此外，学校与家庭、社会之间的合作与支持是实现融合教育的重要方面。实现对有特殊教育需要的儿童进行成功的教育这一目标不仅是教育部门和学校系统的任务，它还要求有家庭合作、社区志愿组织的发动以及广大公众的支持。

(四)通过融合教育建立全纳性社会

融合教育的最终目的是构建一个包容、全纳的社会，改变社会上不平等、歧视性的态度，在这种融合的社会集体中，人人参与、大家合作，每一个人都是集体的一员，人人都受欢迎[①]。《萨拉曼卡宣言》指出“以融合为导向的普通学校是反对歧视、创建受欢迎的社区、建立融合性社会和实现人人受教育的最有效的途径”。融合学校真正将“社会公正”的思想付诸实践，在融合班级中，学生之间互帮互助，尊重接纳每一个学生，教师设计适合每个人发展的教育内容，让每个人能亲身感受到“社会公正”的教育，而不仅仅只是学习“社会公正”的课程[②]。当学生在学校的学习和生活中体验到这种民主和公正之后，进入社会也会以主人公的身份积极参与社会发展的决策和实践，并努力创建一个融合的社会。可以说，社会价值观的改变是萨拉曼卡宣言中最核心的部分，而学校教育只是完成此目标的第一步。

总之，融合教育提倡所有儿童，包括各种特殊教育需要儿童都应在普通班一起接受教育，并通过转变教育理念，从学校环境、教学设计与教学媒介等方面来满足学生的特殊教育需要。其理念强调社会多元化价值，以及追求公平正义的精神。融合教育通过教师、行政人员的专业职能与家长的参与，针对所有学生的教育需求，提供全面的教育服务，体现了一种基于欣赏个别差异与提供适性教育的精神，并以建立尊重多元价值与相互扶持协助的社会为终极目标[③]。

---

① 邓猛、孙颖、李芳:《融合教育理论指南》，19页，北京，北京大学出版社，2017。

② Sapon-Shevin M., “Learning in an Inclusive Community,” in *Educational Leadership*, 2008, pp. 49-53.

③ 钮文英:《拥抱个别差异的新典范——融合教育》，台北，心理出版社，2008。

五、融合教育对于儿童的意义

融合教育发展至今，它所倡导的在自然的、正常的教育环境中为所有人提供“公平有质量的教育”的原则已经成为各国的基本共识，并转化为教育改革的政策。越来越多的儿童、教师、家庭、学校等因为融合教育的推广而受到裨益。融合教育的终极意义在于不放弃每一个孩子，每一位孩子的特殊性都予以特别关注，并协助其发展。融合教育将使每一个学生都受益。

(一)融合教育对普通学生的意义

1. 有利于发展学生的多元视角，尊重并接纳差异

将有特殊教育需要的学生安置在普通学校，让普通学生有机会了解并接触这类儿童，还原了教育的本来面目，以及自然、生态的人类社会环境。融合教育为学生提供了最自然的环境，让他们能真实地体会生命的多样性，从而学会尊重多元和差异。如果说拒绝是基于偏见的话，那么接纳则是一种能力。接纳的意思就是不管我们喜不喜欢，能不能去接受，我们都要去勇敢地承认和尊重它的存在。接纳意味着理解多元、宽容差异、体验多样化情景、沟通不同人际关系、适应多种文化，从而具备现代国际公民的素养(见图 1-1)。

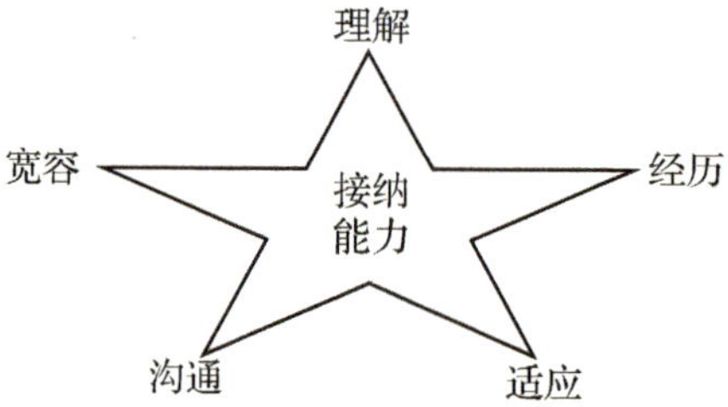

图 1-1　接纳能力的结构

有特殊教育需要的学生的融入，为普通学生提供感受特殊教育需要同伴不同的学习、发展特点和需求的机会，让普通学生在认知和心理上体会到多样性的含义。融合教育天然具备的人道主义和慈善的特质为学校的人文道德教育提供了最自然、最有力的素材与工具，有利于学校贯彻社会主义核心素养的教育，培养学生乐于助人、公益志愿等良好的道德品质。教师在教学过程中关注所有学生的学习效果和参与程度，寻求各种方法去教育所有的儿童，对普通学生学会平等的对待差异并尊重差异有积极作用。

2. 有利于学生体验共存、共享、共建的历程，学会平等合作

学校是一个大家庭，生生间互助友爱、共同发展有利于营造和谐的校园环境。在学校环境中，普通学生与特殊教育需要学生共同组成学生集体，共同享用学校的物质环境和精神文化，也一起建设和谐、共融的校园文化。普通学生与特殊教育需要学生在同一环境下接受教育，享受平等的受教育机会和教育资源，在良好、平等、互尊、互爱的文化氛围下，彼此间的交流和合作会经常发生。一方面，学校融合文化的建设为普通学生进一步了解、接纳特殊教育需要学生产生了重要影响；另一方面，相关集体活动的举办与参与也对普通学生学会尊重、合作创造了机会，并培养他们理解与互助的能力。普通学生在体验多样性的同时认识到特殊教育需要学生是学校的一分子更是社会中的一员，从而接纳这个群体并逐渐与之合作，共同为自身发展、为学校建设做出应有的贡献。

3. 有利于学生提升个人素养，培养良好品质

融合教育的过程是一个不断提升自我的过程，是激发并张扬人的主体意识的过程。普通学生与特殊教育需要学生共同学习生活，在融合的教育环境氛围下潜移默化的形成“关爱他人，互帮互助”的理念并逐渐内化到自己的道德品质中，落实到自己的行为当中。不仅提升了个人素养，还帮助发展同理心、爱心、耐心等优质人格，在知、情、意、行四个方面都获得实质性的发展。同时，融和教育改变了单向的施与受的关系，普通学生和特殊教育需要同伴之间形成相互需要、相互启发、相互促进、相互欣赏和相互促进的合作关系。这对提升个人修养、培养高尚的人格有积极的影响。

(二)融合教育对特殊教育需要学生的意义

融合教育是社会运动的产物，是人类进步和文明的体现。它是一种权利，更是每一个特殊需要儿童的教育梦想。它已经被大量成功的实践所证明，能在促进特殊教育需要学生身心健康发展方面起到重要的作用。

1. 让特殊教育需要学生拥有一个常态的学校环境和班级环境

融合教育的基本理念之一是使“所有儿童享有平等接受教育的权利”。在融合教育的背景下，特殊教育需要学生有机会同普通学生一样获得平等进入普通教育学校的机会，拥有一个常态的学校环境和班级环境。这首先将减少对特殊教育需要学生的标签作用，避免被贴上特殊标签，使特殊教育需要学生在自我认知中减少与他人的差异，在行为举止上较少呈现“无助”的倾向，也容易被他人鼓励，培养自身的独立性和主动性。其次特殊教育需要学生通过与普通学生的接触与刺激，再加上随处可见的示范，可增强他们的学习意愿、加速学习效益。例如，Buckley 比较了在普通学校和特殊学校接受教育的轻度智力障碍学生的学业发展情况，研究结果显示，在普通学校中学习的智力障碍儿童相对于特殊学校学习的智力障碍儿童而言，在语言发展和学业成绩上取

得了更加明显地进步。可见，融合教育能促进特殊教育需要学生获得优质的教育及身心健康发展①。

2. 让特殊教育需要学生有了更多的学习、模仿对象

在自然、常态的学校环境和班级环境里，为特殊教育需要学生提供了接触数量众多、性格多样的同伴的机会，这与在特殊教育学校与更多相同特点的学生相处所产生的影响是不同的。多数研究认为，普通教室和资源教室为特殊教育需要学生社会交往提供了现实的、更为多样复杂的环境，为特殊教育需要学生与普通学生相互接纳与交往提供了机会。与普通学生的接触让特殊教育需要学生有了更多的学习、模仿对象，无论在课业上还是课下活动中，都可以观察并了解到普通学生的日常学习和生活，并模仿普通学生群体的交际方式和活动规则。这样长期的日常自然接触，会使特殊教育需要学生逐渐认识到学校这个小型社会的多元，并尝试将自己融入"小社会"当中，这个融入的过程就是特殊教育需要学生获得来自普通同伴的、大量的互动与刺激的过程。可以说，这些多元化的刺激，促使特殊教育需要学生获得了更多的进步。

3. 有利于提高特殊教育需要学生的社会适应能力和生活品质

很多研究证明，融合教育为特殊教育需要学生的社会交往提供了现实的环境，为特殊教育需要学生与普通学生相互接纳与交往提供了机会。特殊教育需要学生在融合的环境里，能与更多普通同伴进行双向的沟通与交往，在融合环境里受到鼓励和支持，与普通学生相互之间建立和发展同伴关系、交朋友，甚至处理一些冲突与矛盾等，在常态化环境下学会增进社会交往技能，改善人际关系，实践社会化目标，最终提升特殊教育需要学生的社会适应能力和生活品质。Judith Wiener 和 Christine Y. Tardif 的研究就表明：融合班级的特殊教育需要学生比隔离班级的学生与他们的朋友有更加满意的关系，自身有更少的孤独感和行为问题②。Pam 和 Lori 等人在总结了很多关于融合教育环境下特殊教育需要学生社会性发展的研究后，认为在融合教育中重度特殊教育需要学生在同伴接纳、互动和交友等方面得到较好的发展③。可见，在融合学校就读对特殊教育需要学生的社会性发展有益。特殊教育需要学生结束学校教育进入社会后，其在融合学校所体验到的与普通同伴交往的愉快经历，以及在普通同伴交往中发展出来的社会适应能力，都会为他们获得良好的生活品质打下基础。

---

① David Mitchell, "Education that Fits: Review of International Trends in the Education of Students with Special Educational Needs," in *University of Canterbury*, 2010, pp. 23-24.

② Wiene J., Christine Y. T., "Social and Emotional Functioning of Children with Learning Disabilities: Does Special Education Placement make a Difference," in *Learning Disabilities Research &Practice*, 2004, pp. 20-33.

③ Hunt P., Goetz L., "Research on Inclusive Educational Programs, Practices, and Outcomes for Students with Severe Disabilities," in *The Journal of Special Education*, 1997, pp. 3-29.

第二节
融合教育的历史与发展

融合教育的出现不是一蹴而就的，西方文艺复兴以来人道主义的发展使残疾人有了进入“隔离式”特殊学校或机构接受教育的机会。随着“正常化”思想、回归主流等运动的发展残疾人逐步获得融入主流社会的机会。人们关于残疾和教育等思想观念的改变直接导致融合教育理念的诞生于发展。了解它的历史是各国更快更好发展融合教育的必由之路。

一、融合教育的历史发展

(一)早期隔离式教育的产生及形式

在欧洲文艺复兴以前，西方对待残疾人的态度多为遗弃、绝育和杀戮等，更不用提及对他们的教育问题。14 世纪以来文艺复兴运动倡导的人道主义、个性、自由、知识等思想，引发了社会对残疾人的进一步认识与思考，进而早期的特殊教育逐渐兴起。

世界特殊教育起源于欧洲。1770 年，法国天主教神父莱佩在巴黎创办了世界上的第一所聋人学校，开启了近代聋人正式教育的先河。法国神父阿羽依(Valentin Hauy)于 1784 年在巴黎创办了第一所盲童学校。1837 年，法国精神科医生谢根(Suguin)也在巴黎创立了智力障碍者训练学校等。这些学校的建立标志着残疾人接受学校教育的开端，同时也标志着社会文明的进步。不过，当时这些学校大多设立在偏僻且离居住地较远的地方，封闭、隔离的环境使残疾学生远离正常的社会生活，严重阻碍了学生日后融入主流社会的通道。直到 20 世纪初，随着隔离式教育的弊端日益显露和义务教育的实行，普通公立学校开始被迫接收残疾学生入学。这样普通学校特殊班应运而生，并成为特殊教育的主要模式。但它仍然是一种隔离式的教育，只不过是在普通学校进行的隔离式教育①。

隔离式特殊教育的产生是特定历史文化背景下的产物，它为特殊教育需要儿童提供了受教育的机会。在普通学校设立特殊班的做法也打破了普通学校拒绝接受特殊教育需要儿童的局面，为特殊教育需要儿童在普通学校就读提供了可能。但这种隔离式

---

① 邓猛：《随班就读与融合教育：理想与现实之间》，武汉，华中师范大学出版社，2009。

的教育形式使特殊儿童与主流社会相脱离，此外，“标签效应”带来的负面影响，也为其以后进入社会带来了不利影响。

(二)回归主流运动

隔离的、自足式的特殊教育班越来越成为人们愿意接受的残疾儿童教育服务模式，并在20世纪五六十年代达到顶峰。不过，这种安置形式的弊端也日渐凸显，那就是残疾儿童始终处于与外界主流社会隔绝、封闭式的受教育状态。这种让残疾儿童安置在隔离的环境接受教育的方式，不仅难以符合公平与适当的原则，也会造成社会阶层和种族的划分。另外，西方对残障的认识，也逐渐开始由认为残障是个人的生理缺陷造成的医学范式，转向认为残障产生并不一定是由人类身心系统的损伤造成，外在社会、环境对特殊人群的不恰当反应(如没有提供无障碍的环境，排斥、歧视的态度等)，也是造成残障的重要原因的社会学模式。① 相应的，教育领域的很多学者开始呼吁，不应该去指责儿童病理学上存在的问题，而应该关注特殊教育领域所存在的提供给孩子自我实现的帮助和残疾儿童需要之间的不匹配。② 同时，在20世纪60年代中后期，“标签效应”带来的负面影响促使美国社会各界更加呼吁教育公平。越来越多的残障儿童家长、教育专家、社会组织呼吁把残障儿童从封闭式的教育环境中解放出来，让残障儿童能平等地进入主流学校，与普通儿童一起学习。于是，在美国民权运动，以及北欧斯堪的纳维亚国家的“正常化”教育运动等的影响下，西方特殊教育领域的理论与实践领域开始了一场声势浩大的“回归主流”运动③。

所谓回归主流，就是让“特殊教育”“特殊儿童”这股支流，回归到普通教育这股主流当中，让身心障碍学生在普通学校、普通班接受教育，主张身心障碍学生能在最少限制的环境下接受教育。根据这个理念，1970年，德诺(Evelyn Deno)在最少受限制原则的前提下，依据儿童的差异性和残疾程度，将儿童分别对应安置到各级各类学校或机构，提出了具有实用性、操作性的瀑布式特殊教育服务体系(Cascade of Special Education Services)(见图1-2)④。这种服务体系不仅是一种能让不同残疾程度的儿童都获得相应教育服务的架构体系，而且它还是一种可以根据残障儿童自身身体状况以及学习需求的变化而调整安置场所的弹性架构，从而逐步“回归主流”。

回归主流运动对特殊教育需要儿童教育的影响是巨大的。1975年，美国国会通过

① 李芳:《残疾分类及其研究方式转变》，76～78页，载《现代特殊教育》，2016(6)。

② 孟祥忠:《美国特殊教育回归主流运动及其启示》，19～20页，上海，上海师范大学硕士论文，2014。

③ 邓猛、潘剑芳:《关于全纳教育思想的几点理论回顾及其对我们的启示》，1～7页，载《中国特殊教育》，2003(4)。

④ 邓猛:《双流向多层次教育安置模式、全纳教育以及我国特殊教育发展格局的探讨》，1～7页，载《中国特殊教育》，2004(6)。

了著名的《所有残疾儿童教育法》(The Education for All Handicapped Children Act)，又称《94—142 公法》，此法案，不仅是对回归主流运动成果的全面总结，而且它以法律条款的形式将回归主流运动中提出的——个别化教育计划、零拒绝、最少受限制环境等，对后世特殊教育产生深远影响的重要概念，进行了确认和规范。使原先被摒除在普通学校之外的身心障碍学生，得到与普通学生一起学习的机会与教育权益，可以说是融合教育的重要里程碑。

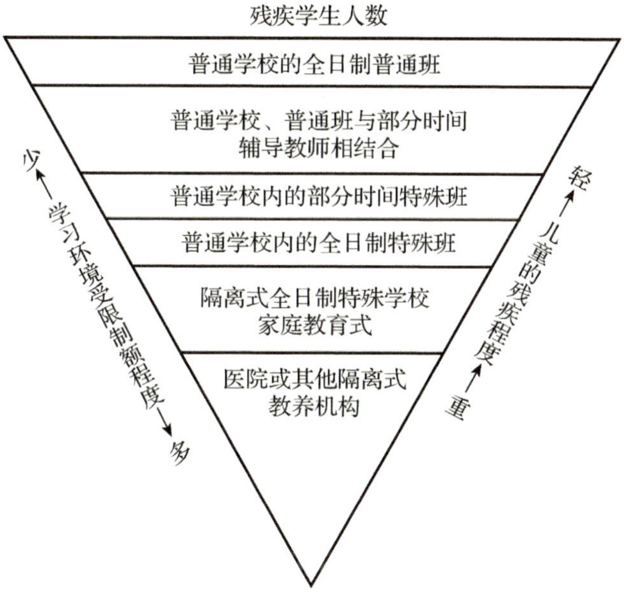

图 1-2　瀑布式特殊教育服务体系①

不过，尽管回归主流运动影响极大，但它和后来的融合教育最大的差别在于：首先，回归主流中的特殊教育需要学生是外加到一个普通班级中的客人，而融合式的班级中，特殊教育需要学生是班级里面的一分子；其次，回归的主体多针对残障学生，更广泛意义的特殊教育需要学生没有受到过多关注。随着社会的发展，它的局限也变得显而易见，后来的融合教育的源起就是针对回归主流运动兴起以来。

(三)融合教育的兴起及进程

随着回归主流运动的深入发展，人们逐渐发现，回归主流并没有产生预期的效果，且越来越多的弊端显露出来。其中最主要的一点是回归主流的哲学与实施方式主要是非学业性活动的“融合”，普通教育与特殊教育仍是彼此分离的两个体系。更多的是身体上的“在一起”，特殊教育需要学生只是部分时间和普通儿童一起“活动”，而非“教

① 张福娟：《特殊教育史》，298 页，上海，华东师范大学出版社，2000。

育”。也就是说回归主流的实施并没有对特殊教育需要学生产生实质性影响，它只是身体的回归，特殊教育需要学生仍然被排斥在普通教育系统之外。另外，回归主流所提倡的瀑布式安置体系，是一个等级森严的安置体系，它要求特殊教育需要学生必须达到某种预定的标准(鉴定结果)才能到普通教室就读①，这对于很多特殊教育需要学生来说普通学校可谓“可望而不可即”。

在这样的背景下，20 世纪 80 年代早中期美国再度兴起“正常化教育发起运动”，它主张将特殊教育与普通教育合并，直接在普通教室提供轻、中特殊教育需要学生特殊教育服务，普通教师须与特教老师建立起伙伴关系，共同负担特殊教育需要学生的教育责任。此时，特殊教育需要学生不只是被动地“进入”或“回归”班级，而是在普通教室中积极地接受个别教育方案与相关特教服务。可以说，“正常化教育发起运动”是“回归主流”与“融合教育”理论中间的过渡，它很快就被“融合教育”所取代。

1990 年由联合国教科文组织等国际组织在泰国召开了世界全民教育大会，会议通过了《世界全民教育宣言》和《实施全民教育的行动纲领》。全民教育的思潮由此兴起，并在各国广泛开展。全民教育的目标是为每一个人提供均等的受教育机会，满足所有人的基本学习需要②。这为融合教育的发展、开展奠定了基础。在全民教育的浪潮中，1994 年由 92 国政府及 25 个国际组织在西班牙召开“世界特殊教育需要大会”，正式提出融合教育理念，并通过了著名的《萨拉曼卡宣言》和《特殊需要教育行动纲领》，融合教育遂成为世界各国努力的目标。

此后，“一体化”“正常化”“回归主流”等术语逐渐被“融合”所取代，它不再只局限于“安置”的视角，而更关注教育在实质上有深层的交汇，强调有特殊教育需要的儿童在和普通同龄儿童在同一课堂里接受教育的同时，为其设计在普通教室中合适的学习课程，提供个别化的适当服务。简言之，融合教育注重的不再是“在哪里教”，而是“如何教”的问题。真正实现了两个相互隔离教育体系的有机融合。

到目前为止，世界各国在不同程度上开始开展了融合教育。包括许多发展中国家，如智利、秘鲁、南非、加纳等，也都在很大程度上推行融合教育。各国都积极探索适合本国国情的融合教育实践，主要包括：积极制定法律，明确各部门在融合教育中的责任和角色，向公众宣传融合教育政策，从而促进教育体系和社会认识的转变；通过培训教师、家长等相关人员，建立学校、社区、机构合作网络，促进融合学校建设；转变教师、学生、家长的态度，引进教育辅助技术，采用灵活的教学方法和手段，促进所有学生有效参与课堂教学等③。

---

① 邓猛、孙颖、李芳：《融合教育理论指南》，47 页，北京，北京大学出版社，2017。

② UNESCO, *World Declaration on Education For All and Framework for Action to Meet Basic Learning Needs*. International Consultative Forum on Education for All. Paris：UNESCO，1990.

③ 杜林、冯秋涵：《国际融合教育研究进展综述及对我国的启示》，19～24 页，载《残疾人研究》，2019(1)。

二、融合教育的发展现状

如今，从欧洲到北美，再到亚洲、非洲，融合教育理念已在世界范围内广泛传播。当然，由于各国发展水平各不相同，政治、经济、文化等背景各有差异，融合教育在各国的开展及实施情况也不尽相同。

(一)美国融合教育发展现状

美国一直是融合教育实施的领导者，其融合理念基于人权意识，在 20 世纪 60 年代公民权运动以后逐渐萌芽。其后陆续通过 1975 年的《所有残疾儿童教育法》，它规定所有残疾儿童均可免费接受适当的公共教育，是美国残疾学生免受公共教育机构歧视性待遇的第一项保护措施；以及 2001 年的《不让一个孩子掉队法案》和 2004 年的《残疾人教育法》修正案，强调了学校的问责制，以确保有特殊教育需要的儿童能进入普通教室，并通过将所有学生纳入地州范围的评估，建立特殊教育需要学生的绩效目标和指标，来确保他们能在普通教育中获得成功。这些重要的法案，奠定了美国融合教育实施的根基。

目前在美国的普通班级中，各种类型和程度的有特殊教育需要的儿童都与普通儿童一起接受融合教育。每一所公立学校都必须为特殊教育需要学生提供教育，每一个普通班级里都会有一个或者多个特殊教育需要学生。通过财政的支持、灵活多样的教育安置、改变课堂教学方式、认定教育人员的任职资格、发展社区性的支持服务等多方合作，经过几十年的努力，美国已经形成了一套完整的融合教育模式。比如，在小学阶段，绝大多数轻度至中度特殊教育需要学生多数时间都被安排在普通教室中，少数特定时段被安排在特殊班级里。只有极少数重度障碍的学生在整个学习期间都被安排在单独的特殊班级中，并使用替代性课程，以帮助他们获得足够的学术和社交技能。

据统计，1989 年在普通教室中接受教育的特殊教育需要学生占特殊教育需要学生总数的 94.1%(在普通教室的时长低于 40%的占 24.9%，时长在 40%～79%的占 37.5%，时长在 80%以上的占 31.7%)，而最新的统计显示，到 2017 年秋季，约 95%的 6～21 岁的特殊教育需要学生在普通学校接受教育(在普通教室的时长低于 40%的占 13.3%，时长在 40%～79%的占 18.3%，时长在 80%以上的占 63.4%)，虽然总体比例只是略有提升，但是在普通教室时长达 80%以上的人数比例是显著上升的 。此外，由于融合教育的推广，许多没有残障的学生，包括有上学风险的学生，具有不同种族、文化和语言背景的学生等，也在学校获得了额外的支持，在普通教育课堂上取得成功。

(二)英国融合教育发展现状

欧洲是特殊教育的发源地，英国、法国、荷兰等西欧国家的融合教育发展也很迅速。其中，英国是融合教育发展较早、较快和较好的国家。1978 年，英国成立特殊教育咨询委员会，经过四年对特殊教育需要学生的教育设施及医疗需求的调查，提出了著名的沃诺克报告(Warnock Report)，首度提出了一体化、回归主流的理念。此报告中多项建议均被 1981 年公布的教育法案采纳，规定应尽可能将特殊教育需要学生安置在普通学校接受教育①。这些行动可以看作是，英国开始走向融合教育的征途。不过在 20 世纪 80 年代末，这些一体化政策也遭到了猛烈的批评，因为这些政策并没有满足儿童的个别需要②。于是，这些对一体化教育的质疑，以及 1994 年世界特殊教育大会上对融合教育的提倡，导致了英国融合教育的出现。

英国融合教育政策的演变，开始于 1997 年的新劳工选举。新政府就职后迅速采取行动，通过了《为所有儿童提供卓越服务：满足特殊教育需要》的绿皮书(Excellence for all Children: Meeting Special Educational Needs)，随后又颁布了详细的行动纲领。为整个 20 世纪最后十年的教育改革的中心定下了基调③。很显然，英国政府已将融合教育牢固地纳入政治议程。到了 21 世纪初，融合教育的发展得到了一系列政府政策、倡议和立法的支持。2001 年英国颁布的《特殊教育需要和残疾法》修订了 1996 年《教育法》第 316 条，从而加强了儿童在普通学校受教育的权利。该法案第一次规定了学校不能借由“无法满足儿童的个别需求”的理由拒绝儿童获得入学机会。同时，还强化了“所有教师都是特殊教育老师”的观念。2004 年英国颁布了《每个孩子都重要法案》(Every Child Matters)，又进一步扩展了这一观念，即越来越多地关注在多重环境中为儿童提供综合服务，着重于从整个社区的环境层面，而不是主要基于学校的层面为特殊教育需要儿童提供服务。

由此，在英国政府的大力推行下，英国融合教育的实践主体也由特殊教育教师、家长和政府人员，扩展到普通教师、心理学家、医学专家，以及社区服务人员、普通民众；它的科学理论体系也不局限于教育内部平等、包容的价值观，还包括认知情绪行为、脑神经机制、生物遗传、社会福利等知识理论；它的实践形式由教育教学延伸到心理评估与咨询、遗传基因探测、社会福利与公共服务等④。已经成为一个相对成

---

① 邓猛、肖非：《特殊教育学科体系探析》，25～30 页，载《中国特殊教育》，2009(6)。

② Ainscow M.，“Education for All: Making it Happen，” in *Support for Learning*，1995，10 (4).

③ Judge B.，“*Inclusive Education*：*Principles and Practices*，” in *Contemporary Issues in Education*. Norfolk：Peter Francis，2003.

④ 皮悦明、王庭照：《英国融合教育四十年的实践特征、现实挑战及启示》，14～20 页，载《中国特殊教育》，2019。

熟、完整的教育体系。

(三)意大利融合教育发展现状

意大利是推行融合教育最早和最彻底的国家之一，联合国教科文组织和经济合作与发展组织都曾宣称意大利在特殊儿童的融合教育方面走在其所有成员国的最前头①。早 20 世纪 60 年代，意大利就在普通学校设立特殊教育的课程，让大部分身心障碍学生可以进入普通学校接受教育。更是在 1971 年，意大利就颁布了 118 号国家法律：《残疾人新条例》，规定残疾儿童有在公立学校普通班级接受义务教育的权利，并且要求的是实施完全的融合教育。这一法律的颁布标志着意大利完全融合教育政策的正式出台。随后，意大利便开始大力推行融合教育，将残疾儿童安置到普通学校。1977 年立法废除特殊教育班，开始实施完全融合教育，并于 1992 年废除特殊学校与相关机构，实现真正的融合学校。

不仅在法律上有严格规定，意大利在实践上也确实落实了这一完全融合的教育政策。最新的统计数据显示，2016 年，全意大利义务教育阶段(6～16 岁)，在融合环境下就读的特殊教育需要学生占特殊教育需要学生总数的 99.97%，在分离的特殊教育需要学生就读的特殊教育需要学生只占特殊教育需要学生总数的 0.03%②。特殊教育需要学生进入普通学校就读的比率非常高。

如果说意大利融合教育发展的前期重在保障教育机会公平，那么后期则转向提升教室里所有学生的受教育质量，尤其是有特殊教育需要的学生。如 2003 年《国家关于普通教育标准、职业教育及其培训等级的规定》，就调整课程设置、革新招聘教师的方法、创新教师教育培训体系、在全国范围内实施国家评价体系等进行了详细规定；2009 年《学校残疾学生全纳指导方针》全面、系统地总结了融合教育的实施情况及如何保障融合教育的质量等问题③。这些使意大利融合教育的效果十分显著，逐渐形成了有先进的融合教育理念、健全的法律法规、完备的评价机制、充沛的资金投入和专业支持的系统架构。

(四)日本融合教育发展现状

当 20 世纪 50 年代，“正常化”成为世界范围的社会趋势时，日本也开始在中小学

---

① Skinner S., *Collaborative Teaching for Inclusion in Italian Secondary Schools*, http://www.det.nsw.edu.au/media/downloads/detawscholar/scholarships/yr07report/sskinner.doc, 2019-11-21.

② Ramberg J. A., Lénárt, & A. Watkins, *European Agency for Special Needs and Inclusive Education*, 2018; *European Agency Statistics on Inclusive Education*: 2016 *Dataset Cross-Country Report*. Odense, Denmark.

③ 贾利帅：《全纳教育改革发展方式审视——基于意大利学校一体化政策与我国随班就读政策的考察》，73～82 页，载《教师教育学报》，2018(2)。

推展残疾学生的义务教育。为了反映国际一体化趋势，日本在普通学校启动了资源教室系统。但日本当时的这种做法也是遭到了国内很多人士的批评，他们认为这种做法是让有特殊教育需要的学生去适应常规课程，而不是调整常规课程去适应、满足学生的各种需求。这种对"正常化"的批评直接导致了日本"融合教育"概念的萌芽，开始有人逐渐倡导，在学校中所有残障和非残障的学生应该在相同的环境中共同学习，学校应向他们提供适当的教育支持，以满足他们的个别需求①。

2001 年，日本发布了《21 世纪特殊教育的理想方法——根据每个障碍儿童的需要进行特别支援的理想方法》，报告明确指出，不应当再将障碍儿童划分为视觉障碍、听觉障碍、智力障碍等，而是适应每个儿童的教育需要，给予他们特别的教育支持②。到 2007 年，日本的特殊教育体系就从"特殊教育"过渡到"特殊需要教育"。日本政府认为，在过去的几十年中，"特殊教育"系统将重点放在了对残障学生的教育上，而忽视了那些没有残障但在课堂学习上遇到困难的学生。在考虑了这个问题之后，日本政府将当前的"特殊需求教育"系统侧重在"需求"而不是"残障"，以便所有遇到学习困难的学生，如学习障碍儿童、注意力缺陷多动障碍和高功能孤独症等，都可以得到适当的教育支持。

根据日本文部科学省 2019 年统计，截至 2018 年 5 月 1 日，日本义务教育阶段中，有 41.7 万人接受特殊需要教育，占义务教育阶段在校生总数的 4.2%；大约 7.2 万名特殊教育需要学生就读于特殊学校，占义务教育阶段在校生总数的 0.7%；大约 23.6 万名特殊教育需要学生就读于普通中小学的特殊班，占义务教育阶段在校生总数的 2.4%；另有大约 10.9 万名特殊教育需要学生在普通学校随班就读，占义务教育阶段在校生总数的 1.1%③。

日本政府还在 2016 年成立了"融合教育系统促进中心"，以应付融合背景下社区和学校面临的问题。希望通过构建多样化和灵活的系统提供咨询和支持，以满足每个人的教育需求，尽可能多地对包括残障儿童在内的每一个儿童进行充分的教育。

(五)印度融合教育发展现状

印度是一个多民族、多语言、多文化的亚洲大国，而在这样具有差异性的社会中，国家在对待特殊教育需要学生的问题上依然选择融合教育。随着国际上融合教育思潮

---

① Song J., "Inclusive Education in Japan and Korea: Japanese and Korean Teachers' Self-efficacy and Attitudes Towards Inclusive Education," in *Journal of Research in Special Educational Needs*, 2016, 16(1), pp. 643-648.

② 朱宗顺：《特殊教育史》，184 页，北京，北京大学出版社，2011。

③ 田辉：《日本"全纳教育"政策的确立——从"特殊教育"走向"特别支援教育"》，42～45 页，载《中国民族教育》，2011(6)。

的兴起，印度开始了关于融合教育的研究及改革。

印度有关融合性质的法律可以追溯到印度刚建国时期，在1950年颁布的《印度宪法》中，对初等教育做了如下规定："国家应努力在自本宪法生效起年内，为所有儿童提供免费义务教育，直到他们年满18岁为止。"该项法律的出台使印度特殊教育需要学生的教育得到了最高的法律保障。随着印度《残疾儿童整合教育计划》的实施和残疾人运动的开展，印度逐渐以政府为主体进行融合教育的实践活动。1986年，印度首次颁布有关残疾儿童的教育法规《国家教育政策》，其中明确规定："在教育的各个阶段，残疾儿童都应该是平等的参与者，应该融入普通的班级环境健康、正常地成长，并且鼓励他们勇敢自信地面对生活……"①

20世纪90年代，印度作为《萨拉曼卡宣言》的签署国之一，迅速在国内展开相关改革。"融合教育"这一概念迅速出现在印度各种官方文件、政府报告和媒体报道中。1995年，印度颁布了《残疾人法案》，该法案以为残疾人争取"机会均等、权利保护和全参与性"为宗旨，努力促进残疾人进入普通学校学习。2001年印度启动Sarva Shik-shaAbhiyan计划(即SSA，意思是全民教育计划)，其目标是实现全民教育，虽然它不是一项特殊教育需要学生的专项计划，但这份计划为推动融合教育的实施起到了积极的作用。

印度除了在法律上为融合教育的实施提供法律保障外，其国内一些非政府组织也积极推动融合教育的开展并提供相关支持服务。这些非政府组织除协助国家落实政策外，还作为支持资源中心存在，比如培训融合教师、培养融合教育工作者、定期为普通教师开培训班等，使得印度融合教育取得了一定的成就。私立学校和流动学校也在一定程度上促进了融合教育的开展。据统计2009—2010年共有295万儿童被新鉴定为有特殊需要的儿童，其中的83.78%得以接受学校教育。在一项政府赞助的教育方案中，有超过5万名残疾儿童在融合教育环境中接受融合教育，在部分城市中有一些普通学校配有资源教室和特殊教育教师②。不过，总体来说，在印度其主流仍是在隔离的环境中即特殊学校为有特殊教育需要的人提供服务。就像Balasubramanian说的："全国各地学校对融合教育的认识仍处于起步阶段，教育机构对于让普通和特殊的孩子在同一教室里学习还有很多怀疑。"

三、融合教育在中国的发展现状

我国地大物博，全国各地经济发展水平不平衡，加上南北地域差异、多民族文化

---

① 贺慧敏：《全纳教育在印度的发展及启示》，41页，载《现代特殊教育》，2009(12)。

② 朱宗顺：《特殊教育史》，191页，北京，北京大学出版社，2011。

背景及历史因素影响等，香港、澳门、台湾及大陆在教育方面的发展各有特点，在融合教育的实施上也不尽相同。

(一)融合教育在香港的发展

与大陆相比，香港作为一个国际化的大都市，在融合教育的发展上处于前沿。随着融合教育理念不断深入，香港融合教育不论是理念还是政策、资源都形成了自己的特色。

早在1969年香港就开始实施融合教育。有研究表明，香港在1969年在普通学校设立聆听班，这是当时教育署对于有听力障碍的学生融入普通学校的尝试。[①] 虽然只是校际间的融合，但已经能看出政府对融合教育的认同。为保障融合教育的顺利实施，1977年发表的《群策群力协助弱能人士更生》康复政策白皮书，融合教育政策首次被建议，它鼓励弱能儿童在普通学校接受教育。同年香港又推行“融合教育先导计划”，主张把原有隔离安置的残障儿童进一步融入主流教育系统。之后，政府及教育界逐步重视融合教育的推行。

但到了20世纪90年代，数据显示相关的政策及计划并没有得到真正落实。特殊教育需要学生被融入的总数由1981年的11449名下降至1995年的8476名；而被隔离的学生由1981年的6265名上升至1995年的8338名。[②] 这也是许多国家在推行融合教育过程中常遇到的现象，是特殊教育向融合教育发展的中间阶段。为有效推行融合教育，1997年9月香港政府推行了一项为期2年的融合教育先导计划，鼓励主流学校推广“全校参与”模式的融合教育。通过学校政策、文化与措施三方面的互相配合，保障特殊教育需要学生充分融入主流学校。同时，教育局编制《全校参与模式融合教育运作指南》《“全校参与”模式照顾有特殊需要的学生学校层面的年终检讨表》《照顾学生个别差异——共融校园指标》等供政府机构、学校、教师、家长等参照使用。[②]

为更好地推行融合教育，时至今日香港教育局每年为有特殊教育需要学生提供“学校伙伴计划”，邀请各中小学参与到该计划中。在2020—2021学年中，香港教育局选取9所特殊学校暨资源中心及8所特殊学校暨资源中心(群育学校)作为支持校，为伙伴学校(普通学校)提供支持服务，部分特殊学校暨资源中心亦提供短期暂读计划，主要让在普通学校就读的智力障碍兼有严重适应困难的学生在有需要时入读。该计划作为支援普通学校照顾学生差异的系统性支援的一部分，是促进融合教育发展、保障特殊教育需要学生享有优质教育的重要措施。

---

① Yung K. K.，“Special Education in Hong Kong：Is History Repeating Itself?，” in *Hong Kong Special Education Forum*，1997，1(1)，pp. 1-19.

② 韩文娟：《香港“全校参与”融合教育模式下的普通教育教师培训及启示》，37～40页，载《现代特殊教育》，2016(11)。

(二)融合教育在澳门的发展

20 世纪 60 年代以前，澳门政府缺乏对特殊教育的重视，特殊教育事业基本处于空白状态。[①] 80 年代以后，受国际以平等为核心的社会价值观念和本地发展需求的影响，政府逐步加强对特殊教育需要儿童的重视。

自 1991 年以来，澳门政府颁布了一系列法律法规保障特殊教育的实施，如 1991 年《澳门教育制度法》将特殊教育纳为澳门教育的一部分；1996 年批准专为有特殊教育需要的身心障碍者设立的《特殊教育制度》条令等。但这些法律法规只保障了身心障碍学生有得到教育的权利，却没有保障能力较佳的有特殊教育需要的学生回归主流学习的机会。[②]

2006 年，澳门为保障特殊教育需要儿童享受适性的主流教育，政府颁布了《非高等教育制度纲要法》(简称《纲要法》)，它确立特殊教育主要是以融合教育方式为主要发展路向，并对特殊教育做出更新的界定。指出特殊教育优先在普通学校内以融合的方式实施，亦可在特殊教育机构以其他方式实施。[③] 强调要从课程、教学、评估等多方面进行调整，以保障特殊教育需要学生的教育适应其身心发展的需要。在这些法规的影响下，以及在政府、学校、家长、社会的支持和配合下，澳门的融合教育事业开始进入迅速发展期。

与其他地方不同的是，澳门回归之前，在葡萄牙统治下，教育系统主要是由私人组织而不是政府发展起来的。因此，澳门除了要向为数不多的公立学校推行融合教育外，还要考虑如何将特殊教育需要儿童融入普遍以私立教育为特征的教育环境中[④]。所以，澳门暨青年局在 2005—2006 学年制定了《融合教育资助计划》，鼓励私立学校积极加入融和教育的行列。到 2018—2019 学年度，澳门政府已将巡回支援服务扩展至 9 所公立学校和 33 所私立学校，即有 42 所学校实施融合教育，还有 1 所公立学校及 3 所私立学校实施特殊教育，为有特殊教育需要的学生提供不同的班级及课程。[⑤]

可见，澳门融合教育虽起步相对较晚，但政策的保障、资源的支持等使其发展迅速。同时，公立学校和私立教育共同推进也为有特殊教育需要的学生谋得福音。

---

① 李秀娟：《澳门特殊教育的发展特色及启示》，73～77 页，载《现代教育论丛》，2014(5)。

② 董志文：《从法律及运作状况探讨澳门特殊教育的发展》，29～34 页，载《现代特殊教育(高教)》，2016(9)。

③ 澳门特别行政区立法会：《非高等教育制度纲要法》，2006。

④ Ana Maria Correia，"Vitor Santos Teixeira. The will and the way of inclusive education in Macao,"in *Asian Education and Development Studies*，2017，6(4)，pp. 401-413.

⑤ 澳门教育暨青年局：《非高等教育统计数据概览》，http://mirror1. dsej. gov. mo/dsej/stati/2018/c/edu _ num18 _ part4. pdf，2020-02-02.

(三)融合教育在台湾地区的发展

与美国推行融合教育运动的背景不同，我国台湾地区是受到美国教育思潮的影响，并为了推进特殊教育改革，在政策研拟的过程中，逐渐朝向融合教育的。

1986 年后，台湾融合教育从过去点上的实验变成全面性的推广，越来越多的身心障碍和资质优异的特殊教育需要学生进入了普通学校学习，其余的进入特殊学校和特殊机构。据相关教育部门 2019 年特殊教育通报网的统计，台湾地区共有 104199 名的残障学生于普通班中接受特殊教育服务，约占所有残障学生的 95.45%。

为了更好地推行融合教育理念，提高特殊教育需要儿童融合教育质量，台湾在融合教育的安置形式及特殊教育教师培养上有其自身的特点。在对特殊教育需要儿童进行教育安置上，台湾根据融合教育零拒绝、最少限制环境以及个别化教育方案三大理念，对特殊教育需要儿童进行诊断、评估、安置等工作，将其安置在适合其身心发展的环境中。台湾地区融合教育安置形式主要包括普通学校自足式特殊教育班、分散式资源班、巡回辅导班、在普通班接受特殊教育服务等多种类型。在特殊教育教师培养方面，台湾地区非常重视对特殊教育教师的培育工作，着重抓好职前培育，对特殊教育专业的学生通常采取特殊教育类的课程必修加分组选修方式，使所培养的师范生在具备特殊教育基本理论和技能基础上，对特定领域的特殊儿童教育有所专长；非特殊教育专业的其他科系学生可以通过特殊教育专业学分班以及辅修等方式学习特殊教育课程。① 在台湾融合教育的教师均是特殊教育专业或经过专门培训后持特殊教育教师资格证书上岗的教师。

虽然，台湾的融合教育概念和实践还处于发展阶段。但在过去的几十年中，台湾地区融合教育的趋势越来越明显。如今，台湾大部分的特殊教育需要学生都被安排在融合环境中的，特殊教育需要学生有更多机会接受普通教育课程，以及与普通学生进行社交互动，而且，台湾地区的教育制度正处在改革之中，这些改变将极大地推进融合教育的实践。②

(四)融合教育在大陆的发展

20 世纪 80 年代在国际一体化思想及徐白仑先生的“金钥匙”视障工程的影响下，我国开始了融合教育发展之路。1988 年 9 月，《中国残疾人事业五年工作纲要(1989—

---

① 兰岚、兰继军、吴永怡：《台湾地区特殊教育及对大陆特殊教育发展的启示》，21 页，载《中国特殊教育》，2008(12)。

② Pei-Yu Chen, Chun-Yu Chiu, "Inclusive Education for Students with Low-Incidence Disabilities in Taiwan-Where We are, What We have Learned,"in *Including Learners with Low-Incidence Disabilities*, 2015(5), pp. 203-219.

1992)》发布，在其中首次正式提出了"随班就读"的概念。同年11月，在全国特殊教育工作会议上将随班就读确立为我国特殊教育的主体形式，它成为我国在特定历史条件下保障残疾儿童入学的一种教育实践方式。此后，随着国际融合教育浪潮的推进，我国进一步对随班就读工作做出推动。1994年，国家教委发布了《关于开展残疾儿童少年随班就读工作的试行办法》，提出"让具有一定能力的视障、听障、弱智等特殊儿童少年就近进入普通学校同普通学生一起学习、一起活动，共同进步。"①随后又发布了《中华人民共和国残疾人教育条例》，该"条例"的颁布标志着"随班就读"通过国家教育政策法规获得了合法的身份，随班就读进入了一个广泛发展时期。此后，中国大陆也逐渐形成了"以特殊学校为骨干、大量附设班与随班就读为主体的特殊教育发展格局"。这种格局既是对我国特殊教育实践的总结，也是对国际融合教育发展趋势的中国式回应和探索。②

进入21世纪，国家提出特殊教育要"提高与普及相结合"，教育质量得到重视。因此，国家相关部门发布相关意见、规划、计划等，在保障随班就读学生数量的同时，把质量提升放在重要位置。2014年为全面贯彻党中央、国务院关于办好特殊教育的要求，落实《国家教育事业发展"十三五"规划》《"十三五"加快残疾人小康进程规划纲要》，进一步提升特殊教育水平，《特殊教育提升计划》一期(2014—2016年)颁布，其中重要目标之一就是"全面推进全纳教育(融合教育)，使每一个残疾孩子都能接受合适的教育。"随后《特殊教育提升计划》二期(2017—2020年)于2017年颁布，再次强调了要"全面推进融合教育"，尊重残疾学生的个体差异，注重潜能开发和缺陷补偿，提高特殊教育的针对性，促进残疾学生的个性化发展，为他们适应社会、融入社会奠定坚实基础。这些法律法规为我国进一步推进融合教育指明了方向。

目前，我国融合教育取得了比较大的发展，不同于西方特教学校因与融合教育相抵触而萎缩甚至消亡，我国特教学校与随班就读成为特殊教育安置体系的主体，形成了全球范围内少有的融合教育和特殊学校教育二元并存共进的特色。③ 根据2019年公布的《全国教育事业发展统计公报》中的数据显示：2018年全国特殊教育在校生66.59万人，其中，普通学校附设特教班的在校生3316人，占特殊教育在校生0.50%；随班就读在校生32.91万人，占特殊教育在校生49.41%。④

---

① 国家教委基础教育司：《特殊教育文件经验选编》，北京，人民教育出版社，1989.

② 朴永馨：《融合与随班就读》，37～40页，载《教育研究与实验》，2004(4)。

③ 邓猛、赵泓：《新时期我国融合教育现状和发展趋势》，12～18页，载《残疾人研究》，2019(1)。

④ 中华人民共和国教育部：《2018年全国教育事业发展统计公报》，http://www.moe.gov.cn/jyb_sjzl/sjzl_fztjgb/201907/t20190724_392041.html，2020-02-02.

第三节
融合教育相关法律法规和政策

随着融合教育理念兴起和发展，世界各国纷纷出台相应的法律法规和政策促进融合教育的开展，为有特殊教育需要的儿童提供政策和制度上的保障。

一、欧美国家融合教育相关法律法规和政策

(一)美国融合教育相关法律法规和政策

20世纪50年代美国掀起了旨在反对种族隔离与歧视，争取民主权利的群众民权运动。在这一潮流下，黑人群体在各方面开始争取与白人群体享受平等的权利。在教育领域，美国最高法院于1954年对堪萨斯州的布朗告托皮卡市教育局一案进行了判决，布朗案的判决“公立学校所实行的种族隔离教育是不平等的”，不仅改变了黑人群体的教育权问题，也推动了特殊教育的发展。

民权运动直接促成了1973年美国《康复法》的颁布，其立法的主要目的是任何得到联邦资金支持的机构都不得歧视残疾人，为残疾人进行设施改造以便给残疾人提供与普通人同等的服务，从而促进残疾人参与和融入正常的社会生活①。1975年福特总统签署的《所有残疾儿童教育法》，1990年将该法更名为《障碍者教育法》(Individuals with Disability Education Act，IDEA)，规定残疾儿童应该获得“免费、适当的、公立的教育”，并确定了“最少受限制环境、零拒绝、无歧视评估与鉴定”等基本原则，以保证残疾儿童的受教育权。这些原则奠定了美国融合教育发展的法律基石，也对后来融合教育思想的产生影响巨大。②

之后，IDEA经历了1990年、1997年、2004年数次修改。其中，1997年，美国总统克林顿签署的IDEA修正案，再次强调：特殊教育需要学生需积极参与普通教育活动，并接受普通教育要求的相关课程。2004年美国联邦政府又对IDEA进行了修正，在该法中始终坚持“人人平等”“以人为本”的宗旨，充分尊重每位特殊教育需要学生的

---

① 邓猛：《随班就读与融合教育：理想与现实之间》，武汉，华中师范大学出版社，2009.

② Mittler P.，Brouillette R.，Harris D.，*World Yearbook of Education* 1993：*Special Needs Education*，London：Kogan Page，1993，pp. 89-100.

现实需求，并以满足此需求作为发展特殊教育需要学生的途径，从而保证特殊教育需要学生可以与普通儿童一起接受平等的教育，在最少受限制的教育环境中享受适当、免费的公立教育。

除 IDEA 外，对融合教育产生重要影响的法律还有 2002 年年初，在乔治·W. 布什被选为美国总统之后颁布的《不让一个孩子掉队法案》(No Child Left Behind Act, NCLB)。乔治·W. 布什在签署此法案的过程中宣布：新法案的签署表明新时代的到来，也表明美国公立教育将进入新时期，特殊教育立法从注重帮助残疾学生由隔离环境转向正常学校，逐渐拓展到为他们向社会生活过渡提供系统的教育与支持。该法实施宗旨是保证所有特殊教育需要学生均能享受到高质量、公平的受教育机会。在中小学实施全新的课程改革标准的过程中，要求各学校以提高弱势学生的成绩水平为目标，并随之缩小特殊教育需要学生与普通儿童之间存在的学业差距，让每个儿童可以在同一个时间段内享受同等的教育，挖掘其自身应有的能力与水平，力争做到"不让一个孩子掉队"。这一法案的通过与实施对美国融合教育的发展在很大程度上起到了推动效果。

在 NCLB 的基础上，全美州长协会(National Governors Association, NGA)和州教育长官委员会(Council of Chief State School Offices, CCSSO)于 2010 年 6 月联合颁布了所有学生的学业《共同核心州立标准》(Common Core State Standards, CCSS)。它统一规定了所有学生应该掌握的知识与能力，赋予教育者们提高特殊教育需要学生学业、生活及就业的责任，对特殊教育需要学生提出了高期待与高标准，[①] 有利于特殊教育需要儿童缩小与普通儿童之间的教育、教学差距，促进特殊教育需要儿童全面发展，为未来生活做准备。

之后，2015 年美国众议院与参议院通过了《每一个学生都成功法案》(Every Student Succeeds Act, ESSA)。该法案的颁布与实施目标在于辅助美国联邦政府减少对各州教育的相关干预，从而授予地方教育机构、州教育机构更为显著的灵活性，在对特殊教育需要学生的成功提出殷切期望的同时，提升美国教育的整体质量。该法案不再局限于只有学校参与教育活动与知情权，而是将范围延伸至学校改革、特殊儿童学习评估等多个方面[②]。该法案体现了融合教育不仅仅是学校的任务，还需要各领域的共同参与和配合。

综上，从 20 世纪 70 年代到 21 世纪初期，美国制定颁布的融合教育相关法律法规表现出由前期的强调形式，到后来的强调质量的发展趋势，这为每个孩子享受平等、

① 黄建辉：《美国残疾学生融入普通课程教学的发展与支持策略——以加利福尼亚州为例》，105～111 页，载《教育学术月刊》，2017(01)。

② 戴士权：《美国特殊儿童教育平等权立法保障研究》，49～57 页，沈阳，东北师范大学硕士论文，2018。

高质量的教育提供了法律保障。

(二)英国融合教育相关法律法规和政策

英国是欧洲融合教育发展较早、较快和较好的国家。为普及义务教育，1944 年通过《巴特勒法案》，规定儿童的教育应建立在他们的年龄、天资和能力的基础之上，并由此划分了 11 类缺陷儿童，但主要让他们在隔离式特殊教育中接受教育。20 世纪 60 年代，在“一体化”与“去机构化运动”的影响下，1978 年，沃诺克委员会发表了《关于残疾儿童及青少年的报告》，即《沃诺克报告》，该报告对英国的融合教育有着深远的影响。其中与融合教育最为密切的包括：(1)首次提出“特殊教育需要”的概念。这一概念远远超出了传统的以病理学为基础的残疾分类、诊断，它完全从教育的视角审视儿童的需要，用“学习困难”取代“缺陷”与“残疾”，表示每个儿童都可能在发展的某个阶段遭遇学习困难因而具有特殊教育需要①。(2)支持“一体化教育”。该报告首次提出了要加强特殊教育师资的培养，主张一体化教育，所以要求普通学校教师也必须掌握特殊教育的有关知识，同时还要加强专门从事特殊教育工作的师资力量。自《沃诺克报告》出台以后，英国就开始有了以特殊教育需要儿童为中心的一体化教育，对传统隔离式教育提出了挑战。

20 世纪 80 年代后，英国融合教育有了很大发展。1981 年颁布的《教育法》是英国从隔离式教育到一体化教育转变的立法标志，正式承认了“特殊教育需要”概念，并接受了《沃诺克报告》的意见，取消了对残疾的传统分类方法，规定了“特殊教育需要儿童”的定义，是指与大部分同龄人相比较学习上存在较大困难的儿童；身心有残疾不能像普通儿童一样使用教育设施和资源的儿童；存在上述两种中的任意一种或者没有得到特殊教育服务的儿童。② 同时，该法案引入了对特殊教育需要的评估与鉴定以及相关教育服务措施；具体提到了家长参与特殊教育的具体权利和程序。

1993 年修订的《教育法》中明确规定，地方教育当局必须在主流教育的环境中对特殊教育需要儿童提供与普通儿童一样的教育机会。以该法案为依据，1994 年英国颁布了《特殊教育需要鉴定与评估实施细则》，其中将鉴定与评估的阶段依学生需求的复杂程度分为了五个阶段，规定了地方教育当局、学校和“特殊教育协调员”等相关人员的职责，并且提供了相关人员的合作模式。此后，1995 年英国政府颁布的《残疾歧视法》第一次以立法的形式把反对歧视确定下来；1996 年再次修订的《教育法》给予了家长更多的申诉权，还明确规定鉴定与评估特殊教育需要的过程必须在 26 周之内完成等，为保障特殊教育需要学生的权利做了制度性的保证。

---

① 邓猛、肖非：《特殊教育学科体系探析》，25～30 页，载《中国特殊教育》，2009(6)。

② 张秀：《英国特殊教育立法的演进及对我国大陆地区特殊教育的启示》，20～25 页，陕西师范大学硕士论文，2014。

2001 年英国颁布了《特殊教育需要与残疾法案》，这是对 21 世纪之前特殊教育相关法案的总结，也对未来特殊教育发展起着指引作用。该法案的第一部分是对 1996 年《教育法》的补充，赋予了有特殊教育需要儿童和家长更大的权利，主张将有特殊教育需要的儿童接纳到主流学校中。第二部分着重界定了教育中残疾歧视现象的含义，并且规定了如果存在残疾歧视现象，特殊教育需要与残疾法庭就要对歧视行为进行裁决与审判，反对对残疾儿童的歧视与排斥。这部法律为地方教育当局、学校和家长在实施特殊教育中提供了实际指导，自其实施以来，英国融合教育的发展进入了崭新的时代，融合教育的发展有了更多的法律依据，家长也能够更充分地参与到特殊教育活动中，对有特殊教育需要的儿童的鉴定与评估更加合理、科学，使真正有特殊教育需要的儿童接受特殊教育。

为继续完善法律，2011 年英国颁布了《特殊教育需要信息法案》，重新界定了特殊教育需要的定义，即与同龄人相比，有特殊教育需要的学生在学习上存在困难，或者因为残疾而导致他们在学习上要比同龄人困难。更加详细解释了在不同年龄段学生的特殊教育需要，再次强调反对对特殊教育需要学生的排斥与隔离，同时家长有参与特殊教育需要学生教育的权利，为有特殊教育需要学生提供融合与全纳教育。

2014 年，英国政府颁布了《特殊教育需要实施章程》，将特殊教育需要学生接受教育的年龄延伸到 25 岁，并对地方教育局、教师、家长、专家等提出明确的职责与要求，加强了不同主体之间的联系与合作，使其共同致力于促进特殊教育需要学生的成长与发展。除此之外，该章程还关注了特殊教育需要学生与家长的想法及其在决策中所发挥的作用，明确规定继续支持特殊教育需要学生及家长对学校的选择权。不仅如此，2017 年英国教育部还颁布了《走向卓越的高等融合教学和学习》指导性文件，倡导各大高校积极采取各种措施，保障特殊教育需要学生接受高等教育的权利。

英国是融合教育发展较早、立法较完善的国家之一，其融合教育相关法律法规的制定可见也经历了逐步完善的过程，表现出对融合教育立法的重视、特殊教育需要鉴定与评估的科学化、特殊教育师资的发展与完善等特点。

二、中国港澳地区融合教育相关法律法规和政策

(一)香港相关法律法规和政策

香港的融合教育政策的发展可追溯至 20 世纪 70 年代。当时的教育政策旨在“协助有特殊教育需要的儿童融入主流学校，好让他们能够与同龄儿童一起接受适当的教育。”①

① 卢乃桂：《融合教育在香港的持续发展——兼论特殊学校的角色转变》，82 页，载《中国特殊教育》，2004(11)。

1977年，香港政府发表第一份康复白皮书，题为《群策群力·协助弱能人士更生》，并设立康复发展协调委员会(现称康复咨询委员会)，以协调不同政府部门的工作及收集民间团体和人士的意见。在这一时期，不同的残疾人士及其照顾者纷纷成立自助团体，香港复康联盟也在此时诞生，其特色是联合各类残疾人士以及其他支持者，目标是使残疾人士享有平等机会和全面参与社会。各团体、联盟的出现为响应、争取残疾人享有平等的权利及融入"正常化"社会起到了重要作用。

20世纪90年代以来，融合教育得到国际广泛关注，香港也不例外。1995年香港政府发表《平等齐参与、展能创新天》康复政策，并在服务白皮书中强调了香港本土的融合教育政策，旨在为弱能人士的均等机会及全面参与制定蓝图。1997年香港政府推行的"融合教育先导计划"，更把原有隔离安置的残障学童进一步融入主流教育。① 该计划是在校长的领导下，学校制定相关融合教育政策，建立兼容的学习环境，推动教职员协力帮助有特殊教育需要的学生。此计划的执行配合了融合教育相关法律政策的发展，真正将政策落实到实处。

进入21世纪，继续推行融合教育的理念是教育发展的一大趋势。2001年，香港平等机会委员会制定了《反歧视条例教育实务守则》，它要求设立无障碍的环境，制定合适的招生程序，调试课程内容、教学方法、评估、训练，以确保有特殊教育需要学生的个别需要能被满足。该守则加速了融合教育的发展，为促进融合教育有质量的发展做了更加明确、细致的规定。2008年，香港教育局出版了《全校参与模式融合教育运作指南》，清晰地指出融合教育政策的方向：所有学生都有个别需要，不仅是有残疾的学生；有残疾的学生并不是校内唯一需要支持的群体；一般课堂内有众多的个别差异，而特殊教育需要只是其中一种，透过全校参与模式，学校可以照顾更多学生的个别差异。该指南强调个体差异性，强调教育要尊重差异，将融合教育的对象扩大到所有有特殊教育需要的儿童少年。

2019年3月香港教育局发布了《特殊教育需要统筹主任》的通告，在融合教育中设立统筹主任一职，并对其角色、资历、职责及培训等都做出了详细的规定与要求。统筹主任作为协调、统筹性工作人员，积极推进学校融合教育的施行，在满足特殊教育需要学生学习及发展中起到了重要的作用。除此之外，2021年8月，香港教育局又颁布了《照顾有特殊教育需要的学生——教师持续专业发展》的通告，对普通学校教师和特殊学校教师的特殊教育培训进行了详细的规定与描述，有助于提高教师教育特殊教育需要学生的能力，推动普通学校融合教育质量的提高。

综观香港融合教育相关法规政策的发展，其表现出了鲜明的"理论与实践相结合"

---

① 余玉珍、尹弘飚：《香港融合教育政策下的教师专业发展》，44页，载《华南师范大学学报》(社会科学版)，2014(6)。

的特点。当然，相关组织团体的配合及参与是这些政策有效落实的关键之一。其政策、理念与国际接轨，显示出国际性、时代性的特点，这也是香港融合教育一直处于国际前列的重要原因之一。

(二)澳门相关法律法规和政策

澳门开埠400多年，一直到20世纪80年代后，随着经济的发展和社会的不断进步，政府才逐步加强对教育的管理，特教班、特教学校和训练中心也陆续开办，而融合教育也自特殊教育发展之初便开始启动了。[①] 相应的有关于融合教育的相关法律条例的颁布与执行也陆续上演。

1991年起，政府开始在公立学校开展并支持融合教育，并于同年颁布《澳门教育制度法》，其中将“特殊教育”纳入为澳门教育的一部分，并明确规定：“特殊教育透过适合该类人士的特殊能力教学方法或通过特殊教育机构或设在正规学校内的特别计划而展开，从而在可能的范围内，促使有特殊教育需要的学生能在教育及工作上融入社会。”[②]同年还颁布了“第11/91M号法律”即《澳门教育制度》，该法律中指出：对有特殊需要的人士提供教育均等的机会，而精神特征、感官能力、肌肉神经及身体特征、感情及社会行为、沟通能力、多种缺陷等六种特殊需要的人士均受该法保障；特殊教育包括为受教者而设的活动及为家人、教师及社团而设的措施；特殊教育通过适合该类学生而设的教学方法、通过特殊教育机构或设在正规学校内的特别计划而开展，并在可能范围内让特殊需要学生在学习及工作中融入社会；政府优先支持私人机构、社团开办特殊教育[③]。可见，该法案保障了特殊需要人士的受教育权，但对特殊需要人士的界定范围还相对狭窄。该法案标志着澳门的特殊教育在法律依循下得以开展。

1996年，澳门政府对“第11/91M号法律”的特殊教育法律部分进行跟进，并制定了“第33/96M号法律”即《特殊教育制度》的法律条文。它是澳门第一个专为身心障碍有特殊教育需要而设立的特殊教育条文，其中规定：对有特殊教育教育需要的学生学校应为其制订个别化教育计划及教学活动大纲等文书；任特殊教育的教师需接受相关适当的培训等。可以看出，该法律在继承“第11/91M号法律”的同时，对有特殊需要的学生教学实施及教师能力等提出了相关要求，但不足之处是该法律只是保障了有特殊教育需要的学生获得受教育权的机会，并没有保障特殊需要儿童回归主流学校的机会。

进入21世纪，澳门加紧推进融合教育的进行。2006年，为有效推进融合教育澳门政府颁布了“第9/2006号法律：《非高等教育制度纲要法》”，规定：本澳的特殊教育旨

---

① 汪斯斯、雷江华：《澳门的融合教育及启示》，40页，载《现代特殊教育》，2009(5)。

② 雷江华：《融合教育导论》，51页，北京，北京大学出版社，2012。

③ 董志文：《从法律及运作状况探讨澳门特殊教育的发展》，29～30页，载《现代特殊教育》(高教)，2016(9)。

在为有特殊教育需要学生提供适合其身心发展的受教育机会，以协助其融入社会、发挥潜能、弥补不足及参与就业；特殊教育的对象，包括资优学生和身心障碍学生，由政府有职权的公共部门或教育行政指定的实体负责评估；特殊教育优先在普通学校内以融合的方式实施，亦可在特殊教育机构以其他方式实施；特殊教育课程、教材、教学及评估方法，须配合每名学生特点，以发展其潜能，协助其融入社会；政府创造条件，包括财政支持、培训、向受教者家庭提供协助、向推动特殊教育服务实体提供支持等。相比此前的相关法规，该法规扩大了融合教育的对象，具体规定了对特殊教育需要儿童教育教学的要求等。其中，最重要的是它确立了特殊教育主要是以融合教育方式为主要发展路向，强调要从课程、教学、评估等多方面进行调整，以保障身心障碍学生的教育要适应其身心发展的需要。在这项法规的影响下，使得澳门的融合教育开始得以发展。

经过数年的发展后，澳门融合教育得到了长足的发展，融合学生的数目也在急剧增加，甚至其增加的速度比参与融合教育学校的增长速度还快，造成融合教育学额紧张的情况。① 因此，2015 年，澳门教育暨青年局进行了修订《特殊教育制度》的咨询，所收集的内容包括几个重点：为特殊教育发展提供支持、特殊教育人力资源保障、个别化教育计划的修订、评估调整、特殊教育教师及专业团队的专业发展、教育安置、资优生的教育安置及课程、资优生的证书及协助团队、转衔、课程调整、无障碍环境、证书发放、特教规划、特教数据等多个项目。通过广泛收集各方面的意见和建议能为融合教育进一步有效开展提供方向和指导。咨询工作结束时，共收集到 1588 条宝贵意见。教育暨青年局对咨询过程收集的意见和建议进行了分析整理，并在此基础上完成了咨询总结报告的撰写工作，其中包括对收集的意见要点及回应，以为《特殊教育制度》的修订提供指导意见。在 2020 年 7 月，澳门教育暨青年局颁布了新修订的《特殊教育制度》，主要包括实施该行政法规的基本原则、教育需求评估准则、对超常学生采取的措施、对身心障碍学生采取的措施、个别化教育计划以及学习表现检核等内容。其中，在对特殊教育需要学生的教育安置建议中，明确提出了"融合生"这一类别，将符合条件的特殊教育需要学生安置于普通班就读，并对他们的课程、学业检核及毕业证书等进行了详细的规定，使融合教育走上更加规范化的道路。

三、中国大陆融合教育相关法律法规和政策

中国大陆在推行融合教育上做了很多工作，相关法律法规和政策的颁布和制定为融合教育的发展起到了保驾护航的作用。早在 1986 年大陆就通过《中华人民共和国义

---

① 董志文：《澳门融合学校家长对本澳融合教育发展的看法之研究》，澳门城市大学硕士论文，2015。

务教育法》，规定“地方和各级人民政府应为盲、聋哑和弱智的儿童、少年举办特教学校(班)”以保障特殊教育需要儿童享有平等的受教育权。

1987 年，在徐白伦倡导下的“金钥匙工程”正式开启了我国随班就读的实验并取得了很好的成绩，1987 年 12 月原国家教委在《关于印发全日制弱智学校(班)教学计划(征求意见稿)的通知》中写道：“在普及初等教育的过程中，大多数轻度弱智儿童已经进入当地普通小学随班就读。这种形式有利于弱智儿童与正常儿童的交往，是在那些尚未建立弱智学校(班)的地区特别是农村地区解决轻度弱智儿童入学问题的可行办法。”这是首次在国家文件中出现“随班就读”一词。随后，1988 年《中国残疾人事业五年工作纲要(1988—1992 年)》中提到：“普通班中要吸收肢残、轻度弱智、弱视和重听等残疾儿童随班就读。”同年，在第一次全国特殊教育工作会议上，政府将残疾儿童随班就读正式作为发展特殊教育的一项政策。政策上的确立使得随班就读开始以一种正式的身份进入教育发展的轨道。

1994 年，国家在经历了前期的随班就读实验探索之后，为规范和进一步推进随班就读，出台了一部专门的随班就读政策指导文件《关于开展残疾儿童少年随班就读工作的试行办法》。在此文件中，对随班就读的对象、入学、教学要求、师资培训、家长工作、教育管理等方面做出了规定。它对于推动和规范我国随班就读的发展在特定时期起到了重要的作用，成为各省地开展随班就读工作的遵循依据。

1994 年之后，在国家陆续出台的一些特殊教育方面的相关政策文件中，随班就读政策被不断提及，如 1996 年的《全国残疾儿童少年义务教育“九五”实施方案》、1998 年的《教育部特殊教育学校暂行规程》、2001 年的《关于“十五”期间进一步推进特殊教育改革和发展的意见》等。特别是 2010 年我国出台了进入 21 世纪之后的第一个中长期发展规划纲要《国家中长期教育改革和发展规划纲要(2010—2020 年)》(以下简称《纲要》)，其中将特殊教育专门列为一章，并再次提到要不断扩大随班就读规模，完善特殊教育体系。

为全面推进融合教育，提高融合教育的质量，2014 年国务院办公厅转发教育部等部门《特殊教育提升计划》(2014—2016 年)，提出了全面推进融合教育，初步建立布局合理、学段衔接、普职融通、医教结合的特殊教育体系，办学条件和教育质量进一步提升的总体目标。随后《特殊教育提升计划》二期(2017—2020 年)于 2017 年颁布，再次强调了要“全面推进融合教育”，尊重残疾学生的个体差异，注重潜能开发和缺陷补偿，提高特殊教育的针对性，促进残疾学生的个性化发展，为他们适应社会、融入社会奠定坚实基础。两期计划的颁布均为融合教育进一步实施提出了具体要求，对未来融合教育在我国的实施提出指导意见。2017 年 1 月，国务院常务会议通过了《残疾人教育条例(修订草案)》，这是继 1994 年《中华人民共和国残疾人教育条例》颁布以来的一次重大修订调整。在此条例中尤其强调要积极推进融合教育，明确提出了“推广融合教育，保障残疾人进入普通幼儿园、学校接受教育”。除此之外，2020 年 6 月，教育部颁布

《关于加强残疾儿童少年义务教育阶段随班就读工作的指导意见》，对残疾儿童少年随班就读工作进行了全面、详细的部署与安排，包括残疾学生的评估认定、残疾学生的安置、随班就读资源支持体系的建设等内容，切实保障了残疾学生进行随班就读的权利。该文件的出台极大促进融合教育精神的贯彻与实施，有效推动我国融合教育的发展。

虽然我国融合教育的对象还多局限在残疾儿童少年，未延伸到所有有特殊教育需要的学生，但随着国家对融合教育的重视和提倡，相关法律法规的制定与颁布正在逐步完善，我国大陆将在融合教育取得重大进步的基础上，继续在符合本国国情的前提下探索本土化的融合教育模式，最终，满足所有学生的学习需求，使所有学生都获得充分发展。

本章小结

融合教育提倡让所有儿童包括有特殊教育需要的儿童在普通学校就近入学，并为其提供满足身心发展需要的有效的、高质量的教育。其主要理念是：让所有儿童都享有平等接受教育的权利；让每一个有特殊教育需要的儿童获得优质的适性教育；通过各方面的充分协同合作共同推动融合教育的发展；融合教育的最终目的是构建一个包容、全纳的社会。它的产生经历了“隔离式教育—回归主流运动—正常化教育运动—融合教育”的曲折历程。由于各国发展水平各不相同，政治、经济、文化等背景各有差异，融合教育发展现状也各不相同。但各国都出台了相应法律法规，为融合教育的实施提供了政策和制度上的保障。

思考题

1. 什么是融合教育？为什么要实施融合教育？
2. 融合教育的模式有哪些？你认为在中国应该采用什么样的模式？
3. 融合教育的基本理念是什么？你对这些理念有什么看法？
4. 中国的融合教育的发展与世界其他国家融合教育的发展有何不同？
5. 你认为融合教育在中国发展的前景如何？

推荐阅读

1. 邓猛．融合教育与随班就读：理想与现实之间[M]. 武汉：华中师范大学出版社，2009.

2. 邓猛，孙颖，李芳．融合教育理论指南[M]. 北京：北京大学出版社，2017.

4. 任颂羔．特殊教育发展模式[M]. 北京：北京大学出版社，2012.

5. 彭兴蓬，雷江华．论融合教育的困境——基于四维视角的分析[J]. 教育学报，2013(6).

第二章

特殊教育需要概述

本章导读

理解“特殊教育需要”(Special Education Needs，SEN)这一概念，是我们讨论融合教育诸多问题的基础。可以说，如果我们弄清楚了特殊教育需要的内涵和外延，那么对于融合教育的理论立足点，以及各个方面如何进行实践，就可以获得清晰的概念框架。所以说，认真思考“特殊教育需要”，并不仅仅是满足理论研究的兴趣，追求定义的精准，更是获得理解融合教育理论和开展融合教育实践的“锚点”。如果要理解“特殊教育需要”这一概念，那么至少要回答三个基本问题：

第一，特殊教育需要这一概念是从何而来的？我们需要在整个历史的发展过程中去理解特殊教育需要这一概念所处的重要位置和扮演的重要角色。“特殊教育需要”概念的出现，可以部分显示传统隔离特殊教育与现代融合教育之间的分野。

第二，特殊教育需要这一概念的内涵是什么？仅仅简单给特殊教育需要下一个定义是不够的。理解特殊教育需要的内涵需要从残疾模式、特殊教育对象范围、教育公平、特殊教育本质等多个议题的讨论中，探讨特殊教育需要概念与这些议题观点之间的相互影响。可以说，特殊教育需要的概念在特殊教育理论中处于“牵一发而动全身”的核心地位。通过在这些议题中探究“特殊教育需要”的内涵，可以加深我们对这个概念的理解。

第三，特殊教育需要这一概念在融合教育中的实践框架是怎样的？既然特殊教育需要这一概念在特殊教育理论中处于核心地位，并且代表着从隔离特殊教育到融合教育的理论转向。那么，从特殊教育需要的角度出发，必须为融合教育实践构建一个可以行动的概念框架。

基于以上论述，本章就从“特殊教育需要概念的缘起”“特殊教育需要的内涵辨析”“融合教育中儿童的特殊教育需要”探讨特殊教育需要的概念。

第一节 特殊教育需要概念的缘起

一、特殊教育需要概念的由来

“特殊教育需要”概念与英国特殊教育的现代发展历程息息相关，最终发端于英国

70 年代的一体化教育运动之中。《1944 年教育法》的颁布是英国特殊教育取得现代发展的开端。由于该法案是由巴特勒(Richard Butler，1902—1982)提交的一份议案通过而成，因此又称“巴特勒法案”。这是一个对现代英国教育发展有很大影响的教育法令，直到 1966 年该法案才被废止，而后来的法律与研究者在援引此法案的时候将其称为“基本法案”。① 该教育法关于特殊教育的主要内容中规定并扩大了特殊教育的对象。该法案确认了 10 类残疾的分类标准，并为各个种类提供相应的特殊教育方法。这个法案使得英国特殊教育发生了很大的变化，极大地促进了特殊教育的发展。在 1944—1971 年，英国特殊学校的数量增加了一倍。

“特殊教育需要”概念最先在英国著名的《沃诺克报告》(*Warnock Report*)中提出。1974 年，英国工党重掌政权，为特殊教育的发展提供了新的契机，特殊教育逐渐向一体化发展。根据时任教育与科学大臣、后来的首相撒切尔夫人等人的建议，英国政府任命了一个以沃诺克夫人为主席的调查委员会(简称沃诺克委员会)。经历了四年的调查，该委员会发布了著名的《沃诺克报告》。《诺沃克报告》对 1944 教育法所规定的 10 种特殊儿童的分类提出异议，主张用“特殊教育需要”来取代传统的分类。报告指出：儿童的特殊教育需要既包括那些因身体的、感觉的、心理的缺陷或情感上、行为上的失调所导致的对教育的地点、内容、时间或方法的特殊需要，也包括其他所有有某种困难的学生对教育的某种特殊需要，以上这些需要既可以是贯穿整个受教育时期的，也可以是短期的。② 因此，“特殊教育需要”概念的提出，扩大了特殊教育的范围，考虑了环境与时间因素所造成的困难与特殊需要。委员会认为，从某种意义上来说，每个儿童对教育的需要都是“特殊的”，几乎每个儿童都经常会面临各种各样的困难，这些都需要某种形式的特殊教育。③总之，沃诺克报告对英国的特殊教育进行了全面的评价，第一次提出了“特殊教育需要”的概念。在英国特殊教育史上起着重要的作用，引导英国特殊教育逐步走向“一体化”。

《沃诺克报告》中体现的“一体化”思想具体表现为：绝大多数残疾儿童可以而且应该在普通学校就读。只有大约 2%的儿童有严重的身体、感觉、智力或情绪障碍，某些障碍可能会伴随他们一生。大约有 20%的儿童在某些时候会需要某种形式的特殊教育，也就是有“特殊教育需要”。这个结论的必然结果就要求普通学校提供有效的特殊教育，让所有儿童接受一体化的教育。

沃诺克报告中提出了一体化教育的三个形式④。

(1)场所的一体化。即在普通学校里设立特殊班级或特殊单位，或一所特殊学校和

---

① 徐辉、郑继伟编著：《英国教育史》，289 页，长春，吉林人民出版社，1993。

② 邓猛、肖非：《特殊教育学科体系探析》，25～30 页，载《中国特殊教育》，2009(6)。

③ 《沃诺克报告》，http://www.educationengland.org.uk/documents/warnock/warnock1978.html.

④ 同上。

一所普通学校共用一个校舍。报告认为，这可能是最弱的联合形式。即便如此，这种一体化形式的益处依然显而易见。普通班级的儿童有机会认识有特殊教育需要儿童，有机会观察与他们年龄相仿的特殊教育需要儿童的行为。

(2)社交的一体化。即参加特殊班级或单位的儿童和其他儿童一起用餐、游戏和交往，可能还和其他儿童一起参加有组织的课外活动。报告还指出：只有细心的规划和安排，才可能促进和产生这些结果。

(3)功能的一体化。即只有在有特殊教育需要儿童与他们的同伴由场所一体化和社交一体化发展成一起参加教育活动时才能取得。报告认为，这是最充分的一体化教学形式。

英国政府接受了该报告中提出的许多重要建议，并以此为依据，于1980年向议会提交了《教育中的特殊需要》白皮书，该白皮书广泛听取了社会各界的意见，对后来的教育立法产生巨大影响。《1981年英国教育法》中正式使用“特殊教育需要”的概念，取代了过去英国传统的残疾儿童分类的全部名称，并定义为：“如果一个儿童有学习困难而需要特殊教育设施，那么就说这个儿童有特殊教育需要。”

二、特殊教育需要概念的发展

除了英国，20世纪70年代美国社会各界也开始反思传统的特殊教育的弊端。受到欧洲正常化思潮和一体化运动的影响，并在民权运动的感召下，美国掀起了著名的回归主流运动，对全球特殊教育的理论与实践产生了巨大的影响。① 欧洲一体化运动和美国回归主流运动最后导致了“融合教育”运动的诞生与发展。融合教育最终确立于1994年联合国教科文组织在西班牙召开的“世界特殊需要教育大会”，各国达成《萨拉曼卡宣言》并确定了融合教育的基本理念与原则。《萨拉曼卡宣言》主张：每一个儿童都有独一无二的个人特点、兴趣、能力和学习需要，教育应考虑到这些特点和需求的广泛差异；有特殊教育需要者必须有机会进入普通学校；实施此种融合性方针的普通学校，是反对歧视、建立融合型社会和实现人人受教育的最有效途径。

这次会议将“特殊教育需要”的概念正式引入其中，并赋予其更为广泛的含义。在这次大会上通过了重要文件《特殊需要教育行动纲领》，其中提出：“特殊教育需要”一词是针对那些因残疾或学习困难而产生特殊教育需要的儿童少年所言的。许多儿童都会在他们求学生涯的某个时期经历到学习困难并由此产生特殊教育需要。融合学校应该接纳所有儿童而不考虑其身体的、智力的、社会的、情感的、语言的或其他的条件。

---

① 邓猛、肖非：《隔离与融合：特殊教育范式的变迁》，134～140页，载《华中师范大学学报》，2009(4)。

融合学校面临的挑战是要建立一种以儿童为中心的教育学，能成功地教育所有儿童。[①]从中可以看出，“特殊教育需要”已经超越了特殊教育的范畴，而涉及了更广泛的教育处境不利的儿童，进而将特殊教育问题引入了普通教育领域，乃至更广泛的教育与社会公平议题。这很大程度上是由于这次“世界特殊需要教育大会”不仅仅是发端于特殊教育的变革，也深刻地受到了“全民教育”思潮的影响。[②] 在 2008 年的第四十八届世界教育大会的主题为“融合教育：未来之路”，[③] 将融合教育看作实现全民教育的途径。全民教育不仅仅是让所有人的受教育权得到满足，更为重要的是其中加入了反歧视和社会融合的含义。

三、特殊教育需要概念的影响

“特殊教育需要”概念的引入极大地改变了人们的特殊教育观念。例如，英国改变了以往按照残疾类别将特殊学生分类的方式，将特殊教育服务对象根据需要分为：学习困难；情绪与行为困难；医疗需求；言语和语言困难；感觉困难。学者 Wedell(2010)通过深入分析沃诺克报告的表述，认为“特殊教育需要”有三层含义：其一，“获取课程的特殊手段方面需要”。主要适用于交流表达方面有困难的感觉障碍儿童，以及运动方面有障碍的儿童。改进教学方法，配备特别的设备及使用特殊的方法。其二，“提供特殊的或者修改的课程的需要”。主要适用于有严重学习问题的儿童。如果要有效地实现教学目标，课程可能需要分为非常小的步骤。特别的或做了适当的改变的适应某个儿童的教学课程。其三，“社会结构与情感氛围方面的需要”，创造适合儿童发展的教学环境和情感气氛。例如改变情绪敏感儿童的环境中的压力水平。[④] 虽然，在除了英国教育法之外，世界各国的法律规定中很少直接体现“特殊教育需要”的概念。但是，即便大部分国家依然沿用了传统障碍分类，依然可以在法律的实施的过程中看出这一概念的影响。以美国为例，特殊教育需要的概念引入的结果就是接受特殊教育服务对象范围的扩大。美国在障碍类别中引入了“学习障碍”这个障碍类别，并且逐渐成为最重要的障碍类别。学习障碍顾名思义注重学生在学校学习过程中出现的显著性差异，其病理学、心理学基础并不明确。传统的基于病理学的障碍类别比例总的来说逐渐缩小。美国法

---

① UNESCO，*The Salamanca Statement and Framework for Action on Special Education. Adapted by the World Conference Special Needs Education Access and Quality*，Salamanca，Spain，June. 1994.

② 黄志成：《从终身教育、全民教育到全纳教育——国际教育思潮发展趋势探析》，27～30 页，载《河北师范大学学报(教育科学版)》，2003(2)。

③ UNESCO IBE，“General Presentation at the 48th Session of the International Conference on Education，” in Inclusive Education：The Way of the Future，Geneva，2008，pp. 25-28.

④ Wedell K.，“Concepts of Special Educational Need，”in *Journal of Research in Special Educational Needs*，2003，3(2)，pp. 104-108.

律规定了 13 种障碍类别，其中美国接受特殊教育服务的 3～21 岁儿童和青年，其中占最大比例的是学习障碍的学生。2009—2010 学年，在残疾人教育法案(IDEA)法律框架下，有资格接受特殊教育服务的 3～21 岁的儿童和青少年其中学习障碍占到所有特殊需要儿童的 38%，而传统的智障、听障、视障、肢体障碍加起来不到 10%。[①] 可以看出，特殊教育需要虽然并没有直接在大部分国家法律中彻底改变以往的分类方式，但是却在真实的影响着各国的特殊教育观念与实践。特殊教育服务的范围在扩大，更多的儿童被纳入特殊教育的范畴中，特殊教育也逐渐摆脱传统的残疾观念桎梏，更加走向满足儿童多样性教育需要的道路。

第二节
特殊教育需要的内涵辨析

认真思考“特殊教育需要”的内涵，并不是无关紧要的，或者仅仅满足逻辑与形而上学的知识旨趣，而是获得可以深刻影响特殊教育实践的观念取向。特殊教育需要的内涵与残疾观(残疾模式)、平等观、教育观都有深切的联系。

一、特殊教育需要与两种残疾模式

特殊教育理论与实际上的发展很大程度上取决于人们对于残疾本质的认识。残疾的定义并非仅有语意学的意义，它有着广泛的社会、经济与政治含义。一个国家与残疾相关的政策与立法的制定需要明确残疾的内容与外延，从而确定服务与福利涉及的对象与范围，影响残疾人的生活质量，并为特殊教育奠定理论基础。[②] 许多研究集中于研究残疾模式并提出了不同的观点。其中，最为典型的就是“医学模式”与“社会模式”之间的分野。

“医学模式”下的特殊教育需要关注的是特殊教育需要学生个体的功能限制。“医学模式”强调残疾的病理原因与功能限制。Ballard (1997)[③]指出：长期以来，人类对于残

---

① 数据来源：美国国家教育统计中心(The National Center for Education Statistics，NCES)，http://nces.ed.gov /programs/coe/figures/figure-cwd-1.asp，2020-12-01.

② Altman B. M.，Disability Definitions，Models，Classification Schemes，and Applications. In G. L. Albrecht，K. D. Seelman，& M. Bury(Eds.)，*Handbook of Disability Studies*. Thousands Oaks，CA：Sage，2001，pp. 97-122.

③ Ballard & Keith，“Researching Disability and Inclusive Education：Participation，Construction and Interpretation，” in *International Journal of Inclusive Education*，1997，1(3)，pp. 243-256.

疾的研究从医学、心理学出发，关注残疾的病理学根源、行为特点以及矫正补偿的方法，并在隔离性质的特殊教育学校或机构对他们进行教育。在残疾教育与康复过程中，诊断往往被视为基础性工作。残疾被视为“个人麻烦”或“家庭悲剧”，而非政府的责任。人的问题来源于其自身缺陷与不足而非社会歧视或环境不利，残疾问题的解决更多地来自个体努力而非公共服务。残障或缺陷导致个体能力降低，不能满足正常生活如工作、家庭社会交流等方面的需求，不能完成社会文化要求个体扮演的社会角色。Smart(2009)[①]指出：医学模式下残疾人被看作一个病态的、低能的群体，不能对社会有所贡献，社会不会改变环境和设施以适应残疾人，残疾人应该通过自己的努力来适应社会。因此，残疾问题是医疗问题，残疾政策集中于为残疾人提供医疗康复和收养照顾服务，通过治疗、救助与有限的隔离教育使残疾人的生活状况有所改善。在医学模式下，残疾学生的特殊教育需要重点在于纠正他们的偏差行为和功能障碍，以促进他们能够适应“正常”的环境。显然，这一模式忽视了社会环境以及社会期望与个人能力之间互动。

“社会模式”下的特殊教育需要关注的是残疾学生面临的环境限制。“社会模式”下残疾人被视为面临社会压迫与歧视的“少数群体”(minority)，社会歧视与不公正是残疾人的主要障碍。残疾根源于社会环境与结构不能适应残疾人的要求，而非残疾人没有能力适应社会的需求。Sleeter (1986)认为，残疾是由于社会的不平等与社会机制的缺陷导致的。[②] Skidmore(1996)从文化复制理论角度出发，指出，残疾人教育与社会地位恰恰是社会不公平现象在残疾人领域中的反映与复制。造成残疾的主要原因不是残疾本身，而是外部障碍，使残疾人权利的实现和能力的发挥受到限制。[③] 因此，社会模式下的残疾人理论更加重视通过消除社会歧视与环境障碍提高残疾人生活、工作、社会参与等方面的能力，保证残疾人平等权利的实现。近年来，越来越多的人转而支持“社会压迫”理论，认为残疾人是遭受社会压制的“少数群体”，他们不能全面参与社会生活的原因不是个人残疾所致，而是强加给他们的社会限制以及与之相关的歧视与排斥观念。传统特殊教育更多地从“医学心理”模式出发，关注残疾所致的“功能限制”；社会模式则以社会学、政治学理论为基础，鼓励残疾人平等参与社会经济生活。[④] 在这一模式下，残疾学生的特殊教育需要应该集中在他们在整个教育体制中遭受到的排斥与阻碍，只有改善环境，才是解决他们的教育与社会适应的关键。

---

① Smart J. F., “The Power of Models of Disability,” in *Journal of Rehabilitation*, 2009, 75(2), pp. 3-11.

② Sleeter, C. E., “Learning Disabilities: The Social Construction of a Special Education Category,” in *Exceptional Children*, 1986, 53, pp. 46-54.

③ Skidmore D., “Towards an Integrated Theoretical Framework for Research into Special Educational Needs,” in *European Journal of Special Needs Education*, 1996, 11(1), pp. 33-47.

④ Hahn H., “Public Support for Rehabilitation Programs: The Analysis of U. S. Disability Policy,” in *Disability, Handicap & Society*, 1986, 1(2), pp. 121-137.

不同的残疾模式对于特殊教育理论的构建与具体实践有着重大的导向意义。特殊教育理论与实践从传统医学心理模式转向社会学模式；从重视学生的缺陷鉴定与干预转向重视社会与文化环境的改变，注重通过宏观社会政治、经济等的改革减少不公平现象，主张特殊教育需要儿童从特殊教育学校(班)逐渐回归主流学校与社会[①]。世界卫生组织(WHO)2001年通过了《国际功能、残疾与健康分类》(简称ICF)的决议，就是建立在残疾的社会模式基础上的。ICF从残疾人融入社会的角度出发，将医学、心理、社会等多种模式进行综合(biopsychosocial model)，认为残疾是残疾人身体功能的限制与外部环境障碍共同作用所致，强调社会集体行动，改造社会环境以使残疾人充分参与社会生活。

"特殊教育需要"的概念应该建立在综合的残疾观念基础之上，在接受"社会模式"的残疾观的同时，吸收"医学模式"残疾观的合理之处。残疾是与众不同的身体功能与给定的社会条件之间因情况而异的关系。这种关系能够通过两种途径转换：改变身体功能或者调整社会条件。在不同的情境中，改变身体功能与改变社会环境的重要性是不一样的。例如，如果是一个特殊教育需要学生在普通班级里遭遇了歧视与排斥，那么改造班级的文化环境就是关键，而改变特殊教育需要学生的功能是次要的方面。如果一个学生有严重的情绪问题和社交困难，那么通过相应的课程提升其控制情绪的能力和发展社交技能才是关键，改变周围的环境是次要的方面。这里我们要注意的是，虽然"社会模式"的残疾观是社会发展的趋势，有其伦理上的合理性。但是，外界环境是不可能完全适应人的，而人成长方式的一部分也存在于环境的阻碍中。所以，这种综合的残疾观念，为"特殊教育需要"的概念提供了有益的框架。据此，"特殊教育需要"首先应该考虑的是外界环境对特殊教育需要儿童的阻碍所造成的需要，进而引起环境的改变。例如，一个智力障碍学生的需要很可能更多来自教育体制与社会观念对于他的排斥，来自普通教育方式没有考虑他的学习速度与方式。但是，同时我们也要考虑其自身需要提高其对于学校生活的适应能力，提高学习与社会技能。因此，"特殊教育需要"是一种个人与环境互动中的动态的需要。

二、特殊教育需要与特殊教育的对象

要理解"特殊教育需要"的概念，我们需要思考特殊教育的对象是什么。早期特殊教育的对象为病理学基础与特征明显、程度较重的盲、聋、弱智人士，出发点为"缺陷"，即"人的心理、生理或解剖结构或功能的缺失或畸形"。20世纪中期以后特殊教育对象转为"残疾"，即"一个人的活动能力从正常人的角度看(由于身体的损伤)受到限制

---

① 邓猛、卢茜：《医教结合：特殊教育中似热实冷话题的冷思考》，4～9页，载《中国特殊教育》，2012(1)。

或完全缺失”，它重视身体功能的限制或活动能力的限制。特殊教育对象范围随之扩大，残疾类型更加分化，情绪/行为障碍、孤独症、学习障碍、注意力缺陷与多动症(ADHD)等新的残疾类型出现，轻中度残疾儿童教育与社会适应问题受到更多关注。① “残疾”更加关注“缺陷”导致的结果而非其本身，是伤残者和阻碍他们在与其他人平等的基础上充分和切实地参与社会的各种态度和环境障碍相互作用所产生的结果。特殊儿童则指所有与正常儿童有显著差异的各类儿童，包括各类残疾儿童及天才儿童。这些概念背后的逻辑是“正常/异常”的二分法。残疾儿童、特殊儿童、特殊教育需要儿童(或称，特殊需要儿童)，在内涵上有着显著的区别(见表 2-1)。

表 2-1　残疾儿童、特殊儿童及特殊教育需要儿童概念区分表

残疾儿童 (Children with disabilities)	特殊儿童 (Exceptional children)	特殊教育需要的儿童 (Children with SENs)
定义：残疾儿童就是指在精神、生理、人体结构上损伤或功能丧失的儿童	定义：与正常儿童在一些方面有显著差异，并需要额外的教育支持的儿童	定义：因个体差异或者环境限制，在学习的过程中遭遇到各种困难的儿童

从概念意指的范围上来看，特殊儿童的范围要大于残疾儿童，而特殊教育需要儿童的范围又大于特殊儿童。从概念意指的本质上来说，残疾儿童关注的是儿童的生理损伤或者功能不足所带来的教育问题，特殊儿童关注的是儿童所表现的失常所带来的教育问题。柯克认为，教育学中的“特殊儿童”术语的应用不同于生物学、心理学以及其他学科和专业的情况。如果儿童发展偏常的性质和程度到了这样的情况，为使其取得最大限度的发展而需要绝大多数儿童所不需要的教育措施，那么，从教育上说，这样的儿童就是特殊儿童。② 特殊教育需要儿童的概念与残疾儿童、特殊儿童的显著不同在于：超越了以往概念将儿童的特殊教育服务必须与儿童都某种“缺损”与“失常”联系起来，而直接关注儿童教育上遭遇的困难。儿童的“特殊性”并不是关注的焦点，“需要”才是焦点。如果说“缺陷”和“残疾”是静态的概念，表示个体身体或心理方面不可逆转的异常，“特殊教育需要”则是一个动态的概念，表明学生在成长与发展过程中不同阶段可能有不同的教育需要。正如 Bereiter 所说的：“对任何学习，不论是游泳还是阅读，总有一些学生不需要任何帮助而另一些学生需要大量的帮助。处于教育不利的学生就是那些在学业上需要比普通学生更多帮助的人。他们需要帮助的理由是多方面的，我们可以简单地认为儿童只是在是否需要帮助和为什么需要帮助方面存在很大的差异。③”

---

① 邓猛、肖非：《特殊教育学科体系探析》，25～30 页，载《中国特殊教育》，2009(6)。

② 柯克、加拉赫：《特殊儿童心理与教育》，汤盛钦、银春铭等编译，2 页，天津，天津教育出版社，1989。

③ Bereiter C.，*The Changing Face of Educational Disadvantagement*. The Phi Delta Kappan，1985，66(8)，pp. 538-541.

英国的法律中的“特殊教育需要”对象观体现统一于对儿童“学习困难”的关注上，采用了更为广泛而又集中的概念。如《1996 年教育法》是工党上台以来教育的全面改革法案，它取代了 1944 年教育法，成了新时期英国教育的核心法案。该法案认为一个学生“有学习困难，需要为他提供特殊的教育”就意味着他有特殊教育需要，而其中“学习困难”包含着三方面的意义：①在学习上比同龄的大多数孩子困难得多；②其残疾妨碍他(她)在当地教育当局管辖范围内的学校使用为同龄儿童提供的教育设施；③或者他(她)还没有到义务教育年龄，但如果不提供特殊教育服务就有可能遭遇到以上困难。2001 年英国公布的《特殊教育需要实践准则》沿用了该法案的规定：如果儿童在学龄阶段具有相较于同龄儿童来说非常显著的学习困难，或者具有阻碍他们像普通儿童一样学习的残疾，即为特殊教育需要儿童。英国法律中的“特殊教育需要”似乎想要一个更加扩大的对象范围，只要有学习上的困难就有特殊教育需要，而这种学习困难可能是由于残疾引起的，也可能由其他原因引起，也可能是学前阶段的一种潜在的可能。

特殊教育需要概念的引入则解决了这个问题，它代表了一种大特教观，所有的有困难的学生都被包含其中。如前所述，引入特殊教育需要的概念，使得特殊教育的对象在所有学生中的比例变大。例如，英国就有 30％的学生接受特殊教育服务。美国学生的数量也逐年上升，高达 13％左右，都远远地超过传统 5％的残疾比例。这种比例上的提升，反映了对于传统特殊教育对象无法惠及真正需要帮助学生的回应。Will (1986)认为传统的特殊教育的一个极大弊端就是，强调特殊教育服务只能提供给那些有特殊教育资格的学生，这就使得一些在普通班中有学习或行为问题但是无法取得特殊教育资格的学生，无法获得应有的帮助。[①]

在国际融合教育运动和全民教育运动合流的背景下，特殊教育需要的对象被赋予了“多样性”的更为宽泛的含义。《萨拉曼卡宣言》主张接受特殊教育的对象应包括残疾儿童和天才儿童，流浪儿与童工，边远地区及游牧民族的儿童，少数民族儿童及其他处境不利的儿童。[②] 这种对象范围的扩大似乎是在“多样化”和“反歧视”的语境下将所有边缘化的学习者统一了起来。正如 Winzer 所说，在融合教育思想的影响下，许多特殊教育研究者和实践者把特殊教育置于多样性的保护伞下，通过“歧视”“边缘化”的话语描述，使得残疾与种族、性别、语言、年龄、宗教、移民等遭受不公的现象在“多样性”的话语系统中统一起来。[③] 融合教育假设为：人类差异是正常的，因此应使学习过

① Will & Madeleine C., “Educating Children with Learning Problems: a Shared Responsibility,” in *Exceptional Children*, 1986, 52(5), pp. 411-415.

② UNESCO, *The Salamanca Statement and Framework for Action on Special Education*. Adapted by the World Conference Special Needs Education Access and Quality, Salamanca, Spain, June, 1994.

③ Winzer M. A., *From Integration to Inclusion: a History of Special Education in the 20th Century*. Washington, DC.: Gallaudet University Press, 2009, p. 207.

程适合每个儿童的需要，而不是将儿童套入预先规定的有关学习速度和学习特点的假说。以儿童为中心的教育学能使全体学生受益，其结果也必然会使社会整体受益。①

然而，“特殊教育需要”显然存在着被泛化的风险，可能伤害特殊教育原有的“特殊”意义。美国著名的特殊教育专家考夫曼(Kauffman)就指出，基于权利平等的角度，残疾与文化差异都是人的多样性的社会存在，但是把特殊教育称为文化的多样性是一个消极的“鸵鸟”策略，因为“回应残疾需求的差异与肤色、种族、性别以及许多其他形式的差异有着截然的不同”。② 倡导每个人都要特殊教育需要，就意味着要满足所有人的需要，也就意味着任何人的需要都满足不了，因为资源总是有限的。就像考夫曼(Kauffman)对融合教育后现代狂热的批判一样，他认为“积极改变的途径是建立在物质真实世界的经验研究基础上，这样才更有可能提供理性和可信的解决方法”。③ 有时候对象范围的扩大更成了一种权利的运动。例如，在美国越来越多的学生被鉴定成有学习的障碍，并发展成为美国最大的残疾类别④。而至今为止，学习障碍的定义依旧不是很清楚，有的人甚至因此怀疑学习障碍成为独立的障碍类别的合理性，称学习障碍为“想象中的障碍”⑤。因此，仅仅倡导人人都是不同的，然后告诉教师要尊重每个学生的特点是远远不够的。若要进行有针对性的教育，就需要知道每个学生的“特殊”之处。显然少数民族的需要、边缘学生的需要与特殊学生的需要依然有很大的不同。因此，在运用“特殊教育需要”这一概念的时候要避免无限扩大“需要”的范围而导致的概念内涵上的空洞。

综上所述，特殊教育需要的对象范围是不断地扩大的，将所有学习困难的儿童都包含其中，这样的做法的意义在于：能够为以往虽然不符合传统残疾分类但是有学习困难的儿童提供特殊教育服务。然而，在融合教育的背景下，特殊教育需要的范围基于“多样化”的观点进一步扩大，却有使得对儿童的特殊需要教育失去其应有“特殊”之意的风险。这里需要进一步说明的是，或许这种模糊特殊的做法是有意为之，意图去除其“标签化”的用意，这样的做法是否必要会在下一部分说明。

---

① UNESCO, *The Salamanca statement and Framework for Action on Special Education*. Adapted by the World Conference Special Needs Education Access and Quality, Salamanca, Spain, June, 1994.

② Kauffman J. M., “Reflections on the field,” in *Education & Treatment of Children*, 2003, 28(3), pp. 205-208. Reflections on the field. Education & Treatment of Children, 2003, 28(3), pp. 205-208.

③ Kauffman J. M., “How we Might Achieve the Radical Reform of Special Education,” in *Exceptional Children*, 1993, 60(1), pp. 6-16.

④ U. S. Department of Education, *Nineteenth Annual Report to Congress on the Implementation of The Individuals with Disabilities Education Act*. Washington, DC, 1997.

⑤ 邓猛：《从美国学习障碍定义演变的角度探索其理论分析框架》，58～63 页，载《中国特殊教育》，2004(4)。

三、特殊教育需要与“标签化”

残疾人标签不仅仅是一个特殊教育专业领域的问题，它与整个社会文化构建的残疾观念紧密相关。标签是指根据科学诊断结果，用准确的、规范的语言去描述特殊教育需要儿童的本质特点，并使用适当术语来表征这些特点的做法。对残疾的不同分类方式代表着人们对于残疾的不同认知与态度，涉及文化、社会文明及伦理等问题的复杂性。人类针对残疾的“标签”经历了从带有强烈歧视性的“残废”逐步发展到另类的“缺陷”或“异常”儿童、再发展到中性的“残疾”与“特殊教育需要”等。今天人们更倾向于用残疾(disability)儿童、特殊(special)儿童或者特殊教育需要(special educational needs)儿童等中性的词汇来称呼各类身体或心理功能受到限制的人群。这一历程体现了人们对于残疾的态度与观念逐步从歧视到尊重、隔离到融合的过程。这也充分说明了：特殊教育理论是建立在特定社会的政治、经济、文化基础之上的，当某一社会对“残疾”、平等等观念发生变化时，特殊教育的基本理论与教育形式也会随之变化①。

“特殊教育需要”背后体现了一种教育平等的观念，期待通过特殊教育需要的概念消除对于特殊学生基于“标签”的认知。沃诺克报告就直接指出：以往给残疾儿童分类实际给每个儿童贴上了有害的“标记”；分类对医学有意义而对教育无意义；有的儿童有两种以上的缺陷，难于分到某一单独缺陷的种类；强调儿童都是平等的，不应把儿童分为残疾、无残疾两类。这与融合教育所倡导的“无区别主义”是相一致的。融合教育理论家的主张，根本就不存在特殊学生和普通学生，也不存在一种教育方法只适用于特殊儿童，而另一种方法只适用于普通儿童②。融合教育者们的“无区别主义”反映在教学上就是主张所有的儿童都一起在普通教室内上课，他们并不特殊，他们只是需要一些额外的帮助。而重要的是，这些额外的帮助并不只是这些特殊儿童所特有的，额外的帮助几乎是所有儿童都需要的。

然而，特殊教育需要观念背后消除标签化的意图似乎是有点走得太远了。首先，完全消除标签化是不可能的，通过标签的方式认识他人与世界是人简化认知的一种基本需要。例如，我们遇到一个人会从他的性别、种族、年龄、职业等方面进行简单的判断，这样的方式一定是不准确，容易丢失个性化的信息，但是却是一个提升认知效率的方式。男人与女人，黑人与白人，这些都是标签，有其特定的含义。有人会为了消除标签化而拒绝向自己或别人叫“女人”或“男人”吗？标签化确实会造成一定的态度

---

① W. H. Berdine W. E., *An Introduction to Special Education* (2nd ed.). New York: HarperCollins Publishers, 1985, p. 13.

② Stainback W., “Stainback S. A rationale for the Merger of Special and Regular Education,” in *Exceptional Children*, 1984, 51(2), p. 102.

与教育服务上的阻碍，但是这种完全消除的方式是不可取的。另外，标签化也不完全是有坏处的，我们有时候会通过给自己适当的标签来认识自己，甚至是加强自我概念。在特殊教育领域，标签在各个层面也有很多好处。在美国《残疾人教育法案》(IDEA)法律框架下，有资格接受特殊教育服务的3～21岁的儿童和青少年按照他们的残疾类型进行精确的划分为13个类别。这种分类的目的是为了能够清晰的确定谁有资格接受何种服务的明确界限，每一种类别的儿童和青少年会获得相应的政府资金支持。有很多障碍类别需要标签化以便加深科学上的研究以及教育的针对性。有研究者分析了对特殊教育需要学生进行标签分类的优点与缺点(见表2-2)①。

表2-2　特殊教育需要学生标签分类优缺点比较

贴标签的优点	贴标签的缺点
贴标签是对学习和行为差异做出负责任的回应的必要的第一步。 贴标签可以导致周围人保护性反应。发生在残疾儿童身上的反常行为更容易被接受。 贴标签方便专业人员之间的交流，方便对研究结果进行分类和评价。 资源的分配通常是建立在对特殊教育需要学生明确的分类的基础上的。 贴标签的分类有助于形成特定残疾类别的社会团体。这些团体有利于主张利益，推进相应的立法。 分类有助于政策的制定者和社会公众更清楚地认识特殊教育需要学生的特殊需要	标签通常关注残疾损伤和能力上的缺陷，导致人们只关注残疾人不能做什么，而不是能够做什么或学习什么。 标签可能会给儿童带来侮辱，导致同伴的拒绝或嘲笑。 标签可能会对儿童的自尊心产生消极影响。 标签可能会导致其他人对儿童的低期待，并以标签为基础对他们区别对待，这可能导致自我实现的预言。 标签通常成为其他人解释特殊教育需要学生行为的原因。 所有被归入某类的儿童的其他特征也被认为是相同的，减少了对每个儿童特殊性的正确评价。 标签为无效的教育提供了一个借口。 标签具有持久性，一旦被贴上就难以摆脱。 对特殊教育需要学生分类本身就需要花费大量时间、资金

从“污名”的角度看待特殊教育需要儿童“标签化”的问题可以为我们提供更清晰的视角。污名是社会公众在残疾者受损身份上形成的消极认知，给残疾人带来了诸多负面影响②。残疾污名是一个不断社会建设的过程。当一个特殊学生被置于能力较低的类别，那么这个学生很可能永远也走不出这个类别。因为，当学生被分入了能力较强或是能力较弱的类别时，他们就意识到了自己的类别。进而，学生可能开始相信与此分类相关的一些标签准确地反映了自己的品格和能力，如“聪明”或“愚蠢”③。残疾污名中

① William L. Heward,《特殊需要教育儿童教育导论》，12～14页，肖非等译，北京，中国轻工业出版社，2007。

② 关文军、颜廷睿、邓猛：《社会建构论视阈下残疾污名的形成及消解》，12～18页，载《中国特殊教育》，2017(10)。

③ Nieto S., & Bode P., *The Sociopolitical Context of Multicultural Education*. Boston, MA: Pearson, 2008.

包含社会创造的因素，解决残疾人问题应该从人们的意识与抽象的概念上再造残疾的观念，切断功能限制与无能之间的那种基于社会偏见的观念联结①。但这并不意味着这直接将特殊教育需要儿童看作与别人没有什么区别，而是要承认这种区别，并努力地朝着去污名化的方向进行观念再造。随着融合教育的发展，人们将“残疾”定义为多样性和多元文化的范畴。残疾不是少数人的特殊经验，而是人人都会面对的问题。残疾是一种普适的经验，只是每个人发生的时间不同。另外，社会文化和社会资源都应该考虑到所有人的需求，尽可能扫除社会环境中存在的固有障碍，以支持所有人的发展。②

我们其实并不是要消除标签本身，而是要消除标签上的“污名”。即便我们给残疾儿童改换了别的称谓，如果新的称谓上也带上新的污名，那么也于事无补。因此，去标签化不是我们努力的方向，建立特殊教育需要的概念不是要去除标签，而是要建立一个没有污名的新的标签，是一种社会集体意识的改造。

四、特殊教育需要与特殊教育的本质

“特殊教育需要”的概念引导人们不再将关注点聚焦于学生有什么类型的残疾或问题，而是强调学生需要获得什么样的教育支持，这反映了一种应对特殊需要的方式——响应或满足特殊教育需要。萨拉曼卡宣言主张教育系统应该能应对学生的差异。“人的差异是正常的。学习必须据此来适应儿童的需要，而不是儿童去适应预先规定的、有关学习过程的速度和性质的假设……每个儿童都有其独特的特性、兴趣、能力和学习需要……教育制度的设计和教育计划的实施要考虑儿童特性和需要的广泛差异。”因此，“普通学校来一次重大的改革……发展一种能成功地教育所有儿童，包括处境非常不利和严重残疾儿童的儿童中心教育学……认识到学生的不同需要并对此做出反应，通过适当的课程、组织安排、教学策略、资源利用以及与社区的合作，来满足学生不同的学习风格和学习速度，并确保每个人受到高质量的教育”。③ 从之前讨论的残疾“社会模式”的观点来看，教育系统本身有责任改变以适应学生的个体差异。④ 基于教育常识的判断是，学生的任何特殊教育需要的定义都应该包括两个方面：学生的学习能力；该学生取得进步所需要的资源。虽然学生的需要虽然通常被看作是个体的一种内在因素，但是这种内在因素受到外在因素的影响。表现在学生在不同情况下的学

---

① Hahn & Harlan.，Public Support for Rehabilitation Programs：the Analysis of U. S. *Disability Policy. Disability*，*Handicap* & Society，1986，1(2)，pp. 121-137.

② 孙玉梅：《对残疾标签的回应与超越》，73～74 页，载《现代特殊教育》(高教版)，2016(18)。

③ UNESCO，*The Salamanca Statement and Framework for Action on Special Education.* Adapted by the World Conference Special Needs Education Access and Quality，Salamanca，Spain，June，1994.

④ Dyson，Alan.，“Special Educational Needs and the Concept of Change，” in *Oxford Review of Education*，1990，16(1)，pp. 55-66.

习需要并不是一成不变的，它取决于学生所能获得的资源状况[①]。这显然是基于前面提到的个人环境互动的残疾观点。

传统特殊教育的重点放在了提高学生自身的基础功能水平之上，试图先改善其基础功能，然后再进行教学。如果一个特殊教育需要儿童学习不好，老师往往会觉得应该先提高他们的智商再教育，而对于一般学生，老师则认为需要更多的练习。这里假设是：生理原因限制了特殊教育需要儿童，而普通儿童则是由于学习原因(自身的动机、学习方法、资源等)导致的。这样的观念与我们现代科学对于智力的认知存在着认知上的不一致。根据传统的"智力二因论"，人的智力存在着 g 因素(即一般智力)能够影响人所有方面的表现。现在越来越多的研究反对这样一个传统的观点。其一，多元智能理论认为人有多种的智力，有些人在某些方面突出一些，而在另一方面要差一些。其二，即便两个一样智力的学生，在实际学校生活中也会表现不同。因为这里有多种因素的影响。除了智力，还有动机和环境对人影响很大。其三，在特殊教育需要儿童身上我们往往会将"学习"窄化到一个生理的层面。学习的本意应该更多的是教育层面的掌握知识并能够将知识运用到考试与生活中。"生理"因素可能会由于环境的障碍导致特殊教育需要，而满足特殊教育需要则更多依靠教育的手段。

越来越多的人反对用传统智力测验的方法评估特殊教育需要，转而支持用生态视角来评估特殊教育需要。智力测验的结果用于障碍学生常常存在问题，体现在有些学生很难获得分数，无法正确地获得信息，而且测验的结果容易带来低期待，而且智力测验的结果也很难用于制订教学计划和评价教学结果[②]。这很容易理解，通过智商的分数来设计教学是不可能的，教学介入之后也不大可能会增加智力测验的分数。生态视角更关注在学校生活中一个学生是否能完成常规的任务。一个学生是否有"特殊教育需要"主要考量个人的状况与环境之间相互作用是否有阻碍，或者说一个学生在现有的环境中能否完成大多数人都能完成的学习与生活任务。绝大部分对于特殊教育需要的相应需要通过教学来完成，而不是所谓的"康复"治疗来进行功能改善。康复涉及的方面是极其有限的，包含一些运动功能的改善以及早期干预的治疗，而且在学龄期发挥的作用很小。康复的观点的盛行，很大程度上是对于什么是康复的误解。以智力落后来说，多半是期待智商的提高，而实际上这基本是不可能的。而一些模棱两可的"功能"康复很大程度上与通过练习获得的"技能"混淆不清。实际上，学习也会伴随着脑功能和脑结构的变化，但是，这并不是我们的目标。目标应该集中在教学可以改变的地方，

---

① Norwich B.，"Special Needs Education or Education for All：Connective Specialisation and Ideological Impurity，" in *British Journal of Special Education*，2007，23(3)，pp. 100-104.

② 利·哈米尔、卡罗琳·埃弗林顿：《中重度障碍学生的教学在融合性教育环境中的应用》，昝飞译，130～131 页，上海，华东师范大学出版社，2005。

回归特殊教育的教育本质①。

特殊教育需要的概念包含着这样的观念：解决特殊教育问题的关键在于“教育”而不在于“康复”，教育者应该满足的是教育的需要而不是康复的需要。建立学生个体与家庭、学校、社会不同层次环境之间生态系统对残疾学生而言非常重要。随着教育资源的扩展与教育服务的完善，学校能够更有能力的响应学生需要，一些学生的特殊教育需要就会不那么“特殊”。这种需要也会随着教育要求的变化而变化。也就是说，如果期望每个学生都能最大限度地发展自己的潜能，那么几乎所有人都有特殊的教育需要，而当教育发展到更为发达的程度而提出这种目标时，特殊教育需要的内涵也就会随之发展。

总之，“特殊教育需要”意味着将特殊教育拉回教育的本质。当我们关注与完善教学，而不是儿童的生理与功能恢复时，学校提供的更为完善和有效的教学会“消除”一部分学生需要，而这是我们对儿童提出的更高的教育目标又会创造出新的需要，这是一个变化发展的教育过程，这是一切教育应有之意。

第三节
融合教育中的特殊教育需要

基于以上对“特殊教育需要”内涵的分析，这一节将重点阐述融合教育中“特殊教育需要”的三个层次。第一个层次是“基于共同需求”的特殊教育需要，指的是每个学生在融合环境最为基本的需要。第二个层次是“基于障碍类别”的特殊教育需要，指的是某种障碍类别的学生在融合环境中可能遇到的共同需要。第三个层次是个人的个别需要，指的是在特定的时期学生的个人特质与特定环境互动产生的需要。

一、“基于共同需求”的特殊教育需要

马斯洛的需求层次理论认为每个人都有一些基本的需要，而且这些需要是层层递进的。马斯洛将人的需求分成生理需求（活得下去）、安全需求（活得安定）、归属与爱的需求（活得开心）、尊重需求（活得体面）和自我实现需求（活得极致）。每个人都具有这五种需要，层次与层次之间是相互叠合，互相交叉的。随着某一项需要的强度逐渐降低，另一项需要将逐渐上升。最新的观点认为这些需要在所有时期都很重要，即便

① 景时：《特殊教育应回归教育本质》，76～77页，载《现代特殊教育》，2015(18)。

物质匮乏，人依然对尊重、爱与自我实现有强烈需求。

特殊教育需要儿童可能会有着较高的生理与安全需求，特别是对于重度特殊教育需要儿童而言，但这并不意味着他们就不应该有高层次的需求。相反，他们在成长过程中遭受到比一般人更多的挫折与障碍，他们更需要鼓励，得到承认，更需要平等参与社会生活。社会的文明与进步就在于它能够认识到特殊教育需要儿童与普通儿童一样，不仅要活下去，活得安定，还要活得开心、活得体面。也就是说，他们应该追求高层次的需要，即社交需要、尊重需要与自我实现的需要。

这些需要如果是"共同需要"为什么还是"特殊教育需要"，难道这不矛盾吗？实际上，学生在学校和班级中同样也有很多基本需要，如果这些需要得不到满足就会引发很多学习动机与情绪行为上的问题。有些学生在学习上的阻碍很多是来源于这些基本的需求没有得到满足，而并非由尤其特殊的个人特征所引起的功能上的限制。例如，一个学业显著落后的学生，其问题很有可能来源于长期的缺乏关爱、良好的人际互动及价值感，而导致学业动机下降的恶性循环，因此解决的途径可能并非是要进行认知层面学习能力与策略的训练，而是要创造良好的氛围来促进学习动机的改变。再如，一个有严重情绪问题的学生，其行为问题的产生有可能并非来自特定的情绪障碍类型，而主要是长期处于不被认可的状态而产生的逆反行为。解决的方式就是让学生获得价值感。下表总结了特殊教育需要儿童在融合教育环境中的基本需要(见表 2-3)。①

表 2-3　特殊教育需要儿童融合教育环境中基本需要

需要	安全需要：感到自己被接纳	爱与归属：感到自己被关爱	尊重需要：感到自己有价值	自我实现：感到内在的动力
内涵	大脑处于威胁之中，功能就会降低。学生需要有安全感，感到自在被接纳	友谊和归属感是人的基本需要。学生的烦恼一大部分来自于害怕被排斥	每个儿童都需要感到被尊重。需要避免学生习得性无助	要让每个学生感觉有成就感。自我决定是自我实现的基础，避免学生过度依赖
策略	政策宣导。 问题箱。 残障体验。 参与班级内所有活动	"好行为"。 "美好的一天"。 心情分享时间。 建立"朋友圈"。 教导人际互动策略。 提供心理情感支持	创造成功的机会。 减少失败的经验。 给予表扬和强化。 促进他人积极态度。 成功特殊人士的榜样	有机会做选择、判断、表达喜好。 给予成功的机会。 教导问题解决策略。 使用合适提问策略。 避免机械化，指令性的教学

① 利·哈米尔、卡罗琳·埃弗林顿：《中重度障碍学生的教学：在融合性教育环境中的应用》，昝飞译，31～46 页，上海，华东师范大学出版社，2005；钮文英：《拥抱个别差异的新典范·融合教育》，293～301 页，台北，心理出版社，2015。

二、"基于障碍类别"的特殊教育需要

特殊教育最基本的原则是对儿童的解剖学、生理学及心理学特征进行标准化的诊断与鉴定，确定儿童残疾的类别与程度。全世界特殊教育的分类仍然是以"残疾"为基础的。各国对于特殊儿童的划分的标准与类别都有所不同。美国于1975年公布的联邦法令《全体残疾儿童教育法》(Education for All Handicapped Act，即著名的PL94—142公法)将特殊儿童详细分为11类。20世纪90年代以后美国对PL94－142公法进行多次重新修订，将"重听"概括进"听觉缺陷"这一类别中去，同时，增加了孤独症(Autism)与外伤性脑损伤(Traumatic brain injury)两个新的残疾类别①。至此，美国将特殊儿童分为13个类别。

我国大陆地区对特殊儿童的分类，根据1987年全国残疾人抽样调查领导小组制定的标准，列出六类：听力言语残疾、智力残疾、肢体残疾、视力残疾、精神残疾、多重残疾。② 1990年12月全国人大通过的《中华人民共和国残疾人保障法》规定残疾人类别为：视力残疾、听力残疾、言语残疾、肢体残疾、智力残疾、精神残疾、多重残疾和其他残疾。这种定义及相关的分类术语使特殊教育的学科性质更加明确、体系更加完整，使各国特殊教育政策以及福利规划等的制定与实施更加有据可依。2001年，中国残疾人联合会将"孤独症"列为精神残疾的亚类型。这种划分方式虽然引起很多的讨论与争议，自此对孤独症儿童的教育及康复成为社会及教育的重点问题。

"特殊教育需要"摆脱传统的医疗模式的残疾分类方式，完全从学生教育过程中出现的困难与挑战着手，主张学习困难是教育体系要面临的首要挑战；不同类型的残疾固然可能导致学习困难，学习困难也可能由个体其他内外部因素所致。"学习困难"而非"残疾"成为人们关注的焦点③。虽然"特殊教育需要"的概念主要是要考虑学生个体面临环境时的阻碍，但从实际情况来看，依然要考虑学生作为一种障碍类别所引发的需要。在实际操作中，考虑学生的障碍类别反而在某种程度上提升了我们鉴别"特殊教育需要"的效率。面对一个注意力不集中的学生，在现实中我们需要鉴定其是否为"ADHD"的学生，以确定之后的医疗和教育干预方案。如果仅仅将"注意力不集中"其看作一种"特征"，而运用应对一般的学生注意力不集中的方法，恐怕无法取得好的教育效果。这里的关键在于，我们是不是可以不对特殊儿童进行分类，仅仅根据其在学校遭遇的困难就提供教育？答案可能是否定的，或者说是低效率的。例如，同样是一

---

① Wood J. W.，& Lazzari，A. M.，*Exceeding the Boundaries：Understanding Exceptional Lives.* Harcourt Brace College Publishers，1997，p. 21.

② 中国残疾人抽样调查办公室：《中国残疾人手册》，12页，北京，地震出版社，1988。

③ 邓猛、肖非：《特殊教育学科体系探析》，25～30页，载《中国特殊教育》，2009(6)。

个教室内的行为问题，表面上看都是逃避学习任务。孤独症学生的行为问题可能是任务的非结构化和过度的社交压力造成的，而多动症学生面临的问题可能是任务完成反馈不及时造成的。教师如果不了解学生的类别，就无法做出基于科学经验的正确判断，进而提供有针对性的服务。

总之，虽然“特殊教育需要”概念认为在学校接受教育的只有一个类别：那就是学生，用各种残疾类别的标签来划分儿童也是不公平的①。但是，残疾的科学分类依然是有意义的：基于障碍类别可以提高发现特殊教育需要的效率，为特殊需要儿童提供有效服务。这背后的原理是，没有人能够彻底放弃经验主义与科学实证的传统，没有人敢于去质疑整个 20 世纪末特殊教育乃至整个公共教育界取得成就所依赖的认识论基础②。正如 Kauffman 所说的：“虽然融合教育认为激进的改革是唯一的解决方式，但是，积极改变的途径是建立在物质真实世界的经验研究基础上，这样才更有可能提供理性和可信的解决方法。”③表 2-4 总结了三种障碍类别学生在融合教育环境中的基本需要④。

表 2-4　三种障碍类别学生的特殊教育需要

类别	学习障碍	孤独症	注意力缺陷多动冲动障碍
需要	信息加工上有问题。 缺乏学习动机。 缺乏学习组织、协调能力	社会互动困难。 固定的行为模式。 口语和非口语沟通困难。 感觉异常	容易分心、遗忘。 不能组织任务。 坐立不安，停不下来。 话太多，不假思索说出答案。 不能轮流、排队
策略	避免习得性无助。 防止形成不良学习习惯。 直接教学：示范—教学—反馈—帮助。 教导学生学习策略。 多渠道的信息输入	早期应用行为分析。 社会技能教学。 结构化环境。 伙伴支持。 提供安全“堡垒”	使用药物：利他林等。 自我控制训练。 及时反馈。 使用图片。 给予选择。 小步子，更多休息

---

① Sage D. D. , & Burrello L. C. , *Leadership in Educational Reform: An Administrator's Guide to Changes in Special Education*. Baltimore, MD: Paul H. Brooders, 1994, p. 27.

② Gerber M. M. , "Postmodernism in Special Education," in *Journal Of Special Education*, 1994, 28(3), pp. 368-378.

③ Kauffman J. M. , "How We Might Achieve the Radical Reform of Special Education,"in *Exceptional Children*, 1993, 60(1), pp. 6-16.

④ 伍尔福克：《教育心理学》(第 12 版)，104～123 页，北京，机械工业出版社，2015。

三、“基于个别需求”的特殊教育需要

“基于个别需求”的特殊教育需要与我们通常提到的“个别化教育需要”是有区别的。个别化教育需要从理论上应该包含本节所提出的三种特殊教育需要，是综合三种需要的结果。这三种需要不是三种不同的需要，而是考察一个学生需要的三种视角。第一，“基于共同需求”的特殊教育需要是从人的角度来看待需要。只要是人有的需要，那么学生在学校与班级中就应该得到满足。学校与班级需要通过构建文化与机制来回应这种需要。第二，“基于障碍类别”的特殊教育需要是从障碍类别的角度来看待需要。某种障碍类别总是大体上有类似的需要。教师需要了解障碍的特点对教学环境、教学内容、教学方式等方面进行调整，以适应这种需要。第三，“基于个别需求”的特殊教育需要是从每个人的独特性与真实环境互动的角度来看到需要。每个人都是单独的个体，每个学生在这个学习生涯之中总是会遭遇学习上的或者社会适应上种种的困难。这些困难就是“基于个别需求”的特殊教育需要，是学生个体与学校环境在特定时间阶段交互的产物。发现“基于个别需求”的特殊教育需要的方式只能是通过教育评估考查学生与真实环境互动的结果。教师需要与相关团队设计单独的方案，应对学生的需求。关于如何进行教育评估，在下一章会有详细说明。

“基于共同需求”“基于障碍类别”“基于个别需求”三种特殊教育需要，在实践中不是泾渭分明的。例如，一般班级考虑到所有学生都有“爱与归属”的共同需要，所以极力创造了开放、包容、友爱的班级文化，试图使得所有儿童这方面的需要得到满足。然而，很可能依然有学生这方面的需要没有得到满足。其中的原因是复杂的，可能是由于学生早期经历与家庭环境，也可能是社会技能发展不足，也可能是由于某种功能限制导致等。那么，这时就应该考虑是否是某种障碍（如多动症、孤独症）都具有的普遍功能限制阻碍了需要得到满足。还应该考虑，是否是这个学生自己某些独特的因素导致的，需要更深入到情境中去考察。

总之，在融合教育实践中，应该从人类共同需要的功能、障碍类别、个人—环境互动的角度来透视学生的“特殊教育需要”。

本章小结

特殊教育话语体系的改变是社会文化变迁的直接结果。不同的残疾模式意味着特殊教育理论与实践的变化。从带有强烈歧视性的“残废”逐步发展到另类的“缺陷”或“异常”儿童、再发展到中性的“残疾”与“特殊教育需要”的历

程，体现了人们对于残疾的态度与观念逐步从歧视到尊重、隔离到融合的过程。特殊教育的内涵与范围随之丰富与扩展，从狭义的“残疾”教育走向更为宏观的“特殊需要教育”及融合教育。它使残疾儿童从被歧视、忽略逐步走向平等接受教育、参与学校与社会生活；从隔离与拒绝逐步走向融合与共享社会物质文明成果。“特殊教育需要”反映了宏观的特殊教育视野，意味着特殊及普通教育的交叉与融合，特殊教育不再是少数残疾儿童及其家长、教师的困扰，而是整个教育体系必须面对的问题。关于标签及分类的争论代表着人们对于残疾的不同认知与态度，也涉及不同国家的文化、社会文明及伦理等问题的复杂性。尽管围绕着分类与否的争论还在继续，但是关注的焦点已经悄然发生变化，人们更多地考虑如何理性地使用标签，超越分类带来的负面效应。特殊教育对象的核心概念从基于病理学的“残疾”逐渐走向基于社会学、教育学的“特殊教育需要”，体现了特殊教育从“隔离”走向“融合”的基本发展趋势。

思考题

1. 分析残疾的“医学模式”与“社会模式”对特殊教育的意义。
2. 试阐述“特殊教育需要”的内涵。
3. 请分析残疾的“标签化”优点和缺点，以及与残疾“污名化”的区别。
4. 请论述“为什么满足特殊教育需要，保留对学生进行障碍分类是有必要的?”

推荐阅读

1. 邓猛，肖非．全纳教育的哲学基础：批判与反思[J]. 教育研究与实验，2008(5).

2. 邓猛，潘剑芳．关于全纳教育思想的几点理论回顾及其对我们的启示[J]. 中国特殊教育，2003(4).

第三章

特殊教育需要学生的教育评估

本章导读

近年来，教育评估在特殊教育中的角色与作用日益受到教师、专家、家长等的重视。教育评估的作用并不再仅限于为有特殊教育需要学生的鉴别与安置提供依据，它可以在教育过程的各个阶段为人们提供更具科学性的信息，如在教学调整的实施、个别化教育计划的制订、教育质量监测以及学生发展状况评估等阶段。在融合教育环境中，学生群体异质性较大，心理状态、能力表现均不稳定，这些特点均对融合教育的有效开展提出了更高的要求，由此，更具灵活性、多元化、非正式的教育评估方式，能够帮助教师更好地了解学生的差异与个别化需求，从而保证教育质量。本章针对有特殊教育需要学生的教育评估内容展开讨论，主要包括教育评估的含义、流程、模式及学业成就表现评估的调整四个方面。

第一节 教育评估概述

一、教育评估的含义

(一)教育评估与测量、测验

1. 教育评估

教育评估是通过考试等手段，以学生的表现和行为作为衡量标准，借助评估结果来做出教育决策的过程，包括对学生进行评估、测试和得出结论的各种技术和程序。教育评估根据既定的教育与评估目标，建立起科学的评估体系与指标，通过系统地收集信息和定性、量化分析，对教育质量做出评量，并以此作为教育决策的重要依据。针对特殊儿童的教育评估，是指采用各种评估手段搜集特殊儿童的相关信息，在科学的诊断、分析基础之上，确定其能力现状、掌握的技能、潜能或最近发展区以及教育需求，最终综合性地做出教育决策、制定教育策略的过程。

与典型的评估不同，评估有特殊需要的学生时要考虑到其独特的需求，因此，每一项评估对每个学生来说都是不同的。对特殊儿童的教育评估的意义在于使评估程序适应学生的特征与个别化需要，而不是要求学生来适应特定的评估程序。例如，使用一项智力测试，其中的听力测试部分会对有听力障碍或语言问题的学生造成极大的困扰，那么这项测试就未能考虑到学生的需要，在这种情况下，就要进行评估调整。又如，可以为视力障碍考生提供现行盲文试卷、大字号试卷(含大字号答题卡)或普通试卷；允许视力障碍考生携带答题所需的盲文笔、盲文手写板、盲文作图工具、橡胶垫、无存储功能的盲文打字机、无存储功能的电子助视器、盲杖、台灯、光学放大镜等辅助器具或设备。①

2. 测量与测验

对评估的定义还涉及另外两个常见的概念，就是测量(measurement)和测验(test)。如图 3-1 所示，教育评估的范围更加广泛，涵盖的内容更多，可以包括测量和测验。

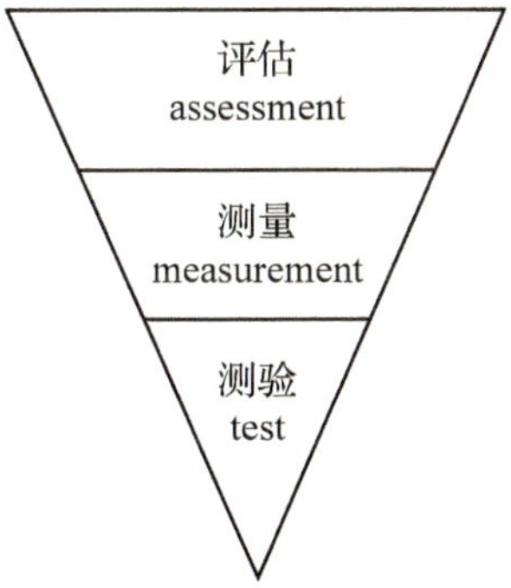

图 3-1　评估与测量、测验的关系

测量是教师确定学生能力或表现水平的过程，而测验是诸多测量方法中的一种，其他的测量方法还包括观察法、访谈法、量表评分法、检查表测量法和临床评估等方法。教师通常只会对学生的某些表现进行一次测量(如学业成就测验)，但他们会反复对学生的其他表现进行多次测量(如对学生的行为表现进行长期观察)。测量的目的是产生较为客观的信息，如等级、分数或其他量化数据，这些信息在评估有特殊需要学生的过程中起着关键的作用。

测验是一种特殊类型的评估，即通常意义上的考试，它包括正式的、标准化的测验和非正式的、教师编制的测验。测验通常只进行一次，且包含一组标准的问题，这些问题会产生一个分数、一组分数或其他数值结果。尽管测验包括多种类型，但大多数测验都是按照规定的方式和结构化的测验试题集进行的。

(二)融合教育背景下的教育评估

我国自 20 世纪 80 年代以来开展随班就读的试验与推广，初步形成了“以普通学校

① 中国残疾人联合会：《5626 名残疾考生申请高考合理便利》，http://www.cdpf.org.cn/ywzz/jyjyb/jy_254/gzdt_255/201706/t20170612_596653.shtml，2017-06-16。

随班就读为主体、以特殊教育学校为骨干、以送教上门和远程教育为补充”的特殊教育格局[①]。这一格局体现了“多元安置、朝向融合”的基本原则，在中国特殊教育实践基础上与国际融合教育趋势相契合[②③]。考夫曼认为全面提升有特殊需要学生的生存环境与教育质量，包含两个关键元素：残疾学生进入普通学校和为残疾学生删除标签[④]。因此，在包容性环境中评估学生学习问题的技能对所有教育者来说都变得至关重要。

融合教育使特殊需要学生有机会与没有残障的同龄人一起参加学校活动。专家们预计，融合将使课堂服务于更加多样化的学生群体。因此，教师需要开发新的教学方法和评估程序，以适应学生多样性的需求。融合教育正在推动当前的普通学校发生转变，因此，教学、学习和评估的概念也在发生变化。在包容性环境下评估的变化，实际上丰富了普通学校教师的教学与评估方法。如以课程为基础的评估程序，包含了教师测试、家庭作业评分和课堂作业评分等多种方式。为满足特殊儿童差异化的教育需求，融合教育为教师的多样化评估提供了可能。

当前融合教育评估面临的困难在于，首先，普通学校教师认为针对特殊需要学生较低的课程难度和学业成就，必须要为其做出教育评估调整，但大部分普通学校教师并不具备这一能力，他们只能将特殊需要学生纳入统一的评估体系当中。由此带来的第二个困难便是，在应试教育体系下，普通学校教师的教学压力大部分来源于学生的学业成绩，教师必须确保学生在考试中表现良好[⑤]。然而，有特殊需要的学生往往在考试中表现不佳，教师可能会因为担心其对班级整体成绩产生的负面影响而拒绝接纳有特殊需要学生随班就读。国外学者埃里奥特认为，将有特殊需要学生纳入标准化评估体系是融合教育的重要目标之一[⑥]，但学校在具体的评估实施环节仍需面临很多问题，如怎样制定针对特殊需要学生的评估标准、如何保证教育评估工具或设备的有效性等。这些方面都是教育工作者正在面临并努力解决的问题，除此之外，如何纳入重度或多重残疾学生、如何根据评估结果实施合作教学、如何提供多方面支持服务等相关问题尚待解决。

---

① 中华人民共和国教育部：《教育部等七部门关于印发〈第二期特殊教育提升计划（2017—2020年）〉的通知》，2017。

② 邓猛：《双流向多层次教育安置模式、全纳教育以及我国特殊教育发展格局的探讨》，3～8页，载《中国特殊教育》，2004(6)。

③ 关文军：《融合教育学校残疾学生课堂参与的特点及教师提供的支持研究》，5～12页，载《中国特殊教育》，2017(12)。

④ Kaufman R.，“The inability to learn in school：The role of early developmental deficiencies in learning disabilities”，1989.

⑤ 王蕾：《高利害考试用于绩效问责的研究与实践》，24～28页，载《中国教育学刊》，2013。

⑥ Elliott S. N.，Braden J. P.，White J. L.，“Assessing One and All：Educational Accountability for Students with Disabilities，” in *Council for Exceptional Children*，2001，pp. 15-20.

二、教育评估的内容与方法

(一)教育评估的内容

在为有特殊需要学生提供服务时，教师多把时间用于直接的教学活动上，如上课、辅导、帮助以及与学生互动等方面。除此之外，教师还必须花时间收集数据来记录教育工作、跟踪学生的成长轨迹以及学生的教育需求。有意义的评估能够为教育决策和确保适当的教育服务提供必要的信息。评估包括确定学生的表现、教学目标是否达成等方面内容，如果没有评估信息，教师将不得不把教学工作建立在个人的意见和猜测的基础上。评估结果以及文件记录能够保证，即使在更换教师或学生转校的情况下，其他教师也能够通过评估记录来了解学生情况。

1. 学生基本能力

(1)智力：对于特殊需要学生智力的评估多在其诊断和教育安置阶段。在这一阶段，评估小组会使用智力测试结果，结合其能力和表现来确定学生有哪些教育需要。智力测验通常包括语言推理能力测试、数学逻辑测试、记忆能力测试、常识及感知技能测试等项目。被广泛应用的量表有韦克斯勒智力量表、比奈-西蒙智力量表、斯坦福-比奈智力量表等。尽管智力的含义和测试的有效性等问题使得智力测试成了一个颇具争议的话题，但大多数专家认为，我们必须继续使用智力测试，以及其他有效的测量方法，来全面了解学生的学习能力和表现。如采用韦克斯勒儿童智力量表第四版(WISC-IV)对 ADHD 学生进行的测试表明，ADHD 学生在记忆力、加工速度等方面的表现低于正常水平，提示教师在教学过程中，应增加针对此类学生的认知训练，以改善其注意力缺陷及多动行为等问题①。

(2)发展性评估：发展性评估是一种专门的评估类型，用于测量幼儿的表现，特别是婴儿、学步儿童和学龄前儿童，即从出生到大约 6 岁这一阶段。根据儿童在成长过程中遵循的可预测模式，发展性评估有助于确定儿童是否在预期年龄水平上遵循正常的技能习得顺序。例如，对大多数孩子来说，发育过程具有里程碑阶段，即儿童早期发育关键技能习得时期，如走路、发音和如厕的训练，都发生在大约相同的年龄。传统的发展性学习领域包括：精细运动(小肌肉)技能、大肌肉运动技能、沟通与语言发展、社会发展、认知功能、自理能力等②。

---

① 余珍珠、张姗红、钟蕴瑜等：《注意缺陷多动障碍儿童的智力特点》，416～419 页，载《中国心理卫生杂志》，2019，33(6)。

② 谢明：《对智障儿童发展性评估与功能性评估的思考》，12～14 页，载《现代特殊教育》，2014(1)。

(3)感知觉与运动能力：感知是理解感官接收到的信息的过程。评估感知觉包括测量来自感觉的信息处理，即与感知、感官输入有关的信息，特别是视觉和听觉信息。而对于运动能力的评估则是对于身体输出能力相关信息的考察，包括评估身体肌肉控制的运动效率等方面。运动的两种主要类型是精细运动和粗大运动。精细运动处理是由身体小肌肉控制的运动和反应速度，包括手和手指的灵巧性，绘画和操纵小物体等内容。大肌肉运动是指由身体的大块肌肉控制的运动，包括调节行走、投掷、捕捉和平衡知觉等内容。

知觉运动整合是将接收到的感觉信息与相应的身体运动协调起来的过程。知觉输入与运动输出的协调包括视觉—运动、听觉—运动、触觉—运动技能。例如，视觉—运动处理是指用眼手协调、视觉—运动控制系统等来协调来自眼睛的感觉信息。同样，听觉—运动处理指的是协调来自耳朵的感觉信息和精细、粗大运动的身体运动能力。

(4)语言评估：语言和言语障碍是学龄儿童中最常见的一种障碍类型，许多有特殊需要的学生都会表现出明显的语言缺陷，早期评估与干预能够有效提高此类儿童的语言能力①。这些问题可能发生在接收(理解消息)和表达(发送消息)语言中。以发音障碍的形式出现的言语困难是迄今为止儿童最常见的语言缺陷。特定的语言问题与某些障碍有关，例如，有听力障碍的学生通常表现出严重的言语和语言缺陷，这取决于失聪的类型、严重程度和发病年龄。同样，一些身体上的残疾，如脑瘫，也会导致一些特殊的语言问题。智力发育迟缓的学生在发展语言技能方面可能会出现普遍的延迟②。由于这些问题是最常见的学习问题，有特殊需要的学生的教师必须了解语言缺陷，针对特定的语言问题使用评估策略，并制订和实施补救干预计划。

评估语言是一个复杂的过程，部分原因在于语言的复杂结构，它由以下几个部分组成：

音素：最小的线性的语音单位；

语素：最小的有意义的语言单位；

句法：短语和句子的构词；

语义：单词的意义和关系；

语用学：语境中的语言使用③。

语言评估有许多方式，包括测量多个语言成分的综合诊断测试、用于评估语言各个方面的单项技能测试，以及基于课程的评估，如在自然环境中(课堂)测量语言。语

---

① 刘玉娟：《0—3岁儿童语言和言语障碍的早期诊断与干预》，53～57、71页，载《中国特殊教育》，2018(9)。

② 张微、周兵平、何梅等：《阅读障碍与注意缺陷多动障碍儿童的语言加工和反应抑制》，893～899页，载《心理科学》，2016，39(4)。

③ 詹人凤：《语言学概论》，32～36页，北京，高等教育出版社，2008。

言是家庭、学校和社区日常生活中不可或缺的一部分。此外，它是学生学习的基础，许多专家认为，它是智力发展的基础①。语言缺陷和较差的语言技能会严重限制学生成功的潜力，因此，特殊需要学生的教师必须掌握语言评估程序和测试的相关知识。基于这些知识，加上实际操作经验，有助于教师有针对性地做出教育安置和干预的决策②。

(5)行为评估：评估行为包括使用几种不同类型的评估程序。一种是非正式的评估，如在课堂上，教师通常依靠实际的、应用的程序，如观察学生的行为。另一种是更加正式、专业的评估程序，即专业人员对特殊儿童进行诊断与评估，并以此来帮助确定特殊儿童的教育安置形式。

学生行为是一个非常广泛的术语，它包括一系列的非学业范围的行为。因此，评估的内容包括学生社会情感发展、自我概念和态度以及课堂外的行为等。因此，全面的评估通常会涉及各类场域，包括学校、家庭、社区，即评估应该包含所有影响学生行为和社交情绪发展的因素。

行为评估不仅仅包括处理品行问题，它还包括对与情感相关的行为做出一系列决定的程序，而非观点、态度和行为。显然，衡量情感行为比衡量数学成绩等学业技能或跑步速度和投掷准确性等身体能力更主观。这种主观性的原因之一是行为发生在学生、教师和同伴之间，是一种复杂交互模式。此外，行为障碍涉及个人和情感感受以及关于行为可接受限度的价值观判断。判断一个特定的行为是否超出了可接受的限度，并不像给数学作业或拼写测试打分那么简单。因为行为涉及社会、情感、家庭和社区等因素，这些因素使精确测量变得困难。

维恩等人为我们提供了一些关于行为评估的指南，涉及与行为评定量表、观察程序及其他评估信息相关的重要原则③。首先，行为的测量与传统意义上的测试不同，它提供了一种结构化的方法来记录观察到的行为。这些评估程序包括行为评定量表、行为观察和自我概念量表。其次，评估行为是一个动态的过程，需要有能力的观察者对态度和行为做出主观决定。例如，教师根据专业判断和经验，结合他们对学生在课堂上典型行为的了解，完成行为评定量表。同样，当教师使用直接观察来衡量学生的不良行为时，他们应该依靠训练、经验和专业判断来选择合适的目标行为和测量程序。

(6)适应性行为评估：适应性行为是学生适应环境中个人和社会需求的能力。当评估适应性行为时，衡量的是特殊儿童诸如个人自给自足、社区独立和社会责任等方面

---

① 李福印：《认知语言学概论》，3～7页，北京，北京大学出版社，2008。

② 郭强、颜晗、刘巧云等：《中度智力障碍学生实词理解能力研究》，16～20、32页，载《中国特殊教育》，2018(2)。

③ John Venn, *Current Issues in Assessing Students with Special Needs*, Springer Netherlands, 2011, pp. 133-150.

的行为[①]。适应性行为量表使用一种间接测量方法来测量个人和社会技能，这种方法关注的是学生在一段时间内的表现，而不是一次测试中的表现。与标准化测试不同的是，适应行为量表依赖于来自其他与特殊儿童相关的人员的信息。信息提供者通常是教师或家长，他们知道学生在现实生活中的表现。

即便获得了适应行为，如果学生不能按照需要或特定情境使用某一特定技能，那么单凭形成一项特定技能的能力是不够的。例如，一个学生可能有能力管理金钱，但可能不定期这样做或未形成习惯。在这种情况下，学生的适应行为是不够的。又如，教师认为学生已经习得处理负面情绪的方法，能够合理地解决与同伴之间的冲突，但通过家长的反馈发现，脱离了学校的情境，学生仍然通过喊叫、打砸等过激的方式寻求情绪的宣泄。那么通过多方的信息分析，可以判定该生仍然需要继续学习处理情绪的方式。由此，评估者必须依赖间接测量来评估适应性行为，因为在大多数情况下，他们无法直接观察学生在现实生活中的行为。评估者需要一段较长的时间在广泛的范围内来评估行为，如在餐馆吃饭、卫生技能训练、社会交往模式，以及在家里、学校和社区的技能等。[②]

使用多个信息源可以更好地了解有特殊教育需要学生的适应性行为，因此，评估人员应该综合使用多种评估方法来收集信息。首先，评估人员可以利用直接观察法来了解学生在教育环境中的行为，如课堂观察。其次，对于那些无法通过观察法获得的信息，评估者则需要通过对各类信息提供者进行详尽的访谈来获取。这些重要的信息提供者包括学校的教师、教师助理、家长、社区工作人员或学生的其他主要照顾者。例如，父母可以向评估者提供学生居家的相关信息，包括学生在聚会、休闲和饮食活动中的行为特征，从而更加全面地评估有特殊教育需要学生的适应性行为。

此外，由于信息提供者在评估适应性行为的过程中是如此重要，评价者必须判断信息提供者的准确性。大多数信息提供者能够提供可靠的信息，而最好的信息提供者可以提供高度准确、平衡和清晰的信息。然而一些信息提供者可能给出有偏见或歪曲的答案。当评估者对一组回答的有效性有严重的怀疑时，他们必须通过采访另一个相关者来收集额外的信息，这使得评估者能够比较不同来源信息的一致性。受访者之间的差异源于以下原因：学生的行为因环境的不同而不同；被调查者对学生行为解释的差异；与学生熟悉程度的差异；信息提供者态度存在偏见。

2. 学生学业成就

另一类对特殊儿童的评估是学业成就评估，学业成绩测试衡量学生在学校常规课

---

① 李毓秋、邱卓英：《适应性行为评定量表第二版中文版(儿童用)标准化研究》，11～15页，载《中国康复理论与实践》，2016，197(4)。

② Dakland T.，Harrison P.，*Adaptive Behavior Assessment System-II：Clinical Use and Interpretation*，Academic Press，2008，p. 115.

程中的学习情况，包括阅读、书面表达、数学，以及社会、历史和科学等科目。这些学术领域又包含各自具体的特定技能，例如，阅读包括词汇识别、词汇理解、文章理解和阅读技巧等。融合教育教师应使用各种各样的工具、技术和策略来评估学生的学业发展。事实上，学术成就包含的测试和评估程序比任何其他评估领域都更广泛、更多样化。此外，成绩测试的年龄范围从幼儿园开始，一直延伸到高中、大学和成年。衡量成绩的工具包括基于课程的评估、小组测试和个人测试。虽然这些特定类型的评估存在重叠，但每种评估都有不同的特点和最佳用途。由于有各种各样的测试和程序可供选择，融合教育教师应根据学生的需要、课程和评估的目的选择特定的工具或技术。

(1)阅读能力。

阅读是理解印刷或书面材料的复杂过程，需要许多技巧和感知过程。教师、家长和学生都非常重视学习阅读技巧，阅读是学校课程中最重要的学业技能。在就学初期，有阅读障碍的学生会经历很多困难，因为大部分低年级课程都集中在读写能力和其他基于语言的技能的习得上面①。随着年级的升高，阅读能力较弱的学生学习问题会更加凸显，因为大多数科目的学习都需要良好的阅读技巧②。

阅读由许多复杂的技能组成，例如，阅读准备包括字母和字形识别、从左到右和从上到下排序等先决技能。除了一些必备的技能，阅读技能还包括以下内容：词汇识别，即正确地读出词汇；阅读理解，即理解书面材料并赋予其意义的技能；以及无声阅读能力等。阅读能力是如此重要又复杂的学习能力，专家认为阅读困难是最常见的学习问题，融合教育环境下也存在较多阅读能力较弱的学生③④，因此，融合教育教师应全面了解评估和教学的方法。

(2)数学能力。

数学能力是指学生理解数字模式、分组和关联的能力。虽然它不像阅读那样渗透到学校的所有课程中，但许多残障学生在数学上都遇到了困难。发展数学技能是一个积累的过程，因为学生在学习高级技能之前必须掌握较低的技能。因此，初中生在学习基础数学技能方面的失败，也会导致其在数学水平较高、应用能力较强的高年级阶段出现问题。除了变得越来越难，数学还包括更多的概念和技能，即数量的增加。因

---

① Gosse C., & Van Reybroeck M., "Do children with Dyslexia Present a Handwriting Deficit? Impact of Word Orthographic and Graphic Complexity on Handwriting and Spelling Performance," *in Research in Developmental Disabilities*, 2020.

② Bazen, L., van den Boer, M., de Jong, P. F., & de Bree, E. H., *Early and Late Diagnosed Dyslexia in Secondary School: Performance on Literacy Skills and Cognitive Correlates*. Dyslexia, 2020, 26, pp. 359-376.

③ Hornstra, L., Denessen, E., Bakker, J., Van Den Bergh, L., & Voeten, M., "Teacher Attitudes toward Dyslexia: Effects on Teacher Expectations and the Academic Achievement of Students with Dyslexia," *in Journal of Learning Disabilities*, 2010, 43(6), pp. 515-529.

④ 张冲：《初一阅读困难学生情绪智力促进阅读理解的实验干预研究》，54～61页，载《中国特殊教育》，2016(12)。

此，许多有特殊需要的学生需要诊断性评估和数学强化辅导。

(3)书写能力。

书面语言是以书面形式表达思想感情的一种语言。在学校课程中，书面语言的辅助技能包括书面表达、拼写和书写。在学业技能中，书面表达是最难评估的，因为对写作的衡量涉及个人的主观意向，具有一定的复杂性①。书面表达是社会上最复杂的交流形式之一，许多有特殊需要的学生在写作上都存在困难②。教学时，教师通常依靠基于课程的评估来评估学生的书面表达能力。通常情况下，不精通书面语言的学生缺乏在学校获得学业成功和在社区获得职业成功的关键技能。然而，区别于对阅读能力和数学能力的评估，教师在评估特殊学生的书面语言能力时，往往缺乏健全、有效的评估工具。

(二)教育评估的方法

1. 观察

根据观察者的不同身份，观察可以分为三种形式，即以教师为主要观察者的“自然”观察模式；在自然环境中实施的外部观察者模式；以及在自然环境之外的外部观察者模式③。在“自然式”观察中，很多时候教师是主要的评价者或观察者。同伴甚至特殊儿童自己也有可能执行这些观察。从理论上讲，当事人在场观察的主要好处是，在没有外部观察者的情况下，被观察到的孩子应该“自然地行动”。但这种方式对于教师的要求更高，教师需要保证教学顺利进行的前提下，集中观察某一学生的行为表现，这无疑对教师掌控课堂的能力提出了更高的要求，也增加了教师的工作量。且“自然式”的情境不仅仅局限在教室环境下，操场、食堂、寝室等环境也为教师收集数据增加了困难。

第二种类型的非正式评估过程是在自然环境中使用外部观察者(见表 3-1)。观察者可以是心理学家、家长、志愿者、校长，也可以是任何不经常在那个环境中与孩子一起工作的学校工作人员。这个程序的优点是它允许老师继续既定的日程安排，观察者可以在适合孩子和他们自己的时间进行评估。这种方法的缺点是，它无法排除观察者对被观察者行为的影响，从而导致结果的偏差。斯金纳等人总结了许多可以降低观察者效应的方法，这些包括为学生提供一个关于观察者存在的模糊解释，减少观察者的显著性，以及让观察者先于学生进入房间等方式④。

第三种类型的非正式程序涉及一名不在自然环境中的观察员。这种方法通常利用

---

① 官群：《书写困难认定与书写质量评估》，51～56 页，载《中国特殊教育》，2013(2).

② 孟祥芝：《65 名儿童中文书写评估及其类型初步分析》，833～835 页，载《中国心理卫生杂志》，2004(12).

③ 崔允漷、周文叶：《课堂观察：为何与何为》，51～53 页，载《上海教育科研》，2008(6).

④ Skinner C. H., Dittmer K. I., & Howell, L. A., *Direct Observation in School Settings: Theoretical Issues*. In E. S. Shapiro & T. R. Kratochwill (Eds.), Behavioral Assessment in Schools: Theory, Research, and Clinical Foundations, The Guilford Press, 2000, pp. 19-45.

一种人工设备，如单向镜或录像带或录音带。这种方法的优点是学生行为受到观察者的影响较小。然而，这个装置本身也可以对孩子产生一些反应性的影响[①]。显然，仪器越不显眼，孩子的行为就会越自然。这种方法可能很耗时，或者很受限制(不是每个教室都有单向反射镜)。另一种方法是模拟评估，尽管在技术上不是直接观察，评估者也用模拟情景的方式进行评估。

2. 访谈法

访谈法是一种最基本且重要的评估方法，评估人员旨在运用正式或非正式的交谈，收集特殊儿童的相关信息，包括其心理健康状况、日常行为表现、基本能力发展、社会性发展等方面内容。访谈法可以划分为结构式、半结构式和非结构式三类[②]。

(1)结构式访谈。

结构式访谈通常依据详细的访谈内容，根据预先设计的问题进行访谈。访谈者与受访者的交流要根据一定的结构与流程进行。如为了制订个别化教育计划，需要访谈家长某些项目以了解特殊儿童的疾病史，这就是结构式访谈。

表 3-1　学生课堂行为观察表

学生姓名：	观察者：
时间：	科目：
目标行为：	观察间隙：10/20/30 秒

目标行为出现的场景：

行为出现之前的情境：

目标行为：

0～2 min	10 s	20 s	30 s	40 s	50 s	60 s	10 s	20 s	30 s	40 s	50 s	60 s
2～4 min												
4～6 min												
6～8 min												
…												

行为产生的结果：

观察者反思/其他观察内容

① Boehm A. E., Weinberg R. A., *Classroom Observer: Developing Observation Skills in Early Childhood Settings*, Teachers College Press, 1997, pp. 38-52.

② 董奇：《心理与教育研究方法》(修订版)，8～10 页，北京，北京师范大学出版社，2004。

(2)半结构式访谈。

半结构式访谈主要依据访谈大纲进行，访谈大纲主要根据研究问题设计，虽较结构式访谈更具有灵活性，但也需要按照既定的主题或方向进行。受访者的答案通常没有一定的形式。如家庭访问，事先都会计划要了解的内容，然后对家庭成员进行访谈。

(3)非结构式访谈。

非结构式访谈不需要访谈大纲或规定的方向，具有不确定性、不可预期性，评估结果往往会受到访谈双方互动效果的影响。如家长到学校接送孩子，教师趁此机会向家长询问学生在家学习等情况，以此作为了解学生的资料，这就是非结构性访谈的一种形式。

3. 测验法

测验法是指评估人员借助多种测验工具来测量学生学业成就、运动能力、行为表现、心理状况等信息的基本评估方法，测验法在教育评估中应用非常广泛，针对有特殊教育需要学生不同的能力与特质，测验法主要分为以下三类。

(1)能力测验。

能力测验包括一般能力测验(智力测验)和特殊能力测验(能力倾向测验)。智力测验分为三种：比奈智力测验、韦克斯勒智力测验和考夫曼儿童成套评估测验。比奈智力测验使用的测验量表，最先是由法国的比奈和西蒙于1905年发表的，比奈—西蒙量表也是世界上第一个智力量表；1916年，美国斯坦福大学教授特曼修将其修订为斯坦福-比奈量表①。韦克斯勒智力量表是由美国临床心理学家韦克斯勒编制的，包括三套个别施测的测验量表，分别针对成人、儿童和幼儿②。考夫曼儿童成套评估量表适用于2.5～12.5岁儿童，是美国心理学家考夫曼夫妇根据认知心理学、神经心理学以及临床研究的最新成果编制而成的，发表于1983年③。能力倾向测验又称特殊能力测验，由智力测验发展而来，是一种高度标准化的素质测评方法，目的在于了解特殊能力的差异，预测未来的绩效④。简言之，能力倾向测验是为了测验未来的成就。能力倾向测验按内容主要分为以下几类：一般能力倾向测验(测量思维力、想象力、记忆力、推理力、分析力、数学能力、空间关系力、语言能力等)、特殊职业能力测验、创造力测验和心理运动机能测验。

(2)成就测验。

成就测验也叫学绩测验，是测量经过某种教育或训练之后，学生对知识和技能的

① 叶国萍：《智力理论及比奈量表发展述评》，96～100页，载《贵阳学院学报》(社会科学版)，2008(1)。

② 李皓：《韦克斯勒儿童智力测验量表第3版(WISC-Ⅲ)简介》，247～248页，载《中国学校卫生》，2006(3)。

③ 任捷、静进：《考夫曼儿童成套评估测验在儿童临床心理研究中的应用》，313～316页，载《国外医学(儿科学分册)》，2005(5)。

④ 郭靖、龚耀先：《学习能力倾向测验的现状与思考》，1233～1235页，载《心理科学》，2004(5)。

掌程度。成就测验主要运用于教育领域，其用途主要分为四种，即反馈、评价、科研和选拔安置。根据不同的分类方式，成就测验可分为不同的类型：从反应方式上，可分为实作测验和纸笔测验；从编制方法上，可分为标准化成就测验和教师自编测验；从总的用途上可分为形成性测验和总结性测验；根据解释分数的方法的不同，可分为标准参照测验和常模参照测验；从测验的功能上，可分为检查测验、水平测验、预测性测验、诊断性测验和准备性测验；从测验的内容范围上，可分为成套成就测验和单科测验①。在融合教育班级，教师编制的成就测验需满足每个学生的特殊需要。为了较为科学、准确地评估学生的学业成就，汤普森等人基于全方位设计的概念，提出全方位设计评估(Universally Designed Assessment，UDA)包含以下七个方面的内容：①全班学生均可参与的评估；②精确的评估概念；③试题是容易接近、没有偏见的；④容易进行调整；⑤施测说明和实施程序简单、清楚，并且能够凭直觉操作；⑥文字容易阅读和理解；⑦印刷排版清楚易读。

(3)人格测验。

人格测验也称个性测验，用以测量学生行为的独特性和倾向性等特征，如性格、处事风格、情操、兴趣等。最常用的方法有问卷法和投射技术。问卷法通常试图通过一套完整的、标准化的、包含不同维度的测验来探究个体复杂的人格特质，并通过分析测试结果，对个体的倾向性与特质做出评定。常用人格问卷有艾森克人格问卷(EPQ)、明尼苏达多项人格测验(MMPI)和卡特尔16因素人格测验(16PF)。人格投射测验是一种间接测验，通过对被测试者施加某些测验刺激，促使其将自己的思想、态度、愿望、情绪或特征等反映出来，评估者以此来测定被试的人格特征。投射技术包括几种具体方法，如罗夏克墨迹测验、逆境对话测验、语句完成测验等。评估人员或教师可根据评定结果了解学生学习风格、动机、冲突等复杂的特质，并以此为根据进行教学设计与教学调整。如果想要全面了解一个人的整体人格，不能寄希望于一次测试或一种测试，而需分别对每一个方面进行测试，这样才能准确、全面地了解测试对象的整体人格。

4. 评定量表

教育评定量表并非严格意义上的心理测验，其通常用以评估实际教学问题、为制订教学方案提供信息，强调实用性，理论背景不够严格。评估的内容与形式可以由教师根据提出的评定目标与实际教学情境进行设计，对量表的制定程序并没有严格的要求，标准化、规范化程度较低，多采用原始分直接评定，自评、他评模式均可。评定量表的形式有多种，如下所示。

(1)数字评定量表：主要用对特定行为特征赋值的形式来对学生的表现进行评估。可以使用1、2、3、4、5等数字来评定学生表现的优劣，赋值为1表明学生表现较差，

① 郑日昌：《心理与教育测量》，24～25页，北京，人民教育出版社，2011。

赋值为 5 表明学生表现优秀。如评估学生行为的《儿童行为量表》①，要求家长根据学生近半年内的情况圈选相应的数字，该量表将评定数字定为 3 级(0，1，2)，如学生明显有或经常有某项表现，则圈选 2；如无这些表现，则圈选 0。又如，在评估学生学业发展时，可以请学生根据自身情况进行自评，提供如“我觉得学习枯燥无味”“老师讲课内容太难，我跟不上”等问题，及 5 级评定选项，即 1—完全不符合，2—比较不符合，3—不清楚，4—比较符合，5—完全符合。

(2)描述评定量表：即文字描述评分法，不要求评估者选择相应的数字，而是直接勾选符合情况的描述性文字，该方式的优势在于醒目、便于理解。教师可以根据预定的等级评定标准(优秀—良好—好—中等—差)，对学生发展情况进行分析与比较。如教师可根据观察对学生语言发展情况进行评定，如表 3-2 所示。

表 3-2　学生语言能力评定量表

项目		优	良	中	差
词汇	掌握部分常用形容词与感叹词				
讲述	能用完整的句子清楚地讲述				
回答问题	能针对提问回答复杂的问题				
理解语义	能简略说出故事的情节				
阅读	能理解图画书的主要内容				

(3)标准评定量表：标准评定量表是评估者根据预定的评价标准，对学生表现进行评定。标准评定量表有良好的界定维度，它的级别差异也能被清晰地罗列出来，而且也会有对应的具体描述。与描述评定量表的区别在于各等级标准之间不需要具有顺序性。教师在实践过程中需要对“优秀”“合格”“有待改进”等标准的详细规定做到心中有数(如表 3-3 所示)。

表 3-3　学生课堂表现评定量表

评价指标	评分等级及分值			得分		
	优秀(3 分)	表现合格(2 分)	有待提高(1 分)	自评	互评	师评
参与态度	全程认真参与，积极承担并完成任务，乐于合作	较认真参与，能与人合作	没兴趣，少参与，没能完成基本任务			
交流	仪态大方，表述流畅，声音洪亮，条理清晰	语言表达不清，内容解释不清晰	语速过慢，音量小，没有完成任务			

① 徐静、陈图农、丁小玲等：《Achenbach 儿童行为量表的初步应用分析》，194～196 页，载《中国妇幼健康研究》，2015(2)。

(4)检核式评定量表：检核式评定量表是事先向评估者提供由词汇表、形容词、名词、句子等组成的项目览表，评估者将学生表现与检核表项目进行对照，而后把其中最能描述与反映学生心理特征、行为特性的项目挑选出来，最后综合起来进行分析①(如表 3-4 所示)。

表 3-4　儿童行为检核表②项目举例

测试题内容	总是这样	经常这样
很少表达自己的需求		
不知道今天、昨天、明天		
不会与同伴玩玩具，常常独处		
外界稍有变化就会分心		
寻找图片中隐藏的图形有困难		

第二节
教育评估的流程

融合教育使用评估的实际原因包括以下几点：评估为教育决策提供了必要的信息；评估能够确保为学生提供适当的教育服务；评估有助于确定学生的发展水平，从而确定下一阶段的教学目标，并能够综合判定整个教学效果；评估为教育者提供了学生学业发展的依据；如果一个学生没有取得进步，评估有助于教师找出原因，并有针对性地修改教学计划。

此外，评估提供了一个可供教师进行比较的基础，来监测学生的纵向进展。虽然大多数教师认为他们的学生在这一年中学习了新的技能，但评估结果能够显示学生与上一次评估相比的进步情况。另外，如果学生没有取得进步，教师需要找出原因并修改教学计划，以确保对学生的教育需求做出反应。而先前的进步情况又提供了一个未来发展的指标，使教师能够明确学生的能力和成长空间，建立长期和短期的学习目标。

教育评估的流程主要包括：评估准备阶段、收集相关信息、检查评估工具、组织实施评估以及分析与应用评估结果。

---

① 王辉：《特殊儿童教育诊断与评估》(第二版)，19～26 页，南京，南京大学出版社，2015。

② 向友余、刘娟、黎莉等：《发展性障碍儿童初筛行为检核表的编制》，47～50 页，载《中国特殊教育》，2007(12)。

(1)准备评估。

评估准备工作包括回顾学生先前累积的评估记录、从相关人员处收集信息、研究评估工具和组织评估会议。适当的评估准备工作有助于评估过程的顺利开展，避免未做充分准备而造成的慌乱等问题。

评估人员了解学生的一种方法是回顾学生数次评估累积的材料，其中包括以前评估的结果以及相应的教育服务。这些记录还可能包括一些会影响学生评估期间表现的情况，如行为变化、用药情况等问题。对于准备进行评估的评估人员来说，这些都是重要的信息。即使教师每天都与学生进行交流，检查记录也可以为其提供对学生需求的有价值的洞察。

(2)收集相关信息。

学生家长、其他护理人员和学校工作人员都是学生信息的重要来源。这些人可以就各方面问题提供信息，包括学生什么时候看起来最警觉、最合作、最专注，这样评估人员就有机会安排评估工作，以促进最佳表现。评估者可以使用这些信息来对不同的特殊需要学生采取不同的评估策略，如专注度高的学生可以采用一次性完整的测试，而针对专注力较低、不愿合作的学生，可以采用多次、分段的评估方式。另外根据与学生交流较多的人员提供的信息，评估人员可以采用学生熟悉的交流方式来消除学生的戒备与紧张。在评估前从其他人那里收集关于学生的信息，可以使评估过程更加顺畅、准确。

(3)检查评估工具。

准备评估的另一个步骤是审查选择使用的测试或评估程序。每个评估工具都应提供关于使用该工具的具体信息。在进行测试前，评估人员应审查评分程序。避免在没有练习的情况下进行测试，防止由于准备不足而发生错误。没有准备好评估的评估者可能会变得沮丧、愤怒，并被无意义的琐碎信息包围。如果评估结果影响到他们个人，大多数人会因为评估者的错误而拒绝接受错误。同样，评价者应该避免评估错误，因为基于测试结果的决定会影响学生的生活。评估人员如需要协助使用新的评估工具或程序，应向同事或专家寻求协助。大多数专业人士都乐于帮助评估人员了解管理和分析某一特定评估工具的细微差别。

(4)组织实施评估。

如何组织评估的各个环节是进行有效评估的关键。组织评估的内容包括选择合适的时间和日期，并将评估计划传达给同事、学生和家长。需要提前准备好所有评估工具，以节省时间和精力。应在考试前确定学生目前的成绩水平，避免花费时间重新测试以前完成的技能领域。

(5)分析与应用评估结果。

最后，评估者应该知道评估的原因和结果如何应用，以满足学生的特殊需要。如果评估的目的是获取学生是否能独立完成某些任务或是否能在协助下完成某些任务的信息，那么，评估人员应该基于此项目标，准备并实施评估来收集相关信息，然后分析数据得出结果(如通过评估得出该生能够独立完成该项任务)，最后根据评估结果分析得出学生的能力水平，并基于此设定新的、合理的教学目标，以满足学生的切实需求。

第三节
教育评估的模式

在融合教育环境中，由于学生个体差异大，表现不稳定，在教育评估上缺乏统一的评估标准和评估方法，以纸笔测验为代表的传统的评估方式已难以适应评估的需要。国际上，实施融合教育的国家越来越多地采用一些非正式的评估方法来评估特殊儿童在融合环境下的表现，如动态性评估、课程本位评估、功能性行为评估、档案评估、实作评估等。这些评估模式目的在于帮助教师了解学生的真实学习情况，反馈教学，提高学生的学业成就等①。当然，进行教育评估时，并没有规定只能单独使用一种评估方法，教师可灵活运用各种评估策略。

一、动态性评估

“动态评估”之所以被称为“动态”，主要是相对于传统评估的静态测量的形式所提出的。“动态”有两层含义，一是跨多个时间点观察被评估者的进步与改变情形，即连续应用“测验—教学—测验”的程序，期待被评估者能有最佳表现；二是被评估者答题时与评估者之间大量地互动。总之，动态评估是指在教学前、教学中以及教学后，以相应的或调整评估情境的方式，对学习者的认知、行为、情绪、社交等能力进行持续性的评估。在评估过程中，特别强调评估学生如何产生学习动力或意愿以及学习如何发生变化的心理历程。

① Salvia J., Ysseldyke J., Witmer S., “Assessment: In Special and Inclusive Education,” in *Cengage Learning*, 2013, pp. 53-68.

海伍德等人归纳出动态评估的主要特征如下①②：

(1)测量过程为"测验→教学→测验"或至少是"教学→测验"的程序。动态评估以"评估—教学—再评估"的过程，一再地出现在与学生的互动过程中。也就是说，动态评估是在实际的教学情境中，对学生进行能力的评估，同时提升其能力的教学过程。它是一种结合教学与诊断的评估，或者说它是一种在评估中也做教学的评估技巧。

(2)评估的重点是强调知觉、思考、学习和问题解决的过程而非过去学习的成果。动态评估所欲达到的目的不仅是要评估受试者"目前"所表现的水平，且试图了解受试者是"如何"达到目前的水平，以及受试者"可能"可以达到的水平。

(3)试图找出影响个体有效学习或行为表现的因素。动态评估基于"能力是可塑造的"假设，企图发现改进认知功能的方法。透过动态评估可有效找出影响个体学习的因素。动态评估的重点在于学习者的可改变性，并提供发展介入方案的有效信息。

(4)掌握积极影响或激励个体学习和行为反应的情境及条件。运用诸如：简单回馈、引导学生在解题前后，说出解题步骤或原则等方式，教师可有效掌握影响个体学习的情境及条件。

(一)动态评估的步骤

教师在实施动态评估时是运用"前测—教学介入—后测"的主动介入模式，经过充分沟通互动历程，持续评析学生教学反应与学习历程，剖析教学前后认知能力的发展与改变，进而提供发展或改变所需的教学介入③。动态评估根据操作的理念不同，分为不同的模式，比如测验极限评估模式、学习潜能评估模式、心理计量动态评估模式、渐进提示模式等。不管采用何种模式，其总体都会按照"前测—教学介入—后测"步骤来进行，只是模式不同，每一步骤下的分步骤可能会不同。本文就以"渐进提示模式"为例，来阐述动态评估的步骤。

(1)前测：前测的主要作用是为儿童的进步提供参照标准，考查学生在没有任何支持的情况下，独立完成测试的能力与表现，并以此作为儿童能力的基线。

(2)教学：在教学过程中，需要教师根据学生表现与特征建立辅助与提示系统，即当学生无法理解或回答某一问题时，评估者按照提示系统的序列依序给予提示。提示系统的建立需先对测验内容进行工作分析以后列出可能需要的提示方式，再依照"由一般、抽象逐渐特定、具体"的顺序排列。

---

① Haywood H. C., Brown A. L., & Wingenfeld S., "Dynamic Approaches to Psychoeducational Assessment," in *School Psychology Review*, 1990, 19(4), pp. 411-422.

② Rezayat E. & Bavali M., "The Effect of Dynamic Assessment of Language Learning: A Review of Literature," in *Journal of Studies in Learning and Teaching English*, 2016, 5(1), pp. 35-53.

③ 李坤崇：《教学评量》，405页，台北，心理出版社，2006。

(3)迁移：提供与前项测验作业稍做变化或较大幅度变化的题目，以评估儿童真正理解和运用先前知识的能力。

(4)后测：主要用以考查学生在接受教学干预后的表现，并与前测进行对比以此考查学生的进步情况。

这种评估模式除了遵循了动态评估的大体步骤外，还对学习以及迁移的表现进行了评估，此外，这种模式还非常注重评估儿童在解决问题时需要多少提示，这些提示有利于将评估与教学很好地结合起来，所以它也是经常被采用的。

(二)动态性评估实例①

个案资料：某初中三年级轻度智力障碍学生，小娟。

评估主题：初中数学二元一次方程。

前测：包含六道测试题目(20 分/道)，总分为 120 分，以小娟独立完成的情况为基准，具体的题目如下：

(1)甲比乙大 15 岁，5 年前甲的年龄是乙的两倍，乙现在的年龄是几岁？

(2)一个长方形周长是 16 厘米，长与宽的差是 1 厘米，那么长与宽分别是多少？

(3)一张试卷只有 25 道选择题，做对一题得 4 分，做错 1 题倒扣 1 分，某学生做了全部试题共得 70 分，他做对了几道题？

(4)某商店有 2 个进价不同的计算器都卖了 80 元，其中一个盈利 60%，另一个亏本 20%，在这笔买卖中，这家商店的盈利情况如何？

(5)妈妈与女儿两人的年龄和为 52 岁，妈妈的年龄是女儿年龄的 2 倍多 7，请问母女两人的年龄分别是多少岁？

(6)一个两位数的十位数字与个位数字的和是 7，把这个两位数加上 45 后，结果恰好成为数字对调后组成的两位数，则这个两位数是？

测试结果显示，小娟未完全掌握数量关系或简单问题情境列二元一次方程的知识与技能，缺乏获取信息、分析问题、寻找相等关系的能力。无法将二元一次方程应用题与生活实际进行联系，造成解题困难。

教学：结合小娟当前的解题能力与二元一次方程相关重难点，首先需要设计一套适合小娟的渐进式提示系统(见表 3-5)，并依据此系统进行二元一次方程式应用问题解题评估，在进行动态评估教学阶段中，小娟若解题产生困难或错误，评估者会依据渐进提示系统给予其不同程度的提示。表 3-6 即以其中一道题的教学作为范例来进行阐释。

---

① 苏俊源：《初中智能障碍学生数学解题动态评量研究》，45～49 页，高雄，高雄师范大学硕士学位论文，2014。

表 3-5 提示系统

<table>
<tr><th colspan="2">提示种类</th><th>指导语</th></tr>
<tr><td colspan="2">促进反应</td><td>“读懂这道题了吗?”</td></tr>
<tr><td colspan="2">修正反应</td><td>例如:“数字写错了。”</td></tr>
<tr><td rowspan="5">提升表现</td><td>1. 设未知数错误</td><td>简单回馈:“正确,很好”;“不对,慢慢想一想。”
重新阅读题目:“重新读一遍题目标出不懂之处?”
说明题意:解释题目的意思后询问:“你知道哪一个是未知数吗?”
直接教学:“我们一起来设未知数,这样会了吗?”</td></tr>
<tr><td>2. 列方程式的困难</td><td>简单回馈:“正确,很好”;“不对,慢慢想一想。”
重新阅读题目:“重新读一遍题目标出不懂之处?”
说明题意:借助各种图示帮助学生理解题意,梳理逻辑关系,并再次确认:“你读懂题意了吗?能够列方程了吗?”
直接教学:“我们一起来列方程式。”</td></tr>
<tr><td>3. 解题时整理方程式困难</td><td>简单回馈:“正确,很棒”;“不对,慢慢想一想。”
整理方程式、去括号:提示第一个步骤是去括号。
合并同类项:提示同类项 X、Y 或数字要放在一起。
同类项计算:提示同类项 X、Y 或数字可以相加减。
直接教学:“我们一起来解方程式。”</td></tr>
<tr><td>4. 解题时使用移项定理错误</td><td>简单回馈:“正确,非常好”;“不对,再仔细想一想。”
熟悉移项定理:“移项变号”;“数字移动到另一边。”
使用除法:首先解出 X 或 Y。
直接教学:“很棒,请你写出结果,这样会了吗?”</td></tr>
<tr><td>5. 解题时计算困难</td><td>简单回馈:“正确,非常好”;“不对,再仔细想一想。”
根据前一步,解出另一个未知数。
提醒最后检验。
直接教学:“这样会了吗?”</td></tr>
</table>

迁移:经过针对性的教学阶段之后,小娟基本掌握了二元一次方程应用题的基本知识与技能,能够在提示下列出方程式,但仍在解方程式方面存在较大困难。这一阶段的评估重点不再是相关基础知识,而是帮助小娟掌握解方程式的方法,并能够解决较难的题目,从而形成学习迁移的能力。

后测:经过前测、教学、迁移等阶段后,评估者对小娟已掌握的知识与困难等都有了较为清晰的了解,在肯定其进步的同时,需要帮助她解决仍存在的困难,如合并同类项和移项变号等技巧。在确定小娟不再对这部分知识存疑后,即可实施后测。后测的作用是检验动态性评估与教学对学生学业发展是否有帮助,亦即能否通过评估者的协助与互动促进学习的认知能力。

在迁移教学后,后测题目应该涉及更多应用情境以训练学生的逻辑思维:

(1)追击问题:甲、乙两人背向沿环形跑道行走,他们同时从同一起点出发,2.5

分钟相遇；如果他们同时从同一起点同向而行，12.5 分钟甲能追上乙。求甲、乙每分钟各走多少米？

(2)储蓄问题：小明以两种方式分别储蓄了 1000 元和 2000 元，一年后全部取出，扣除利息税后，可得利息 43.9 元，已知这两种储蓄年利率和为 3.24%，问这两种储蓄的年利率各是百分之几？

(3)销售问题：在某商场的优惠促销活动中，某顾客买了一套女装和一套男装，他享受了“女装八五折”“男装八折”的优惠，优惠前需付 700 元，而他实际付款 580 元。问男装、女装原价各是多少元？

(4)配套问题：九年级一班同学 60 人，需要为学校运动会制作一批道具，每人每天平均做 20 朵花，15 个面具，如果一个面具配两朵花，应分配多少学生做面具，多少学生做花，才能使面具和花刚好配套？

(5)鸡兔同笼问题：某校 150 名学生参加数学考试，平均每人 55 分，其中及格的学生人均 77 分，不及格的学生人均 47 分。及格、不及格的学生各有多少？

(6)数字问题：一个两位数，十位上的数字比个位上的数字大 5，如果把十位上的数字与个位上的数字交换位置，那么得到的新两位数比原来的两位数的一半还少 9，求这个两位数？

表 3-6 动态评估中的教学

1. 设未知数 评估者：“请重新仔细地朗读题目，并用圆圈圈出你认为重要的线索，用曲线连接你认为有直接相关的线索，最后在未知数下面画线并用 X 和 Y 表示出来。” 小娟：“甲比乙大 15 岁，5 年前甲的年龄是乙的两倍，甲和乙现在的年龄是几岁？” 小娟：“设甲现在的年龄为 X，乙现在的年龄为 Y。” 2. 列方程式 小娟写出方程式为 X＋Y＝15 X＝2Y 评估者请小娟再仔细检查一遍所列方程式，并用自己的语言解释自己所列方程式的意义。 小娟：“甲的年龄加乙的年龄和是 15 岁，甲的年龄是乙的两倍。” 评估者请小娟比较她自己的解释与题目的差异，随后进一步提问。 评估者：“你清楚题目的意思吗？” 小娟：“不明白。” 小娟对题目中甲、乙年龄的关系并不清楚，评估者需要协助小娟重新梳理题目之间的逻辑关系。 评估者：“甲比乙大 15 岁，是应该用加号还是减号表示？” 小娟：“减号。” 评估者：“请列出方程式。” 小娟随后列出正确方程式：X－Y＝15。 评估者：“5 年前甲的年龄是乙的两倍，五年前甲和乙的年龄是多大？” 小娟：“比现在小五岁，用减法。” 评估者：“请列出方程式。” 小娟随后列出正确方程式：X－5＝2(Y－5)。 评估者：“正确，非常棒！”

续表

3. 解方程式 小娟在解第一个方程式时出现移项错误，写出 X＝15－Y 后，抬头询问评估者，评估者给予相应提示。 评估者："移项变号。" 小娟重新书写正确答案：X＝15＋Y。 评估者："非常好，正确，接下来怎么办？" 小娟："代入。" 小娟在写出(15＋Y)－5＝2(Y－5)后出现停顿。 在完成代入后，方程式变长变复杂，小娟不清楚接下来的步骤，评估者给予提示。 评估者："去括号。" 小娟列出正确方程式：15＋Y－5＝2Y－10。 评估者："非常棒，去括号非常正确。现在请先简化方程式。" 小娟列出正确方程式：10＋Y＝2Y－10。 评估者："非常棒，现在请移项并得出答案，注意移项变号原则。" 小娟得出正确答案：Y＝20。 评估者："正确，现在请问乙的年龄是多少？" 小娟："甲比乙大 15 岁。" 评估者："请用未知数与等式写出标准的答案。" 小娟得出正确答案：X＝35，Y＝20。

前测和后测都是不提供提示的测验，小娟的前测成绩是 30 分，后测成绩是 80 分，后测与前测相比有明显的进步。而且从作答表现来看，前测每一题都没有解方程式，后测每一题小娟都有进行解方程式而且解前三题都正确，表示其解题能力有进步。在列方程式方面，后测列式正确的题数也比前测多，表示其列式能力也有进步，因此动态评估对于解题能力具有帮助。

二、课程本位评估

课程本位评估最早在 20 世纪 70 年代由明尼苏达大学学习障碍研究所提出，吉克林等人首次对这一概念提出了明确的界定，即一种以学生在现有课程内容学习上的持续表现来决定其教学需求的评估方式。塔克于 1987 年提出了课程本位评估的三个基本条件：测验材料需具有高度的内容效度，来自学生上课的课程教材；经常施测；评估结果作为教学决策的依据①。课程本位评估强调根据实际教学内容制订评估计划，借由课程标准与评估结果来判断学生需求并做出教育决策，后来被广泛应用于阅读、数学运算、拼写和书面表达等课程的教学效果的评估之中②。

① 张旭、张海丛：《课程本位测量及其在学习障碍评估与干预中的应用》，56～62 页，载《中国特殊教育》，2009(6)。

② 雷江华、方俊明：《特殊教育学》，186 页，北京，北京大学出版社，2011。

在我国特殊教育大力推进课程改革、发展重心逐渐过渡到提高教学质量的重要阶段，教育评估需要在关注学生学业成绩的基础上，发现和发展其多方面的潜能。课程本位评估改变了标准化成就测验作为教学效果评价的唯一途径，它弱化了结果性评估的地位，而把课堂教学提到了更重要的位置，关注学生的差异性、施测的情景性、评估的动态性以及决策的准确性，旨在帮助学生取得进步并帮助教师做出教育决策①。它是一种侧重于教学过程与教学结果的双测度评价，是传统评估方式的有效补充②。课程本位评估将评估置于教育链条的最前端，并贯穿于教育活动的各个过程，实现了以评估为主线的教育循环。谢正立等人提出课程本位评估应遵循信息来源多样性、无歧视性和逻辑层次性三条原则，坚持科学与人文相结合，既要以生为本而又不失科学性③。

(一)课程本位评估的实施过程

一般而言，课程本位评估可分为六个步骤：

(1)分析课程：课程本位评估从分析学生的课程着手。分析课程包括探究课程中知识和能力的安排、评估课程中知识和能力之间的逻辑关系、审视课堂上的教学活动以及评估学生在课程上所需的成就表现或能力。就学业性课程来说，教师可以先使用教学手册来分析课程中的重要元素，例如，语文课程中的写作，就可分为流畅度、组织、技巧、拼字、书写及内容等；至于技巧可细分为标点符号、分段落及语法等；然后可以以布鲁姆的认知目标分类法列出课程需达到哪些层次。

(2)规划学生的行为目标：教师必须选择可以观察和测验、能用来显示学业上的改变的目标行为。这需要教师仔细分析学习所需技能，以行为目标来叙写学习内容，以便掌握未来将进行的教学内容；同时还需依难易程度安排逻辑顺序，陈列学生的学习目标，并依此决定教学的次序，以方便评估学生的能力表现。

(3)评估学生的起点行为：评估学生目前的学习起点是一项从各方面合并数据的过程，包括学生的目前学业能力，学习特点(如学习速度、学习类型、思维方式等)，学习上存在的困难(如被动、分心、推理有困难)等资料。在收集到这些资料后，需将学生的表现直接与学习目标作比较，评估学生在课程内容的学习起点能力，以准备教学。

(4)进行教学：依据学习目标进行教学设计，并对学生进行教学。

(5)评估学习状况：教师可以通过系统观察和非系统观察、使用测验、评估表、访

---

① 谢正立、邓猛：《新课标背景下培智学校课程本位评估的几点思考》，40～45页，载《现代特殊教育》(高等教育研究)，2017(9)。

② 章永：《特殊教育学校课程本位评估的操作性初探》，128～130页，载《乐山师范学院学报》，2012，27(10)。

③ 谢正立、邓猛：《新课标背景下培智学校课程本位评估的几点思考》，40～45页，载《现代特殊教育》(高等教育研究)，2017(9)。

谈等形式，来评估学生的学习状况。这其中，测验的来源又分两种，一是已经出版的测验，不过这些测验可能在内容上与课程不完全符合；二是教师自编的测验，这种测验能够符合教学内容、可以按照目前的教学进度以及与行为目标相对应弹性进行设置，还能根据学生的表现适时进行调整。更多时候，在实际操作中教师自编的测验使用率会更高。

(6)做出教育性决定：一旦数据分析完成后，教师必须使用数据做有关每位学生教学成效的决定。决定可分为三类：一是不需改变教学：如果数据显示学生有适当的进展且达到标准，则不应改变教学，学生可以进入新的学习阶段；二是需改变教学：如果学生进展缓慢或错误率增加，那么应该考虑四种改变教学的选择(回到较容易的技巧、回到较容易的任务形式、尝试不同的教学程序或者是提供更多学习的机会)；三是提高教学目标：如果学生表现出高的成功率，那么教师应该考虑改变教学目标①。

(二)课程本位评估的案例②

教学主题：我们去看电影

1. 主题范围

去电影院的路上需要注意哪些问题?

看电影过程：学校→右转→经过第一个十字路口→进入电影院→排队买票→检票→找座位→文明观影→离开影院→路过十字路口→左转→直走返校。

2. 学习内容

(1)分清方向。

(2)辨别十字路口指示灯。

(3)找到电影院。

(4)练习买票。

(5)文明观影。

(6)顺序退场。

3. 行为目标

(1)能分辨前、后、左、右四个方向。

(2－1)能够分辨红灯、绿灯、黄灯三种标志。

(2－2)能够了解“红灯停、绿灯行、黄灯注意”的意义。

(3)能够指认电影院。

---

① 张世彗：《特殊教育丛书：课程本位评量理论与实务》(印行)，18页，台北，台北市教育大学特教中心，2012。

② 陈丽如：《特殊学生鉴定与评量》(第二版)，140～141页，台北，心理出版社，2006。

(4)能够排队并买票。

(5)遵守公共场所秩序。

4. 起点行为的评估

(1)会辨认方向与红绿灯。

(2)了解安全、秩序的意义。

5. 进行教学

(1)前、后、左、右方位的认知(现场表现教学，由老师带领分辨四个方位)。

(2)红绿灯教学(课堂上使用照片，再以录像带教学及实际引导)。

(3)认识电影院(图片、电影院的建筑、标志的图样是什么，像什么)。

(4)预演用现金买票，排队进场退场。

6. 评估学习状况

本例以列表呈现学生的学习评估结果，如表 3-7 所示。

表 3-7 课程本位评量记录范例

评估内容 \ 成绩	第一次	第二次	第三次	第四次	备注
1. 学会辨别方向	60	80	95	100	
2. 了解十字路口、红绿灯的意义	60	85	95	100	
3. 认识沿途的明显标志	60	85	90	100	
4. 知道如何买票	40	50	70	80	
5. 遵守公共场所秩序	30	40	60	70	

注：每项每次评估均以 100 分为满分。

7. 整理成绩

本例以图 3-2 整理学生成绩。

8. 做出教育性决定

总体来说，该生四项目标行为都有适当的进展且达到标准，学生可以进入新的学习阶段。但其中最后一项目标“知道迷路时的应对方法”，勉强通过测试，可以在日后的教学和生活中提供给他更多的该行为的学习机会。

三、功能性行为评估

当面对学生的一些严重的挑战性行为时，教师和家长的感觉多数都是极度困惑，不知道到底发生了什么。因为有时候这些行为的模式完全不符合正常的思维，并且显示不出任何意义。这时候就需要进行功能性行为评估了。功能性行为评估主要是评估

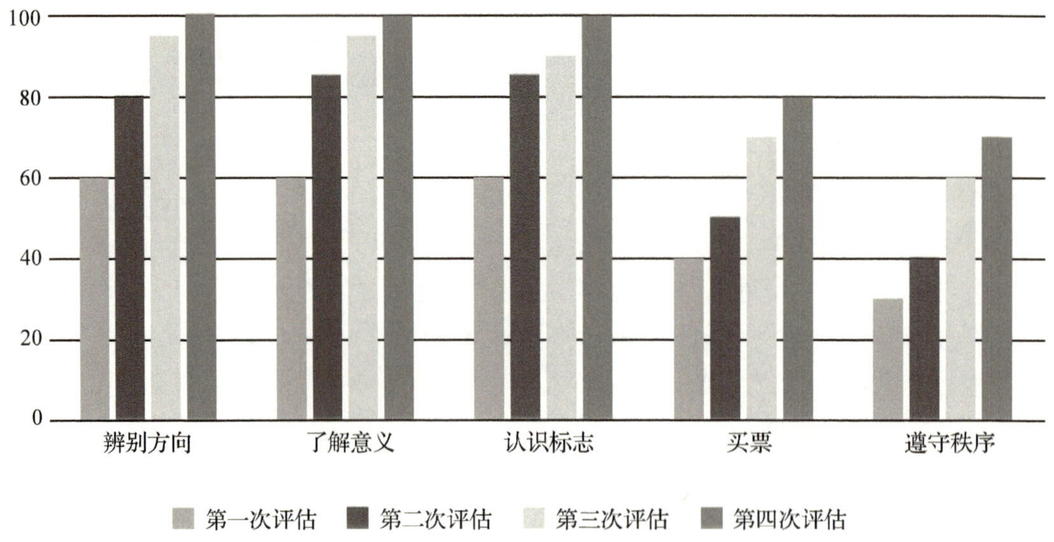

图 3-2　课程本位评估记录图例

者运用多种不同的方法来识别某种具体行为发生的原因。其理论基础是，任何行为具有目的和意义，对儿童而言，行为的存在是具有功能的。或者说，儿童是想从这些行为上得到一些什么的，比如，教师的关注、逃避任务或是满足自我刺激等。“功能评估”就可以将这个“原因”澄清在我们面前，令混乱困惑的状况变得清晰和可以理解。也可以说，任何行为的背后，都有它本身的逻辑，行为功能评估就是在试图理解“行为的逻辑”。

(一)功能性行为评估获取的信息

为了更深入、全面地了解学生行为的目的与意义，评估者需要尽可能多地收集信息，获取信息的来源不能仅限于学生本身，还应包含家长、教师、同伴等利益相关者。面对纷繁复杂、来源广泛的信息，评估者需要确保收集到的信息的有效性，虽然进行功能性行为分析有多种方法，而且各种方法着眼的焦点也各有不同，但是大致都要收集以下三方面的信息①。

(1)针对学生个体的信息：个体的生理和心理因素等会影响问题行为的发生，想要考查学生行为背后的原因，首先要评估学生即时的心理与生理状态。如学生在身体欠佳时，易烦躁，处理人际冲突的能力变弱，课堂上注意力下降，教师应意识到，学生课堂参与度较低并非故意，而是受生理等不可控因素影响。另外会有延时、内隐的因素影响到学生的行为表现，如学生在课堂上的心不在焉，可能早读时由于不遵守纪律

① 李芳、李丹：《特殊儿童应用行为分析》，40 页，北京，北京大学出版社，2018。

而受到了班主任的斥责，导致学生在接下来的几节课中心情低落。在进行功能性行为分析时，有必要对个体的能力、生理状况、情绪反应等做出一个详细的评估。生理和心理因素有时可能会直接影响问题行为的发生，这是功能性评估中不可或缺的一部分。

(2)特定行为出现的情境：行为出现的情境是行为发生前的立即前事，也就是发生在问题行为之前的特定事件，包含当时的物理环境、社会因素，如教师行为、班级环境等。如一位孤独症儿童突然在上课过程中出现自我刺激性行为，反复捶打头部并大喊大叫，而该生行为出现的原因在于教师书写板书时，粉笔与黑板发出了刺耳的摩擦声，教师与其他同伴通常会忽略这种细节，但孤独症儿童无法独自处理这种强烈的刺激，从而出现扰乱课堂秩序的行为。对于事件发生情境的具体分析，能够帮助教师了解有特殊教育需要的学生，为教师进行及时干预提供信息与支持，有效预防类似事件的重现。

(3)行为事件产生的后果：后果事件是指外在环境于行为发生后所给予个体的结果，假如这些结果达到了个体预期的效果，就会增强该行为的发生，成为行为持续发生的因素。如在针对特殊儿童的霸凌事件中，霸凌者对特殊儿童的无理行为，会激怒被霸凌者，促使特殊儿童做出霸凌者与“旁观者”期待的过激反应，在这一过程中，霸凌者的自尊心得到极大的满足，并获得了同伴的关注与崇拜。被霸凌者的反应与其他学生的关注都成为霸凌事件的直接后果。如果每次霸凌事件的出现都伴随着这些“有趣”的后果，霸凌者会自然习得欺辱特殊儿童所能获得的成就感，这种行为会被不断地强化，导致霸凌事件愈演愈烈。任何行为的发生都会产生多种后果，收集后果事件的信息就是了解哪个或哪些后果事件使得目标行为得以持续或加强。一般这时需要重点考虑两个问题：行为的意图是什么？儿童从该行为中获得了什么或者逃避了什么？

(二)功能性行为评估的实施方法

一般而言，进行功能性行为评估时常会用到三种方法，即直接观察、间接评估和功能性分析。其中，对于融合教师来说，用得最多的就是前两种方法，后一种方法需要专业人员在特定场所进行，在此着重介绍前两种评估方法。

1. 直接观察

直接观察是指评估者在自然情境中观察学生表现并对环境中重要信息进行记录与分析的过程。当突发事件或挑战性行为发生时，评估者需要对事件发生之前的事情、学生的行为特点、学生行为产生的后果、他人对学生的回应等方面进行记录(如表 3-8 所示)，并且注释他们所认为的“行为发生的潜在原因”。这种方法要求评估者综合各方面信息对学生行为进行初步分析，并提出证据支撑其对于行为起因的假设。

表 3-8 “A—B—C 行为观察表”示例

学生姓名：小雨　　观察者：母亲　　日期：2019 年 10 月 7 日至 10 月 27 日

日期	时间	地点	前因(A)		问题行为(B)	结果(C)(他人的回应/环境的改变)
			当时的环境	引发问题行为的事件		
2019/10/7	15:00	家中	正在与妹妹玩玩具	妹妹不小心弄坏了小雨的玩具车	小雨非常伤心，不断喊道：“弄坏了！弄坏了！”并捶打自己	妈妈询问了原因，先让妹妹道歉并回自己的房间，妈妈答应小雨会给他买新的玩具，小雨情绪趋于稳定
2019/10/14	12:00	家中	午饭过后正在与爷爷看电视	动画片还未放映结束，妈妈叫小雨午睡	拒绝午睡，不离开沙发，眼睛一直盯着电视	妈妈让他再看一会动画片，等放映结束再要求他睡觉
2019/10/25	10:15	商场	陪母亲到商场购物	非常喜欢新买的玩具，随即在商场地上玩玩具	拒绝跟妈妈回家，想要继续玩玩具。妈妈试图把他从地上拉起，他突然喊叫起来	妈妈首先安抚了他的情绪，让他停止喊叫，他不再吵闹但仍拒绝回家，最后以再买一件新玩具为条件同意回家

直接观察结果显示，小雨在玩耍被打断时(看动画片、玩玩具)，或接受他拒绝的命令时(离开商场、午睡)，会出现哭闹、不听管教等行为问题。而小雨的家长，包括妈妈、爸爸、爷爷在遇到此类问题时，多采取纵容和过度补偿的方式来安抚小雨，导致小雨习惯了采用哭闹的形式达到自己的目的，这是小雨行为问题频发的原因。

2. 间接评估

间接评估的对象为教师、家长、同伴等其他利益相关者，该方法用以了解他人对学生问题行为的看法。间接评估的方式较自由灵活，可以是标准化的问卷、量表，也可以是非结构化的访谈、检核表。间接评估的作用在于确认与行为有关的事件或环境，以缩小可能的变量范围。这些收集到的信息将用于识别行为发生之前的状况和行为发生之后的情形。正如“直接观察”一样，这种方法也是用于对行为的功能做出假设。

(三)功能性行为评估的案例[①]

小达，男，10 岁，孤独症谱系障碍，无其他生理疾病。情绪敏感易怒，情绪波动大，受到突然刺激后会出现喊叫、随意跑跳、自伤行为。他的过激行为极易影响其他同学情绪，教师经常需要中断教学来安抚小达的情绪。评估人员以其自伤行为作为评估与干预目标，在解释此类行为功能基础上，提出相应的解决办法。

① 李芳、李丹：《特殊儿童应用行为分析》，46～47 页，北京，北京大学出版社，2018。

1."A—B—C 行为观察表"记录结果

对小达的直接观察为期两周，观察的情境包括户外、户内课堂；课间、午休时段；年级集体活动等环节，并以"A—B—C 行为观察表"进行记录(如表 3-9 所示)。依据观察记录结果得知，小达的问题行为的类型为"逃避"。

表 3-9　"A—B—C 行为观察表"示例

学生姓名：小达　　观察者：评估者　　日期：2019 年 11 月 4 日至 11 月 17 日

日期	时间	地点	前因(A)		问题行为(B)	结果(C)(他人的回应/环境的改变)
			当时的环境	引发问题行为的事件		
2019/11/4	14:00	操场	体育课刚刚结束	班主任老师组织学生返回教室	想要一直在操场玩耍，四处乱跑，躲避班主任，拒绝回教室	班主任命令他马上入列，他跑得更远，班主任只能放任不管，带领其他学生回到教室
2019/11/8	8:00	教室	老师请同学们做涂色练习	任务难度逐渐增加	从座位上离开，在教室里四处踱步	班主任将他带回座位，奖励了一个代币，并给他重新分配了任务
2019/11/13	12:15	寝室	生活老师在组织学生午休	小达被发现床铺不整洁，情绪激动	拒绝午睡，一直在喊叫，发现生活老师无暇顾及他，吵闹的声音更大了	生活老师坚持让他休息，在仔细聆听小达说话之后，帮助小达整理好床铺。小达听从指令在床上休息

2."问题行为动机量表"分析的结果

除了观察之外，我们还使用了"问题行为动机量表"，对小达的问题行为进行了评估。其结果如表 3-10 所示。

表 3-10　小达问题行为动机量表分析结果

行为类型	总分	平均得分	行为频率分级
自我刺激	17	2.4	1
逃避	24	4.9	1
获得他人注意	4	0.5	3
获得实质性东西	15	1.85	1

3. 访谈结果

通过对小达爷爷的访谈，评估者获得以下信息：小达入学时间较晚，入学前由爷爷抚养与教育，小达爷爷不承认小达存在孤独症谱系障碍，拒绝接受特殊教育，导致小达错过了早期干预的关键时期。在家教过程中，小达爷爷过度溺爱小达，促使小达习得一些不良习惯，如想要获得零食或玩具，就通过喊叫、哭闹的方式，评估者推测其问题行为的功能是“获得实质性东西”。而小达在拒绝爷爷对于看动画片的时间限制时，或在接受爷爷的批评指责时，就会出现捶打、撕咬身体等行为，逼迫爷爷放弃对他的约束与管教，评估者推测这些自伤行为同时具有“逃避”的功能。

4. 综合结果

综合小达的“A—B—C 行为观察表”“问题行为动机量表”及访谈的结果，小达问题行为的功能为“获得实质性东西”及“逃避”。

第四节 学业成就表现评估的调整

在学业成就方面，几乎所有的教师都使用教师编制的测试来评估学生的表现。但问题在于，教师制定的考试可能无法给有学习和行为障碍的学生提供展示他们所学知识的机会，这种情况会降低学生的学业成就表现。考虑到这些原因，教师需要结合学生具体情况，在评估过程中做出调整和改变，以尽量减少外在缺陷对评估有效性及真实性的影响，这是一种在融合教育中常用的评估策略，即为学生提供合理便利。例如，为了让残障学生能够便利的参与测评，在测评中可采用这三种方式：延长考试时间、小组管理和大声朗读、让监考人员或其他辅助人员向考生朗读测试项目①②。此外，融合教育教师须意识到：教学评估的挑战是程序的小改动，而不是大的调整，目的是为了提供适当的评估技术，并尽可能使类似的测试和评分技术在融合课堂上使用。除了上述例子中提到的具体的调整内容，还有其他方面的测评修改，例如，为学生提供足够的空间来答题；扩充物理空间，以免相互干扰；准备打印而不是手写的试卷；分配更多的时间来完成测试；在多项选择题测试中，选择的数目最多为四项的问题；进行更短、更频繁的测试，而不是更少、更全面的测试；给学生朗读并说明测试项目等③。以下内容从四个方面对教学评估的调整进行了详细的说明。

---

① 邱鹊：《中美残疾考生考试合理便利措施的比较分析——以普通高考和 ETS 考试为例》，3～10、57 页，载《中国特殊教育》，2018(1)。

② 孙涛、申仁洪、刘欣等：《浅析合理便利在特殊儿童融合教育中的运用》，19～25 页，载《社会福利》(理论版)，2019(10)。

③ 邱鹊：《1998—2017 年国际有关残疾学生考试合理便利研究的现状与热点分析》，3～11、25 页，载《中国特殊教育》，2018(10)。

一、修改测试格式

特殊教育需要学生有时掌握了在考试中取得成功所必需的学业内容与技巧，但由于考试形式的限制，他们在考试中仍然表现不佳。冗长、设计不良、杂乱无章的试卷或令人分心的考试场所等都可能会对学生的成绩产生负面影响。面对这种情况，教师可以修改测试格式，让调整后的测试满足以下几点要求：

(1)在干净且坚实、清晰的背景上以深色印刷试题；

(2)考题选项有适当的间距和结构化的排列顺序；避免要求学生将答案分开填写；

(3)以结构化、稳定、可预测的顺序提出问题(这有助于学生从一个项目过渡到另一个项目)；

(4)为每个项目提供足够的空间。

关于试题的题干，在调整的过程中，可参考以下内容：

(1)试题的内容宜配合测试目标，均匀分布，可以列出双向表，作为选题及分配题数的架构。

(2)试题的题干应该只提出一个明确问题，不要同时出现几个问题。

(3)试题的题意必须清楚明确，避免出现含糊的字词(例如：很少、经常)。

(4)文字应该力求浅显简短，但不可遗漏解题的必要条件。

(5)题干应该使用陈述句，避免使用双重否定的语句；如果必须以否定句陈述问题，则需对否定字词进行特别标记。

(6)对于视觉有困难的学生，宜避免出“连连看”等题型。

(7)当一个测验包含两种以上不同类型的试题时，最好先提供一般的作答说明；而后在每一个类型的试题之前，再提供特殊的作答说明；不同题型间宜保持适当间距，并且提供作答范例。

(8)试题选项的叙述应该力求简短，避免试题题干冗长，对于阅读和组织能力有困难的学生尤其需要注意。

(9)若该题目为多选题，必须进行特别说明。

要满足阅读水平不太高的学生的读题要求。除了上述的这些考量，一些学生可能还需要专门的设备。例如，视力受损的学生可能需要大字体或盲文版本的试卷。听力有障碍的学生可能需要翻译服务。同样，有阅读障碍的学生可能需要一套语音版的试题，并使用标记让他们在考试时集中注意力，确保跟上答题的进度。

在某些情况下，有特殊教育需要的学生在考试中可能因为不会读题，而无法按照考试指导去答题，导致考试成绩较差。教师可以通过使用提示来帮助学生理解和遵循考试指导的线索，将这个问题最小化。提示包括颜色编码、字体变化、下划线、粗体、符号和放大打印等。这些提示可以突出项目的关键部分，并强调特定项目的变化。教师、辅助人员或班级志愿者也可以提供辅助，例如，监考人员帮助特殊需要学生阅读考试指导和问题。

二、修改测试题项

教师在设计选项时，应考虑到特殊学生的需求，具体的做法可参照以下内容：

(1)题项应清晰明了，可以垂直格式显示题项；

(2)保证题目通俗易懂，避免双重否定的语句；

(3)保证备选项尽可能简短并表述清晰，且选项数量不宜过多，以四项为宜；

(4)选项如果有时间、数字等内容，应该按照逻辑顺序排列；

(5)各选项的字数宜相近，避免字数多寡造成解题暗示；

(6)正确选项必须非常确定且没有争议；而且选项位置的排列，应该均衡、随机分布，以避免学生猜题得分；

(7)如果是配对题，配对的试题项以不超过十题为原则；每一道试题的题干和选项，其性质必须相同，而且尽量简短。

三、改变作答模式

对于有书面或口头沟通障碍的学生，教师可能需要修改测试的作答模式。例如，学生可以把答案录在录音带上，或者参加口试，这样书面语言的形式就不会对评分造成影响。学生还可以口述答案给抄写员，抄写员复述他们的答案，然后指导抄写员修改语法、标点符号和答案中的单词选择等。试题为选择题时，有困难填写答案的学生可以选择圈出答案；文字处理器、指针、通讯板、打字机和其他合理便利也可以为学生在答题方面提供帮助。最后，一些学生可能需要额外的应试辅助，如计算器、单词列表、算术表等。

四、修改测试物理环境和时间

有些学生可能需要在另一种环境中参加考试，比如单独在一个安静的房间里，在一个小组里，或者在一个资源室里。有时，学生也会从延长考试时间中受益，比如在考试过程中给自己一些休息时间，或者将一次很长的考试分成几次来测试。

教师还应该考虑考试焦虑对学生成绩的影响。伍德提出了以下准则，以尽量减少学生的忧虑。

(1)不要给考试设置增加压力，要告诫学生“快点完成”或“尽力而为”；

(2)禁止用考试来威胁、惩罚行为不端的学生；

(3)适当进行练习测试；

(4)如有需要，可重新测试；

(5)禁止用不及格导致的可怕后果威胁学生；

(6)使调整后的测试与常规测试非常接近，以避免自我意识较强的学生尴尬①。

残障学生可以受益于这些修改，并有权测试这些修改，以便他们能够成功地在普通教育课程中展示他们的知识和技能。在融合教育的班级里，对教学评估进行合理的修改是相当必要的，这样才能使有特殊需要的、有能力的学生得到公平的测试，使他们有机会取得好成绩、获得成就感。

本章小结

1. 教育评估是融合教育对特殊教育需要学生进行教育的重要过程之一。本章旨在让教师理解、掌握及运用教育评估的具体内容，促进特殊教育需要学生教育实践的开展。在融合教育环境中，学生的能力与表现的差异决定了教师需要运用更加多元的、灵活的评估方式，具有不同特性的评估方式应运而生，包括动态性评估、课程本位评估、功能性行为评估、档案评估、实作评估等。

进行教育评估时，需要教师根据具体情境与学生特征制定评估方案，灵活运用各种评估策略。各评估模式有其相应的特点，如动态性评估特别强调评估学生如何学习以及学习如何发生变化的心理历程；课程本位评估强调评估过程的情境性、动态性与评估对象的差异性，是一种与课程紧密结合、以学生进步为导向的教育评估活动；功能性行为评估主张任何行为都具有目的和意义，对有特殊教育需要学生而言，行为的存在是具有功能的。对于有特殊教育需求的学生，教师需要根据其具体情况，对评估过程进行调整和改变，即为学生提供合理便利，借助科学的评估手段助力特殊教育需要学生的成长。

① Wood T., “Alternative Patterns of Communication in Mathematics Classes: Funneling or Focusing,” in *Language and Communication in the Mathematics Classroom*, 1998, pp. 167-178.

思考题

1. 什么是教育评估？教育评估与测量、测验的关系是什么？
2. 对学生的基本能力与学业成就评估分别包括哪些方面？
3. 对特殊教育需要学生的评估方法有哪些？可分为哪几个层次？
4. 简述教育评估实施程序的各个阶段。
5. 动态性评估的特征有哪些？实施过程包括哪些步骤？
6. 什么是课程本位评估？实施过程包括哪些步骤？
7. 功能性评估主要被用以收集哪些方面的信息？简述评估的实施方法。
8. 教师可以采取哪些措施对评估过程进行调整？

推荐阅读

1. 梁纪恒．特殊儿童的教育鉴别与评估[M]．天津：天津教育出版社，2007.

2. 王辉．特殊儿童教育诊断与评估(第二版)[M]．南京：南京大学出版社，2015.

3. 韦小满．特殊儿童心理评估[M]．北京：华夏出版社，2006.

第四章

融合教育的课程设计

本章导读

融合教育倡导要满足所有学生多样化的学习需要，为特殊教育需要学生提供平等而高效的教育。然而，正如柯克(2010)①所言：融合教育的成功并非依靠运气；仅仅将残疾儿童安置在普通教育环境中并不意味着他们就能获得高质量和高标准的教育。决定融合教育成败的关键在于课程设计。现行的普通教育课程将所有的学生视作同一的，采取"一刀切"(one-size-fits-all)的方式，按照同一个模式和结构设计课程。它没有考虑特殊教育需要学生与普通学生接受和理解信息能力的差异性，很难让特殊教育需要学生获得平等的学习课程的机会。因此，Wehmeyer(2006)②指出：残疾儿童在融合环境的学习中遇到的更多是障碍而非支持。要确保特殊教育需要学生真正融入普通教育中，必须将课程建立在尊重学生个别差异的基础之上，即设计个性化和弹性化的融合教育课程。

第一节 融合教育课程概述

一、融合教育课程的定义

一直以来，"课程"在我国有着广义和狭义之分，广义的课程指学生在学校应学习的学科总和及其进程安排，狭义的课程指具体的某一学科。③ 在西方，学者们对课程的定义随着教育观念的改变而不断变化，尤其是在终身教育和全民教育理念出现之后，人们对课程的概念体系进行了长久的讨论。Doll 等人认为课程就是学生在学校的全部经历，而不仅仅只是课堂上学习的知识。④ Eisner 认为课程是一个理论模型，反映出相

---

① 柯克：《特殊教育概论》(第二版)，韩福荣，曹光华译，54 页，台北，双叶书廊有限公司，2011。

② Wehmeyer M. L.，"Beyond Access：Ensuring Progress in the General Education Curriculum for Students with Severe Disabilities，" in *Research and Practice for Persons with Severe Disabilities*，2006，31(4)，pp. 322-326.

③ 钟启泉：《现代课程论》(新版)，227 页，上海，上海教育出版社，2015。

④ Doll R. C.，*Curriculum Improvement*：*Decision Making and Process* (*8th ed.*). Boston：Allyn & Bacon，1989，pp. 129-133.

应领域和系统教育的思想精髓。[①] 在全球融合教育迅速发展的当下，融合教育课程理应是反映融合教育思想精髓的一种课程，狭义的课程观已经不能适应融合课堂中的情景。联合国教科文组织于2005年明确指出，融合教育课程作为实现融合教育的一个重要途径，其核心意义在于将“融合”的原则诉诸教育行动[②]。因而，融合教育课程是一种普通学校为满足所有学生不同学习需求、学习风格以及文化背景等多方面差异而设计的，有弹性的、相关的和可调整的综合课程体系。它改变了传统课程标准化的、封闭式的、不考虑学生异质性特征的课程设计方式，以实现教育公平与提升教育质量为目标。

二、融合教育课程的原则

融合教育课程是融合教育理念的实践载体，渗透了融合教育的基本精神和原则。

第一，融合教育课程以所有学生为对象。融合教育课程体现了对所有学生的共同性要求与适应学生个别差异的弹性化调整。一方面，融合教育课程对学校内所有学生来说都应该是可以学习的(accessible)，不能以儿童的学习能力、种族、语言能力、经济状况、性别、学习风格、文化和宗教、残疾等为理由而将他们排斥在外。所有儿童都有权利参与到课程与教学活动中来，从课程中获益，并成为课程发展的实质性贡献者和课程内容的学习者。同时，应该避免出现有可能会对特殊教育需要学生带来障碍的课程设计，实现课程对所有儿童的“零拒绝(Zero Reject)”。另一方面，融合教育课程又是满足儿童个性化发展的课程，它反对“一刀切”式的课程要求，主张根据学生的学习特点和学习能力进行差异化调整。融合教育课程反对传统的牺牲大多数能力一般或较差儿童的发展需求、只注重极少数优秀儿童发展的精英式教育模式。

第二，融合教育课程体现学生的差异性和多样性。融合教育认为人类的差异是正常的，“每个儿童都有独一无二的个人特点、兴趣、能力和学习需要”，因此课程体系的设计和课程方案的实施应充分考虑到这些特点与需要的广泛差异。融合教育课程力求使学习过程适合每个儿童的需要，而不是将儿童套入预先规定的有关课程学习速度和学习特点的假说中。对此，融合教育课程秉持通用设计的理念，强调课程的设计、实施和评价必须考虑到儿童的多样化需求，确保所有儿童都能使用。[③] 通过对学习者的个体差异、新媒体的能力、有效的教学实践和评估的研究，融合教育课程能够在教学

---

① Ryndak D. L., *Curriculum and Instruction for Students with Significant Disabilities in Inclusive Settings*. Boston: Allyn and Bacon, 2003, pp. 284-285.

② United Nations Educational, Scientific, and Cultural Organization, *Guidelines for Inclusion: Ensuring Access to Education for All*, ERIC Clearinghouse, Paris (France), 2005, p. 12.

③ United Nations Educational, Scientific and Cultural Organization, *Policy Guidelines on Inclusion In Education*, Pairs, 2009.

中提供灵活的教学材料、技术和策略，为每个学生特别是普通教育环境中的特殊教育需要学生提供更多的学习机会，满足他们的教育需求。① 因此，融合教育课程的实施是一个动态的推进过程，它通过提供个性化的教育与支持，以学生差异化和多样化的学习特点和需求作为促进学习的环境和机会，去理解、关注并回应所有学习者的多样性。

第三，融合教育课程强调合作与参与。融合教育强调参与，而相应的融合教育课程则以确保每个学生都能全面、平等地参与学校课堂内外的各种教学活动为基本出发点，不能因为特殊教育需要学生具有残疾或相关服务的需求而将他们拒绝于某项教学活动之外。同时，融合教育课程的实施也需要学校与教师的合作、教师之间的合作以及普通学生与特殊教育需要学生之间的合作。学校应该提供各种资源、设备与支持性服务，为教师实施融合教育课程提供便利。教师之间通过合作，为学生提供更有弹性、更丰富的课程内容和呈现方式，采取更多变、更有针对性的教学组织形式等。学生之间可以利用各自的长处互相帮助、互相学习、互相合作。例如，同伴辅助、合作学习等，不只是能促进特殊教育需要学生的学习，而且也能使普通学生受益。

第四，融合教育课程为每个学生提供成功的机会。融合教育的成功并非依靠运气，仅仅将特殊教育需要学生安置于普通教育环境并不意味着他们就能获得高质量和高标准的教育。普通学校要实现融合教育所倡导的让所有儿童都能在普通教室里接受高质量的教育，归根到底在于融合教育课程。因此必须重视融合课堂中课程的形式、内容与实施策略，以使有特殊教育需要的学生能够充分、平等地参与学校的课程活动。在课程设计中，融合教育课程通过提供多样化的内容呈现、表达方式和参与方式为每个学生提供学习课程的机会，并改变课程评价的功能，即衡量学生的整体价值和潜能，而非简单地估量学生能够做到什么程度。②

三、融合教育课程的实施

通过融合的视角看教育意味着从原来认为儿童有问题转为认为教育系统有问题，而这些问题可以通过融合教育的途径得到解决，作为融合教育实践途径的融合教育课程，在设计、执行与评价阶段应该如何去实现这种转变？课程的实施过程又需要哪些支持来保障呢？

---

① Rose D. H. &Meyer A. , *A Practical Reader in Universal Design for Learning*, Cambridge, MA: Harvard Education Press, 2006, p. 23.

② Opertti R. , Brady J. & Duncombe L. , "Interregional Discussions Around Inclusive Curriculum and Teachers in Light of the 48th International Conference on Education," in *Future Directions for Inclusive Teacher Education: An International Perspective*, 2012, 183.

(一)融合教育课程的设计应遵循通用课程设计原则

联合国教科文组织早在 1994 年《萨拉曼卡宣言》中就指出，“每个儿童都有其独特的特性、兴趣、能力和学习需要”；“教育制度的设计和教育计划的实施应该考虑到这些特性和需要的广泛差异。”因此，融合教育的课程设计需要回应融合课堂中所有学生差异化的学习需要。正如 Blanco 指出，融合教育的核心在于教育服务的多样化，这就意味着需要一种通用化的学习服务设计，即在“教学—学习”过程和课程设计之初，就应该把学生的差异性(包括残障)考虑在内①。课程的通用设计有别于传统的基于学生平均能力水平进行的统一课程设计，它以班级中学生的学习风格和优势智能为基础，强调教师的教与学生的学相匹配。具体而言，课程的通用设计包括教师课程内容呈现方式的多样化、学生行为与表达方式的多样化以及学习参与方式的多样化(具体见本章第三节)②。例如，课程的通用设计要求教师呈现课程内容要多样化，如视觉信息、听觉信息、触觉信息等两种或多种同时呈现，这主要是针对学生不同的学习风格(如视觉型学习者、听觉型学习者、动觉型学习者等)而言。只有教师的教学内容与学生的学习风格相匹配，才能提高教师的教学效率和学生的学习效率。

(二)融合教育课程的执行应遵循弹性化原则

融合教育课程必须是弹性化的、相关的和可调整的，以满足终身学习者的不同学习特征与需求。这种弹性化主要体现在课程内容、教学过程和课程评估上。第一，课程内容的弹性化。在教授特殊教育需要学生的融合课堂中，课程内容的弹性化主要是从学生的能力水平、兴趣和学习风格等方面来考虑的。在课程设计中，教师会根据特殊教育需要学生的障碍程度和其他学生的特殊需求对课程内容的弹性化调整，以此来适应学生的能力水平、兴趣和学习风格。一般而言，教学内容的调整主要包括四个层次：维持不变、调适、修改、添加与补充。第二，教学过程的弹性化。例如，在教学过程中实行弹性分组，充分考虑学生的不同能力、学习风格之间的匹配，给予学生自主选择分组的方式。③ 在教学过程中内容的呈现方式上，教师借助于多种媒体材料，如 PPT、电子白板，帮助学生减少学习的障碍。同时，教师还需要根据学生的能力给予他们更多或者更少的辅助，对不同能力的学生提出不同难度层次的问题。第三，课程

---

① Blanco R.，“Conceptual Framework of Inclusive Education,”in *Defining an Inclusive Education Agenda: Reflections around the 48th session of the International Conference on Education*，Geneva，Switzerland：UNESCO-IBE，2009，pp. 11-20.

② Centre for Applied Special Technology，*Universal Design for Learning (UDL) Guideline (version 2.0)*，Wakefield，MA：Author，2011，p. 6.

③ 吕耀中：《全纳教育视野下的差异教学》，9～13 页，载《中国特殊教育》，2006(1)。

评估的弹性化。对于课程学习的结果，教师一方面向全体学生提出相同的核心知识、观点的学习目标，另一方面允许学生选择符合自己基础和能力、兴趣的成果形式，从而使学习的共同目标和个人目标得以实现。

(三)融合教育课程的实施体现相互调试的取向

从课程的理念思维来看，融合教育课程秉持特殊教育的组织学范式，强调教师应立足于课程与教学组织的改变来适应学生，而不是强制性地要求学生适应统一的课程与单一的教学。融合教育课程的这种理念在课程设计以及其后的课程实施阶段体现为两个原则，即课程调整与学习通用设计。以这二者为核心的融合教育课程强调课程的灵活性与弹性，从课程实施的角度而言，都是对原有普通课程方案的变革，反映了融合教育课程实施的相互调试取向。课程实施的相互调试取向强调课程方案的使用者与教育情境之间的相互适应，主张根据班级实际情境在特殊儿童与课程目标、内容、方法等课程方案诸方面之间进行相互调整和变革。① 这与融合教育课程实施的理论初衷与实践趋向都是一致的。在融合教育课程实施中，融合教育教师一方面需要根据特殊教育需要学生的学习情况，以课程调整与学习通用设计为原则，对普通教育课程目标、内容、方法等方面进行相应的调整与修改，构建与特殊教育需要学生课程需求与学习风格相适应的课程方案。另一方面在具体的融合教育实践逻辑中，融合教育教师也并不是一成不变地将融合教育课程设计方案直接用于课堂教学，他们在教学实践中需要着眼于课堂的实际教学情境，既要随时着眼于特殊教育需要学生的学习状态进行动态的课程调试，同时更需要采用各种教学方法与策略调动特殊教育需要学生自身的学习参与与热情，激发他们的学习动力与潜力，使他们向着共同的课程目标趋近。通过这种相互的调整与适应，尽可能地实现特殊教育需要学生学习与融合教育课程目标与内容的匹配。

第二节
融合教育课程调整

课程调整是一个动态的过程。在此过程中，教师以学生为中心，考察班级中特殊教育需要学生与学校课程的适配性，随时调整课程。一般而言，普通学校中大多数特殊学生都可以通过课程调整来学习普通教育课程，只有少数重度和极重度的残障学生

---

① 尹弘飚、靳玉乐：《课程实施的策略与模式》，11～15页，载《比较教育研究》，2003(2)。

无法跟得上普通班级中课程学习的进度和学习的难度，而需要另外的课程代替。[①] 由于当前我国普通学校随班就读的特殊教育需要学生多以轻中度障碍为主，因此，针对特殊教育需要学生的课程也主要是课程调整，辅之以必要的替代性课程和功能性课程。

一、课程调整的类型与层次

融合教育的成功并非依靠运气，仅仅将特殊教育需要学生安置于普通教育环境并不意味着他们就能获得高质量和高标准的教育，决定融合教育成败的关键在于课程设计，即课程调整[②]。当前研究已经证实，只要给予恰当的支持和调整，大多数特殊教育需要学生都能学习普通教育课程并从中受益。[③] 国际教育委员会明确提出，融合教育课程必须是弹性化的、可调整的，以满足特殊教育需要学生的不同特征与需求。[④] 合理恰当的课程调整已经成为融合教育成功与否的重要指标。

(一)融合教育课程调整的对象

一般而言，特殊教育课程与教学调整模式有四种选择(见表 4-1)：第一种是无须介入和调整的支持服务与教育方案，这适用于极轻度特殊教育需要学生；第二种是通过提供辅助科技以及其他相关服务而进行的介入，这主要是针对没有智力障碍和认知学习困难的感官障碍、语言障碍和肢体障碍学生，这些学生往往可以通过提供助视器、扩音器或轮椅等外在辅助性技术就可以，而不必进行课程调整；第三种是真正涉及课程教育方案的调整，包括调整学生的内在学习策略和外在课程自身，适用于智力障碍学生、孤独症学生以及其他存在认知学习障碍的感官障碍学生；第四种是第二和第三种选择的混合，主要针对重度和多重残障学生所设计的。

从以上课程与教学调整的选择模式中可以看出，并非所有的特殊教育需要学生都需要到资源教室中接受调整性的课程学习。正如以上所提到的，对于肢体残障学生、没有认知困难的视觉障碍、听觉障碍学生而言，只需要为他们提供特定的辅助性科技或其他相关的支持，如助视器、放大镜、微型扩音器、轮椅或在班级中做一些必要的环境调整，他们就可以在普通班级中上课，而不需要到资源教室中来接受调整性课程。因此，本书涉及的融合教育课程调整对象主要是智力障碍学生、孤独症学生、存在认知学习困难的学生以及其他存在学习困难和特殊需要的学生。

---

① 王振德：《教育改革、九年一贯课程与特殊教育》，1～8 页，载《特殊教育季刊》，2002(82)。

② 颜廷睿、邓猛：《全纳课堂中的学习通用设计及其反思》，17～23 页，载《中国特殊教育》，2014(1)。

③ 林宝贵：《特殊教育理论与实务》(第四版)，343 页，台北，心理出版社，2013。

④ Opertti R., Brady J., & Duncombe, L., "Interregional Discussions Around Inclusive Curriculum and Teachers in Light of the 48th International Conference on Education," in *Future Directions for Inclusive Teacher Education: An International Perspective*, 2012, p. 183.

表 4-1　融合教育服务模式等级

	选择一	选择二	选择三	选择四
融合教育服务模式	无须介入和调整的支持服务与教育方案	支持服务的介入： (1)提供辅助性科技； (2)给予其他相关的支持服务	教育方案的调整： (1)内在调整策略：调整学生的学习策略和方法； (2)外在调整策略：调整课程与教学成分	辅助科技、支持服务的介入以及教育方案的调整
针对对象	极轻度的特殊教育需要学生	没有智力障碍和认知学习困难的感官障碍、语言障碍和肢体障碍学生等	智力障碍学生、孤独症学生、存在认知学习困难的感官障碍学生以及其他存在学习困难和特殊需要的学生	重度和多重障碍学生

(二)资源教室课程调整的层次

融合教育的课程调整是将普通教育和特殊教育的课程理念进行相容的过程，是一种既兼顾学生的学业发展，又兼顾其功能发展的弹性处理方式。因为只有如此，才能满足不同学生的学习需要，才能体现出多样化的理念。当前国际上关于融合教育课程调整的观点较多，但较为一致的看法是课程调整需要有层次性，这种层次性表现在融合教育课程调整根据学生的障碍程度和特殊需求而有所不同，障碍程度越严重或需求越特殊的学生在课程调整类型的选择上就越偏离普通教育课程的方向，调整的程度也就越大。一般而言，课程调整主要包括四个层次：维持不变、调整、修改和替代(见表 4-2)。

表 4-2　课程调整的层次

残疾程度：轻中重			
维持不变	调整	修改	替代
不改变： 课程内容； 学生学业要求标准； 课程编排顺序； 教学设计	不改变： 课程内容； 学生学业要求标准。 改变： 课程编排顺序； 教学设计	改变部分或全部： 课程内容； 学生学业要求标准； 课程编排顺序； 教学设计	个别需求课程； 功能性课程

(1)维持不变。包括特殊教育需要学生在内的所有学生学习同样的课程，不对课程做出任何的调整，教学目标和要求也相同。这类课程最大的特点就是对原有的课程框架不做出任何改动，如果特殊教育需要学生能够适应该课程的话，那么普通课程就将成为该生的课程，如果不能适应的话，则考虑通过调整让学生全部或部分参与普通课程的学习。

(2)调整。对于部分介于轻、中度之间的特殊教育需要学生来说，他们可以学习普通教育课程，但是由于感官或智力等方面存在的各种障碍，对他们的课程应该进行部分调整。针对他们的调整往往是课程编排顺序和教学设计方面的调整，教学内容和学业标准方面仍然可以与普通课程保持一致。例如，教师可以改变课程中教材内容的顺序，遵循从易到难、由简到繁的原则进行编排，而不一定按照教材中原有的逻辑顺序体系。

(3)修改。修改涉及改变全部或部分课程的内容、学生评价标准、课程编排顺序和教学设计，一般是针对中重度障碍的学生。对于这些学生而言，由于其障碍程度较重，难以接受普通教育课程，因此教师需要从课程内容、学业要求目标、课程编排等各个方面进行调整以适应学生的发展水平。常见的方式有简化教学内容、降低教学目标等方式。

(4)替代。由于普通学校传统课程不能满足某些学生需要，教师需要重新为他们设计单独的课程内容与教学活动。这些课程可以根据需要在普通教室、学校或社区内进行，并吸纳有兴趣的正常同伴一起进行。① 替代性课程一般采用功能性课程的形式，从课程主题到课程目标以及内容上，都与普通课程完全不同。它主要是针对重度和多重障碍的学生，旨在为他们提供更具功能性和实用性的课程，以符合其需要。从调整的程度来看，替代属于100%的调整，选择使用另一种更适合学生学习的课程主题、目标和内容，以及调整教学方式。一般而言，只有当对课程进行了各种调整后学生仍然无法适应时，才开始采用替代性课程。

根据以上关于融合教育课程调整的层次分析可以发现：事实上只有少数学生需要单独设计的、完全不同的替代性课程。大多数特殊教育需要学生可以采用经过不同程度的课程调整即可满足需要。② 教师在进行调整时需要铭记，调整只有在需要时才有意义，过度的调整反而会适得其反。

二、融合教育课程调整依据与原则

(一)融合教育课程调整的依据

融合教育的课程调整是建立在对特殊教育需要学生能力的评估基础之上的。一般而言，在特殊教育需要学生个别化教育计划的制订和修订时，教师、家长和相关专业人员在评估学生的基础上，共同讨论学生的教育需求和目标，决定是否需要以及应该对特殊教育需要学生的哪些课程进行调整。确定特殊教育需要学生课程调整的需要依

① 邓猛：《关于全纳学校课程调整的思考》，1～6页，载《中国特殊教育》，2004(3)。
② 邓猛：《融合教育与随班就读：理想与现实之间》，270页，武汉，华中师范大学出版社，2009。

据一定的策略和方法来进行，本节以目标评估法为例，介绍应该如何确定特殊教育需要学生课程调整的需要。

1. 找出特殊教育需要学生所要学习的普通教育课程内容的课程目标

教师首先应该从审视目前普通教育课程目标开始，决定是否需要调整特殊教育需要学生的课程目标。教师要根据课程标准对学习内容的要求，拟定出普通学生要达到的总目标和子目标。以短文写作为例，普通课程的教学目标如下：给出五句话，其中包括一句主题和四句打乱顺序的描述句，包含时间顺序词。要求先找出主题句，写下后，再依照逻辑顺序写下其他句子，组成小短文。

2. 标出学生达到目标所需要的重要知识、技能和能力

这一步要求教师要列出实现上述教学目标的子目标以及实现这种目标所需要的各种能力、技能和知识，具体如表 4-3 所示。

表 4-3　实现教学目标所需要的各种能力、技能和知识检核表

教学目标：给出五句话，其中包括一句主题和四句打乱顺序的描述句，包含时间顺序词。要求先找出主题句，写下后，再依照逻辑顺序写下其他句子，组成小短文		
读写能力	写作技能	写作知识
阅读－可以阅读 5 句以上的短文。＋ 识字－认识足够的字数以了解教材的意思。－C 书写－可以抄写资料成特定的形式＋	总结数句相关描述性句子的大意。 在数句相关的句子中找出主题句。－C 在数句相关的句子中找出描述句。－ 在数句句子中，挑出和抄写主题句。－ 在数句相关句子中，审视句子之间的时间顺序逻辑词－	知道文章是由主题句和数句相关的句子组成的。 知道主题句表达文章的主要意思。－C 知道每篇文章有一个主题句。＋ 知道大部分文章都是以主题句开头的。＋ 知道描述句或支持句是用来解释主题句描绘文章大意的。－ 知道描述句可以依照时间顺序逻辑词安排－C

这个表格有助于教师分析学生在课程学习方面的优势和劣势，教师能从读写能力、知识和技能三个层面对学生进行评估。这三方面是学生完成教学目标的核心。当知识、技能和能力检核表完成后，教师可以确定哪些方面是完成教学总目标最重要的要素，然后在旁边做出标识，如“C”。学生是否具有重要的技能决定着学生目前的能力是否可以完成相应的课程目标。在本例中，如果学生不能找到主题句，找不到逻辑顺序词，那么不管目标的难度怎么样，学生都很难完成。

3. 利用检核表评估学生的能力状况

这一步主要是利用检核表评估学生是否有完成相应目标所需要的能力，一般用加号“＋”和减号“—”标志学生的能力状况，“＋”表示学生具备完成此项目表的能力，“—”则表示学生还不具备实现此项目标的能力(见表 4-3)。在利用检核表评估学生能力时，教师应该特别注意已经标识“C”的能力，这一项是决定课程目标是否适合学生的重

要依据。在评估学生的过程中，教师需要利用检核表分析和回答以下问题：“学生是否缺乏这些技能或能力？”“这些技能是完成此目标的重要能力吗？”“学生虽然有这项能力，但是否因为缺乏完成此项目标所需要的读写能力和知识，所以使能力无法充分表现？”

4．根据检核表的评估结果进行课程的调整

接下来就是根据学生检核表的评估结果，来决定课程调整的必要性、调整的幅度和范围，例如，是否要保留、调整或改变教学目标、教学内容以及降低课程难度等。教师在此阶段所要做的是决定是否要：①保留普通教育目标；②调整目标；③选择不同但有关的目标；④拟定代替性或完全不同的目标。教师必须根据学生现阶段的读写能力、有无重要技能和知识等信息综合研判，包括：①学生在规定的时间内，或留在学校的时间内，学会这些技能和知识的可能性；②相对于其他重要的学习而言，实现这项目标的重要性；③学会这些技能对其生活的重要性；④在同样的时间内，学会教材的重要性。表 4-4 中的“假如……然后”提供了判断方向以及下一步的做法，能为教师提供必要的参考来决定是否要保留、调整或是改变教学目标和相关内容。

表 4-4　“假如……然后”决定表

假如	然后
假如学生有这些重要能力……	然后可以遵循普通教育评价标准，保留原来的课程目标、内容和难度
假如学生有一些重要能力，但实现目标还存在困难，或者学生有一些重要能力，但在一定的时间内，可能可以学会其他重要的能力……	然后选择 E1，保留原来的课程目标和难度，但减少内容难度
假如学生没有这些重要能力，但在一定的时间内，学生可以学会其他对他们更有用的能力	然后遵循选择 E2，以不同但相关的内容来代替
假如学生没有这些重要技能，并且假如对学生而言，学习其他完全不同的目标更有用	然后遵循选择 E3，并入其他课程选择的目标，学生参与其他课程，以符合其独特需要

5．以普通教育课程为参考，确定适合特殊教育需要学生的教学目标

这一步提供了普通教育目标调整的三个选择层次。

(1)选择 E1：保留原来的课程目标和内容，但降低难度和复杂程度。

虽然部分特殊教育需要学生不能实现普通教育的目标，然而，如果学生实际上有实现普通教育目标的重要技能和知识，就可以调整普通教育目标和内容的难度和复杂度。调整难度的教材可以是自编的，也可以直接采用低年级的课程内容，这样课程内容平行又适合年龄，并且以普通教育评价为主，不同的只是降低教材和目标的难度。

(2)选择 E2：以不同但相关的目标和内容来代替。

如果学生缺乏完成原来目标的重要技能或知识，教师可以选择改变既定目标而选

择与原来学习内容有关的其他目标来代替。这样学生不仅不会落后于班级中其他同学，还会从课程调整中满足其教育需要。

(3)选择 E3：学生通过其他课程来满足其独特需要。

如果学生缺乏这些技能和知识，但他们可能学也学不会，或者学了也不重要，那么重新设计一个不同的目标和内容对学生可能更有用。比如，学习社区生活技能可能对某些特殊教育需要学生更加重要，即可以为他们设计功能性课程。

(二)课程调整的基本原则

教师在进行课程调整时应遵循以下课程调整的基本原则：

1. 选择最能符合学生需求的调整策略

有效的课程调整的关键之处在于能够适应特殊教育需要学生的年龄和能力水平，满足他们独特的需求。与学生的年龄相符合，有两层含义：第一，课程调整与学生的年龄表现相符合。在智力障碍学生的教育中容易出现课程调整与年龄表现不相符合的问题。例如，对于认知程度较低的智力障碍学生来说，老师往往会选择与其智力年龄相符合的课程。这就出现了一个十几岁中学年龄段的学生还在学习幼儿或小学阶段内容的现象，这显然与学生本身年龄段的发展是不相符合的，也使得学生更容易遭到他人的嘲笑。所以作为教师，在选择课程内容的时候一定要兼顾学生心理年龄和生理年龄的特点，可考虑适当降低难度，将课程内容改编成适合学生生活状态的主题。第二，课程调整与学生的年龄需求相符合。不同年龄段的学生有不同的需求，如学前教育阶段需要学习的是生活自理技能，基础教育阶段需要学习的是社交技能和知识，中等教育和大学阶段则需要学习职业技能等。因此在课程调整时需要考虑每个年龄段的学生应该具备的基本技能。特别是对于发展迟缓的学生来说，学习和其日常生活密切相关的技能是非常必要的，如对于一个 12 岁的智力障碍学生来说，学会使用金钱购物、乘车等都是很重要的技能。

与学生的能力相符合。课程的调整首先要对学生的能力进行评估，通过评估了解学生的教育需求从而制定课程和服务内容。教师的工作不仅仅是教会学生不懂的问题，还需要了解学生不懂的原因，并以此作为课程调整的依据。其次是教师在评估时常常容易聚焦于学生的缺陷和弱势，尤其当这个学生是重度且多重障碍时。所以教师看到的是学生不能做什么，而不是能做什么。这使得教师对学生的期望不高，在进行课程调整时常常将内容调整得过于简单，使学生缺乏进一步的学习。所以，只有了解了学生的能力，教师才知道课程的内容、教学的顺序，以及教学的方法等。

2. 坚持“最少干预”和最大融合的调整策略

融合教育课程调整应遵循的重要原则就是“最小调整，最大融合”。大多数特殊教育需要学生可以采用经过很小修改甚至是相同的课程即可满足需要。只有极少数学生需要单独设计的、完全不同的替代性课程。[①] 课程调整的目的是要促进特殊教育需要学生融入普通班级，而不是让他们被隔离或特殊化；所以采取的调整策略应该是最小干预的，同时又是最大融合的，即尽量地让所有的学生都参加同样的课程与教学活动，并尽量让他们独立地完成任务，只有在必要的时候才改变课程内容与教学方法。融合教育课程调整的程度具有层次性，如不变、微调、小变、大变等。课程调整的幅度与学生参与到普通教育课程的程度相关，其幅度越大，意味着融合教育课程偏离普通教育课程的方向越远。因此要让学生能够最大限度地融入普通班级，就要尽量选择最少干预的调整策略。

3. 在学生的“最近发展区”内提供框架支持

课程调整要与学生的能力相符合，在课程调整中最为关键的就是在学生“最近发展区”内设计和调整课程目标和内容。维果茨基认为学生有两种能力水平：一种是现有水平；另一种是可能的发展水平，也就是潜能。教学应着眼于学生的最近发展区，为学生提供带有难度的内容，调动学生的积极性，并提供支持，使其能够发挥潜能，进而向下一阶段发展。

在选择课程调整策略时，教师还需要明确学生出现学习问题的根源，是生理或认知能力问题，还是心理或周围环境的问题。这样可以更好地找到最合适的策略，为学生提供支持。

三、融合教育课程调整的主要策略

融合教育课程调整主要包括两个方面，即针对特殊教育需要学生的内在的调整策略和针对课程的外在的调整策略。一般而言，针对学生的内在的调整策略包括听说读写算等一般学科基础能力以及特定学科基本技能两个方面，这里不再做详述。针对课程的外在调整策略主要包括课程目标、课程内容、课程组织三个方面。

(一)课程目标的调整

一个完整的课程目标包括表现学习结果的行为或动作、学习的内容或结果、目标行为出现的情境以及所要达到的目标本身三个部分。课程的调整需要分别从这三个方面来着手。

1. 调整表现学习结果的行为或动作

调整表现学习结果的行为或动作是指要求特殊教育需要学生与普通学生学习的结果或内容是一样的，但应该根据学生自身的特点，在如何表现学习结果上做出相应的

---

① 韩文娟、邓猛：《融合教育课程调整的内涵及实施研究》，70～76页，载《残疾人研究》，2019(2)。

调整。一般来说，课程标准中要求学生表现学习结果的行为或动作有“说出”“写出”“指出”“做出”……如果部分特殊教育需要学生在表现上有困难，我们可以选择最适合他的方式来表现他的学习结果，也就是为学生提供多样化的展示自己所学内容的方式。

表 4-5　调整课程目标中“学生表现学习结果的行为或动作”

普通课程的目标：针对一个题目，写出一篇包含三个段落的作文。 调整的课程目标： (1)针对一个题目，A 生能使用电脑打出一篇包含三个段落的作文(针对读写障碍学生所做的调整)。 (2)针对一个题目，A 生能说出一篇涵盖三个段落的作文(针对智力障碍学生所做的调整)。

2. 调整目标行为出现的情境

目标行为出现的情景指教师期待目标行为发生的时间、地点、环境状况，以及需要提供什么材料或协助。在此种情况下，教师可以通过为特殊学生提供必要的辅助，或设置特别的情景，以利于他们更容易的实现目标。

表 4-6　调整课程目标中“目标行为出现的情境”

普通课程的目标：针对一个题目，写出一篇包含三个段落的作文。 调整的课程目标： (1)在教师提供三个段落作重点提示的情况下，A 生能针对一个题目，写出一篇包含三个段落的作文。 (2)在教师提供字典以供查阅的情况下，针对一个题目，A 生能写出一篇涵盖三个段落的作文。

3. 调整目标行为达到的标准

资源教室中学生实现课程目标的标准或者说实现课程目标的程度，可以从独立完成的程度、完成目标的正确性、完成的熟练程度等方面来考察。独立完成的程度是根据教学的提示量来拟定评价标准。如果学生不需要教学提示就能够表现出正确反应，就是独立完成；如果学生需要教学提示，则按照提示量的多少，从少到多，从手势提示、口语提示、视觉提示、示范提示再到身体提示。达成目标的正确性是指目标行为表现的准确程度，完成的熟练程度则是指目标行为表现的熟练和稳定程度。

表 4-7　调整课程目标中“目标行为达到的标准”

普通课程的目标：针对一个题目，写出一篇包含三个段落的作文。 调整的课程目标： (1)针对一个题目，A 生能写出涵盖一个段落的作文(完成的分量)。 (2)针对一个题目，A 生在口语提示的情况下，写出包含三个段落的作文(独立完成的程度)。 普通课程的目标：能够在 5 分钟内独立洗完自己的餐盒。 调整的课程目标： A 生能够在 10 分钟内洗完自己的餐盒(完成的速度)。

(二)课程内容的调整

课程内容的调整主要是修正、精简、添加(加深、加广)、补充、替换等几个方面来进行的，其中精简、添加和替换是调整原有的课程，补充则是外加式的课程调整。

修正是指在原有的课程下，改变其呈现方式，包括形式、结构和呈现步骤。例如，对于一位智力障碍学生而言，教师可以修正教材的结构，如提供课程内容学习的引导问题，标示重要概念、重点或关键字；也可以修正教材的形式，如增加图片、图表和注释，以利于学生理解吸收。对于因视觉问题而引发学习困难学生而言，教师可以提供大字号教材，将文字和图片放大，字句和行距拉大，分句呈现，甚至还可以将教材改成用盲文点字或音频呈现给学生。

精简是减少课程内容的分量，或降低其难度和层次，例如，删除不符合学生需要或对学生有困难的课程内容，或是将文本中的语句变得通俗易懂。

添加是针对部分天才儿童，增加原有课程主题和内容的深度和广度。补充是在不改变原有课程的主题下，另外设计“特殊化课程”，例如，社会技能训练，以满足学生的特殊需求。

课程的补充是指以某些方式对普通课程内容进行强化或扩展以满足学生的特殊需要。它需要增加的不仅仅是普通课程的内容，同时也包括能够促进学生更好地参与普通课程学习所必需的技能，以及促进学生全面发展的其他技能。① 补充的主要方式有两种：一种是在原有普通教育课程框架的基础上采取附加、添加等方式来补充课程内容；另一种是增加一些可以克服特定障碍所必须学习的技能，诸如定向行走、言语与语言训练、感觉运动统合、行为改变等方面的补偿性课程。补充的方式特别适合学习障碍、严重情绪行为障碍的学生。

(三)课程组织的调整

课程组织的调整可以从调整课程内容的顺序以及加强课程内容间的联系和整合方面着手。调整课程内容的顺序包括调整课文不同单元教学的先后顺序，或是调整课文中同一单元中不同概念教学的先后顺序，以便学生能理解和接受课程内容。加强课程内容间的联系与整合包括三个方面：第一，加强课程内容与学生生活经验之间的连接；第二，加强不同课程领域内容间的连接，例如，在语文课中教“矛盾”这个词时，可以将学生在社会领域中学习到的古代武器概念引进来，说明矛和盾两个武器，进而让学生了解矛盾的意义；第三，加强相同课程领域中不同单元间的联系，例如，在不同单元间教学生同样的两个字。

---

① 盛永进：《随班就读课程的调整》，31～33 页，载《现代特殊教育》，2013(6)。

第三节
融合教育课程的通用设计

一、学习通用设计的内涵

(一)学习通用设计的概念

学习通用设计(Universal Design for Learning，UDL)是美国特殊技术应用中心根据20世纪70年代兴起的通用设计理念开发的课程教学新模式。通用设计不是要在产品上强加某些东西，而是提醒设计师在设计过程中考虑产品的广泛适用性，从产品或环境设计之初就考虑到潜在使用者的需要，将通达性与灵活性融入所设计的环境或产品构造当中，例如，建筑设施设计的坡道入口、大而突出的指路牌、计算机上所安装的语音识别系统等。90年代后期美国特殊技术应用中心(Center for Applied Special Technology，CAST)将通用设计理念应用到融合课堂的课程设计中，学习通用设计由此出现。

CAST认为，学习通用设计是一种以满足学生多样化需求为基础的课程设计框架，包括课程的目标、方法、材料和评估等方面；通过向学生提供丰富的学习支持和减少学习课程的障碍，它能够使得所有的学生都能获得知识、技能和学习的热情。美国2008年公布的《高等教育机会法案》(Higher Education Opportunity Act)中规定，“学习的通用设计是指导教育实践的科学有效的框架。这些教育实践包括两个方面：①在教师呈现信息和学生展示知识、技能及参与的过程中体现灵活性；②减少教学中的障碍，提供适宜的调整和支持，保持对所有学生的高标准，包括特殊学生。”[①]上述两种定义殊途同归，并没有实质性的区别，都强调通用设计课程的灵活性和个别化，并且致力于减少教学中的障碍，保持对所有学生的高标准。

学习通用设计强调教师应该根据学生的学习风格、偏好和能力设计和调整课程与教学，立足于课程与教学的改变来适应学生，而不是强制性地要求学生适应统一的课程与单一的教学，本质上体现了特殊教育的组织学范式。组织学范式认为，学生之所

---

① Center for Applied Special Technology, *Universal Design for Learning (UDL) Guideline (Version 2.0)*, Wakefield, MA: Author, 2011, p.6.

以出现学习问题不是因为学生本人内在能力的问题，而是因为“学校与课堂组织的缺陷”。Skidmore(1996)[①]指出，尽管当前随着融合教育的发展，学校中学生的多样化已经超过了历史上的任何时期，但学校组织与教师的课堂教学却并没有随形势做出相应的调整，学校中统一的管理方式、障碍重重的校园环境以及课堂中僵化的课程教学都会使学生面临严重的学习问题。对此，特殊教育组织学范式提出的解决方式就是重构学校组织和班级课堂教学以消除这些不利的组织缺陷和漏洞，将学生在学业发展中失败的问题最小化。显然，学习通用设计扎根于组织学范式，倡导以课程与教学的重构来消除学生的学习障碍，充分体现了组织学范式中“以学生为中心”的课程与教学观。

(二)学习通用设计的特点

第一，学习通用设计强调使用技术来实现课程学习的“通达性”(Accessibility)。学习通用设计强调将数字媒体技术渗透于课程的各要素设计之中，通过提供多样化的内容呈现、学习表达与参与方式，从教和学两个方面出发增强课程的灵活性和适应性，向学生提供适宜的符合其需要的支持，克服在传统的“一刀切式”的僵化课程之下学生所遇到的障碍和困难，使所有有特殊需要的学生，特别是特殊学生能够像普通学生一样获得知识、技能和学习的热情。[②] 学习通用设计的独特之处就在于它以“通达性”为目标，强调在课程设计中，借助于技术的“杠杆”，通过提供多种信息呈现、多种行为与表达方式以及多样化的参与方式，使具有不同背景、学习风格和能力的学生，以及各种类型的残疾儿童能够真正获得和理解课程。它改变了过去在学生出现学习问题时调整和“修理”(fix)学生的做法，转而强调课程要根据学生需求与特点进行改变，而不是使学生适应僵化的课程。[③] 与传统的融合教育实践方式相比，学习通用设计的侧重点在于课程设计，在教学未发生之前就须考虑学生在学习中可能遇到的障碍和困难，据此来设计课程目标、方法和评估等方面。

第二，学习通用设计将灵活性贯穿于课程实施的全过程。学习通用设计课程最大的特点就是灵活性。一个优秀的学习通用设计最终能够将灵活性融入课程的三个核心要素中：教学目标，达到目标的材料和方法，准确而持续的评估方式。[④] 学习通用设计课程目标的设定需要学习者积极地思考他们的需要和对知识技能的偏好，根据他们学

---

① Skidmore D., "Towards an Integrated Theoretical Framework for Research into Special Educational Needs," in *European Journal of Special Needs Education*, 1996, 11(1), pp. 33-47.

② 颜廷睿、邓猛：《全纳课堂中的学习通用设计及其反思》，1～9页，载《中国特殊教育》，2014(1)。

③ Meo G., "Curriculum Planning for All Learners: Applying Universal Design for Learning (UDL) to a High School Reading Comprehension Program," in *Preventing School Failure: Alternative Education for Children and Youth*, 2008, 52(2), pp. 21-30.

④ Rose D. H., & Meyer, A., *A Practical Leader in Universal Design for Learning*, Cambridge, Harvard Education Press, 2006, pp. 67-162

习的能力以及对于自己学习优势和局限的理解，以此来使教学目标尽可能地匹配学生。学习通用设计课程强调使用基于证据的(evidence-based)教学方法，根据不同任务中学习者解决问题的能力和心理特征以及所取得的进步情况选择使用不同的方法来传递、展示材料所承载的知识和信息。例如，在传递知识时，学习通用设计材料能够提供多样化的媒体和适时的支持，包括超链接词汇，背景材料和视频演示指导等。在展示知识时，学习通用设计材料能提供所需的工具和支持，采用多种方式分析、组织、综合和展示个人的理解。在评估方面，学习通用设计对于学生所学知识的方式制定不同的标准，采用适合其身心特点的评估方式测量达到教学目标的程度。

第三，学习通用设计以培养专家型学习者(expert learners)为目的。CAST 认为，学习通用设计课程的目的不是仅仅简单地帮助学生掌握一种特定的知识或一系列特定的技能，更重要的是帮助学生掌握学习本身。简言之，就是成为专家型学习者，专家型学习者包括三方面的含义：知识丰富、机智型学习者；目标明确、策略型学习者；目的明确、动力型学习者。这种专家型学习者的培养主要是以学习通用设计的三大原则为指导进而实现的。

二、学习通用设计的基本原则

学习通用设计通过与技术有机结合，赋予了课程充分的灵活性和可塑性，以实现对所有学生的“通达性”，具体包括三个基本原则：[①]

(一)提供多样化的信息呈现方式

不同的学生在感知和理解课程内容的方式上存在着比较大的差异。特别是对于残疾儿童而言，由于他们与普通儿童在感官和智力等方面存在显著差异，对于课程内容的呈现方式要求也更加特殊化和多样化。例如，普通儿童可能习惯于传统的印刷文本学习，而视觉障碍儿童则倾向于以听觉和触觉的方式进行学习，听觉障碍的学生倾向于视觉化的学习内容。[②] 学习通用设计发挥与技术相结合的优势，将课程内容以多种媒体形式展示出来，例如，印刷文本、语音、图像、卡通动画、虚拟化模拟等，以适应不同特点的学生需要。并且不同媒体格式的课程内容之间可以进行灵活转换，包括文本与语音之间的相互转化、文本转化为手语或盲文等形式。即使在同一种媒体形式之内，课程内容也可以进行不同的变化来适应学生，例如，改变字体大小、颜色或突出

---

① Center for Applied Special Technology, *Universal Design for Learning (UDL) Guideline (Version 2.0)*, Wakefield, MA: Author, 2011, p. 6.

② 皮连生：《教育心理学》(第四版)，35 页，上海，上海教育出版社，2011。

课程重点。[1] 学习通用设计正是通过以上多种内容呈现方式增加课程的可理解性和通达性，才得以适应不同学生的感知和理解课程内容的风格和偏好，从而减少学习障碍。

(二)提供多样化的行为和表达方式

每个学习者都有自己独特的表达所学内容的方式。例如，存在读写障碍的学生可能擅长于口头言语表达，却畏惧写作；智力障碍学生可能更喜欢动手操作而不是做标准化测验。因此学习通用设计认为，许多学生学业失败并不在于他们自身的能力高低问题，而在于能力的展示方式问题。有鉴于此，学习通用设计在课程设计中为有特殊需要的学生提供多样化的表达自己所学知识的方式，采用多种学习媒介促进学生更加充分地展示自己所学的知识和技能。对于有特殊需要的学生而言，他们可以采用视觉化、听觉化和触觉化等不同媒体展示所学内容。例如，他们既可以使用口头报告、访谈、PPT，也可以采用小组制作海报、剧本、实验模型或者视频录音等方式。正是这种多样化的选择，使得学生在借助于一种媒介无法充分地表达自己时，可以选择其他更加有效的方式。

(三)提供多样化的参与方式

不同的学习者在参与学习的方式和动机水平上也各有特点。有的学生倾向于固定的日常工作，而有些学生则喜欢新鲜刺激的任务；一些学生有很高的动机，能够积极地参与到各种活动和学习，而其他一些学生动机水平可能比较低，只能被动地参与。学习通用设计考虑到了个体的偏好以及普通学生与特殊教育需要学生的特质，认识到了动机在学习参与中的核心地位以及不同学生学习动机与参与水平的差别，强调提供多种提高学习兴趣和多样化鼓励学生坚持努力学习的方式。教师需要在充分了解学生的基础上，将学生在不同课外活动中的兴趣和爱好中的动机与学习的动机结合起来，促进学生在学习活动中的参与。例如，对于一个喜欢打篮球的学生而言，教师可以将篮球的视频剪辑和篮球方面的统计学知识融入数学课堂中。对于一个喜欢画画的学生，教师可以让他担任合作学习项目中的插图制作者的角色。[2]

三、技术在学习通用设计中的运用

学习通用设计框架为创造灵活性的课程和教学环境提供了引导，它主要是通过使

---

① Abell M. M., Bauder D. K., & Simmons T. J., "Access to the General Curriculum: A Curriculum and Instruction Perspective for Educators," in *Intervention in School and Clinic*, 2005, 41(2), pp. 82-86.

② Gargiulo R. M., Metcalf D., & Metcalf D. J., *Teaching in Today's Inclusive Classrooms: A Universal Design for Learning Approach*. Nelson Education, 2017, p. 44.

用技术手段来使所有的学生，包括特殊教育需要学生获得最大化的成功。对于设计灵活的、支持性的和可调整的课程，技术具有得天独厚的优势。对技术的倡导使得即时个性化的课程在实践上成为可能。借助于技术，教师可以设计灵活的课程，这种课程能够根据学生的学习风格、身心发展特点和知识背景，允许教师自主选择应该在课堂呈现哪些信息。各种特质的学生，特别是特殊教育需要学生以一种适应他们学习需求的方式获得信息内容并且决定应该以何种形式展示所学知识。教师和学生深思熟虑地使用这些新的选择，可以促进学习，减少学习过程中的挫折感，从而推动学生不断参与到学习过程之中。①

在学习通用设计课程中，真正的学习是与在线资源、学习软件、数字内容和音频资源等数字媒体结合在一起的。例如，印刷文本材料对于一些学习障碍和视觉障碍的学生而言，可能是一种障碍。他们或者不能设定阅读目标，进行自我监控，或者不能看清或看到印刷文字。而运用数字媒体，例如数字文本，数字图像和数字多媒体等数字音频和视频具有极大的韧性，他们可以任意转换格式，做标记，形成链接，更改字体大小和颜色，便于不同学习风格和身心特点的学生学习知识。另外，数字媒体网络化的特点允许学习者插入支持学习的超链接，例如，多媒体解释，地图和百科全书，这就使得学生可以随时随地查询所需的信息，也可以向同伴或老师咨询。②

尽管技术在实施学习通用设计时非常重要，但它并非必不可少。优秀的学习通用设计不需要技术也可实现。例如，在小学课堂上，教师打算让学生理解并且表达他们对于树的生命周期的认识，尽管不使用技术，仍然可以考虑学习通用设计。技术可能对于课堂教学十分有利但不是必需的。③ 作为学习通用设计的一部分，技术能使学习障碍学生以一种适应他们学习特点的方式获得信息，例如，当普通学生阅读印刷文本时，他们可以通过倾听电子教材来进行阅读。然而特殊教育需要学生能够在多大程度上理解不同的课程内容，这取决于有效的教学。因此学习通用设计不应该被定义为或局限于技术，技术必须和有效教学相结合。④ 技术本身不应该成为学习通用设计的全部，它只是学习通用设计框架的一部分。

---

① Pisha B.，& Coyne P.，"Smart From the Start：The Promise of Universal Design for Learning，"in *Remedial and Special Education*，2001，22(4)，pp. 197-203.

② Rose D. H.，& Meyer，A.，*Teaching Every Student In The Digital Age：Universal Design For Learning*. Beauregard St.，Alexandria，VA，2002，p. 24.

③ Rose D.，& Meyer A.，*The Future Is in the Margins：The Role of Technology and Disability in Educational Reform*. Wakefield，MA：Author，2000，p. 13.

④ King-Sears，M.，"Universal Design for Learning：Technology and Pedagogy，" in *Learning Disability Quarterly*，2009，32(4)，pp. 199-201.

四、对我国融合课堂实施学习通用设计的思考

(一)学习通用设计需要本土化

本土化涉及本土语言和思维范式与外来文化之间的沟通、碰撞。当外来的传统为我们所理解时就意味着外来传统的话语和本土的话语获得了沟通；当外来传统为我们所接受时就意味着外来话语和本土话语实现了融合，也就是外来传统的话语获得了本土的合法性。① 因此，如何理解与接受西方文化背景下所产生的学习通用设计理念，并将其根植于中国的社会文化特性和班级课堂实践之中，是学习通用设计本土化的关键。

尽管学习通用设计只是最近几年才出入到国内，许多教育者对“学习通用设计”这一术语还感到陌生，但学习通用设计的理念却早已渗透到了我国许多课堂教学之中。随着科学技术与信息技术的发展，现代课堂已经实现了从传统的黑板加粉笔到现在的电子书包、互动电子白板的转变，投影机、多媒体、交互式电子白板，再到四室合一的多媒体互动微格教室，课程设计与高科技产品日益密切结合，数字化教学设备对现代课堂影响越来越大。然而，尽管高科技的力量正在日益深入地影响着课堂的方方面面，但我国很多教育者还并没有将这些高科技与课程联系起来。在我国，科技对特殊教育需要学生的作用更多的是表现为辅助技术，如人工耳蜗、助视器或其他一些康复训练器械，而很少真正与特殊教育需要学生的课程设计结合起来。因此，在未来的发展中，很重要的一个任务就是将学习通用设计的理念真正本土化，将科技的力量运用到特殊教育需要学生的课程学习中，为学生提供多样化的课程内容呈现方式、多样化的学习内容表达方式以及多样化的参与方式，从而为有特殊需要的学生提供学习普通教育课程的“通达性”。

(二)学习通用设计需要由时髦的术语应用到现实的课堂

如何将课程与教学设计与技术进行有机结合，真正实现学习通用设计的理念，并不是一个容易的实践问题。虚拟课堂、未来课堂、信息化课堂在某种程度上已经成了一个时髦术语，一种时尚，以至于它很容易给人一种直觉上的吸引力，而不去考虑具体的情况。学习通用设计强调整体的学习环境如何结合科技辅具、数字化文本的使用，以帮助特殊教育需要学生在融合教育环境下学习。但数字文本对于很多学校来说仍然是很难获得的，特别是中西部地区和广大农村地区，这些地区的特殊教育需要学生并不能从中获得有效帮助。因此，权衡实施新技术的成本和它带来的利益至关重要，在

---

① 李承先、陈学飞：《话语权与教育本土化》，14～17页，载《教育研究》，2008(6)。

忽视实施学习通用设计所需的技术成本时讨论新媒体技术的能力是没有实际作用的。在另一方面，我们必须明确，“没有哪一种课程或教学设计方法能真正通用，无论我们如何精心、周密地设计，总有一些人不能使用；然而即使如此，我们会一直改进设计的课程和教学方法，以使它是更加通用的。”①因此学习通用设计并不是解决学习问题的“万能钥匙”，有效的“通用性”课程仍然需要进一步探索与发展。

第四节 融合教育的课程执行力

如何突破融合教育课程理论与实践之间的鸿沟，实现融合教育课程理念与原则向课堂教学实践的跨越，很大程度上取决于融合教育教师的课程执行力。从当前我国对融合教育课程的研究来看，研究者更多的是关注融合教育课程实施的原则与策略，较少站在教师执行的立场来反思融合教育课程的实施。

一、融合教育课程实施视域下的教师课程执行力

(一)融合教育教师课程执行力的内涵

“课程执行力”的概念源于对管理学领域“执行力”一词的拓展与应用。执行力一般是指在特定的政策目标或要求的指引下，充分利用现有的资源，依靠执行者的努力，有效落实目标或要求的能力。运用到课程实施领域，比较一致的看法是课程执行力是教师以课程目标与课程标准为指引，以自身努力及学校内外部相关资源为基础，通过课程实施所进行的实现课程改革目标过程中表现出来的能力。② 简单来讲，课程执行力就是教师的课程实施能力，是教师将课程方案与设计付诸教学实践以实现课程目标和标准的能力。它渗透于课程实施的各个环节，并通过教师在课程教学过程中提出问题、分析问题并采取行动解决问题等一系列过程体现出来。

相较于普通教育课程实施而言，融合教育的课程实施既具有其共同性，同时也因实施对象、课程内容与形式的特殊性而呈现其独特的运作方式，这就赋予了融合教育

① 颜廷睿、关文军、邓猛：《融合课堂中差异教学与学习通用设计的比较分析》，3～9 页，载《中国特殊教育》，2015(2)。

② 陆雪莲、王晓旭：《教师课程执行力：内涵释义及要素解析》，142～144 页，载《通化师范学院学报》(人文社会科学)，2015(4)。

教师课程执行力更多的内涵。融合教育课程并不是一套独立的国家课程体系，而是在国家课程框架下由融合教育教师根据特定的融合教育课程理论与原则，针对特殊教育需要学生的学习需要自主组织的一套课程。它既包括普通教育基本的学科与内容，同时又具备一定的弹性，增加了为特殊教育需要学生个体发展所需的社会性课程和补充课程。因此融合教育课程的实施包括两个方面：一是对普通教育课程进行调整、补充等弹性化设计的融合教育课程组织；二是将组织好的融合教育课程方案与设计付诸实践教学。据此，融合教育教师的课程执行力可以被定义为：基于融合教育的目标，融合教育教师根据融合教育课程的原则与理念组织融合教育课程方案并将其付诸实践教学，从而满足特殊教育需要学生学习需求的能力。由于融合教育并不存在统一的课程标准和课程方案，因此融合教育教师的课程执行力，首先是能够开发、设计与组织融合教育课程，其次才是将这套融合教育课程方案体系实践于教学。

课程执行力对融合教育教师而言涉及不同方面的意蕴。第一，融合教育教师是执行融合教育课程实施的主体，强调课程执行力就是强调融合教育教师对课程的自主权与领导力。在融合教育课程实施过程中，作为课程执行者的融合教育教师并没有特定的课程标准或目标作为参考，他们需要针对具体的教学情境，自主决定是否需要为特殊教育需要学生做课程调整、如何做调整以及如何评价调整效果等方面的问题。融合教育教师掌握着课程开发、课程设计、课程教学、课程评价等多方面的课程权力，这种课程权力的核心就是教师课程决策的自主权和课程实施的领导力。第二，课程执行力蕴含于融合教育教师的专业素养之中，强调融合教育教师的课程执行力，就是凸显融合教育教师执行融合教育课程的专业化。教师教育实践的专业化是在其个体化缄默式“实践性知识”的保障下教师通过不断学习新知识、增长专业能力、拓展专业内涵从而达致专业成熟的过程。[①] 在融合教育课程实施过程中，融合教育教师根据课堂的教学情境对课程的某些方面加以调整、改造、完善和创新，这种将课程实施与具体教学情境相结合对课程进行调适与再创造的过程本身就是融合教育教师专业知识不断拓展、专业技能不断提升的过程，体现了融合教育教师在课程执行中的角色趋于专业化。第三，课程执行力体现于融合教育教师的教学过程之中，强调融合教育教师的课程执行力就是要突出融合教育教师应对特殊教育需要学生学习需求的教学智慧。融合教育课程实施的关键就在于如何将规划好的融合教育课程方案付诸实际的教学，[②] 而在方案执行中，融合教育教师所面临的最大挑战就是如何兼顾普通学生与特殊教育需要学生多样化的课程学习需求，使其教学能够与不同学生的学习能力相匹配。这考验着融合教育教师的教学智慧，需要他们在课程执行过程中，运用智慧反思自己的教育教学活动，

① 曲铁华、冯茁：《专业化：教师教育的理念与策略》，10～15页，载《教师教育研究》，2005(1)。
② 崔允漷：《课程实施的新取向：基于课程标准的教学》，74～79页，载《教育研究》，2009(1)。

探索基于个人实践的教学方法与策略，从而提高融合教育课程实施质量。

(二)融合教育课程的实施呼唤教师的课程执行力

1. 融合教育课程实施的调试取向对教师课程执行力提出了内在诉求

融合教育课程的实施是教师、学生与课程三者之间相互调试的过程，相互调试取向的重心在于融合教育教师如何将既定课程方案与特定教育情境之间进行相互适应，这既赋予了融合教育教师在课程调试中充分的决策空间，也对教师的课程执行力提出了更高的要求。融合教育课程在相互调试中面临着两大难题：一是如何根据特定的教育情境对原有课程进行“维持不变、调试、修改和替代”四个不同层次的调整；二是如何在特定的教育情境设定多种信息呈现、表达和参与的方式，使特殊教育需要学生能够真正获得和理解课程。这两大挑战的核心就在于融合教育教师如何在自身、课程与学生三者之间找到一个平衡点，需要在回归课程以提高课堂教学实效性的目标中找到支撑点，而这个点就是融合教育教师的课程执行力。

2. 摆脱融合教育课程实施的困境对教师课程执行力的外在需求

当前关于我国随班就读课程的研究表明，我国随班就读教师很少会为特殊教育需要学生进行专门的课程调整设计，特殊教育需要学生在课程学习中处于被忽视状态。研究者调查发现：多数随班就读学校都没有为特殊教育需要学生做出专门的课程调整；即使在一些随班就读试验校中，尽管学校要求随班就读教师在课堂上要体现融合教育的理念，如实行差异教学、同伴指导等，但实践中由于缺乏老师的指导与关注，特殊教育需要学生并没有参与到小组讨论中去，更少有机会参与到实质性的课程学习当中。即使在西方，融合教育课程的实施效果也备受质疑，并成为融合教育发展面临的一大障碍。多数研究都认为特殊教育需要学生在融合学校里社会发展与自信方面都进步明显，而在学业进步即课程融合方面的结果并不能令人满意。①

可见，融合教育课程实施的有效执行已成国内外融合教育发展面临的共同挑战，关注与提高融合教育教师的课程执行力成为摆脱融合教育发展困局、提高融合教育质量的必然选择。今天我国融合教育的发展已经经历了从跟随到平等、从关注入学率到关注质量提升、从初期的实用与无奈的选择到今天和谐社会背景下对教育公平理念的主动追求的复杂过程。然而融合教育目标若想实现，必须落实到具体的融合课堂之中。执行是目标与结果之间关键的一环。只有融合教育教师具备课程执行力，通过多样化的、平等的融合课堂环境的构建，主动改变现有的课程僵化体制，进行课程资源整合与重构，构建具有广泛通达性的、共享的融合教育课程体系，融合教育理念才可能实现，融合教育的最终目标才能达成。

---

① 颜廷睿、邓猛：《西方全纳教育效果的研究分析与启示》，3～9页，载《中国特殊教育》，2013(3)。

二、融合教育教师课程执行力的要素

融合教育教师的课程执行力可分为四个基本要素：融合教育课程领悟(课程意识与课程认知)、特殊教育需要学生需求感知、融合教育课程内化、融合教育课程操作(课程设计能力、课程教学能力、课程评价能力)(见图 4-1)。

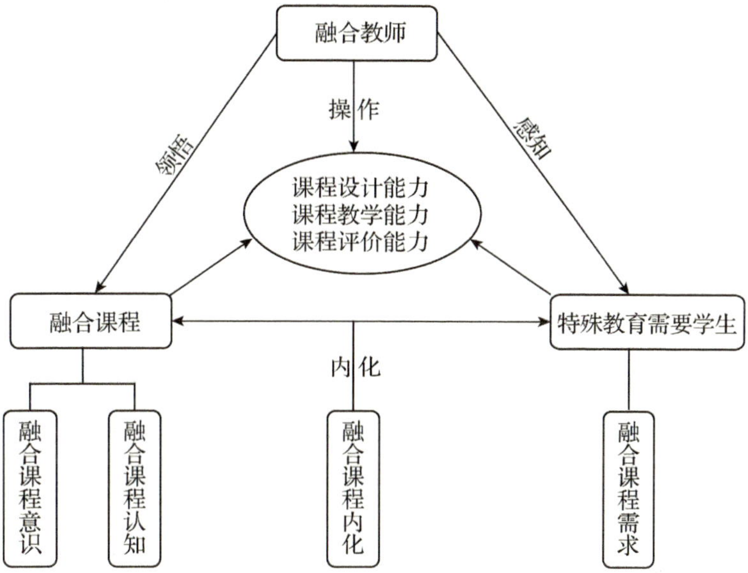

图 4-1　融合教育教师课程执行力的基本要素

(一)融合教育课程领悟

融合教育课程领悟是融合教育教师在正式运作课程之前的领会与感悟。理念是行动的先导，融合教育课程的实施首先需要教师对融合教育形成基本的概念，包括两个方面：

(1)融合教育课程的意识。融合教育课程意识是指教师的融合教育理念以及对融合教育课程的基本认识与了解，反映了融合教育教师对融合教育课程意义的敏感性和自觉度。课程意识作为对课程存在观念层面的反映，它在本质上是教师教育行为中或明确或隐含的“课程哲学”。对于融合教育教师而言，融合教育课程意识包括两个方面：一是教师的融合教育理念，即对特殊教育需要学生的包容与接纳，这是教师实施融合教育课程的理念认同和价值观取向。当前研究已经证实，教师包容特殊教育需要学生的意愿和教师对于融合教育的支持程度极大地影响他们在融合教育课程实施过程中的努力与执行程度。[①] 二是对融合教育课程进行调整与设计的意识。明确的课程意识支配着教师的教育理念与教育行为方式，融合教育教师只有首先意识到融合教育课程调整与设计的意义与必要性，才能激发进一步理解和认知乃至践行的欲望与追求。作为一种专业意识，融合教育课程意识能够激发融合教育教师执行课程的活跃思维，课程执行就会由他律转变为自律、由强制转变为自主，融合教育教师的角色也会从被动的工具转变为积极的主体，从而自觉地承担应尽的责任和义务。[②]

(2)融合教育课程的理解能力。融合教育课程理解是教师对融合教育课程实施原则与理论的认知性理解。作为课程执行者的融合教育教师需要在理解和掌握融合教育课程实施内容和要求的基础上才能知道如何设计与组织融合教育课程、如何将课程方案付诸教学实践。当前融合教育课程的组织与实施主要是通过课程调整和提供多样化的课程学习选择来实施的，因此融合教育教师的课程执行力中所必备的就是对这两方面的理解。在课程调整的要求中，教师对融合教育课程的认知需要把握对融合教育课程的目标、方法、内容、评价四个方面的调整策略，并权衡好融合教育课程的共同性与弹性之间的关系；提供多样化的选择则主要是遵循学习通用设计的原则，教师需要理解学习通用设计课程理念如何渗透于课程设计的四个核心要素中：课程目标、达到目标的材料、方法和评估方式。诚然，融合教育教师对课程的理解不可避免地带有个体特定的生命经验、思维定式和特殊的价值诉求和兴趣爱好，从而使得不同教师对实施融合教育课程形成不同的理解。[③] 但正是在这些不同理解的基础上，融合教育课程方能更体现其设计与组织的弹性、灵活性与个性化色彩。

(二)特殊教育需要学生课程需求的感知力

特殊教育需要学生课程需求的感知力是指融合教育教师对特殊教育需要学生课程学习需求的感觉与察知能力。特殊教育需要学生是融合教育课程实施的对象与客体，融合教育课程的实施归根结底是为了满足他们的学习需要，因此教师执行融合教育课程应当对特殊教育需要学生的需求有着较强的感知力和敏感性。融合教育教师对特殊教育需要学生课程需求的感知需要考虑两个方面的问题：首先是特殊教育需要学生课程需求的共同性。尽管特殊教育需要学生由于自身的障碍，课程需求可能会有其特殊性，但这并不意味他们就不应该有高层次的课程学习需求。相反，他们在成长过程中遭受到比一般人更多的挫折与障碍，并且在未来走出校园、步入社会时，他们与普通

---

① Lee S. H., Soukup J. H., Little T. D., & Wehmeyer M. L., "Student and Teacher Variables Contributing to Access to the General Education Curriculum for Students with Intellectual and Developmental Disabilities," in *The Journal of Special Education*, 2009, 43(1), pp. 29-44.

② 朱桂琴：《教师课程执行要素与影响因素探析》，75～79页，载《课程·教材·教法》，2015(1)。

③ 徐继存：《课程理解的意义之维》，71～76页，载《教育研究》，2012(12)。

儿童所面临的挑战是一样的。因此他们更需要鼓励，需要平等参与课程学习。其次是考虑特殊教育需要学生课程学习需求的差异性。每个学生都有自己独特的学习偏好、认知能力和学习需要，并且这些差异会对学生的学习产生重要的影响。只有当学生的学习得到必要的教学支持，特别是与其兴趣、能力和爱好相一致时，教师的教学结果和学生的学习成就才能达到最佳水平。因此融合教育教师需要考虑特殊教育需要学生独特的学习准备水平、认知能力、学习兴趣和风格，以此综合感知他们的课程学习需求。

(三)融合教育课程内化能力

融合教育课程的内化是融合教育教师如何将自身对融合教育课程的领悟与对特殊教育需要学生的需求感知进行匹配的能力。心理学意义上的内化是指个体将自己所认同的新观点和新思想纳入原认知结构并与之结合，从而促使原认知结构发生从量变到质变的循环过程。融合教育教师对融合教育课程的内化与此类似。在融合教育课程的内化中，教师自身有着对融合教育课程的一般理解与认识，包括融合教育课程的目标、设计与教学等方面，这些构成了教师融合教育认知结构的一部分。另外，通过对课堂中特殊教育需要学生学习需求的重新评估，教师将对特殊教育需要学生课程学习需求的评估结果重新纳入自身的课程理解之中，重构原有的融合教育课程的认知结构，在课程与学生之间建立“桥梁”，实现“课程—学生—课程”这样一个基于学生学习需求的课程理解与不断建构的过程。

(四)融合教育课程的操作能力

融合教育课程的实施在实践形态中体现为教学，融合教育课程的执行最终也得体现在教学上，并贯穿于教学的各项能力之中。具体而言，包括三个方面：

(1)教学设计能力：教学设计能力是指融合教育教师依据课程调整和学习通用设计的原则，以特殊教育需要学生的学习需求为基础，运用系统的方法确定教学目标、分析教学问题、制订解决问题的方案、对方案进行修改以优化教学效果的能力。教学设计是融合教育教师将融合教育课程理念转化为实践的中间环节，是教师在课前对教学过程中的各要素进行最佳优化组合的过程。在正式教学之前，融合教育教师通过教学设计来组织安排为特殊教育需要学生准备的课程教学内容、教学方法与教学策略形式。

(2)课堂教学能力。融合教育教师教学能力的高低直接影响到融合教育课程执行的运行结果，融合教育教师为课程执行所做的一切准备工作都需要通过教学的形式呈现出来。如果说教师的教学设计能力给予了课程生命的话，那么课程教学力就赋予了课程生命的活力，将课程以活生生的形态展示出来。然而事实上教师的教学能力并不仅仅指教师的授课能力，它是关于教师教学素养的综合能力。对于融合教育教师而言，其教学能力包括三种最为关键和重要的能力，[①] 即分析性思维、创造性思维和实践性思维。其中，分析性思维是融合教育教师在教学过程中分析教学情境、判断特殊教育需要学生学习需求以及比较特殊学生与普通学生之间学习差异的能力，它会直接影响到融合教育教师教学活动的准确性与全面性。创造性思维是指在融合教育教师在探寻满足特殊教育需要学生学习风格的教学策略和学习方法等方面所表现出来的创造性的问题解决方式。创造性思维与教师在教学设计的灵活性、教学方法的启发性等方面密切相关。实践性思维是指在处理具体课堂教学问题时所运用的思维。作为融合教育教师教学能力的核心要素，这三种思维能力在教学活动中形成、发展并表现出来的，直接影响着融合教育课程的实施与执行。

(3)教学评价能力：融合教育教师的教学评价能力是以融合教育课程目标为依据，通过使用恰当的评估方式对教学过程及学习结果进行测量，并给予价值判断的能力。融合教育课程的教学评价应该注意两个方面的问题。首先在评价取向上，融合教育课程的教学评价需要兼顾效率和公平两个方面，对任何一方的忽视与过度追求都有可能造成融合教育发展的偏差和低效，二者的均衡与协调才是融合教育课程实现高质量的目标所在。[②] 其次在评价形式上，融合教育课程评价不仅需要重视结果性评价，而且要关注过程性评价。融合教育课程一方面要强调促进学生认知与非认知方面的发展，这是融合教育存在的现实基础；另一方面融合教育课程强调学习过程中学生的体验，注重学生在学习活动中的参与。

本章小结

融合教育课程是普通学校为满足所有学生不同学习需求、学习风格以及文化背景等多方面差异而设计的，有弹性的、相关的和可调整的综合课程体系。融合教育课程并不是一套独立的国家课程体系，而是在国家课程框架下由融合教育教师根据特定的融合教育课程理论与原则，针对特殊学生的学习需要自主组织的一套课程。融合教育课程的实施要遵循通用课程设计和弹性化设计原则，并体现课程实施的相互调试取向。

融合教育课程的实施主要包括两种方式。一是课程调整。一般而言，障碍程度越严重或需求越特殊的学生在课程调整的方向上就越偏离普通教育课

① 申继亮、王凯荣：《论教师的教学能力》，64～71页，载《北京师范大学学报》(人文社会科学版)，2000(1)。

② 颜廷睿、关文军、邓猛：《融合教育质量评估的理论探讨与框架建构》，3～9页，载《中国特殊教育》，2016(9)。

程，调整的程度也就越大。具体来说，课程调整主要包括四个层次：维持不变、调整、修改和替代。有效的课程调整通常选择最能符合学生需求的调整策略，坚持“最少干预”和最大融合的调整策略以及在学生的“最近发展区”内提供框架支持。另一种是学习通用设计。学习通用设计是一种以满足学生多样化需求为基础的课程设计框架。它将数字媒体技术渗透于课程目标、达到目标的材料、方法和评估方式等课程各要素的设计之中，通过提供多样化的内容呈现、表达与参与方式，从教和学两个方面出发增强课程的灵活性和适应性。

融合教育课程的理念与原则向课堂教学实践的跨越，很大程度上取决于融合教育教师的课程执行力，即融合教育教师对融合教育课程的领悟(课程意识与课程认知)、对特殊儿童的需求感知以及对融合教育课程的内化和操作能力(课程设计能力、课程教学能力、课程评价能力)。

思考题

1. 融合教育课程实施的原则有哪些？
2. 融合教育课程调整与学习通用设计的区别和联系有哪些？
3. 融合教育课程执行的要素有哪些？

第五章

融合教育的课堂教学

本章导读

一般教学设计针对的教育对象是同年龄、同质性较高、智力水平在常模范围内、动作技能等处于常态水平的学生。融合教育班级可能安置各种不同障碍类别、严重程度不等的发展迟缓学生，这样的条件对教学设计者——教师而言，无疑是巨大的挑战。本章从基础理论入手，区别融合教育环境中的课堂教学与一般课堂教学的差异，教师应该如何进行教育调整，采取什么样有效的教育策略，使课堂教学既能达到普教的教育目标，又能兼顾特殊教育需要学生的参与度和学习效果，有机地进行普特融合，达到双赢局面。

第一节 融合教育课堂教学概述

教学是教的人指导学的人进行学习的活动，是教和学相结合或者相统一的活动①，因此教学设计由教育者、受教者及环境相关因素所组成，同时以教学目标、教学内容以及教学策略、方法等为“媒介”，达到“教”与“学”的预定目标。融合教育是“以学生为中心”的基本理念，为了满足所有学生不同学习需求、学习风格而进行教学设计。融合教育教学强调“参与”，参与是个体在某一活动中表现出来的积极心理和行为，包含了注意、兴趣、心理和生理的投入和努力，以及各种情绪状态等成分②。

一、融合教育课堂教学的特点

融合教育的目标是通过营造融合的课堂氛围，普通学生和特殊教育需要学生愉快和谐地在一起学习，进而促进所有学生共同发展。关文军指出，随着特殊教育需要学生的加入，融合课堂生态主体扩展，教学目标、内容和方法应该有所调整。教学目标由注重精英培养向注重个体能力发展过度。教学内容应该根据学生的身心差异以及相关特殊需求，对教学内容做出弹性化的选择。教学方式则更加强调在老师的引导下，

① 李秉德：《教学论》，北京，人民教育出版社，1991。
② 关文军：《融合教育学校残疾学生课堂参与研究》，23页，北京，科学出版社，2018。

让所有学生都能够参与其中并且得到实质性的发展①。

(一)教育对象的差异性

融合教育倡导让所有儿童都能够在普通教室中接受高质量的、适合他们独特学习需要的教育②。根据我国融合教育发展现状，融合学校现阶段有能力接受轻度障碍儿童。由于特殊教育需要学生的加入，班级中受教育对象类型不断扩展，受教育对象的差异性越发明显。在多样化的教育学生群体中，教师应该以学生为中心，正如《萨拉曼卡宣言》中所提出的："学校应该将有特殊需要者吸收在能满足其需要的、以儿童为中心的教育活动中。"③这一倡议，能够充分体现出融合教育教育对象的差异性，教师的教学必须面向所有儿童的价值取向。

(二)教育目标的适切性

传统教育以"精英式"教育为主，一切都为了高考。在这样教育体制背景下，教学目标似乎显得"急功近利"，教育活动中也经常出现牺牲部分学生的权益来满足拔尖学生需求的情况。融合教育的出现和发展，在一定程度上打破了传统的"精英式"教育，为普通教育提供了教育改革的契机。融合教育倡导要满足包括特殊教育需要儿童在内所有儿童的教育需求，尊重差异性，避免弱势学生被边缘化，教师的课堂教学目标要根据每位学生的实际情况进行适当的调整和改变，以切合每位学生的实际、满足每位学生的需求。融合教育更注重满足教育对象的个别化教育需要，侧重于个体能力提升和潜能发挥④。总之，在具有高度差异性的融合教育课堂中，融合教育教师应基于每位学生的实际情况，制定具有高度适切性的个别化教育目标，以满足每一位学生的个别化教育需要。

(三)教育内容的变通性

为满足所有学生不同学习需求、学习风格以及文化背景等多方面差异而设计，融合教育课堂教学必须是有弹性的(Flexible)、相关的(Relevant)和可调整的(Adjustable)

---

① 关文军、孔祥渊：《教育生态学视野下残疾学生课堂融合的重构与优化》，81～88页，载《海南师范大学学报》(社会科学版)，2019，32(6)。

② 赵勇帅、邓猛：《西方融合教育课程设计与实施及对我国的启示》，9～15页，载《中国特殊教育》，2015(3)。

③ 韩文娟、邓猛：《融合教育课程调整的内涵及实施研究》，70～76页，载《残疾人研究》，2019(2)。

④ 关文军、孔祥渊：《教育生态学视野下残疾学生课堂融合的重构与优化》，81～88页，载《海南师范大学学报》(社会科学版)，2019，32(6)。

的综合性课程体系[①]。面对学生的差异性，特殊需求的多样性，教学内容应该在原有基础之上进行调整。这里的调整并不意味着对原有教学内容的全盘否定或者对教学内容进行简单增加、减少。而是根据学生的认知能力，以最近发展区为原则，设计促进所有学生进步的融合教育课堂教学。融合教育课堂调整需遵循“最小调整，最大融合”[②]的原则这也为教学内容的调整指明了方向。教学内容应该符合儿童需求，发展优势能力，对所有学生进行最大融合。

(四)教育方式的多样性

在建构主义的理论视野下，我国特殊教育教学的范式需要发生根本上的转变。建构主义理论视野下的知识获得是一个建构而非给予的过程。教学应该是一个师生平等参与、共同经历、自主探索的知识生成与发现的过程[③]。所以教学方式是在以学生为中心的基础上，构建支架式教学，了解学生的现有能力，根据学生的水平开展教学。教师切勿“先入为主”，低估学生的能力。营造一个平等、和谐的课堂氛围，合作取代竞争，人人都有成就感。另外，随着现代科学与信息技术的发展，教师应该学会善于利用信息技术，使其成为教学辅助资源的同时为学生提供来自不同途径的资源，提高课堂教学效果。

(五)教育评价的多元性

为应对教育对象的差异，在设置切合每位学生实际需要的教育目标之后，教育的内容会适当变通，针对学生的教育评价也需要进行相应的调整。纸笔测验不再是唯一的方式，可以观察、指认、口述、图绘、动作等多元方式，结合学生的个别化教育计划给予合理评价。并且个人成就的评价应强调个别化的纵向比较，以一次比一次进步、一次比一次好的表现即予以鼓励、支持，更注重学生的学习过程。

二、融合教育的课堂教学模式

美国学者安德鲁斯(Kenneth R. Andrews)和古德逊(Goodson)根据各种教学设计模式特点将教学设计模式归纳为三种：①一体化模式(integrated models)；②任务导向模式(task-oriented models)；③灌输模式(prescriptive models)。无论教学设计是各方

---

① 赵勇帅、邓猛：《西方融合教育课程设计与实施及对我国的启示》，9～15页，载《中国特殊教育》，2015(3)。

② 韩文娟、邓猛：《融合教育课程调整的内涵及实施研究》，70～76页，载《残疾人研究》，2019(2)。

③ 邓猛、景时：《特殊教育最佳实践方式及教学有效性的思考》，3～8页，载《中国特殊教育》，2012(9)。

资源的整合利用模式，还是各种学习目标导向模式，抑或是传统的灌输式教学模式，都各有其优缺点，教师应懂得“去其糟粕，取其精华”，灵活运用。

加斯塔夫森(K. L. Gustafson)根据模式之间的相容性关系，又把教学设计模式分为：①以课堂为中心的模式(classroom focused models)；②以教学产品为中心的模式(product focused models)；③以系统为中心的模式(system focused models)；④以组织为中心的模式(organization focused models)。课堂为中心模式强调“教”与“学”之间的关系；教学产品指教材、教具、学具等，强调学生学习的媒材；“系统”为中心则是按课程规划，高度结构化是其特色；班集体教学属“组织”为中心模式最具代表性的形式，这种传统形式很难符合融合课堂需求，无法兼顾每个个体的教育需要。小组、个别化、结对小伙伴、资源教室等形式多元的组织模式在融合教学中更能得到教师的青睐。也有学者主张分为两类基本模式：①课堂/产品模式(classroom/product models)；②综合模式(comprehensive models)[①]。交叉灵活运用综合模式应是融合教育教学的上策之选。

教学设计模式的分类因人而异，学者们看法各异。融合教育教学设计模式必须考量普通儿童与特殊教育需要儿童的异质性、个别化，基于教育学原理、儿童发展规律，同时兼顾。以下就学生发展特点，归纳五种常用模式。

1. 讨论教学模式

讨论教学模式主要为口语表达，通过师—生互动、生—生互动，碰撞出思想的火花，激发学生参与的兴趣。对于班级的全体事务经常通过讨论、表决来决定，营造班级民主的氛围，全体学生均有参与权、选择权，都必须学习聆听不同的声音，尊重他人的意见。讨论模式适合口语表达能力无碍的特殊教育需要学生，语言表达有缺陷的学生也能通过表决传达自己的意见。在讨论的过程中，提供了学生相互学习的榜样，对提高特殊教育需要学生的表达能力有促进作用。讨论教学模式同时也考验教师对问题引发的能力，对学生发言内容的归纳统整能力，及学生发言气氛的掌控、发言机会的分配等。

2. 协同教学模式

协同教学(team teaching)就是两个或两个以上的教师共同对同一学生群体的教学负责，所以责任划分应明确，二人应具有较强的沟通协调能力，能与他人互助合作，和谐相处。目前国内从幼儿园到义务教育阶段在推动融合教育遭遇最大的阻力便是班额存在超大现象，师资水平不足，普教教师对融合教育理念的了解不到位。另一个问题是全国的师范类院校近年才开始关注普通教育教师也应该修习特殊教育学分，因此

---

① 顾明远：《教育大辞典》，上海，上海教育出版社，1998。

融合班级配置特殊教育专业教师或由接受过培训的资源教师协同教学是解决以上问题的方案之一。无论是特殊教育教师还是资源教师，都要配合普教班主任老师及各科科任教师，首先保证普教的教学质量，班主任应听取特殊教育的专业建议，了解特殊教育需要儿童的身心发展，再设计制订特殊教育需要儿童的教学计划，协助解决或改善因特殊教育需要儿童入班衍生的问题，毕竟高品质的融合教育才是我们追求的目标。

3. 多层次教学模式

教师充分考虑学生的差异性，有针对性地设计和进行教学，发展学生优势学科及能力，是多层次教学的特点，也称差异教学①。多层次教学在教学目标上致力于促进全班学生都得到最大限度的发展；在教学组织形式上，综合运用集体、小组和个别化教学形式；在教学实际效果上，多层次教学则谋求各个层次的学生都能获得成功的体验。基于班级学生组成的特性，多层次教学被广泛运用于融合教育及特殊教育。

4. 程序教学模式

程序教学是20世纪60年代早期由斯金纳(B. F. Skinner)的理论延伸发展出来的，其创始者是“教学机器”的发明人普莱西(Sidney Pressey)。程序教学，就是将教材分成一个个小部分，按特定顺序和小步子安排，有着严格的逻辑编程程序，附有习题和答案，由学生自己学习，可用机器，也可用程序课本。教学内容系列的安排，由浅入深，由简到繁。学生可以依自己的速度和水平，选择自我教学性材料，当时程序教学运动像一股旋风席卷了美国教育界，成为个别化教学的典型代表。

程序教学就像一个自我教学的学习包，它以精心设计的顺序呈现主题，学习者以自己的速度进行学习，然后完成填空、选择或者问题解决，学生每一个反应之后都会出现及时反馈。这种程序能够融入书、教学设备或计算机。使用程序教学模式，哪怕是最困难的课，以小步子呈现，学生也能以自己的速度学习得很好。

5. 适应性教学模式

适应性教学是从匹兹堡大学的个别化处方性教学发展而来的。适应性教学首先对学生的能力和学习技能，包括加工信息的技能、学会学习的技能、兴趣、态度等进行最初诊断以及阶段性诊断，然后对课堂教学做出灵活性的调整，以满足不同学生的需求。所采用的方法有：改变不同学生学习各种技能、主题、科目的时间量；为不同的学生设立不同的目标；根据能力、需要、任务对学生分组；调整任务和作业以适应不同的学习方式、能力倾向、兴趣等；提供可选择的不同课程内容。

---

① 华国栋：《实施差异教学是融合教育的必然要求》，3～6页，载《中国特殊教育》，2012(10)。

第二节
融合教育的课堂教学组织、方法和策略

融合教育的课堂教学组织、方法和策略是特殊教育需要学生接受公平、适合自身发展教育的重要保障。作为教学组织、方法和策略的制定、实施者，教师应该重新审视融合教育教师的角色定位。以包容、开放的专业视角对待班级中有特殊需求的学生。为了帮助教师让所有学生都能够融入班级环境中且接受高质量的融合教育，希望教师重新思考原有的传统教学认知，实现教学范式的变迁。

一、融合教育的教学组织形式

随着融合教育在我国蓬勃的发展，越来越多的特殊教育需要学生能够进入普通学校，与普通学生一起接受教育。融合教育的发展对普通学校的教学组织形式有一定的影响，教学组织形式是以学生为前提，根据班级学生的数量、能力、学习特点等结构进行调整与改变。其目的是通过有效的教学组织，让所有儿童参与到学习与互动中，促使学生能力最大限度的发展。随着年代、政策、观念等相关因素的发展，融合教育也不断涌现出新的教学组织形式。在融合课堂中，这些教学组织形式并非相互排斥，而是要根据学生学习优势以及身心发展特点，教师选择合适的教学组织。

(一)班集体教学

这是最传统的教学形式，按目前国内的义务教育阶段班额较大的现状，也是最普遍被采用的教学组织形式。这种形式对同质性较高的班级是高效的，但是对于异质性高的班级如融合班级而言，在采用时应该注意个别学生的特质和差异性。班集体教学的优点是学生可以在互动中相互观摩、模仿、头脑风暴，教师可尽量利用学习较好的学生带头引导学习、回答、示范，但也应避免过度偏爱，要把表现机会公平地给每个孩子，因此就该了解每个学生的优缺点，力求扬长补短。

(二)小组教学

合作得先分工，分工可按能力、兴趣、专长来分，可同质性一组，也可异质性一组，视教学内容而定。组员异质性高就按能力分工，同质性高就按课程内容的性质或难易度分组完成各自的任务，或共同完成一项任务。力求人人有事做，且具有完成任务的成就感。合作教学模式体现的是合作，是全体学生通过共同努力完成的，同组的学生相互帮助，不同组别间也能观摩学习。

(三)个别化教学

个别化教学是为了应特殊教育需要学生的特殊需要、兴趣、能力和学习方式各异而设计的教学方法。个别化教学并非独自学习，当同一教材、教法不能针对班级教学中学生的程度差异时，为顾及个别学生可能遭遇的困难，教师须在教学过程中设计不同的教学计划。“个别化教学”与“个别教学”不同，个别教学仅是一种“一对一”的教学实施形态，它可能是个别化教学，也可能不是个别化教学，可以是抽离，也可以是加时，关键在于其是否符合该生的需要。

(四)结对教学

我国大部分融合教育学校，由于存在一些客观因素如班额过大，师生比例不协调，对特殊教育需要学生问题行为及身心发展不了解等原因，常常导致教师出现教学无助感、消极情绪等，善于应用助学伙伴能够避免教师陷入低质量教学的循环模式。助学伙伴，是学生在生活和学习中相互帮助的伙伴。在融合班级中教师以助学伙伴的形式，帮助特殊教育需要学生与普通学生形成流动式的“一对一”好伙伴。普通学生帮助特殊教育需要学生遵守制度，例如，上课不能胡乱走动、回答问题要举手等。在帮助特殊教育需要学生的同时，普通学生也会逐渐形成乐于助人及包容的品格。助学伙伴不仅有助于教师对班级的管理，而且有助于生—生之间形成融合的氛围。

(五)户外教学

户外教学属于集体教学的一种形式，是融合教育教学的重要环节，强调通过参访、实践、体验等过程学习，巩固课堂知识并强调在生活当中应用，教师选择的户外环境既要考虑儿童身心发展特点、实用性，又要考虑活动的可行性，内容包含亲近自然、社区环境应用和公共设施体验等。户外教学涉及场地的选择、活动的设计以及应急事件的处理方案。“安全”是户外教学的第一原则，教师要能做到“因地制宜”，不仅为教师教学展现丰富性，也增加普通儿童与特殊教育需要儿童之间的互动性，由于具有实际生活情境，容易为学生们提供解决日常生活问题能力的机会。在征寻“义工妈妈”的参与过程中，也提供了大众对特殊教育需要儿童的了解，设身处地理解他们父母的辛劳，有助于班级融合氛围的营造。

1. 亲近自然

能够释放儿童的天性，偌大的活动空间、新鲜的空气，既扩展学生生活范围，又能进行自然、社会教学。利用户外空间进行游戏，增加普特学生互动机会，自然而和谐。

2. 社区环境应用

社区中有许多与生活息息相关的“机构”，如超市、诊所、卫生所、各种店铺、小区公园或游乐场等，教师可以事先联系相关主管机关或申请，配合课程将参访纳入课程中，特殊教育需要学生熟悉社区中的设施应用让生活无碍，更容易融入主流社会。

3. 公共设施体验

社区外的社会资源如银行、邮局、体育馆、公园、各种商店、市场等，可设计成教学前的体验活动、亲子活动，通过体验再进行探讨，讨论内容更加丰富、生动；或设计成课后作业，课本与实际结合，巩固学习。

(六)资源教室教学

资源教室是由隔离走向完全融合的一种过渡性教学组织形式，为特殊教育需要学生和普教教师提供教学辅助与咨询。根据资源教室的性质与功能，许家诚等人将其分为 3 个类型：部分时间资源教室、专门类型资源教室以及支持性资源教室①。部分时间资源教室：儿童以用一天中部分时间到资源教室接受补偿教学、康复训练和心理咨询辅导。专门类型资源教室：在特殊学校中，转为某一障碍类别儿童开设的资源教室，内有儿童所需的专用设备。支持性资源教室：为所有有特殊需要的儿童提供特殊教育、康复训练和支持服务的同时，也为普通教师、社区提供特殊教育的专业支持和资源②。

从资源教室的功能来看，目前大多数学校的做法是将有特殊需求的儿童从班集体环境到单独的场域(资源教室)进行补救性教学，但“抽离”并非是唯一的做法，也绝非是正确的态度。应当将资源教室撤除“标签”，使之成为全校的“资源”。资源教师更重要的功能是协助特殊教育需要学生充分融入集体、参与活动，并协助融合班级教师解决特殊教育需要学生在班级内学习或融合的困境，因此“入班观察”是比较理想的方式。如果一味地强调特殊教育需要学生接受补救性教学，而忽略了他们的融入与参与，无疑是给资源教室贴上另一种变相的标签。

二、融合教育的课堂教学方法

(一)教学方法的含义

教学方法是指老师“如何教”，学生“如何学”的问题，包含教师采用的方法和学生

① 许家成、周月霞：《资源教室的建设与运作》，北京，华夏出版社，2006。

② 刘慧丽：《融合教育理念下资源教师角色的指导模式研究》，15～17 页，华中师范大学博士论文，2013。

学习的偏好，是“教授”与“学习”的统一。教学方法是教学过程中教师与学生为实现教学目的和教学任务的要求，在教学活动中所采取方式的总称。教学方法体现了特定的教育和教学的价值理念，是实现特定教学目标的要求①。

巴班斯基(Юрий Константинович Бабанский)依据对人的活动的认识，将教学划分为三大类，即组织和自我组织学习认识活动的方法、激发学习和形成学习动机的方法、检查和自我检查教学效果的方法。拉斯卡依据新行为主义学习理论，即刺激—反应联结理论，归类为四种基本的或普通的教学方法，即呈现方法、实践法、发现法、强化法。维斯顿和格兰顿依据教师与学生交流的媒介和手段，将教学方法分为四大类，即教师中心的方法，主要包括讲授、提问、论证等；相互作用法，主要包括全班讨论、小组讨论、同伴教学；个别化的方法，如程序教学、单元教学、独立设计、计算机教学等；实践的方法，包括现场和临床教学、角色扮演、模拟和游戏、练习等②。

我国学者李秉德按照教学方法的外部形态，以及相对应的这种形态下学生认识活动的特点，把中国的中小学教学活动中常用的教学方法分为五类，即以语言传递信息为主的方法，包括讲授法、谈话法、讨论法；以直接感知为主的方法，包括演示法、参观法；以实际训练为主的方法，包括练习法、实验法、实习作业法；以欣赏活动为主的教学方法，如陶冶法；以引导探究为主的方法，包括发现法、探究法。此外，黄埔全教授认为，从具体到抽象，教学方法是由三个层次构成的，分别是原理性教学方法、技术性教学方法、操作性教学方法③。

由于年代、文化背景的不同，中外学者关于教学方法的理解与分类也不尽相同。但是不可否认不同的教学方法分类中也存在一定共性。教学方法是教育者和受教者共同完成教学内容所采取的手段，同时，教学方法要根据教学内容与教学要求来进行有针对性的选择。

(二)融合教育课堂教学的具体方法

融合教育的教学方法不同于普通教育的教学方法，因为教育对象的多样性，教学内容的弹性，所以融合教育的教学方法应该在普通教育的教学方法基础之上，进行一定的调整、整合和融入新元素。教师依据教学目标、教学任务和教学要求选择采用适当教学方法，其背后更多地反应和体现出教师所秉持的教学范式，不同教学范式的支持下体现不同的教学模式，进而导致多样化的教学方法涌现。

1. 差异教学

差异教学是指在班集体教学中立足学生个性差异，满足学生的不同学习需要，以促

① 胡庆芳：《优化课堂教学：方法与实践》，52 页，北京，中国人民大学出版社，2014。
② 谢明初、王爱珍主编：《数学课程与教学论》，115 页，广州，广东高等教育出版社，2014。
③ 同上，116 页。

进每个学生最大限度发展的教学。[①] 差异教学强调个体间差异，将差异视为生动课堂生成的源泉以及丰富的教学资源，将学生之间的共性与个性有机统一，扬长补短，满足学生不同的学习需求，从而促进全体学生的发展与进步。

差异教学的实施环节主要包括四大方面。第一，评量学生的差异。差异教学的实行前提是了解学生，因此，在开展教学之前，教师要对学生进行评量，通过多种方式探寻出学生的优势能力、学习水平以及学习兴趣等，从而依据这些信息设计符合学生需要、兴趣的教学。第二，设计差异化的教学内容。教师在安排教学内容时，需要首先对课程内容进行评估，然后确定不同水平、层次学生教学内容的重点和核心，并在设计的过程中寻找不同水平、层次学生差异教学的切入点。第三，实施弹性分组教学。教师可根据学生的优势、兴趣、学习需要等来组建学习小组，设计出合理的学习活动，帮助全体学生获得进步。第四，设置灵活的评价标准。首先，评价内容应多样化；其次，评价标准应多元化；最后，教师要善于把握评价的时机与程度，通过评价来激发学生学习潜能，提高学生学习动力。

在融合教育中，融合教育教师要善于发现学生的差异，将不同学生的共性与个性有机结合，创设出生动、活泼的教学活动，使教学活动既能够为特殊教育需要学生提供更多的学习支持，又能够帮助普通学生获得个性化发展。

2. 支架式教学

支架式教学思想源自苏联著名的心理学家维果斯基(Vygotsky)在《社会的心智》一书中提出的“最近发展区”这一概念。维果斯基提出，儿童智力活动中所要解决的问题与儿童实际能力之间可能存在的差异，即“最近发展区”。20世纪70年代，美国的教育家们在儿童中心文化背景基础上吸收并发展维果斯基的理论，从而衍生出了支架式教学这一思想[②]。

支架式教学重点在于“支架”，将学生的认知能力与所教授的教学内容联系起来，并以学生的最近发展区作为教学内容难易度的衡量标准。支架式教学的主要特点大致可归纳为以下四点。第一，学习活动基于最近发展区，只有发生在最近发展区的儿童的学习活动，才更有利于儿童知识与技能的获得。第二，支架的渐撤性，随着学习者的能力逐渐增强，就要开始逐渐撤销支架，直到学习者能独立解决问题或掌握概念。第三，支架的兴趣性，教师要不断激发和保持儿童的学习兴趣。第四，互动性，支架式教学发生在合作的情境中，教师和儿童为共同完成活动目标而努力[③]。

融合教育教师首先要对所有学生的原有知识水平进行了解，依据最近发展区原则，

① 华国栋：《差异教学论》，24页，北京：教育科学出版社，2001。
② 王聪：《支架式教学模式下幼儿园数学教学活动的实践》，河南师范大学硕士论文，2017。
③ 夏诗贤：《基于支架式教学的幼儿园科学教学活动设计研究》，山东师范大学硕士论文，2014。

设计教学内容。其次要摒弃先入为主的观念，先行了解学生的认知能力水平，再设计相关教学活动。最后在教学过程中，通过游戏活动等教学环境来增强师—生与生—生之间的互动性，提高学生对所学知识和技能的理解。

3. 合作教学

合作教学是由普通教育教师和特殊教育教师或资源教师在教学活动中以彼此分工、通力合作的方式，共同解决普通班内特殊教育需要学生出现的问题，满足其特殊教育需要，从而共同完成教学活动的一种有效教学策略。合作教学能够让团队中教师在教学过程中各发挥其所长，从而有助于教学活动顺利展开。合作教学可以依据学生的年级、成熟度以及教学主题的不同等划分成不同类型，如 Cook 和 Friend 曾将合作教学划分为协助教学、分站教学、平行教学、替代教学、小组教学等五种类型。不同类型的合作教学策略各有优劣，在运用过程中教育者可以依据教学内容的需要、学生的能力特征及学习需要来选择最合适的教学策略。

合作教学的主要实施过程如下：第一，组建合作团队。团队成员的确立是合作教学顺利开展的基本前提。在有特殊教育需要学生的普通班中实施合作教学，其团队成员通常包含一名普通教师和一名特教教师或资源教师，此外还需要学科教师以及其他特殊教育专业人员的参与。第二，评量特殊教育需要学生及其生态环境。这一环节教师可以通过正式的评量或非正式的评量(访谈、观察、检核表等)，来了解特殊教育需要学生本身的能力特征、学习需要以及特殊教育需要学生周围的生态环境，从多方面搜集特殊教育需要学生相关资料并在此基础上拟定出合作教学计划，为合作教学的正式实施做好准备工作。第三，实施合作教学。在具体教学层面，教师可根据教学需要，参照先前制定好的合作教学计划，分工合作实施教学，并可根据课堂实时情况灵活调整。特殊教育教师在教学中应协助普通教师处理好特殊教育需要学生在课堂中的行为问题并给予相应的人力支援。第四，进行效果评价。在教学活动结束后，合作团队应围绕学生的学习效果以及合作教学的具体执行展开评价，各成员可结合教学内容的完成度、教学过程存在的问题以及各成员的工作配合情况进行反思并提供改进意见，从而促进教师自身的专业发展。

融合教育中的合作教学强调普通教育教师与特殊教育教师或资源教师之间的分工合作，使教学过程中既能保障普通学生的学习进度和学习质量，又能关注特殊教育需要学生的学习需求和学习效果，合作教学即有利于班级内学生的个别化教育的落实，同时也有助于促进合作团队中教师的专业成长。

三、融合教育的课堂教学策略

(一)融合教育课堂教学的一般策略

车文博提出教学策略分为广义教学策略和狭义教学策略。广义教学策略包括教的策略和学的策略，狭义的教学策略专指教的策略，属于教学设计的有机组成部分，即在特定教学情境中为完成教学目标和适应学生认知需求而制订的教学程序计划和采取的教学实施措施①。李春生等人认为教学策略是教学系统或教育工艺学术语之一，建立在一定理论基础之上，为实现某种教学目标而制订的教学实施总体方案，其内容主要包括合理选择和组织各种方法、材料，确定师生行为程序②。综合两种对教学策略的定义，融合教育的课堂教学策略主要指融合教育教师根据教学内容、学生的身心发展特点选择不同的教学方法，最大限度地促进儿童发展。融合教育的课堂教学策略包括以下几类：

1. 先行组织策略

先行组织策略源自奥苏伯尔(D. P. AuSubel)的学习理论，在融合课堂中，融合教育教师要做好事先准备工作。准备学习材料、设计教案、设想教学进程以及做好应急处理措施③。只有事前做充分的工作，才能对教学过程起到保障作用。学生能力评估，尊重学生发展的规律，在学生的“最近发展区”内教学，避免“揠苗助长”或“低估学生能力”。

2. 认知发展策略

认知发展策略起源于皮亚杰(Jean Piaget)的认知发展四阶段论，在实施融合教育过程中，要以儿童为中心，将其视为独立的个体，注重个别化教育以及强调实践的重要性。教育学家杜威(John Dewey)也提倡应让儿童“做中学”(Learning by doing)，儿童往往通过实践活动获得真知及经验，鼓励特殊教育需要儿童积极参与班级活动，同时要引导普通儿童的接纳与适时帮助他人。

3. 概念形成策略

概念形成策略是布鲁纳(Jerome Seymour Bruner)在《思维的研究》(*A Study of Think*)一书中提出的策略，将此策略应用于融合课堂，主要依据儿童学习能力的差异性及个别化。由于融合班级中儿童有不同的学习需求，充分考虑他们认知能力、理解接受等能力的不同情况下，教师采用不同的教学方式帮助学生概念形成。

---

① 车文博：《当代西方心理学新词典》，10页，长春，吉林人民出版社，2001。

② 中国小学教学百科全书总编辑委员会教育卷编辑委员会：《中国小学教学百科全书》，6页，沈阳，沈阳出版社，1993。

③ 《简明华夏百科全书》总编辑委员会：《简明华夏百科全书》，431页，北京，华夏出版社，1998。

4. 随机管理策略

融合教育教师在教学过程中，面对复杂的学习行为时，要对导致儿童正确行为出现的因素进行控制，并且不断给予强化。希望儿童能习得、维持复杂的学习行为。

5. 行为练习策略

融合课堂中，为了使所有儿童能够积极参与，教师设计的教学内容不仅要丰富、趣味，而且要增加师与生、生与生之间的互动性。通过两者之间的互动，促进师生情感，建立信任，也为学生独立完成教学任务、修正行为习惯提供了日常练习的机会。

6. 自我管理策略

自我管理策略是学生改变行为时所采用的一种方法，依靠“自我”执行。在确定改变行为的目标后，教师要将“怎么做”“如何做”教授给学生。其中涉及了自我评估的步骤、制订自我管理的计划、及时调整自我管理计划。教师依据学生能力，进行不同程度的干预，协助学生自我管理。

(二)融合教育的教学调整策略

教育调整计划(Educational Adjustment Program，EAP)起源于澳大利亚昆士兰州，是为了更好地推进融合教育，通过州教育部认定有效所实施的系列教育规划。EAP是确认特殊学生教育需求，并在教育上进行调整的一项措施，其调整的目的是为了使学生能够更好地参与课程和在课程中受益，进而更好地参与学校生活[①]。昆士兰州的教育调整计划与IEP类似，目的都在于根据特殊儿童的不同需求，为其提供有针对性的教育。本文分为教学环境的调整以及教学设计中的教学手段，罗列一些常用的调整策略做重点探讨。

1. 教学环境调整

课堂的主要组成是教师与学生，教学过程除了“教”与“学”，还有一项容易被忽略的教学情境铺垫，即环境创设。教学环境既是显性因子，也是隐性因子，可以直接影响教学效果，或在潜移默化中起到教育作用。融合环境有特殊儿童的参与，就必须考虑学生的特殊需要，本书另有章节详述，详见第四章。

(1)硬件：包括无障碍设施、设备、学具、环境布置等。有必要时，提供客制化设备及学具，保障所有学生的安全，通行、生活无障碍，学习顺利。学校本身就是个高度结构化的环境，学生在规律的节奏中学习，生活动线的规划安排直接影响学习效率及师生安全，不可忽视。

(2)管理：包含班级氛围的营造、学生的心理健康等。合理、和谐的班级经营考验

① 冯超、陆莎：《澳大利亚昆士兰州教育调整计划及对我国特殊教育的启示》，29～32页，载《现代特殊教育(高教)》，2016(3)。

融合班级教师的专业技能。教师营造接纳、包容的氛围，提供互助、合作的机会，注意特殊需要学生的心理发展，妥善安排助学伙伴、座位安置等，务使特殊需要学生充分融入班级，乐于参与，愉快学习。

2. 教学策略调整

教师应视需要进行教学策略的调整，以符合特殊儿童的身心发展特点，让课堂成为所有学生的课堂，而非专属成绩优秀生的课堂，学生对班级认同，就有归属感，就愿意在这样的班级中努力学习。

简化：指修改或选择部分教学内容来适应儿童。教师可以对一些不符合儿童学习的内容做出删除或简化的处理。例如，根据对随班就读智力障碍儿童数学计算能力的研究，有人提出，针对随班就读中的智力障碍儿童可以对去尾法、除不尽的小数除法等做简单介绍，而不必要求他们必须掌握①。语文课生字较复杂的，可先将字拆解简化，复习学过的，再学习新字。

减量：随班就读学生在进入普通班级后，如果能够使用普通教材则直接使用，如果不能则考虑调整。调整的原则是不能打乱教材的逻辑关系，影响到教材的科学性。具体分为减少范围和减少数量。减少范围为了保持原有课程的基本结构，教师应在学生的学习能力和接受水平的基础上保留课程的核心知识间的逻辑体系，对于不会影响学生有关学科知识结构而学生又难以掌握的内容，可以适当删减。减少数量，指在学习核心知识时，教师还可以减少特殊学生学习材料的数量，让他们学得少而精②。

提示：这种技巧可在教学计划的任何阶段采用。提示的方法有很多种：身体指导、身体提示、手势、口头提示、目光提示等。提示应随着儿童掌握技能的纯熟度而增减③。学习了解提示的能力也有助于儿童社会化的发展，人类社会的沟通方式不仅仅以语言沟通，很多情境是需要去理解各种提示、隐喻，达到解决问题的目的。

类化：当儿童能够把学会的知识或技能应用到新的情境中，便是类化。类化的最终目的是要加强儿童适应社会的能力。例如，儿童能把在学校内学会的进食礼仪，应用到居家或餐厅等环境中④。

替代：更换原有的课程主题和内容，即特殊学生在同一时间学习的内容与其他同学不同，这种替换有两个层次，第一个层次是提供相同课程主题的替代性活动，它可以在部分班级活动之前或之后实施，而且优先选择有同伴参与的替代性活动。第二个层次是完全替换原有的课程和内容，这主要针对重度或多重障碍的学生，旨在为他们

---

① 刘春玲、马红英：《智力障碍儿童的发展与教育》，211页，北京，北京大学出版社，2011。

② 于素红：《普通学校随班就读学生的课程建设》，56～59页，载《中国特殊教育》，2005(4)。

③ 同上，201页。

④ 同上，201页。

提供更具有功能性和实用性的课程，以符合其需要①，这种教学需要将学生进行抽离(pull-out)，如抽离至资源教室由科任教师或资源教师同时或另辟时段上课。

改变：改变分为三种，即教学环境、教学内容和教学评价的调整和改变。教学环境涉及物理环境和心理环境的调整，物理环境主要需要建立无障碍、适合学生的特点和需要、结构化的环境；心理环境主要营造接纳、归属感、合作氛围的心理环境。教学内容主要在教学目标、教学材料、教学活动，教学策略进行调整和改变。教学评价的调整主要指对传统教学评价的形式、标准、内容、步调的修改，以符合特殊学生的教育需要②。

模范：同伴楷模是教师在教学活动中，安排同伴来示范适当的生活习惯、学习态度、行为表现，成为特殊需要学生的仿效对象，增加班级内学生活动的机会，建立正确的行为规范。此模式适用于培养特殊学生的常规和社会交往能力，例如，生活礼仪、人际互动或工作态度等③。

参与：参与度是评量融合教育的重要指标之一。教师在教学中尽量运用各种活动、游戏、角色扮演等学生感兴趣的方式来引导学生学习，并适当调整活动内容的难度以切合学生的需求。教学形式的多样化能够引起学生的兴趣和参与热情。学习活动性较高的任务，例如，竞赛、角色扮演、游戏、口头发表等能够提高学生主动性或完成活动的驱动力④。

第三节
融合教育的课堂教学设计

20 世纪 50 年代，杜威(John Dewey)与桑代克(Edward Lee Thorndike)首先提出教学设计这一概念，1977 年美国圣荷西州立大学肯普(J. E. Kemp)教授对教学设计的概念，又作了比较确切表述⑤。教学设计，是指教育实践工作者(主要指教师)为达成一定的教学目标，对教学活动进行系统规划、安排与决策⑥。

---

① 邓猛、景时、刘慧丽：《融合教育实践指南》，88～89 页，北京：北京大学出版社，2016。
② 邓猛、孙颖、李芳：《融合教育理论指南》，170～178 页，北京，北京大学出版社，2017。
③ 邓猛、景时、刘慧丽：《融合教育实践指南》，108 页，北京，北京大学出版社，2016。
④ 邓猛、孙颖、李芳：《融合教育理论指南》，177 页，北京，北京大学出版社，2017。
⑤ 孟群：《中华医学百科全书医学教育学》，78 页，北京，中国协和医科大学出版社，2018。
⑥ 路全社、胡小丰：《教师招聘考试辅导用书 教学专业知识中学版》，57 页，北京，世界图书出版公司，2010。

一、融合教育的课堂教学设计概述

(一)教学设计的起源

教学设计是融合了许多不同学科的重要理论而形成的一个知识体系，因此它的出现与发展与其他学科有着密不可分的联系，其中行为心理学发挥了重要的作用。与教学设计理论相关的思想源头可以追溯到古希腊的哲学家亚里士多德、苏格拉底和柏拉图，他们对学习、认知和记忆的看法深刻影响后世的理念。20 世纪初，美国教育学家杜威提出“做中学”(learning by doing)、行为主义代表人物桑代克提出刺激——反应(S-R)的学习模式，至霍尔在行为主义的基础上又提出刺激——有机体——反应(S-O-R)模式，强调学习者的内在因素影响学习者的行为及学习效果。正是这些思想、理论构成了教学设计的思想源头①。

教学设计正式成为一门学科是在第二次世界大战后，诞生于美国。一批经验丰富的教育心理学家 Robert Gagné，Leslie Briggs，Robert Merril 等，战时被征召从事军人、工厂工人的培训教材研发工作，并使用行为主义技术开发教学资源。战后这批教育心理学家继续为解决教学问题而努力，且将其视作正式的教学系统，包含一系列创新的分析、设计和评估程序，开启了教学设计系统研究的先河，也持续影响 20 世纪 50 年代后的新行为主义发展。斯金纳以操作主义为基础强化了学习理论，一些新行为主义教育学家依此开发出一套程序教学法，盛极一时。今日广被应用的形成性评价要素即是斯金纳运用包含尝试与修正的经验性过程所总结研发的②。同一时期，布鲁纳(J. Bruner)依学生成绩而逐渐提高学习复杂性的思想；马可(Susan Markle)和穆尔(J. William Moore)等运用教学理论促进概念获得的思想，其他如认知心理学、建构主义也都对教学设计的发展做出了贡献。

(二)教学设计的含义

教学设计有两个重要组成元素，且各有两项重要条件，这两个重要组成元素就是学生与教师，各有其自身的内在条件和外部条件③影响教学结果。学生自身条件包含基因、学习态度、信息加工的模式等内在因素；外部条件包含教学情境、所学的内容等，影响学习成效。教师是教学设计的执行者，教师对教育的理解、教学态度和专业素质

---

① 罗伯特·D. 坦尼森等：《教学设计的国际观》(第 1 册)，任友群、裴新宁主译，2 页，北京，科学教育出版社，2005。

② 同上，3 页。

③ 加涅等：《教学设计原理》，皮连生等译，14 页，上海，华东师范大学出版社，1999。

等是内在因素，和包含班级氛围、教学情境、课程安排(调整)、教学策略等外部条件，决定教学活动的成败。通过教师合理的教学设计，创设教学情境，营造和谐的班级氛围，应用有效的教学策略，使学生相互观摩学习，激励学生内在的学习动机，达到教学目标。以下是学者们对教学设计所下的定义①。

加涅(Robert Gagné)在《教学设计原理》(1988 年)中界定为："教学设计是一个系统化(systematic)规划教学系统的过程。教学系统本身是对资源和程序做出有利于学习的安排。"由于教学是有目的、有组织、讲求一定的方法与程序的过程，这种系统化的有序安排具有鲜明的结构化特点。

帕顿(J. V. Patten)在《什么是教学设计》一文中指出："教学设计是对学业表现问题(performance problems)的解决措施进行策划的过程。"这个观点以"学生为中心"，认为学生的各种学习问题，都可以通过教学设计进行调整来改善。

赖格卢斯(Charles M. Reigeluth)认为教学设计也可以被称为教学科学。他在《教学设计是什么及为什么如是说》一文中指出："教学设计是一门涉及理解与改进教学过程的学科"，最终总结的最优方法能使学生的知识和技能发生预期的变化。

梅里尔(Robert Merrill)等人在《教学设计新宣言》一文中对教学设计所作的新界定值得引起人们的重视。他认为："教学是一门科学，而教学设计是建立在这一科学基础上的技术，因而教学设计也可以被认为是科学型的技术(science-based technology)。"教师通过教学"技术"展现个人的专业性，应用现代科学技术辅助教学，符合学生学习多样化的要求。

美国学者肯普(J. E. Kemp)给教学设计下的定义是："教学设计是运用系统方法分析研究教学过程中相互联系的各部分的问题和需求。在连续模式中确立解决它们的方法步骤，然后评价教学成果的系统计划过程。"教学设计不只是解决"教"与"学"的问题，还探讨两者间的"媒介"元素，彼此间的关系及互动时的影响因子，系统规划设计高品质的教学教育。

归纳以上学者们对教学设计的论点，教学设计可以说是教师为达成教学目标，对教学活动进行系统规划、安排与决策的过程。教学设计的过程实际上就是为教学活动制定蓝图的过程，教学设计不仅要重视一个学科中某一知识点的认知学习，更应从全人发展的思路去进行教学设计；不仅要设计课堂教学，也应按"全学校"(whole schooling)的理念去设计②。这样的观点，更加给予了教师在融合环境进行教学设计的理论支撑。

---

① 加涅等：《教学设计原理》，王小明等译，13～15 页，上海，华东师范大学出版社，2007。

② 吴淑美：《融合教育教材教法》，2 页，台北，心理出版社，2016。

(三)融合教育教学设计的含义

因此，融合教育教学设计是指在普教环境中，教师教学以普通儿童的课程为主，针对特殊教育需要儿童的特点，进行适性化调整，教学目标个别化，教育评价多元化，制定既符合普教教育目标，特殊教育需要儿童也能充分融入的教学设计，使普特融合达到教育效果的最大化。

(四)融合教育教学设计的特征

制订一般的教学设计，学生程度在常模范围内，依据课程标准能较容易掌握教学设计安排，以解决“教”与“学”的问题。教学设计具有以下特征：

(1)教学内容的特征(教什么)。教学设计是把教学原理转化为教学材料和教学活动的计划，解决教什么的问题。

(2)教育方法的特征(怎样教)。教学设计是实现教学目标的计划性和决策性过程，解决怎样教的问题。

(3)课程调整的特征(学什么)。教学设计关注横向相关学科的衔接和纵向系统知识及能力的获得，解决学什么的问题。

(4)学习策略的特征(怎么学)。教学设计是提高学习者获得知识、技能的技术，解决怎么学得好、能应用的问题①。

依据2006年中国残疾人抽样调查，将我国残疾儿童分为八类(视力残疾、听力残疾、智力残疾、言语残疾、肢体残疾、精神残疾、多重残疾和其他残疾等)，其中还包含主要残疾伴随其他障碍的状况，教师在融合教育环境里，必须对特殊教育需要学生的生理与心理发展有足够的认识与了解，才能在普教课程的大前提下，设计提高特殊教育需要学生参与率与提高特殊教育需要学生学习成效的内容、方法，设计合理的教学过程。

(五)融合教育教学设计的目的

进行教学设计的目的是为了支持学习者学习过程②，指引教师教学前思考各个环节，如教学环境创设、教学法的运用、教学目标是否适切等。融合教育教学设计的最终目的是特殊教育需要学生能够充分参与班级活动，与普通生同班共学，进行其能力范围内的学习，与同学融洽地相处。普通儿童在融合的环境中，培养正确的社交观念和同理心，消弭歧视，学习互助合作，懂得在同学需要协助的时候伸出援手，培养“仁”的美德。

---

① 加涅等：《教学设计原理》，王小明等译，13～15页，上海，华东师范大学出版社，2007。

② 加涅等：《教学设计原理》，皮连生等译，18页，上海，华东师范大学出版社，1999。

二、融合教育教学设计的原则

融合教育教学设计是建立在普通教育教学设计基础之上，融入特教元素，所以融合教育教师在进行教学设计时需要遵循相关原则，方能在教学过程中起到保障作用，不致偏移。

(一)系统化原则

教学设计是一项系统工程，它是由教学目标和教学对象的分析、教学内容和方法的选择以及教学评估等子系统所组成，各子系统既相对独立，又相互依存、相互制约，组成一个有机的整体。融合教育教学设计的系统性因为特殊教育需要儿童的个别差异而与普通儿童区分开来，但教学设计仍应立足于个别的整体性，由 IEP 中的教学目标起指导其他子系统的作用，最后整体与部分辩证地统一，个别系统的分析与系统的综合有机结合，最终达到教学系统的整体优化。

(二)连贯性原则

教学设计是一项系统工程，各子系统的排列组合具有连贯性特点，即各子系统有序地分层结构排列，且前一个子系统制约、影响着后一个子系统，而后一个子系统依存并制约着前一个子系统。教师为特殊教育需要学生制定 IEP，但他们的学习并非片段、零碎的知识或训练，依据教学设计的连贯性特点，融合教育教学设计应体现特殊教育需要学生学习内容的横向与纵贯联系性，确保教学设计的科学性。

(三)可行性原则

教学设计要成为现实，必须具备两个可行性条件：一是符合主客观条件。主观条件应考虑学生的发展特点、知识基础和师资水平；客观条件应考虑教学环境、教学设备、地区差异等因素。二是具有操作性。教学设计应能指导具体的实践，教师能铺设、展开教学，学生能愉快地学习。融合教育教学设计不但在普教实现可行性，针对特殊儿童的个别化差异，必须同样具备以上两个条件。

(四)变通性原则

课堂的变数经常是不可预期的，因为个别化及学生学习方式多样化，当学生在课堂中因各种主客观因素导致表现异常或产生情绪问题时，教师应该及时反应，灵活变通，进行教学调整或采取必要的措施安抚学生，缓和紧张的气氛或可能导致混乱、甚至危险的场面。丰富的教学经验以及充足的教学前准备能够提高教师在教学过程中的反应。

(五)反馈性原则

教学成效评估一般是以学生在教学前后的变化以及对学生进行测验为依据。测评教学效果的目的是为了获取反馈信息，进一步修正、完善原有的教学设计。融合教育教学设计除了获得普教的反馈信息外，更重要的是获取特殊教育专业的反馈信息，因此，教师自身的素质、特殊教育专业的支持都在融合教育教学设计中有着同等重要的地位。

三、融合教育教学设计的方法

一般来说，教学设计过程主要包括六个方面：一是解决“为什么学”的问题，即学习需要分析；二是确定“学什么”，即教学内容的分析；三是明确学习目标；四是解决“如何学”，即教学策略的制定；五是教学资源的选用，即教学媒体的选择和编制；六是教学设计成果的评价①。依据教学设计的内容来选择合适的方法进行有针对性的设计。融合教育的教学设计必须以普通教育教学内容为前提，鼓励教师设计出既符合儿童身心发展特点，又遵循教学设计原则的优质教学内容。

(一)制定教学目标

教学目标在教学设计中扮演“领头雁”的角色，教师根据学生的发展特点与学习情况制定教学目标。教学目标是弹性的，教师在教学过程中通过学生的反应及时调整与更改教学目标。通过教学结果的反馈，为教师日后设立教学目标起到反思性作用。

(二)明确学生能力

明确学生的能力是教师进行教学设计的前提，由于学生组成的差异性，教师对学生应全方面的了解，有助于教学计划的制订。明确学生的能力主要包括学生的原有认知水平、优势能力、学习动机、学习偏好，融合教育教师可以通过制订 IEP 对学生各方面能力进行了解，设立长短期目标。

(三)选择教学策略

选择教学策略是教学设计的必要环节，教学策略影响教师教学效果，对课堂起到关键性的作用。教师要了解学生特质、兴趣，根据教学内容，兼顾到所有学生，选择适合学生发展的教学策略。教学策略涉及教师的教学方法、教学工具以及对突发事件

---

① 孟群：《中华医学百科全书医学教育学》，78 页，北京，中国协和医科大学出版社，2018。

的应急处理措施。

(四)评价教学结果

教学结果的评价有助于教师提升教学质量，可从学生的学习与教师的教学两部分得出。学生的纸笔测验是最为常见的学习成果评价，学生“成绩”不仅显示他们的学习成效，也体现了教师教学任务达成的情况。其他如情感、态度、体能状况等，都分别使用不同的评估方式，如日常观察、作品分析、劳动及体能训练等，由教师对学生进行考核。有特殊教育需要学生的学习评价应灵活、有弹性，必要时需准备辅助器材，或特别安置，如视力障碍学生的放大荧幕、灯光辅助或口语考试等；听力障碍学生以手语考试、座位前置等；智力障碍学生依 IEP 目标，可选择以指认来完成测验。教师教学方面除了从学生考试成绩能略窥一二，还应有教师自评及同事评价、主管评价、家长评价等多角度、较为全面地看待教师的教学。

教师教学评价方式应多元，以对应学生的多样性及差异性，同时在教学评价过程中也要注意评价的科学性、客观性。

四、融合教育教案撰写的原则

教师教学前的教案撰写能协助教师仔细审视教学流程，明确教学目标，精准把握教学过程，以达到最佳的教育效果。针对有特殊教育需要学生的特点，教师在设计融合教育教案时，应遵循撰写的一些原则，以下这些原则为教师提供了多样化视角。

(一)教学目标个别化

融合教育的教育对象以普通儿童占绝对多数，采用的教材也是一般学校教材，因此教育目标的制定按课程标准执行，但是对于特殊教育需要儿童而言，则需要在学期初先行评估他们的各方面能力及发展状况，然后制订个别化教育计划(IEP)，他们的教育目标依据个别差异来制定。

(二)教学内容层次化

采用多层次教学技巧，因材施教。不同学生做不同的事，不同资质的学生各取所需，各展所长，或允许学生选择不同的活动，学习多样化、兴趣化，开发学生的潜能。对于能力较差的特殊生，应设计提供合适的课程内容，并有机会与普通生分享成果。教师的教材准备必须充足，具有创造力与灵活性，才能形成高品质的多层次教学。

(三)教学策略灵活化

教学策略的设计，取决于教师原有的教学基本功。教学策略直接影响教学效果的呈现，面对受教育对象的复杂性，教师在设计和实施教学策略时应以灵活为基本原则。在教学内容的选取、游戏活动的开展以及教学环节衔接等方面要充分考虑教育对象的身心发展特点、学习特点，善于应用信息化技术、工具，增加学生学习兴趣，提高学习效果。唯有教师不断提高自身专业素养和能力，才能灵机应变，设计适合学生发展及学习的教学策略。

(四)时间分配合理化

教学进度、教学过程是以时间分配为前提的。教师在设计融合教育教案时，应该根据教学内容，选定策略来对时间进行合理化分配，这个原理等同于一般教学过程的原则。以 45 分钟一节课的课堂，由导入环节、新授环节、巩固练习环节、到作业布置环节。导入要言简意赅，一般 3～5 分钟，常用回忆导入，提问导入等；新授环节要讲清楚知识点，注意启发学生回答问题，大约 25 分钟；巩固练习的题目要分层次，此时应根据学生的学习目标，指定能力相当的学生练习，增加学生的自信心或挑战性，约占 10 分钟；利用最后 5 分钟布置作业，作业的安排要开放、贴近学生生活。只有对课堂时间完胜把控，才能管理好教学进度、教学过程。时间分配的合理化是以学生接受知识的能力和教学内容的难易程度为依据的，所以教师应该在合理分配时间前，充分了解学生，以提高教学水平。

(五)教学工具专业化

科学技术的迅速发展为教师教学带来“福利”。教师在教学过程中，可以借助相关工具、辅具来进行教学。教学工具可以辅助教师对教学内容的呈现，同时能够让学生借助辅具更加容易理解教学内容。教学工具的选取，必须考虑其适用性以及价值所在。教师应该根据教学内容，采用相关教学工具，使教学呈现多样化，提高学生学习兴趣。

(六)教学评价多元化

面对异质性高的学生，评估标准不同，评估方式自然各异。普通生有教材的课程标准作为目标，一般通过纸笔测验评价学生的学习成效。特殊生的评价以 IEP 为主，视学习活动性质、发展特点，可包含观察评量、口头评量、学习单操作评量、作品评量等，学习过程中的态度、情感，亦可成为评价的内容。同学间或小组与小组间的互评，也是可以采用的方式，通过参与评价的过程，学生获得更多反思的机会。更多详细内容，请参阅本书第三章“特殊教育需要学生的教育评估”。

(七)教学反思整体化

教学反思有助于教师审视教学过程，提升教学质量。教学反思不仅指在教学后的反思，而且包括教学之前和教学过程中的反思。

(1)教学前的反思。教师教学前的反思主要通过教案呈现，其中包括教师对教学目标、教学重点、难点的把握，对教学步骤的合理安排以及对课堂多种状况出现的应对措施。教师教学前的反思应该将目标重点放在学生与教材准备两方面，将学生的身心发展特点和原有的知识水平与教学内容建立联系。让教材服务于学生，而非学生受限于教材。

(2) 教学过程的反思。主要指教师在授课过程中对学生的行为表现进行及时的反思。教学过程中的反思是对教师教学能力的一种考验，当学生在课堂中因教师个人、教学内容以及外界因素而导致的表现异常时，教师应该及时进行反思，并做教学调整。丰富的教学经验以及充足的教学前反思能够提高教师在教学过程中的反应机制。

(3) 教学后的反思。教学后的反思是教师对课堂中师与师、师与生、生与生之间的表现进行整体性的反思。教师可以通过教师自评、他评两种方式来全面认识课堂中所呈现的优缺点。教师应该以教育理论为导向、运用相关教育原理、丰富教学方法以及不断深入对学生的了解，以此来提升教师素质，上好一堂课。

五、融合教育的教学设计范例

融合教育教学过程着重特殊教育需要儿童的参与度，普通儿童的接纳与陪伴、协助等情感、能力的培养。特殊教育需要儿童应有其个别化教育计划，融合教育教学设计在普教学科进度下，必须与 IEP 目标和内容吻合，整体设计需注意认知学习的纵向连贯和各科目间能力的横向联系。以下 4 例教学设计中，提供了幼儿园主题教学、体育教学、小学语文课、初中作文课等共 4 个班级，各为一节课的内容。都为特殊教育需要儿童做了教学目标与学习内容的调整，仅供参考，应用时还需视特殊教育需要儿童实际情况做变化。

(一)幼儿园主题教学设计范例

表 5-1　认识超市(大班)

班级：大班 学生人数：30 人 主题：认识超市	日期：2019 年×月×日 时间：9 时 30 分至 10 时 0 分 教师：王老师、助理教师

续表

教学目标：	目标调整：
能说出或指认各种人民币币值。 能分辨10以内数值的大小。 能理解“加”与“减”。	能至少认识2种币值。 能分辨3以内数值的大小。

活动环节	教学过程	特需调整
导入	提问导入： 老师：我们一起来做一个小游戏，这个游戏的名字叫《猜猜我是谁》。 老师出示1元、5元、10元、20元、50元、100元的纸币和1毛、5角、1元的硬币。让小朋友分别认识这些纸币和硬币。老师引导学生并正确说出钱币和纸币名称。 老师：小朋友初步认识了钱，那么谁知道钱是用来干什么的？ 可以用来买什么东西？你们想用钱来买什么东西呢？	出示1元硬币和纸币问特生，不会回答时，告知答案让学生复述。 普通幼儿2～3人回答后，问特生，引导其回答最喜欢的玩具或食物。
主活动	认识人民币： 老师摆放实物铅笔、橡皮、水杯、尺子、奥利奥、薯片，并标明价格分别是1元、5角、5元、1.5元、7元、6元。给每人10元钱。 老师先请一位小朋友与老师互动，告诉老师想买什么？买多少？需要多少钱？找回多少钱？请其他小朋友听听看，他说的对不对。 老师再以小组为单位和老师进行互动，需要告诉老师同样的问题。 老师请小朋友扮演老师的角色，进行生与生之间的互动。老师要问小朋友想买什么，并进行相关交易活动。	能拿出等值的钱币购买。 注意购买礼节。 乐于参与活动。
巩固与练习	将教室分为3个不同场域，其中2个静态场域，1个动态场域。 静态场域1：“猜猜这是什么?” 老师通过出示不同面值的纸币和硬币，学生说出“这是××”的互动环节。需要注意的是，一是老师要做到及时强化，当学生猜对了，给予及时肯定。二是老师要调动所有学生参与，以便老师了解所有学生的情况。 动态场域： ①超市。让选择到超市购物的小朋友，在教室中“超市一角”进行购物。超市中的收银员由助教老师担任。 ②餐厅1(水果)。选择就餐的小朋友，在教室中“餐厅一角”就餐，餐厅服务人员是由保育员老师担任。 ③餐厅2(零食)。选择零食区的小朋友，在教室中“零食一角”购买，服务人员是由1位小朋友担任。 静态场域2： 学生在不同场景中体验后，进行分享环节，老师：刚才小朋友们都在不同的区角进行了活动，体验到了用钱买东西。现在请小朋友分享一下，你刚才用钱做了什么？用了多少钱？现在还有多少钱？老师根据小朋友的回答来总结。	能选择一个场域进行活动。 角色扮演时，可视特生能力选择担任取货服务员或警卫。 可安排助学伙伴协助。

续表

活动环节	教学过程	特需调整
	活动延伸： 老师：小朋友们，你们知道我们的钱是哪来的吗？是爸爸妈妈辛辛苦苦上班赚来的。所以我们不能乱花钱，要做一个不乱花钱的乖宝宝。	
学习单	在生活中的不同场合，父母尝试让孩子来付钱，并且找回正确的钱数。一周内完成3～5次，由父母记录在学习单上。 在买东西时，父母要有意识告诉儿童，为什么需要买？买来做什么？买的数量。让儿童不仅知道买东西要付钱，正确的交易数额，而且还要清楚买东西的意义。	请特殊教育需要学生父母家人配合执行，记录实际情况。

(二)幼儿园体育教学设计范例[①]

表 5-2 蹦蹦跳跳弹弹弹(中班)

<table>
<tr><td colspan="2">班级：中班
学生人数：20 人
主题：蹦蹦跳跳弹弹弹
特殊教育需要学生：1 人，孤独症谱系障碍(ASD)；感统失调，蹲姿困难。</td><td>日期：2019 年×月×日
时间：10 时 00 分至 10 时 30 分
教师：李老师、助理教师</td></tr>
<tr><td colspan="2">教学目标：
能够双脚连续跳、单脚连续跳 5 次以上，连续蛙跳 3 次以上。
能够积极融入集体活动，乐于尝试各种姿势的跳跃。
熟练三种跳跃的动作。</td><td>目标调整：
能愉快参与活动。
至少能够完成 2 种方式的跳跃，至少连续 3 次。
可以在老师牵拉的情况下完成目标 1。</td></tr>
<tr><td colspan="3">说明
①袋鼠跳：双脚并拢身体打直，双手置于胸前当作前脚，直立跳跃，亦可取麻布袋、塑料袋做袋鼠跳动作。
②蛙跳：手脚着地，双脚蹲跳跃起。</td></tr>
<tr><td>活动环节</td><td>教学过程</td><td>特需调整</td></tr>
<tr><td>导入</td><td>老师：展示袋鼠图片，问这是什么动物(袋鼠)？生长在哪(澳大利亚)？袋鼠是怎么“走”的？那应该怎么走？谁来示范一下？我们一起来学学袋鼠跳好吗？
如上步骤，展示青蛙图片。学青蛙跳。
老师：老师发现这些小动物都是两条腿一起跳的，那如果是小朋友，除了两条腿一起跳还能怎么跳呢？谁来试试其他跳的方法？</td><td>老师可把回答的机会先给特殊教育需要学生。</td></tr>
</table>

① 由北京师范大学教育学部学前教育研究生李鑫妍提供。

续表

活动环节	教学过程	特需调整
活动名称	袋鼠蹦——双腿跳练习： 老师重申袋鼠跳的动作要领，把20个孩子分为5组，4人为一小组，每人一个来回。第二轮俩俩牵手跳。熟练后，每组面前都放一个自制的障碍物(≥10厘米宽)，依次让孩子从障碍物上双腿蹦过去。视特生情况，由小朋友带着跳，或由老师牵拉着完成。 青蛙跳——蛙跳： 在原有分组的基础上，让孩子以蛙跳的方式跳过前方的“沙包围挡”。先让会蛙跳的幼儿做示范。 小人弹——单脚跳： 带孩子练习单脚站立，持续3～5秒(让孩子数数)较为稳定后连续跳。按原有分组，让每个幼儿依次单脚跳进前面的呼啦圈，再跳出来。注意孩子的优势脚，反复练习需换脚。	普通幼儿协助ASD幼儿一起完成。 不会跳的ASD儿童在老师牵拉下完成。 可让ASD儿童先扶墙或同学、老师单脚站立，视情况逐步撤出辅助。
巩固与练习	在场地中设置“安全地带”和“危险地带”，除了捕手以外，其余人的任务就是从安全地带出发，穿过危险地带，争取在穿过危险地带时不要被捕手抓到，能够平安到达安全地带。捕手由每组儿童(孤独症儿童和普通儿童)一起担任。 小朋友在游戏中要始终用自己选择的跳跃方式移动，违规超过两次则退出游戏。 捕手的跳跃方式只能从单脚连续跳、双腿连续蹦和蛙跳中选择，不可选其他跳跃姿势。 被抓到的小朋友在游戏区域外加油，不可再次进入场地。 小朋友在游戏中至少3次穿过“危险地带”，不可以总在“安全地带”中停留。	所有幼儿都参与。ASD儿童在助教和幼儿的帮助下进行游戏。 能遵守在地带内的规则，不跑出界限。
结束环节	提问孩子今天学了哪儿种跳跃姿势，动作有什么要领？ 请小朋友们休息一下，和自己身边的小朋友互相捶捶腿，大腿和小腿都要捶一捶，然后再给身边的小朋友捏捏肩。 提问幼儿在活动中是怎么帮助自己的好朋友完成相关的动作的？	老师表扬在活动中能够帮助好朋友一起完成动作的幼儿。

(三)小学语文课教学设计范例①

表5-3　一匹出色的马(二年级)

班级：二年(　)班 学生人数：40人 课程：语文《一匹出色的马》	日期：2019年×月×日 时间：8时00分至8时45分 教师：孙老师
教学目标： 能听写生词。 能说出春天的美好。 乐于与同学分享。	目标调整： 能读出或指认2～3个生词。 能安静欣赏歌曲《骑竹马》。 乐于与同学分享。

① 由内蒙古自治区巴彦淖尔市乌拉特前旗第一小学孙红霞教师提供。

续表

活动环节	教学过程	特需调整
导入	播放歌曲《骑竹马》。 老师：吹柳笛的童年多么美好，多么使人留恋，今天我们就一起学习一篇关于《一匹出色的马》的故事。 这匹出色的马是谁骑的呢？关于这匹马又有什么美好的故事发生呢？下面我们一起学习课文。	能回答马是谁骑的。第一次回答不出就让其他同学先说，特殊教育需要学生复述。
主课程	自由朗读课文，普通学生与特殊教育需要学生一组读课文，采用“你读我听”“我读你听”的形式。 普通学生与特殊教育需要学生以组为单位，抢读生词。 学生再次自由朗读课文，思考：这篇课文写了什么故事？以(时间＋地点＋人物＋事情)形式总结。 学习课文1～3自然段。 自由读课文，勾画写春天“景色异常美丽”的句子。普通儿童与特殊教育需要儿童各自做完后可以相互交流。 因为春天的美丽，我们做了什么事？恋恋不舍，走了很远。 用自己的话总结故事的起因。并和大家分享，可以单独也可以“结对”。	能认识“马”，加单位量词“一匹马”。 能与伙伴共读。 以图片引导说出短句或形容词形容春天美丽的景色。
巩固与练习	教师示范读。 学生自由练习读，选择自己喜欢的方式在小组内练读，然后进行汇报朗读。 指名朗读，注意课文中人物的语气。学生间可以相互评价。 记忆字形，指导书写。 重点指导课文后出现的字词，并在田字格内写好。 对特殊教育需要学生不做硬性要求，可以采取在田字格内书写、描红、书空书写三种形式。	手指描红。 选2～3个生词让特生或请助学伙伴协助练习。
作业	所有同学在家长帮助下，查找有关春天的诗句，摘抄记录并与同学分享。 与家长分角色朗读课文。 写课堂中所学的字词，普通学生要求在田字格中书写，特殊教育需要学生可以采取在田字格内书写、描红、书空书写三种形式完成。 与家人或者其他小伙伴分享你对春天的感受。	让特殊教育需要学生随父母复读。 书写可不用田字格，且适当减量。

(四)初中作文课教学设计范例①

表 5-4 作文训练——抓住细节(初一)

班级：七年( )班 学生人数：50人 课程：作文训练——抓住细节	日期：2019年×月×日 时间：10时00分至10时45分 教师：王老师

① 由内蒙古自治区杭锦后旗第五中学王水英教师提供。

续表

<table>
<tr><td colspan="2">教学目标：
了解细节描写及常见类型，理解细节描写的作用。
学会描写，让文章形象生动。
用好细节，刻画人物，表达情感。</td><td>目标调整：
能夸赞同学。
能用 3 个以上形容词赞美同学。</td></tr>
<tr><td>活动环节</td><td>教学过程</td><td>特需调整</td></tr>
<tr><td>导入</td><td>以几个典型的细节描写为例，帮助学生理解细节的作用。
选择上次作文训练中的问题作文《伤心的一天》，师生共改，从而学会应用细节描写，刻画人物，表达情感。教师选 2 篇学生的作文：
摘取几句精华，并让学生读一读、夸一夸、改一改。
让学生自己读一读，其他同学夸一夸、改一改，或师生一起改一改。</td><td>至少赞美一句特殊需要学生的优点。</td></tr>
<tr><td>主课程</td><td>细节描写；
了解细节描写。
对人的细节描写包括外貌、神情、动作、语言、心理描写，对自然界的描写是环境描写，细节描写就是对人物、景物等表现对象的细微刻画。给予读者深刻的印象。
细节描写的作用，从几个事例来了解：
示例一
他的面孔是黄里带白，瘦得让人担心，但是精神很好，没有一点颓唐的样子，头发约莫一寸长，原是瓦片头，显然好久没剪了，却一根一根精神抖擞地直竖着。胡须很打眼，好像墨写的隶体“一”字。
请学生读以上的文字。
请学生说一说这个不寻常的人是谁？他是个怎样的人？从哪个细节可以看出来？(出示鲁迅的照片)
示例二
有卖油翁释担而立，睨之久不去。见其发矢十中八九，但微颔之。
全班同学一起读以上文字。
请学生说一说哪些句子是神情描写？(斜着眼看、微微点头)写出卖油翁对陈尧咨的箭术的什么态度(不以为意，并不十分赞赏)。
通过以上事例，师生共同小结细节描写的作用。
(表现人物特点，烘托人物心情，深化文章主题)</td><td>看图片或让学生做表情，特生用来形容。
比较“胖瘦”“长短”“美丑”。</td></tr>
<tr><td>巩固与练习</td><td>怎样捕捉细节：
生—生之间以同桌、小组形式讨论。
老师总结：要学会调动多种感官观察世界。真实的细节来源于对生活的认真观察，我们要善于发现人、事、物的本质特征。
怎样描述细节
“叮铃铃……叮铃铃，放学的铃声响了起来，我收拾着书包，准备回家”。
请学生尝试描写出收拾书包的好心情。
请学生尝试描写出收拾书包不好的心情。</td><td>能理解什么是“开心”(好心情)、“难过”(心情不好)。
复述同学分享的心情。</td></tr>
</table>

续表

活动环节	教学过程	特需调整
作业	我们的记忆中有许多难忘的时刻。所谓难忘，可能是惊喜、兴奋、有趣，也可能是惭愧、尴尬，甚至是难堪。回忆一个难忘的时刻，以《××的那一刻》为题，写篇800～1000字作文。	请家长协助学生写10句以内的作文一篇。

本章小结

融合教育的目标是促进所有学生共同发展。其课堂教学具有自身的特点：教育对象的差异性、教育内容的变通性、教育目标的适切性、教育方式的多样性、教育评价的多元性。讨论教学、协同教学、多层次教学、程序教学、适应性教学是融合教育课堂教学常用的教学模式。有效的课堂教学组织、方法、策略以及精心的教学设计是特殊教育需要学生接受公平、适合自身发展教育的重要保障。根据每一位学生包括特殊教育需要学生的学习优势以及身心发展特点，选择合适的教学组织形式，采用有针对性的教学方法，运用恰当的教学策略，并精心进行融合教学设计，才能使融合教育的课堂教学，既达到普通教育的教学目标，又兼顾特殊教育需要学生的参与度和学习效果，有机地进行普特融合，实现双赢局面。

思考题

1. 融合教育的课堂与一般课堂有何不同？具有哪些特点？
2. 有哪些教学模式适用于融合教育课堂？请提出你的看法。
3. 如何创设一个良好的融合教育环境？
4. 如何根据学生学习优势以及身心发展特点，选择合适的教学组织形式？

推荐阅读

1. 邓猛，景时，刘慧丽．融合教育实践指南[M]．北京：北京大学出版社，2016.

2. 吴淑美．融合教育教材教法[M]. 台北：心理出版社，2016.

3. 胡庆芳．优化课堂教学：方法与实践[M]. 北京：中国人民大学出版社，2014.

4. 关文军．融合教育学校残疾学生课堂参与研究[M]. 北京：科学出版社，2018.

第六章

融合教育的班级管理

本章导读

班级是学校的基本单位，通常是由一位班主任、几位任课教师与一群学生共同组成。融合班级意味着“人人受到欢迎”，接纳、尊重并欣赏学生的多样性。融合班级不仅有一位或几位特殊教育需要学生，还可能有来自不同社会背景、文化背景、民族、家庭背景的学生，具有不同语言、性别、兴趣、能力的学生。班级是学生生活与成长的主要环境，班级对学生的个体发展具有直接、深远的影响，而影响的好坏则与班级管理的质量密切相关。对特殊教育需要学生而言，和谐公平的班级、爱心专业的教师、友爱互助的同学对其成长和发展的影响尤为重要①。

融合班级管理的目的是通过建立普通学生与特殊教育需要学生共融、共生、共进、共赢的班级，构建共享、友好、互助的和谐、生态的教育教学团队，为所有学生创建无障碍的、以学生为中心的生活、学习、活动的环境。融合教育倡导：每个学生都是班级里不可缺少的、平等的一员；要为每个学生创建友好的、支持的、平等的教育环境。融合班级追求的是每一个人的成长，包括教师、家长、普通学生、特殊教育需要学生的成长②。本章在概述融合班级管理的基础上，对融合班级的环境创设、常规管理、行为管理等内容进行了详细的介绍。

第一节 融合班级管理概述

一、班级组成要素

班级的组成要素有教师、学生和环境。教师是班级的灵魂人物，学生是教学的主体，环境则提供施教场所。融合班级的教师主要包括普通教育教师(班主任和任课教师)与资源教师，他们既需要尽职尽责做好自己的工作，又需要和其他教师紧密合作。融合班级教师有着多重角色，包括：知识的传授者、行为的塑造者、班级的管理者、学习的支持者、健康的辅导者、潜能的开发者、缺陷的补偿者、家长的代言人、学校

① 邓猛：《融合教育实践指南》，60页，北京，北京大学出版社，2015。

② 张文京：《融合教育与教学》，160页，南宁，广西师范大学出版社，2013。

的代表者、规范制订的组织者、纪律的维护者等①。融合班级的教师要明确自己在师生交往中的角色，既要负责各自岗位的教学工作，又要担负教书育人的职责；不仅承担促进普通学生成长的任务，更负有促进特殊教育需要学生进步的重任。融合班级的教师应作为每个学生言行的榜样，接纳和关怀每一个学生，积极营造平等、接纳、尊重、理解、支持、合作、安全的班级心理氛围。教师要给特殊教育需要学生提供课堂学习及表现的机会，适时与他们展开互动；持续关心并改善特殊教育需要学生适应班级的情况；给特殊教育需要学生提供公平参与各项班级、学校活动的机会。教师要根据特殊教育需要学生学习需求调整课程内容；依据特殊教育需要学生状况调整课堂教学策略；依据特殊教育需要学生需求实行弹性上课方式；依据特殊教育需要学生状况教给其合适的学习策略；使用各种教学媒材协助特殊教育需要学生学习；适度调整特殊教育需要学生作业难度与数量；针对特殊教育需要学生的问题行为采取合适的应对方法。

融合班级的服务对象既包括特殊教育需要学生又包括普通学生。特殊教育需要学生和普通学生都是融合班级的主人，共同构成了教育活动的主体，是教育活动的中心。融合教育所有的目标和任务都是通过学生的成长和发展来实现的，融合班级所有的措施和资源也都是为学生的成长和发展服务的。

融合教育强调要尊重每一位学生的个别差异，为学生提供合适的学习机会，给予学生最大的潜能发展空间。因此，教师需要充分考虑不同学生的需求，秉承"以每位学生最大利益"的理念打造优质的班级环境。班级环境不仅包括物理环境，也包括心理环境。融合班级的物理环境需经过调整，即根据特殊教育需要学生的需求，建立或改善整体的设施设备，营造无障碍班级环境，使特殊教育需要学生可到达、可进入、可使用班级的设施和设备。融合班级的心理环境需要师生共同打造，使特殊教育需要学生能够被班级的教师和同学所认同、接纳，产生正向的沟通和互动，体验到群体的归属感。

二、融合班级的特征

1. 满足所有学生的群体生活需求

班级是一个以学生亚文化为特征的社会群体，积淀着班级制度的社会文化基因，为每位学生提供了一个不同于家庭的社会群体，满足学生群体生活的需求。在融合班级中，学生遵守群体生活规范，感受群体生活氛围，学习群体生活策略，习得群体生活行为，获得身心的发展与成长，并以产生社会归属感。

---

① 朱楠、赵小、刘艳虹：《随班就读学校氛围案例研究》，24～28页，载《中国特殊教育》，2009(3)。

2. 为所有学生提供学习机会

融合班级为学生提供运用模仿学习、社会性学习、探究式学习、合作学习、自主学习等多种学习方式的机会，同时也为每一位学生提供充足的学习条件，以及更多的学习挑战。学生不仅需要学习文化知识，还需要学习如何调整自我、如何执行规范、如何与人沟通、如何与不同的同伴相处等技能，以及学习如何尊重、理解、接纳和欣赏同伴的多样性。从长远来看，融合班级为学生学会生活、成为现代社会的合格公民做好准备。

3. 促进学生成长与发展

教育的目的是促进学生全面、自由而有个性的成长与发展。学校班级生活阶段是学生成长与发展的关键期。个体的成长和发展一方面受到自身自然成熟的影响，另一方面往往受到集体教育的影响。教育促进、推动每个学生的成长，帮助学生实现社会化。融合班级以促进每一位学生的成长与发展为目的，通过集体教育，学生的身心得到健康的成长和发展，具体表现在感知觉、运动、认知、语言、情感、意志、人际沟通和社会适应等多个方面。特殊教育需要学生是融合班级学生多元化的体现，在与特殊教育需要学生共同学习的过程中，普通学生能够体会多样的、差异的、丰富多彩的认知与情感，学会更流畅、更主动的沟通方式，成长为更具友善和包容之心的人。

4. 提供个别化教育服务

融合班级教师在进行班级管理时，应当为特殊教育需要学生提供个别化教育服务，根据教育诊断和课程本位评估的结果，分析特殊教育需要学生的教育需求，制定相应的个别化教育计划，设计个别化的教学活动方案，调整课程和教学的目标、内容、策略和评价，运用积极行为支持矫正问题行为。个别化教育以学生核心，为促进特殊教育需要学生的成长与发展提供持续的支持，帮助他们在班级中由不适应到适应，由被动参与到主动参与，由单独的个体到融入社会群体。

三、影响融合班级管理的因素

融合教育不仅让特殊教育需要学生受益，也会使所有学生受益。全校师生对于融合教育的理念从了解到认同，再到转化为行为可能需要较长的时间，班级管理中也会受到诸多因素的影响，主要包括学校文化、教师素养和家庭支持等。

1. 学校文化

学校文化是一所学校的灵魂，包括学校的精神文化、制度文化、校园物质文化、师生行为习俗文化。学校文化是学校发展过程中形成和积淀的全校师生认同核心价值观、信念、愿景和奋斗方向。学校文化是凝聚人心、展示学校形象、提高学校文明程度的重要体现，对学生的人生观、价值观、世界观产生着潜移默化的深远影响。学校文化的核心是精神文化，反映了学校的办学思想、教育理念、价值观念。学校的精神文化体现在人才观、学生观、教师观、师生观、课程观、教学观等等方面。学校能够树立人人都能成才的观念，尊重学生的差异，热爱每一个学生，不歧视任何学生，无论其是否残疾、成绩优劣、家庭背景；学校能够积极通过各种校园活动给每个学生充分发展和展示的机会；学校能够倡导平等、民主、和谐、信任的师生关系；学校能够不仅注重知识的学习和能力的培养，而且重视价值观、思想情感的熏陶，构建全员、全过程、全方位育人大格局，有利于形成融合教育所倡导的平等、友善、包容、理解、接纳、尊重和欣赏的学校氛围和班级氛围。

2. 教师素养

教师的教育理念、人格魅力、班级管理能力、合作能力等素养是影响其融合班级管理的重要因素。

(1)教师的教育理念。融合教育首先是一种价值观，是态度与信念的改变[①]。教师的教育观念影响着教师的班级管理思路、方向、计划及班级管理的内容和策略。教师具备融合教育的理念与信念，是班级有效推动融合教育的前提和关键。

(2)教师的人格魅力。教师是学生的表率。教师是以整个人格形象来教育和影响学生的，一言一行都是学生的表率。融合班级教师应该具有热情积极、乐观向上、公平公正、宽容耐心、有责任感、善解人意、平易近人等诸多品质。融合教育教师往往是理想的融合教育主义者、具有慈善精神的人道主义者；也往往是教育公平的专业实践者，也是为教育理想而奔走呼吁的社会活动与倡导者[②]。这些品质赋予他们独特的人格魅力，能够体现教师身正为范的榜样和模范作用。

(3)教师的班级管理能力。班级管理能力是影响班级管理质量的直接因素。融合班级教师应具有创建公平、和谐的班级文化的能力，使每个学生都成为班级的主人，鼓励学生与同伴交往，促进学生之间良好的同伴关系的形成。良好的同伴关系是融合教育成功的关键要素，也是融合教育最佳实践策略。平等、接纳、尊重、理解、支持、合作、安全的班级文化氛围和融洽的人际关系对每个学生的成长都有着深刻、积极的影响。同时，教师还应具有了解班级学生基本情况的能力、制定教育措施的能力、善于表扬与批评学生的能力、与家长沟通的能力、评鉴班级管理目标的能力、随机处理班级突发事件的能力等。教师班级管理能力的成长是一个长期积累的过程，是一个不断学习，不断探索实践，不断反思总结，不断提升经验的过程。

(4)教师的合作能力。融合班级教师需要具备良好的处理人际关系的能力，除了要

---

① 邓猛、潘剑芳：《关于全纳教育思想的几点理论回顾及其对我们的启示》，1～7页，载《中国特殊教育》，2003(4)。

② Croll P. & Moses D.，“Ideologies and Utopias：Education Professionals’ Views of Inclusion，”in *European Journal of Special Needs Education*，2000，15 (1)，pp. 1-12.

与学校管理人员、学生家长、其他任课教师协同配合之外，还需要与各种特殊教育专业人员的合作，包括与特教教师、巡回指导教师、资源教师、相关支持服务人员等①。各类教师既有各自明确的分工，也承担着共同的责任，教师之间的积极沟通、相互理解、协调、配合、默契的状态体现着班级教师团队合作的能力。

3. 家庭支持

家校合作是融合教育的最佳实践策略之一，良好的家校关系是融合教育成效的基本保证。家庭在特殊教育需要学生教育方面起着基础性作用，家庭是学生成长的重要场所，家长是学生的主要监护人，家长的态度和教养方式、情感支持等对特殊教育需要学生的发展有着重要影响。特殊教育需要学生家长最熟悉孩子的秉性，在入学时应该主动向教师告知孩子的身心发展特点、兴趣喜好、行为习惯、优势和劣势、特殊需求等基本信息，以便教师制定合适的班级管理策略。家长需要及时更新自己的教育理念、相关知识，给予孩子适当的教育期待。家长主动配合教师的工作，在家庭和社区环境中，改变孩子的问题行为，帮助孩子及早形成良好的学习习惯、行为习惯。家长观察、记录学生在家中的行为表现，主动与教师进行沟通，便于教师制定更适宜的教育策略。家长参与学校教育如有缺失，必定会使学校教育的效果大打折扣。

4. 其他因素

除此之外，教育经费的投入情况、教学设施设备的投入、社会文化的影响等客观因素同样会影响班级管理的效果。

第二节
融合班级的环境创设

一、班级环境创设的概念

班级环境创设是指教师在一定的班级环境目标的指引下，有目的、有计划地通过布置班级物质环境和营造班级心理环境以创设良好的班级环境的过程。融合班级则需要进一步创设无障碍的物理环境和无障碍的心理环境。无障碍环境并不只是为了少数人的利益，而是为社会所有成员创造的安全、方便、平等的整体社会生活环境。一般

---

① Cook L. & Friend M.，“Co-teaching：Guidelines for creating effective practice，” in *Focus-on-Exceptional Children*，1995，3，pp. 1-16.

而言，无障碍物理环境是指消除残疾人、老年人、妇女、儿童等弱势群体在行动、信息交流、生活等方面障碍的环境。在校园里，无障碍的物理环境则是排除存在于校园及其周边环境中对特殊教育需要学生造成障碍的不利因素。通过学校建筑和设施、教室空间与设施设备等硬件的设置与改善，给特殊教育需要学生提供安全、便捷、接纳的学习和生活环境。无障碍心理环境是指学校、班级的师生要积极营造平等、理解、尊重、接纳、欣赏、合作的学校和班级氛围，让学生克服可能出现的心理障碍，根据特殊教育需要学生的个别差异，提供适合的学习条件，给予他们最大的潜能发展空间，让他们享受应有的公平教育的机会。因此，融合班级需要考虑不同学生的不同需求，秉承“以每位学生为最大利益”的理念打造优质的学习环境，在学校和班级中达到真正“无障碍”的理想境界。

二、物理环境的创设

物理环境的创设是指学校根据特殊教育需要学生的需求，建立或改善整体性的设施设备，营造无障碍校园环境，使校园设施和设备均能达到特殊教育需要学生可到达、可进入、可使用的程度。特殊教育需要学生进入融合班后，最终目标就是希望他们能“融合于班级中”。O’Hanlon 曾表示：融合教育的实施应该让学生在其班级中达到物理、社会和功能的融合①。物理的融合是指学生能够顺利地进入班级上课，这是融合教育的最低标准，也是首要条件。例如，肢体障碍或视力障碍的学生借由辅助性工具、校园无障碍环境设施的规划，以及相关工具的提供，可以相对自由进入普通班接受教育。社会的融合是指特殊教育需要学生能够被班级中其他同学接纳，并能与他们产生正向的沟通和互动。功能的融合是指特殊教育需要学生在班级中能够学习，其功能表现能够得到最大的发挥。物理的融合在西方发达国家被认为是融合教育的起点，属于融合教育最低层次，只起到一个基础性的作用。我国由于传统的社会观念及环境等方面不利因素较多，物理的融合往往成为我国现阶段融合教育的难点和关键之一。

特殊教育需要学生的障碍本身并非是全有或全无的状态，它是相对于环境而言的，如果环境没有任何障碍，并能提供相应的协助，即使个体有"身心残疾"，也不会变成"障碍"，他仍然可以行动自如，灵活地运用空间。因此，校园的无障碍物理环境是特殊教育需要学生能够参与各项教学活动的重要条件，也是融合教育能够成功实施的基本要素。

根据 Peterson 和 Hittie 的说法，物理环境的调整包括了两个方面：一是学校建筑和设施的无障碍；二是教室空间与设施的无障碍。下面对教室空间与设施的无障碍进

---

① O’Hanlon C.，*Special Education Intergration in Europe*. London：David Fulton，1993，p. 56.

行简单的描述，具体如表 6-1 所示：

表 6-1 建立无障碍的教室空间与设施①

层面	内涵
教室外观 和空间运用	1. 教室的位置安排在一楼。 2. 降低教室环境的复杂度，使学生容易进入和使用。 3. 增加教室物理环境、设备和器具的安全性，以避免危险与伤害(例如，铺上防滑垫、避免有尖角的器具)。 4. 教室出入口方便进出。 5. 让学生拥有适当大小的空间，以方便使用辅助性工具和进行日常活动。 6. 增加学生对教室布置、设备和器具的熟悉度(例如，告诉学生教室的布置情形，若有调整或新的设备加入，也要及时告诉学生)。 7. 考虑学生的需求设计书桌(例如，对于上肢有困难的学生，考虑提供可以调整旋转的桌子；对于弱视的学生，提供稍微有倾斜的桌子，或是提供书架，使他们不用靠近及弯腰就能看见，还可以在座位上加装台灯，提供额外的光源)。
座位安排	1. 座位安排在教师容易监控与协助的位置。 2. 座位安排在同伴容易协助的位置。 3. 座位安排在不易分心或受干扰的位置。 4. 座位安排在靠近黑板的位置。 5. 考虑该生的视野，将座位安排在中间的位置。
座位安排	6. 座位安排在容易看到教师说话的位置。 7. 座位安排在容易看到教师脸部的位置。 8. 配合学生的身高安排桌椅。 9. 允许该生移动位置，以便认读教师或同学的唇语，或看清楚视觉材料。
环境布置	1. 注意物理环境因素的安排(例如，采光、温度、通风、色彩等因素)，以增进学生信息的接收和学习。 2. 减少会让学生产生焦虑不安或其他情绪行为问题的物理环境因素。 3. 减少环境中噪声或诱发分心的刺激，以增进学生的专注力。 4. 提供结构且多样化的教室环境。 5. 提供反馈的教室环境。 6. 让学生一起参与布置一个整齐、清洁和温馨的环境，并且在教室布置中体现幽默的元素。 7. 教室布置与教学内容、学生需求和兴趣相配合，并且能做弹性调整。 8. 提供能让学生操作和使用、弥补其限制的学习环境。 9. 安排能引起学生兴趣的器材，以供他们在课余时间使用或娱乐。

建立无障碍的教室空间与设施包括了教室外观和空间运用、座位安排以及环境布置等方面的调整。

---

① 钮文英：《拥抱个别差异的新典范——融合教育》，305 页，台北，心理出版社，2008。

1. 教室外观和空间运用

教室、楼梯、游戏室等场所，均应考虑无障碍的原则，如教室的出入口均有无障碍通路相连，教室外围或内墙均设有扶手，楼层之间均有坡道可供特殊教育需要学生自由进出等。

教学空间及活动场所需符合教学的需要，并做出合理的规划。无论是各楼层的无障碍通道还是各教室与专业教室间的转换都应有合理的布置。教室空间的运用上可以借助于结构化环境的安排，将不同内容或功能的教学活动进行清晰明了的功能分区，如小组讨论区、游戏区、个人学习区等，让学生能够准确理解环境和活动之间的关系，更好地融入教学活动。

2. 座位安排

根据不同类型特殊教育需要学生的不同需求，座位的安排也有不同。如听力障碍的学生可能需要特殊的座位安排，他们的座位通常需要安排在靠近教师并且较少受到其他声音干扰的位置；教师也应减少在教室中走动，说话时应面对学生，以利于听力障碍学生观察教师的口型。对于安排视力障碍学生的座位，也应该以能够听清教师的讲话为原则，并尽量使其座位能够接近黑板和其他辅助学习的器材，以减轻他们使用视力的压力。同时，视力障碍学生的座位要有足够大的空间，以便放置所需的学习辅助工具，如大字课本、录音设备、立体图表、电脑等。对于有注意力障碍的学生，座位的安排应该尽可能避免学生被周围环境事物影响，远离门口以及窗户等，降低环境中可能产生的视觉及听觉刺激。

3. 环境布置

环境的设计布置上要充分考虑其安全性。特殊学生有一个相对安全的环境，才能很好地接受针对性的教育，因此应该充分考虑门窗高度、宽度、开启设计、地面的铺设材料、家具的选择等都是否存在潜在的危险，以及如何杜绝危险的发生。

环境设计和布置上需要让特殊教育需要学生感受到身心双重安全。舒适的环境、丰富的感官刺激，可以帮助特殊教育需要学生处于一个良好的心理状态，从而减少问题行为的发生，也可以帮助他们从多渠道获取信息，丰富他们的认知经验。例如，可以利用家具、地面、墙面的位置、材质、色彩等的差异将活动区域进行有效划分，既可以为学生提供多样化的感官刺激，又有利于他们分清不同区域的功能。

环境设计和布置要井然有序。教师可以把书本、作业、教具、玩具、文具等日常用品放在特定位置，向学生示范怎样正确使用桌椅及储物柜，建立清晰的教室指示和教室秩序，帮助特殊教育需要学生较快适应教室环境的布置，轻松融入班级的学习和活动中。

三、心理环境的创设

Bricker 表示如果特殊教育需要学生只是身在普通班中，随班陪别人上课，并没有真正融入班级群体中，也未得到指导和干预，这样就造成虽然表面上身体没有被隔离，但实质上已经被隔离了，那就违背了融合的真意①。

Janney 和 Snell 指出：管理融合班级最重要在于在学校和班级中形成“融合的文化”②，融合的文化即 Bauer 和 Brown 所提出的需要营造一种由“群体感”的班级气氛，是一种对所有学生接纳和关照的群体③。

融合教育要营造一个赞扬和欣赏个别差异的环境，而不只是接纳和容忍个别差异。例如，重度和多重障碍学生在学习时，可能会做出一些特别或有点可怕的行为，像是发怪声、前后摇晃他们的头等，这些行为一开始都很难被一般学生所理解，而且可能影响彼此间的人际互动。因此，协助普通学生了解他们这些行为的原因，可以大大地减少普通学生的恐惧和排斥感。一旦这些行为的原因能被理解之后，我们可以教导普通学生帮助特殊教育需要学生，以一个较为社会接受的行为来取代原来的行为。

积极行为支持理论强调，个体的问题行为与其所处的环境存在密切的关系，因此改善个体存在的生态环境将有利于个体良性发展，而这种生态环境则包括：周围环境对特殊教育需要学生保持积极而支持的态度和行为，与特殊教育需要学生建立良好的社会关系，提供一个温暖与鼓励的环境，能够敏感地觉察并满足他们的特殊需要，给予选择与控制的机会，增进人际交往与社会关系，同时提供适合其能力和需要的学习与训练机会，促使他们生活状态趋于正常化，并让他们最大限度地发挥自身的潜能。

因此，融合班级中心理环境的营造，即社会的融合，指特殊教育需要学生能够在班级中受到师生的认同、接纳和尊重，与他们产生正向的沟通和互动，并体验到群体生活中的安全感和归属感。

(一)营造认同与接纳的环境

营造认同与接纳的环境需要普通教师，引导普通学生了解特殊教育需要学生的各项特质、行为方式、优势以及弱项等各方面的情况，进而支持和协助特殊教育需要学

---

① Bricker D.，“The Challenge of Inclusion，” in *Journal of Early Intervention*，1995，19(3)，pp. 179-194.

② Janney R. E. & Snell M. E.，“How Teachers Use Peer Interactions To Include Students With Moderate And Severe Disabilities In Elementary General Education Classes，” in *Journal of the Association for Persons with Severe Handicaps*，1996，21(2)，pp. 72-80.

③ Bauer，A. M. & Brown，G. M.，Community in Inclusive High School. In A. M. Bauer & G. M. Brown (Eds.)，*Adolescents and Inclusion*：*Transforming Secondary Schools*. Baltimore：Paul H. Brookes，2001，pp. 73-84.

生。有可能的话，帮助普通学生与特殊教育需要学生之间建立友谊。

为了帮助普通学生了解特殊教育需要学生，教师可以通过综合实践活动或班会活动等安排相应的讨论主题，或阅读残疾主题的儿童文学作品、观看影视作品、短片等进行知识的传授和分享。另外，教师也可以通过邀请残疾人士或相关照顾者现身说法来进行经验的分享与交流。最后，教师亦可以适当安排“体验障碍”活动，帮助普通学生能够设身处地理解特殊教育需要学生，学会欣赏并接纳他们，并通过这些活动掌握应如何与特殊教育需要学生进行良好互动，如何提供协助等，见表 6-2。

表 6-2　体验障碍活动举例①

障碍类型	体验活动
体验和了解视力障碍	1. 让学生闭上眼睛翻书至制定页数。 2. 让学生戴上眼罩走路。
体验和了解听力障碍	让学生戴上耳机借着读唇传话，并说一说：读唇时，教师或同学的头如果不停地转动，他们会有什么感受。
体验和了解阅读障碍	给学生很难的文章要其阅读。
体验和了解数学障碍	给学生很难的数学题目要其计算。
体验和了解书写障碍	1. 给学生阿拉伯文要其抄写。 2. 让学生戴着大手套，使用非惯用手，或是在镜中写字。 3. 把卡片放在额头，在上面写自己的名字。
体验和了解智障	1. 读一段很难的指令，要学生做出指令中要求的动作。 2. 说一段指令，让学生做出与听到内容相反的动作。
体验和了解孤独症	1. 让学生戴着耳机，耳机中一直反复说着：要走某一条线路，却被教师和同学要求不能走这条线路。 2. 让学生说出“喜欢别人用什么方式对待自己，不喜欢别人用什么方式对待自己”，进而协助他们了解班上的孤独症同学也有其喜欢和不喜欢之处，例如，他不喜欢别人的触碰，只是大家的喜恶有些不同。

近年来，国内出版了一批国外引进或中国原创的残疾主题绘本，同时残疾主题电影的数量日益增多。表 6-3、表 6-4 推荐了部分优秀的作品。这些作品具有儿童性、趣味性、艺术性，同时蕴含融合教育的价值观，受到融合班级师生的广泛喜爱，能够有效增进普通学生对特殊教育需要学生的了解、认同、尊重和接纳。

表 6-3　残疾主题绘本推荐

序号	绘本名称	作者	出版社	残疾类型
1	《躲猫猫大王》	张晓玲 文　潘坚 图	明天出版社	智力障碍

① 钮文英：《拥抱个别差异的新典范——融合教育》，275 页，台北，心理出版社，2008。

续表

序号	绘本名称	作者	出版社	残疾类型
2	《好好爱阿迪》	维吉尼亚・芙蓝明 译者：宋珮	和英出版社	智力障碍
3	《你是我最好的朋友》	[法]拉谢尔・比瑟伊 文 [法]里克斯坦・吉博 图 译者：金波	外语教学与研究出版社	视力障碍
4	《改变世界的六个点》	[美]珍・布赖恩特 文 [美]鲍里斯・库利科夫图 译者：刘清彦	北京联合出版公司	视力障碍
5	《听不见的声音》	[法]皮埃尔・科朗 文 [法]梅拉妮・弗洛里安 图 译者：陈怡洁	北京联合出版公司	听力障碍
6	《舞鹤》	保冬妮 文 夏婧涵 图	人民教育出版社	听力障碍
7	《海伦的大世界》	[美] 多琳・拉帕波特 文 [美] 马特・塔瓦雷斯 图 译者：徐德荣	北京联合出版公司	多重障碍
8	《不可思议的朋友》	[日]田岛征彦 译者：李秀芬	北京联合出版公司	孤独症
9	《不一样也没关系》	[美]克莱莫顿 [美]盖尔莫顿 [英]亚力克斯梅利 译者：王漪虹	华夏出版社	孤独症
10	《故障鸟》	[英]迈克尔・布罗德 译者：方素珍	电子工业出版社	肢体障碍
11	《小弗里达》	[英]安东尼・布朗 译者：阿甲	北京联合出版公司	肢体障碍
12	《旋风小鼹鼠》	[西班牙]安娜・耶纳斯 译者：王婷	明天出版社	多动症
13	《玛德琳和图书馆里的狗》	[美]莉萨・佩普 译者：馨月	浙江少年儿童出版社	阅读障碍
14	《我说话像河流》	[加拿大]乔丹・斯考特 文 [加拿大]西德尼・史密斯 图 译者：刘清彦	北京联合出版公司	言语语言障碍

表 6-4 残疾主题电影推荐

影片	导演	国家	残疾类型
《奇迹的缔造者》	娜迪亚・泰斯	美国	多重障碍
《不存在的女儿》	米克・杰克逊	美国	智力障碍
《漂亮妈妈》	孙周	中国	听力障碍
《听见天堂》	克里斯提诺波顿	意大利	视力障碍
《自闭历程》	米克・杰克逊	美国	孤独症
《地球上的星星》	阿米尔・汗	印度	学习障碍
《生命如此美好》	马赛・皮耶普莱兹卡	波兰	肢体障碍
《奇迹男孩》	斯蒂芬・卓博斯基	美国	颜面伤残

(二)营造有安全感和归属感的环境

马斯洛在 1970 年提出了五种层次的需要，分别为生理需求、安全需求、爱和归属感、尊重和自我实现五类，依次由较低层次到较高层次排列。安全需求包括了身体和心理的安全，它是形成爱和归属感、尊重和自我实现的基础。身体的安全感是由物理环境的无障碍来实现，那么心理的安全感则需要教师和同伴有意识地营造和谐、接纳、互助的心理环境。学生只有在感到安全、被理解、被尊重、被接纳和被欣赏的情况下，才可能更多表现出正向的行为，这需要教师的巧妙引导，来自同伴的支持同样重要。

1. 教师的引导

打造有安全感和归属感的环境是一个长期的过程，教师在这个过程中发挥着至关重要的作用。教师对班上的特殊教育需要学生抱持着积极与接纳的态度，这样会增加学生间互助的学习情境，帮助学生彼此间产生正向的反馈，能较好地避免敌意和冲突的产生，有助于建立一个开放、互相尊重以及资源共享的环境。若教师对融合教育不支持，将会有意或无意地影响其他学生对于特殊教育需要学生的看法，以及特殊教育需要学生对自己的认识和接纳。

学生如果觉得自己受忽视，被排斥为圈外人，他们就会不自觉地陷入混乱、困惑、焦虑且无助的状态，从而可能产生生活无意义的想法。青少年的烦恼有一大部分源自对于受排斥的恐惧①。融合意味着我们每一个人都隶属于这个群体中②。要实现这种融合，则需要为学生提供参与所有班级活动的机会，使他们感受到自己是群体中不可或

① Goleman D.，*Social Intelligence*：*The New Science of Human Relationships*. Chicago：Hutchinson，2006，p. 38.

② Sapon-Shevin，M.，*Because We Can Change World*：*A Practical Guide to Building Cooperative*，*Inclusive Classroom Communities*. Needham Heights，MA：Allyn and Bacon：1999，p. 4.

缺的一部分。即使有的学生因为身体或心理的限制，无法独立参与活动，在别人的帮助下，他们也能部分参与到集体活动中。如案例①中王老师班上的小雨、小文两名特殊教育需要学生，一名是孤独症学生，一名是多动症学生，他们由于身心特点的限制，过去很少参与到班级的大型活动中。在绘本剧表演排练过程中，王老师经过巧妙设计，为全体特殊教育需要学生与普通学生提供了共同参与表演的机会，支持、帮助他们之间建立起互助、和谐的人际关系。当然也可以采取合作学习的模式，让普通学生、特殊教育需要学生共同发挥各自的优势、潜能完成任务。教师应积极提供并巧妙设计特殊教育需要学生与普通学生一起合作互动的机会，支持、帮助他们之间建立起和谐、温馨的人际关系。教师应开展形式多样的交流活动，不要频繁地因其障碍而给予某些特权，或剥夺特殊教育需要学生与其他学生一起相处和学习的机会。在融合班级中，教师必须尽力保证每位学生受教育的公平性，关注所有学生，为他们提供适性的教学，避免因忽略能力强的学生而造成特殊教育需要学生被优待隔离的处境。②

案例：

在绘本剧表演活动中，王老师受到绘本故事《胖石头》的启发，秉承“一个都不能少”的原则，提出了全体参与的理念，以学生为中心，为每个学生都安排了相应的任务，有的学生做旁白、有的学生表演、有的学生做剧务、有的学生演唱歌曲。她根据两名特殊教育需要学生的能力和特长，安排了不同的任务：合唱歌曲和管理道具、管理和播放音响。两个学生在两个月的排练和演出过程中积极配合，即使是酷暑天气也能坚持排练，他们增进了与班级同学的交往，体验到了参与班级活动的快乐，得到了班级教师、同学和家长的认同和接纳。后来，在王老师的引导和鼓励下，两名特殊教育需要学生和家长积极参与班级的亲子共读活动，不仅能够认真倾听故事，和班级同学共享阅读的乐趣，还能够精心准备，为同学和老师讲述自己喜欢的故事。一系列共读活动的开展使特殊教育需要学生爱上阅读，学习为班级贡献自己的力量，还逐渐学会情绪管理、关心他人、如何与他人相处。

2. 同伴的支持

要促进特殊教育需要学生的物理、社会和功能的融合，需要融合班级教师充分发挥作为班级管理灵魂人物的作用，班级的同伴也扮演着重要的支持者角色。在融合班级中，为特殊教育需要学生建立“自然支持来源”是融合教育成效的要素之一③。这种自然支持来源于融合教育中普通学生群体，当教师引导普通学生和特殊教育需要学生建立了和谐有效的同伴关系后，在教学活动、生活休闲中均能够发挥同伴支持的作用，

---

① 本案例由北京市海淀区中国农业科学院附属小学王燕华老师提供。

② Mock D. R. & Kauffman, J. M., “Preparing Teachers for Full Inclusion: Is It Possible?,”in *The Teacher Educator*, 2002, 37(3), pp. 202-214.

③ 钮文英：《拥抱个别差异的新典范——融合教育》，132页，台北，心理出版社，2008。

帮助特殊教育需要学生更好地实现团体的融合。如案例①中胡老师的引导帮助东东在融合学校中迅速建立了社交圈，促进了其各项能力的发展。在具体的支持过程中，同伴可以率先掌握特殊教育需要学生的独特沟通方式，如图片、手势、动作等，达到有效沟通互动的目的，而同伴亦可以通过榜样示范、口语提示、身体提示等方式引导特殊教育需要学生正确地参与到学习和生活情境中，避免特殊教育需要学生在寻求互动的过程中处处碰壁，无人引导，甚至对融合环境产生恐慌。

案例：

东东是我们班上一个特别的学生，经常在学校乱跑乱叫，和老师说话不看着老师的眼睛，从不主动和别人打招呼，情绪也不稳定。为了帮助东东更好地融入学校环境，我积极调动各方资源和环境支持来创设融合氛围。其中，我认为同学才是东东的最佳沟通者，积极创设机会让他融入同学中间才是适应学校生活的根本。所以，我利用一些契机，引导全班同学热情帮助东东融入其中。比如，下课鼓励孩子们和他一起玩。看谁最先成为他的好朋友，他最先叫出谁的名字，谁就能得到一枚阳光贴。现在他能认识大多数同学了。再如，我给他建立了互助小组，小组成员课上课下经常帮助他。一起学习，一起玩耍，操场上再不是他孤孤单单一个人的身影了。课间我经常看到，同学和他一起玩，他有困难总有人能及时帮助他。每每见此情景，我心里都颇感欣慰。这种欣慰不仅仅是为东东得到同伴的帮助，更是为班上这些乐于帮助他人的孩子们。

这种自然支持来源的建立，不仅能够提升特殊教育需要学生在融合环境中的安全感和归属感，给予特殊教育需要学生足够的心理支持，而且能够增加特殊教育需要学生与普通学生的互动交流机会，使双方都有机会得到能力的锻炼。创建融合教育的环境，可能最初的出发点是为了满足部分特殊教育需要学生的需求做出必要的调整和改变，但最终班级所有学生也都因此而受益，实现所有学生共存、共赢的教育理想。

（三）营造尊重与自我实现的环境

马斯洛需求层次理论中两个最高的需要层次是尊重与自我实现的需求。尊重需求既包括对成就或自我价值的个人感觉，也包括他人对自己的认可与尊重。自我实现的需求则是在前四项需求得到满足后产生出来的新需求，如实现自我、发挥潜能等。为了满足融合环境中特殊教育需要学生的高层次需求，教师需要引导学生实现两个方面的重要转变：一是从缺陷模式到赋权模式的转变；二是从被决定到自我决定的转变。

1. 由缺陷模式到赋权模式的转变

融合教育更多的是提供机会，让学生认识到每一个人都是有价值的。同时教师应

---

① 本案例改编自北京市朝阳区团结湖第二小学胡丽斌老师提供的《采取多元的支持提供适合的教育促进学生的成长》一文。

积极努力让学生发掘和欣赏其他人(包括特殊教育需要学生)的价值。首先，教师应该具有正确的信念，应该珍视每个孩子的独特性，善于发现学生的闪光点和优势，而不是仅仅看到学生的缺点和不足。此外，教师应该采取有效措施提升学生的自我认同感。特殊教育需要学生可能由于生理和心理的限制，会出现自信心不足、自我评价较低、自我效能感偏低等问题。如情绪障碍的学生在各方面尤其在学业上的自尊心及自信心较低，那么教师可以多在课堂上给予正面的鼓励和赞许，这种鼓励和赞许可以是口头赞赏、实物奖励或是减免任务等。但是在这个过程中，教师必须留意只赞许良好的行为表现，切忌滥用赞赏。为了让学生获得更多成功和发展的机会，教师必须关注每位学生的需求，将教学内容和学生的生活紧密结合在一起，从学生有兴趣的事物切入教学内容、设计教学活动等，以增加学生成功的经验，进一步提升其自我认同。

在传统的缺陷模式下，特殊教育需要学生被描述为被动的受助者，而非积极的行动者，忽视了特殊教育需要学生主观能动性和积极向上的一面。赋权理论则认为，任何个体或群体都有改善自己生活的能力，制定自己的生活议程，获得相应的技能，建立自信，能够参与有关自己的问题解决的决策，而不是被动地接受各种安排。不仅如此，赋权理论还认为特殊教育需要学生完全有能力完成为他人服务的任务，成为服务的提供者。相关研究表明：服务学习不仅能让特殊教育需要学生学习到一些功能性技能、服务的态度和技巧，是一个可以发挥其优势能力的好方法，还能让他们产生团体的归属感，提升其自尊与独立感，实现更有效的融合①。教师需要积极创造机会，让特殊教育需要学生参与到班级活动中，并获得成功的经验。教师可以让特殊教育需要学生担任班级活动的服务者，满足被服务者的需求，同时也促进服务者的自我成长。例如，教师在日常教学和活动中，可以鼓励特殊教育需要学生参与到教学和管理中，担任班干部、小组长、教师助手等，在为他人服务过程中认识并实现其自我价值。这是特殊教育从过去缺陷模式到赋权模式的最有效转变。

2. 由被决定到自我决定的转变

赋权理论强调，让特殊教育需要学生有机会自己做抉择与决定，也让学生有自由和受尊重的感觉。Field 和 Hoffman 提出在融合情境中发展特殊教育需要学生自我决定的个体模型，强调个体的信念、知识和技能在自我决定发展中的重要性，并构建了自我决定的理论模型。该理论模型中了解自己、评价自己两个要素主要强调个体内部机制，是自我决定的基础；计划和行动是在此基础上采取行动所需的技能；而经验的结果和学习可以强化自我决定所需要的技能。因此，整个的教学或学习过程，更应该是以学生为主、以学生为导向的学习，是根据学生的切实需求和实际选择来展开教学活

① Groves S. V., "Incorporating Service Learning Into Your Special Education Classroom," in *Intervention in School and Clinic*, 2005, 42(1), pp. 25-29.

动的过程。

Jakupeak 表示，过去的融合教育是以学生的优势和需求作为设计课程的起点，新的观点则增加了解学生对未来的愿景，提供他们选择和决定课程内容的机会。因此我们要教导他们选择和决定的能力①。教师可以在条件允许的情况下，衡量特殊教育需要学生能够承担的责任范围，让他们学习做选择和决定，这样有助于创设融洽的班级气氛，也能够更好地提高学习效果。

第三节
融合班级常规管理

班级常规管理是指教师和学生制定班级常规制度，来对班集体中每个成员的日常学习和生活提出要求和期望，并结合一定的奖罚制度来实现班级管理目标的一种管理活动。班级常规管理是非常细致且富有挑战性的工作。班级常规的制定和运行，保证了班级师生之间、同学之间的和谐共处、融洽共生、平等互助。

一、班级常规的制定

融合班级中普通学生和特殊教育需要学生的差异大，行为方式多样化，班级常规的制定比同质性班级更具有挑战性。在融合班级常规的制定中应该具备合情、合理、可操作、简明扼要、正面行为表述、方便可行等原则。所谓合情，就是班级常规的制定不能脱离班级学生的实际情况。对全班学生有一个全面且深入的了解是做好班级常规管理工作的重要前提。教师只有熟悉每个学生状况，了解他们各自的性格和习惯，结合他们的这些特点，才能制定出符合本班学生发展的常规管理的目标和方法。合理就是指常规制定需要符合学生此阶段成长和发展的规律、学习情境需求和能力水平现状。例如要求多动症学生整节课都必须端坐，这样的规定就不合理，也不现实，超出了学生目前的能力。可操作就是班级常规必须让学生清楚了解常规的内容，便于学生观察和模仿，同时也可以让学生明确地遵守与实行。简明扼要就是常规的文字要简洁通俗、具体明确，低年级学生的常规也可以采取图文结合的形式呈现，便于学生理解

---

① Jakupeak A. J., *School Programs for Successful Inclusion for All Students*. In J. W. Putnam (Ed.), *Cooperative Learning and Strategies for Inclusion: Celebrating Diversity in the Classroom*. *2nd ed*. Baltimore: Paul H. Brookes, 1998, pp. 203-228.

和记忆。常规的条目不宜过多，5～8条最为合适。正面表述为主就是班级常规的表述应当体现学生应该遵守和适当的行为，而不应该是禁止的、负向的行为，例如“独立完成作业”就比“不能抄袭他人作业”更恰当。方便可行就是班级常规难度和数量较易执行，而且必须执行下去。①

班级常规管理的内容大致包括：①班级教学常规管理，即教学正常秩序、新学期学生座位的安排、自习课、纪律、考勤、请假制度等管理内容；②班级各项建设，即班干部队伍建设、黑板报小组组织、教室布置等；③了解研究学生，即班级日记、班史编写、学生档案建设等；④学生卫生保健，即卫生习惯培养与检查、常见病的预防、学生身体检查等；⑤班级总结评比，即年级操行评定、评选三好学生、学习标兵、班级总结奖惩等；⑥假期生活管理，即校外学习小组组织、假期作业布置及检查、学生联络网的组织等。在开学伊始，教师应安排专门的时间讨论具体的班级常规。事先计划好可能需要执行的班级常规非常有必要，如座位的编排、课桌的安放等常规的制定能够保证所有学生在课堂上产生良好的师生互动和同伴互动。

二、作息时间的安排

学生在学校的生活主要是在班级中度过的，班级生活大约占到一天的三分之一的时间，也就是占据了学生日间活动的主要时间。每个班级的固定教室是学生学习和活动的主要场所。因此，教师需要对融合班级的作息时间进行恰当安排和有效管理，即做好班级时间管理工作。

融合班级做好作息时间安排的主要目的是通过对班级的教育教学活动进行恰当的安排，帮助教师正确地规划和使用班级的时间，从而保证教育教学工作的顺利开展。因此，每一位教师都必须关心班级时间管理，做到快速高效工作、严格遵守作息时间、做事有条不紊、不拖延、充分利用班级时间。这也是教师做到班级时间有效管理的前提条件。

一日作息是对一天的时间进行的周密安排，教师应当结合特殊教育需要学生的需求，调整一日活动所需要的时间，调整学生在本班学习时间(以少隔离为原则)和在其他班级或资源教室学习的时段，做好特殊教育需要学生一日活动安排。对全天均在本班的学生，尽可能为其提供可转换或调节的时间。例如，孤独症学生在一天的自由活动时间中，教室里能有一处地方让其自我选择与独处；对于情绪、行为问题较重的学生及多动症的学生，在他们坚持15分钟课堂学习后，允许其下座位在教室后走动两三

① 张文京：《特殊儿童班级管理》，22～23页，重庆，重庆出版社，2007。

分钟再回到座位。[①] 对于特殊教育需要学生而言，知道每天要上什么课以及课堂进行的活动内容是非常重要的，这样他们才能控制周围的环境，度过具有规律性的学校生活。在教学活动中，有些课程教学内容比较明确，且在固定的座位，在这些课上，特殊教育需要学生情绪表现通常较为稳定，而像体育课这样没有固定座位的课程，特殊教育需要学生无法预知课程的内容，在这些课上，则较易发生情绪失控的情形。因此，有必要给特殊教育需要学生提供图文结合的作息时间表，让特殊教育需要学生事先知道每天发生的事情，并做好准备，如果当天有所变动，应事先告知，这样将有助其情绪的稳定。[②]

融合班级形成班级常态活动的时间顺序及结构可以帮助学生养成良好的时间管理习惯，以及培养时间管理能力。全班一日活动要结构严谨，全班都要按照制定好的活动进行。每堂课的时间，按照规定执行。作为班规，全班学生严格遵循不迟到、不早退等规定。教师可以引导特殊教育需要学生学会自己拟定时间管理计划，在逐步理解及行动中养成行为习惯，逐渐形成全班学生高质量、快速、依序完成活动的良好班风。

三、紧急情况的处理

教师在处理班级日常例行事务的同时，还需要对紧急情况的及时、正确的处理。紧急情况常常影响甚至严重干扰教学，迫使教师不得不中断教学。紧急情况的出现要求教师在短时间，甚至是瞬间做出决断，这对教师综合素养是一个严峻的考验。

(一)紧急情况所包含的内容

紧急情况事件的种类很多，一般在班级内发生的有：教材、教具准备不够或遭破；备课不充分，教学时方寸大乱；教师本人失职或忽视，导致学生的情绪异常；外界环境的刺激导致学生问题行为的产生。例如：学生之间出现矛盾、争执、相互推拉、扯打等，导致学生身体受到伤害；障碍环境造成学生受到伤害；学生出现昏厥、抽搐等；教学不当或环境引诱，学生擅自跑出教室；学生突然出现的大小便失禁；打雷、下雨或者突然停电等突发情况，造成学生的惊恐。紧急情况发生的情形不止于此，诱发的原因也是多方面的。

(二)处理紧急情况的方法

教师平常应该对班级内可能出现的紧急情况进行详细了解，并应做“如果出现某种

---

① 张文京：《融合教育课程与教学》，56页，南宁，广西师范大学出版社，2013。

② 吴淑美：《融合班的理念与实务》，59～61页，台北，心理出版社，2004。

情况，我应该如何解决”的设想和准备。紧急情况虽然偶然、突发，但并非毫无征兆、毫无原因，教师应该抓住蛛丝马迹、查明原因，准备预防性的措施，做到防患于未然。例如，排除障碍环境，安排座位时有意分开容易发生争吵的两位同学。在紧急情况发生时，要沉着、镇静，在最短的时间以最快的速度、最佳的方法给予解决，切忌惊慌失措，犹豫不决。教师应学习一些处理紧急情况的方法和技巧，比如：学生趴在窗户上不下来，教师不可以大呼小叫，应该用最平静、亲切、和蔼的语言，循循善诱引导学生从窗户安全地下来。如有人员缺岗，在岗教师应该及时补位。做好紧急情况发生的原因、处理办法、结果分析等记录，以便加深对该类事件的了解并积累经验。

第四节 融合班级的行为管理

一、融合班级常见的问题行为

融合班级行为管理的对象是两部分学生：一是占少数的特殊教育需要学生；二是占大多数的普通学生。以下将分析特殊教育需要学生、普通学生常见的问题行为以及产生的原因。

(一)常见问题行为

1. 特殊教育需要学生

教师进行融合班级日常管理和课堂管理时，对一些特殊教育需要学生可能会出现的问题行为感到困扰，这些行为表现各异，甚至可能严重干扰教师课堂教学秩序。近年来，普通班级各类特殊教育需要学生的人数不断增加，给班级管理带来巨大的挑战。特殊教育需要学生问题行为主要可分为下列六种类型：

(1)自我刺激行为。通常是特殊教育需要学生因为无聊或无所事事而产生的问题行为，可分成两种：①刻板性行为：如吃手、摇晃或挥舞身体的任一部位、弯腰、玩手、拍手、拨弄耳朵或眼睛、不停地旋转物体、尖叫或发怪声、坐固定座位、走固定路线等；②自伤行为：如自己打自己、撞击、咬、吸吮身体某个部位、拔头发、抓脸、挤眼珠等。

(2)攻击行为。通常由于重要监护人的管教不当而形成，例如，①身体攻击：打人、推人、咬人等；②口语、物品攻击：大声叫骂、破坏东西等；③反抗行为(不听从)：消极的抵制或是不听话的反抗行为等。

(3)过度活动行为。因为注意力有缺陷而导致分心、多动行为，通常是脑部功能出现问题，无法在某一个事物上停留较久时间，处理策略多为“延长注意力”的训练，常有下列三种行为：①不注意、分心；②冲动(包含内、外在冲动)；③过度活动。

(4)不当社会行为。如逃学、旷课、逃家、说谎、偷窃、赌博、在公众场合脱衣服、大小便、对他人不当的碰触等。

(5)严重情绪困扰行为。如抑郁症、躁郁症、焦虑症、畏惧症、急性压力症候群、精神疾患、强迫症等。

(6)生活自理异常行为。特殊教育需要学生随着障碍程度的加重，其生活自理越加困难，如饮食异常、排泄异常、睡眠异常、卫生习惯异常、穿着困难等。[①]

需要提醒的是，列举这些行为的具体表现，是为了便于教师识别行为的类型，从而进行有效的行为管理，特殊教育需要学生并非一定会表现出以上的某种或多种行为。但相对而言，这些行为在智力障碍儿童、孤独症儿童、多动症儿童群体中更为常见。同时，注意力分散、攻击性行为等同样可能在普通学生身上有所表现。

2. 普通学生

在融合班级中，多数学生能够在教师的积极引导下，和特殊教育需要学生友好相处，共同进步。但有些学生可能出于好奇心理，或为了凸显在班级中的地位，有意或者无意地对特殊教育需要学生进行讽刺、挖苦、嘲笑、起绰号、玩弄。更有甚者，对特殊教育需要学生施以辱骂、殴打等较为严重的校园霸凌行为。例如，澳大利亚对500多名特殊教育需要学生及父母进行调查，发现约有40%的特殊教育需要学生在学校受到欺负；加拿大的一名14岁的脑瘫男孩被同学推到冰冷的河水中；笔者也曾遇到一名智力障碍女生被班级几个男生推到厕所里关起来的事件。可见，普通学生霸凌特殊教育需要学生的事件屡见不鲜，或许残酷的真相比想象的更为严重。

(二)问题行为的原因分析

1. 特殊教育需要学生问题行为原因分析

当学生无法参与学校生活时，会从他们的行为中表现出来，因此学生的行为本身可视为一种与外界沟通的方式[②]。特殊教育需要学生产生问题行为的原因通常是复杂的，在实施行为管理策略之前，必须明确问题行为表现背后的真正原因。影响学生在班级中行为表现的因素包括五个基本变量[③]：(1)行为前的相关事项，如老师、班规、作息时间表、课程、师生与同伴互动、物理环境等；(2)行为后果处理策略与行为的关

---

① 林坤灿：《融合教育现场教师行动方案》，45～47页，花莲，台湾东华大学，2012。

② 钮文英：《拥抱个别差异的新典范——融合教育》，260～272页，台北，心理出版社，2008。

③ Kerr M. M.，Nelson C. M.，*Strategies for Addressing Behavior Problems in the Classroom*，6th ed. Prentice Hall，2009，p. 56.

联性，教师是否让学生清楚知道应该表现的良好行为、行为后果及后果与行为的关联性；(3)行为后果处理策略运用的即时性，教师是否立即给予学生适当行为或不当行为的后果；(4)行为后果处理策略的安排，教师是否恰当地使用行为后果处理策略，并在行为稳定之后逐渐撤出相关策略；(5)进行班级管理的教师是否建立了弹性有效的行为管理系统。

但值得注意的是，学生类似的行为表现很可能是由于不同的原因造成，而不同的行为表现也可能是同一种原因导致。具体而言，教师要分析问题行为具体表现，问题行为的发生情境，包括一般性生理与环境因素与即时性生理与环境因素，以及问题行为的潜在功能，最后进行结论性陈述，说明描述情境、行为及其后果之间的关系，从而找到问题行为产生的根源。例如，孤独症学生小轩问题行为的分析，首先他的问题行为表现是，上数学课时尖叫并且发脾气；行为的发生情境是小轩不喜欢的数学课上，已经打了下课铃，小轩口头提醒老师，但是老师仍然没有下课；其行为的潜在功能是让教师立即下课，分析后得出的结论是：小轩不喜欢数学课，数学教师没有及时下课，于是小轩用尖叫和发脾气向教师表示不满，希望老师能立即下课。通过分析问题行为产生的原因可以发现，减少数学课老师的拖堂行为或许能够降低小轩尖叫、发脾气的可能性。

2. 普通学生问题行为原因分析

普通学生的问题行为可能与特殊教育需要学生相关联，也可能是无关的。以下主要分析与特殊教育需要学生有关的问题行为出现的原因。第一，特殊教育需要学生的身心特点。例如，孤独症儿童可能会表现出一定的刻板动作、注意力不易集中、上课期间离开座位或走出教室，发出尖叫的声音等，干扰正常的上课秩序，影响了普通学生的学习效果；孤独症儿童时不时发生的攻击性行为也会加重普通学生的问题行为。同时，多数特殊教育需要学生学业表现相对落后，可能缺乏社交技能，以及其他方面的能力不足，都可能使得他们成为普通学生霸凌的对象。第二，班级同学的猎奇、从众心理。在融合班级中，普通学生占大多数，特殊教育需要学生占少数，他们会好奇特殊学生的特征，会以一种不恰当的方式表现出来。若普通学生与特殊学生友好相处时，班级其他同学可能会排斥与其友好相处的学生，一来二往就会有更多的学生对特殊学生产生欺负行为。有的普通学生原本与特殊教育需要学生友好相处，但是可能因此遭到班级其他同学的排斥，使得这部分学生也加入到欺负特殊教育需要学生的群体中。普通学生的从众心理加剧了问题行为的产生。第三，普通学生缺少正确的引导，缺乏友爱助人、善良宽容的道德品质以及与特殊教育需要学生的交往技能。融合教育理念的渗透，需要学校和教师持之以恒的引导，以及教师的榜样示范作用。缺少融合教育理念的引导，普通学生容易片面地看待特殊教育需要学生，只看到他们的缺陷和不足，没有看到他们的闪光点，没有认识到特殊教育需要学生是班级平等的一员，不仅不是班级的负担，还能成为班级的正向激励，为班级发展贡献自己的一分力量。普通学生在进入融合班级之前，通常没有接触特殊教育需要学生的经验，更缺乏与之交往的正确技能。以上的原因，都可能导致部分普通学生对特殊教育需要学生施以不当的行为。

二、积极行为支持的运用

融合班级特殊教育需要学生和普通学生问题行为产生的原因往往是多方面的，采用单一的行为管理策略难以解决学生所有的问题行为，从干预的效果来说，对问题行为进行以预防为主的综合干预取得的干预效果最佳。有时候只要适度调整周围的环境或情境，在问题行为产生之前，给予及时的转移、调整协助，就会把问题行为解决于无形之中。近年来更多倡导运用正向鼓励、强化和支持方式，来处理问题行为。

积极行为支持(Positive Behavior Support，PBS)，最早是由霍纳及其同事在1990年提出，国内学术界也称为“正向行为支持”。积极行为支持是对个体行为施予干预的系统方法，通过教育的手段发展个体的积极行为，用系统改变的方法调整环境，达到预防或减少问题行为、改变个体生活方式的目的，最终提高生活质量①。积极支持行为采取尊重的态度，鼓励个体自我管理，主张提高生活品质，着眼于长远的效果，坚持预防为主的原则，重视生态环境的调整，同时也重视团队合作的效能，注重促进教养人员的改变。② 研究者从五个方面对积极行为支持的运用策略进行了归纳，包括前事控制策略、生态环境改善策略、行为教导策略、后果处理策略以及其他个体背景因素干预策略。③

(一)前事控制策略

前事控制策略是指操纵物理或者社会环境的某些方面，以促发期望的行为，减少或避免竞争性的不期望行为出现的方法。④ 前事控制策略是通常通过调整情景和调整课程的相关因素，以减少问题行为发生或引发正向行为。调整情景的做法有以下几种：(1)重新安排环境中的人。如孤独症学生出现攻击行为，容易和同桌产生冲突，增加问题行为的产生，可以尝试为其更换同桌。(2)调整座位。如听力障碍学生可以安排靠近讲台的位置，便于任课教师及时监控和协助。(3)给予学生清楚、恰当的期待。让学生了解到同伴和老师对其的期待，为其制定清楚简单，适合其能力和需求的行为规范，根据规范的完成情况给予相应的奖励。(4)制定明确、可预测、配合学生需求的作息时

① 朴永馨：《特殊教育辞典》，394页，北京，华夏出版社，2014。
② 任会芳：《正向行为支持对自闭症儿童攻击性行为干预的个案研究》，广州大学，2018。
③ 钮文英：《身心障碍者的正向行为支持》，台北，心理出版社，2009。
④ [美]Raymond G. Miltenberger.《行为矫正》，262页，石林等译，北京：中国轻工业出版社，2015。

刻表。为其制定一日活动清单，根据活动地点调整个人课程表。(5)安排非后效强化。非后效强化是按照固定的计划表，不依赖某个行为反应，来给予学生增强物。大多数情况下，非后效强化的使用最适合矫正为寻求他人注意而产生的问题行为。教师在固定时间表，给予学生强化，使他在问题行为发生前，就得到注意力，从而消除问题行为的发生。例如孤独症学生在课堂上用尖叫的行为获取教师的关注，教师可以试一试每隔几分钟就给学生一些关注，降低学生通过叫喊的行为来获取教师注意力的动机。

调整课程因素的做法有以下两条：(1)在课堂中结合个体真实的学习情况，设计更加贴合学生切实可行学习内容。首先任课教师要预先设定课程要达到的目标，其次要设计相应的教学环节。教学时要灵活调整课程内容，也可以采取资源教师抽离和外加结合的方式为其提供资源教室课程。(2)调整作业。通过改变家庭作业的难度、分量、内容，把作业调整到可以完成的程度，使学生体会到成功的喜悦，提升学习的兴趣和信心。

(二)生态环境改善策略

通过生态化评估确认学生所处的生态环境是否有导致问题行为的因素，只有改善生态环境，才能促使行为产生长期正向的改变。通过让学生身边人做出一定改变的方式，来给予学生更为积极、正面的生活环境。学生身边的重要他人有家长、教师、同学以及学校的管理人员，通过宣传提升认识，转变为接纳、理解、期待的态度，进而能够改善学生生活和学习的环境，给予他们更多的支持。身边的亲人、师友等应当传达出积极向上的态度和行为，多给予学生热情和微笑，多发现学生的优势和长处，多鼓励学生的努力和进步。

处理问题行为的关键是建立学生正常化的生活形态。生活形态的要素包括社会角色和社会关系等，因此要提升学生的社会角色，为学生建立良好社会关系。教师要利用日常活动中的各种机会，让学生参与其中，为班级服务，让学生感受到自己是班级的一员，产生群体归属感，提升自我认同和自我价值的认识。例如，可以发挥学生热爱劳动和生活自理能力的优势，安排学生当劳动委员或值日生，让他为班级服务。同时，教师可以采取伙伴支持的办法，教导同学如何与他交朋友，先选择有意愿、能力强的部分学生和他交朋友，再逐步拓宽朋友圈的范围，与其他同学建立良好的同伴关系。

(三)行为教导策略

行为教导策略是指当学生行为稳定后进行行为训练，教导新的适当行为来替代问题行为。行为教导可分为两种：替代行为训练，与问题行为功能相同，可取代问题行为；相关行为训练，与问题行为功能不同，但可促进行为问题的消除。行为教导策略较适用于社会技能的教导。如学生因为沟通能力不足而出现的一些问题行为，例如用使劲拍打他人的方式打招呼或者表达喜欢，就可以通过语言训练来提升其沟通能力。再如学生的评估结果反映出其社交技能不足，其问题行为主要由于其社交技能缺乏导致，影响其在学校的表现和被接纳程度。针对上述学生的问题，在进行语言训练和社交技巧训练时选择应用四种行为教导策略：一是提示：应用直接口语提示告诉学生要完成的目标，间接口语提示给予联想的线索。二是反馈：正向反馈给予学生正面评价，矫正性回馈提供矫正信息。三是演练：使用行为演练促进学生沟通能力的提高和社会技巧的习得。使用模拟情境和自然情境的行为演练相结合。演练与提示、回馈相结合，提供充分的演练次数，不断反馈、演练，使学生能够临场表现正向行为。四是行为后效契约：明确行为教导要达成的目标和标准，提供学生喜欢的强化物作为维持正向行为可获得的奖励①。例如，教师以行为教导策略来帮助孤独症学生习得正确的替代行为，通过提示、反馈、演练和行为后效契约等策略的运用，学生学会以手肘击打桌子代替双手拍桌子的扰乱课堂行为。

（四）后果处理策略

后果处理策略是指问题行为出现后，立刻给予预设的后果，使行为无效，使替代行为有效。这需要根据学生的能力、理解程度和功能评量进行量身定做。一般可分为以下几种具体策略：

1. 增加积极行为效能

运用代币制，逐步建立代币与强化物的联系，强化积极行为。学生在课堂上若没有出现与同桌交头接耳等问题行为，并能认真端坐听课，就可得到代币并换取强化物。如果学生表现良好，每节课获得的代币可逐级累加。

2. 提示积极行为

提示积极行为主要应用以下三种策略：一是矫正性反馈策略，即让学生知道什么样的行为是不被接受的，不被接受的理由以及此行为的后果。二是重新指令策略，这种策略常常与矫正性反馈策略搭配使用，强调除了指出学生停止问题行为外，还应引导他表现积极行为。三是以问题解决的形式回顾和讨论行为过程。教师和学生一起回顾讨论行为的过程，协助他了解发生了什么事，事情发生的原因，为什么选择问题行为，干扰他选用积极行为的因素是什么。讨论过后，复习之前教导的积极行为。如若学生未能采取积极行为，仍然表现出问题行为，老师应及时给予学生矫正性回馈并重新指出积极行为。如：“当你想要去厕所时，你要说我想去厕所。”“当你遇到困难需要帮忙时，应该及时地向老师说明情况并寻求帮助。”

---

① 李芳、李丹：《特殊儿童应用行为分析》，146～152页，北京，北京大学出版社，2018。

3. 减少问题行为的功能

减少问题行为的功能主要应用了逻辑后果策略，即老师与学生一同回顾行为的过程，分析行为后果，强调行为责任，并创设情境教给学生积极行为，从而减少问题行为的功能。如撒谎被老师发现，老师要及时指出撒谎是不诚实的表现，并教学生应真诚待人。之后，应要求学生交还代币，学生就失去使用代币换取奖励的机会。

4. 使用区别性强化

教师向学生提供他们喜欢的刺激，只对教师期望的积极行为进行强化，而忽略问题行为。可以包括其他行为的区别性强化，对立行为的区别性强化或替代行为的区别性强化、低频率行为的区别性强化。其他行为的区别性强化指当学生发生不良行为时，有意给予忽视，但若其他适当行为出现时则给予强化，其目的在增加适当行为并减少不良行为。例如，某生上课爱和同桌讲话，教师暂时不必理会，若该生保持安静不和同桌说话，教师则给予强化。若某生和同桌上课安静的行为增加了，和同桌讲话的行为就会减少。对立行为是指一个人的行为，在同一时间及空间下，只能有一种倾向；高兴时不可能悲伤，悲伤时不可能高兴，两者往往是“相互抵制”，不可能同时发生。对立行为的区别性强化就是运用这种“对立行为”的原理。其中适当行为出现给予强化，适当行为增加了，相对不良行为就会减少。因为每当学生出现适当行为时，对立的不良行为就不可能发生。此外上述"对立行为"的适当行为改为“替代行为”，就是替代行为的区别性强化。例如，某生喜欢课间和同学打闹，教师发现该生平时有拼图的爱好，于是在教室里准备了他喜欢的拼图，但要求课间才能玩，为了玩拼图，该生减少课间打闹的行为。低频率行为的区别性强化指学生的不良行为有些是属于高出现频率的行为，每当他的不良行为出现频率有降低时就给予强化，促进他的不良行为逐渐降低出现频率直至消除。例如，某生经常撒谎，教师采用低频率行为的区别性强化策略，只要该生有减少撒谎的行为就给予强化，由此，逐渐减少了他撒谎的次数直至完全不撒谎。

(五)其他个体背景因素干预策略

其他个体背景因素干预策略是指根据个案自身的情况，结合其他技术方法采取相对应的措施。针对特殊教育需要学生的不同个体背景因素，应采用相适宜的干预策略。例如一名多动症学生和一名孤独症学生都有干扰课堂教学的行为，他们的教师采用不同干预策略，有效减少了学生的课堂干扰行为。通过访谈和观察，教师了解到多动症学生的个体背景因素是精力旺盛，注意力时间比较短，较难长时间安坐。教师通过运动治疗消耗他过剩的精力，提高其动作的协调能力。由于这名多动症学生通常能够安静阅读自己喜欢的绘本，教师则采取阅读治疗，允许他在难以集中精力上课的时候，阅读喜欢的儿童读物，以阅读的行为替代干扰教师和同学的行为。孤独症学生的老师了解到他的个体背景因素是通过摇晃手部来满足自我刺激的需求，同时每次吃鸡蛋后摇晃手部的动作更加频繁。老师采用替代性感官刺激，课前跟他玩手部游戏，他喜欢触觉刺激，则允许他上课期间手里拿一个触觉球，同时建议家长进行饮食控制，避免他食用蛋制品的食物。

三、社会技能的培养

社会技能是个体在特定的社会情境中，运用已有的知识、经验，有效、恰当地与他人进行交往，以实现自己或他人互动目标的行为方式，包括认知、行为和情感三种成分①。社会技能的认知成分包括社交问题解决策略的适当性和有效性以及对社会交往成功后果的内部归因；行为成分包括环境相关技能、人际相关技能、自我相关技能和任务相关技能；情绪成分可由孤单感和社交焦虑代表。②

良好的社会技能的习得能够有效消除问题行为的产生。对儿童来说，社会技能是其开展社会交往和适应社会生活的重要能力之一，是儿童社会性发展的重要内容③，必须通过一些专门的训练帮助他们习得或运用必要的社会技能。普通学生和特殊教育需要学生都需要习得一些必要的社会技能，才能建立尊重、理解、接纳、欣赏的同伴关系和平等、团结、友爱、互助的班级氛围。社会技能的训练方法很多，包括获得、强化、维持或迁移社会技能的方法，以及消除不利于正向社会技能发展的不当行为的方法，另外，还有移情训练、社会故事法、扩大替代沟通系统和想法解读训练法等具有综合性的训练方法。为了促进社会技能的发展，往往需要综合运用多种训练方法，有些方法在实际的训练中需要根据实际情况进行配合使用。

(一)社会问题解决法

社会问题解决法指特殊教育需要学生用于解决人际关系情境中所产生冲突或问题的方法。问题解决法实质上是一种改变社会认知思维方式的方法，它所关注的是一系列"人际认知问题解决技能"，主要用于帮助特殊教育需要学生强化对人际互动中的自我和他人相关社会因素的敏感程度，比如所涉及的观点、情感、动机和需求等，还要促使特殊教育需要学生找出或评价解决问题的备选策略，并从中选出最合适的策略，能思考如何有计划地实施解决问题的策略，能合理地监督和调整解决问题的过程，并理性地看待问题解决后的结果对自己和他人及双方关系的影响。采用社会问题解决法

① 周宗奎：《儿童的社会技能》，23页，武汉，华中师范大学出版社，2002。
② 周宗奎：《儿童的社会技能的测评方法》，26～31页，载《心理发展与教育》，1996(3)。
③ 王雁：《智力障碍儿童社会技能训练》，1页，北京：北京师范大学出版社，2014。

发展特殊教育需要学生的社会技能时，可从以下五个方面着手：

第一，要对问题及问题情境进行识别和确认，要帮助特殊教育需要学生认识到他们的社会技能存在问题，找到存在的问题后，还要帮助他们分析该问题的特点和所涉及人物的情感、行为等因素，理解要解决该问题的原因。当特殊教育需要学生理解问题后，产生解决问题的需求和目标，才有动力去寻找解决问题的方法。

第二，帮助特殊教育需要学生设想多种可用于解决问题的方法。在训练过程中，这个步骤可以帮助特殊教育需要学生学会利用认知思维的特点，而不是冲动地去解决问题。运用问题解决法进行训练后，可以延迟特殊教育需要学生的冲动反应，学会在碰到社会交往或社会适应问题时先停下来思考，找出解决方案后再行动。在训练时，针对所要解决的问题，帮助特殊教育需要学生尽可能寻找并形成能解决问题的方法。之所以让特殊教育需要学生尽可能地全面考虑解决问题的方法，目的是为了让他们明白每一个社会交往或社会适应的问题会有多个解决方法，一个解决方法失败后，还可以从备选方案中选择其他的方法。

第三，帮助特殊教育需要学生分析各种备选解决方法可能造成的结果。让特殊教育需要学生思考各个解决方法可能造成的结果，目的在于让他们提前预期该方法的效果，这将是最后评价该解决方法是否有效的标准。特殊教育需要学生对解决方法的预期结果应该是确实可能发生的，而不是假设的、不太能实现的；结果既包括近期的，也包括长远的。

第四，帮助特殊教育需要学生从所想出的方法中寻找最合适的解决方法。最合适的方法一定要适合问题所在的情境，是在情感接受度、解决效果和付出代价等方面都达到最佳期望的方法。但是，要帮助特殊教育需要学生明白最佳方法也是相对而言的，他们其实无法很精确地考虑到所有因素。如果所选择的最佳方法失败了，其他备选方法也有可能获得成功。练习时，可以列出各种可供选择的方法及其结果，帮助特殊教育需要学生分析与理解解决方法和结果之间的关系，从中选择最佳的解决方法。

第五，指导特殊教育需要学生尝试运用所选择的方法。可以综合运用示范法、模仿法、链接法、行为演练法和强化法等来学习和操作练习该社会技能。另外，还要结合反馈法，通过评价或指导确定完成效果如何，并及时进行调整和改善。如果是所选方法不恰当，可以从备选方法中更换后再次尝试。如果多次尝试仍不能成功，可能要思考问题确认和解决问题的目标设定是否合理。如果训练成功，就应该进入到巩固、迁移的环节中。

社会问题解决法实质上是一种改变社会认知思维方式的方法。

(二)移情训练法

移情训练法主要是通过体会观察他人的情绪，理解他人的情感，从而来发展自身的情绪能力，这样才有利于特殊教育需要学生对他人的情感做出正确反应，从而发展分享、合作、利他等亲社会行为。

移情包括认知和情感两种成分。这两种成分并不是同时发生作用的。有的特殊教育需要学生看到别人在哭，自己也会跟着哭起来；看着别人笑，自己也会跟着笑，这时就不会有认知成分参与，只是一种共同的情绪反应。很多情况下，认知成分影响着情感成分，比如听到一个人的悲伤故事会因为了解了他的不幸遭遇而难过，听到一个笑话会因为理解了笑点而大笑。但有的特殊教育需要学生虽然理解悲伤的故事或有意思的笑话，但仅仅停留在认知层面，而没有体验到其中的情感成分，因此不会产生相应的情绪反应。对特殊教育需要学生而言，尤其是中重度智障学生，他们出现第一种移情的概率更高。

特殊教育需要学生的移情训练以情感认知训练为基础，在指导下通过对某个事件或故事中的情绪情感问题及原因进行讨论和分析，并回忆和分析自己过去的类似体验；再通过情感换位体验来理解事件或故事中人物的情绪情感；在理解和体验的基础上，进一步对事件或故事中的情绪情感问题进行分析和总结，获得一般性的情感知识；之后通过情境表演来亲自体验，并互换角色来体验不同的情感。

（三）社会故事法

社会故事法是用一些具有特定模式的简短故事，客观描述人物、技巧、事件、概念或社交处境等，主要用于提高孤独症学生的社会技能，改善他们的社会交往和沟通障碍。社会故事法运用过程中综合采用了认知训练、辅导法、行为演练法、练习法、角色扮演法、强化和迁移等方法，可以有效帮助孤独症学生在阅读或听故事过程中强化对社交情境的理解能力，把握社会情境的重点，避免遗漏必要的社会线索和产生误解，形成对具体情境的整体概念，知道如何适当表现出社会技能。

（四）扩大替代沟通系统法

扩大替代沟通系统法是采用图片、照片、绘画、手势和多媒体等方式作为沟通的途径，帮助特殊教育需要学生利用替代沟通的方式来强化与他人的沟通能力和交往能力。一般而言，它适用于任何年龄阶段的无语言或严重语言障碍儿童。有语言能力的特殊教育需要学生如果存在沟通障碍也可以采用这种方法。

对该方法最主要的质疑是一旦特殊教育需要学生掌握了替代沟通系统，可能对此形成依赖，反而限制了其语言交往的可能。这实际上涉及两种相反的沟通训练理念。一种是认为只要达到了沟通的目的，用什么方式达到目的其实不重要。所以图片沟通、手势沟通等方法都是首选，当特殊教育需要学生能够进行沟通，能把自己的想法表达出来，保持愉悦的身心状态，训练的目的就达到了。另一种是只有用语言沟通才是最终目的，图片沟通系统是不利于语言的形成和发展的，但这样的训练方式意味着特殊教育需要学生要承受更大的训练压力，而且不一定成功。从国际上流行的观念看，前者被认为是更为人本、科学的方法，但对很多家长和教师而言，还是认为后者更有利于特殊教育需要学生适应社会。

扩大替代沟通系统方法经过修正后也开始重视对特殊教育需要学生进行语言刺激，并加入语言交往训练的内容。在特殊教育需要学生还未形成沟通意识的时候，需要借助对他们具有强烈吸引力的强化物来建立起刺激和反应的联系，对其社会技能进行训练时，一般以实现某种功能为目的，比如，帮助他们学习用替代的非语言方式来表达某种需求或看法、态度，达到沟通目的。另外，扩大替代沟通系统注的运用离不开行为塑造法、反向链接法、强化法和练习法等基本的行为训练方法

（五）想法解读训练法

想法解读训练法也是基于认知和行为的一些基本方法，如辅导法、言语指导法、示范法、反馈法、练习法和角色扮演法等，可用于对情绪理解、信念理解和人际关系的理解等方面的干预。但考虑到特殊教育需要学生的想法解读水平，训练内容、训练方法都需要根据其特点进行适当调整，训练任务只是提供入门的基础训练，最关键的是要和真实生活场景结合起来。想法解读训练可以作为一种社会认知的专门方法，能提高特殊教育需要学生对社会情境中认知成分的理解能力。

一些特殊教育需要学生的想法解读存在障碍，如中重度智障儿童在辨认表情、表达情绪方面存在困难，缺乏同理心，不太理解不同人的想法差异，假装游戏水平低等。这直接影响了他们的社会技能学习效果，从想法解读训练的角度来提高他们的社会技能水平或许是一种新的思路。移情训练法其实和想法解读训练法的思路是一致的，只不过前者侧重在认知基础上换位体验对方的情绪情感，而后者更突出对低龄特殊教育需要学生社会认知能力的专项训练。

虽然社会技能训练需要采用一些专门的方法，但各项方法在训练和运用过程并非是机械的、结构化的。考虑到特殊教育需要学生的学习特点，单独运用一种训练方法或综合方法发展他们的社会技能时，基本都是以一项具体的技能为训练目标，如你好、打招呼、邀请朋友做客等，或者主要针对一类社会技能进行训练，如沟通能力、社会认知能力等，训练过程中如果不注重社会技能的有效迁移，会导致特殊教育需要学生只能单独运用某种社会技能，无法做到灵活运用。而真实的社会生活中，特殊教育需要学生往往需要综合、动态运用社会技能。因此，训练过程中，要特别注重在不同环境下特殊教育需要学生社会技能的泛化。社会技能形成于特殊教育需要学生参与社会生活、和他人产生互动、建立人际关系的过程中，所以对社会技能的训练从始至终都需要和社会生活紧密联系起来，训练形式必须是生态化的、多样的、灵活运用的。教

师既需要利用特殊的方法帮助他们理解和掌握社会技能，也需要帮助他们在社会化过程学习和运用社会技能。

普通学生是融合班级的绝大多数，部分普通学生也同样存在问题行为，而有些攻击性行为、破坏性行为和残忍行为的对象就是特殊教育需要学生。及时矫治这些问题行为，不仅有利于普通学生自身的健康成长，减少对特殊教育需要学生身心伤害，还能够改善整个班级的氛围，营造团结、和谐、平等、接纳的班级环境。针对班级中普通学生出现的问题行为，一方面，教师可以通过阅读残疾主题绘本、赏析残疾主题电影，更加深刻、立体地增进对特殊教育需要学生的认识，改观对特殊教育需要学生的刻板印象，理解特殊教育需要学生的行为特点和处境，激发对特殊教育需要学生战胜生活和学习困难的勇气和精神的敬佩之情，减少、消除攻击甚至残忍对待特殊教育需要学生的不良行为。另一方面，教师可以通过前面所介绍的移情训练法、社会技能训练法，增加他们对特殊教育需要学生的情绪、情感的理解，对特殊教育需要学生在班级中的角色和地位感同身受，理解特殊教育需要学生无法自控的行为举止，学习与他人(尤其是特殊教育需要学生)交往的技能和技巧，从而发展与特殊教育需要学生的分享、合作、利他等亲社会行为。

本章小结

融合班级意味着"人人受到欢迎"，接纳、尊重并欣赏学生的多样性。融合班级不仅有一位或几位特殊教育需要学生，还可能有来自不同社会背景、文化背景、民族、家庭背景的学生，具有不同语言、性别、兴趣、能力的学生。融合班级管理的目的是通过建立普通学生与特殊教育需要学生共融、共生、共进、共赢的班级，构建共享、友好、互助的和谐、生态的教育教学团队，为所有学生创建无障碍的、以学生为中心的生活、学习、活动的环境。

融合班级应能够满足学生(含特殊教育需要学生)的群体生活需求，为所有学生提供学习机会，促进学生成长和发展，提供个别化教育服务。教师的教育观念、素质和人格、班级管理能力和教师之间的配合等都是影响融合班级管理的主要因素。融合班级的学习环境创设包括学校和教室空间与设施的无障碍，更重要的是营造认同与接纳、安全与归属、尊重与自我实现的心理环境。融合班级常规管理涉及班级常规的制定、作息时间的安排、支持服务的提供和紧急情况的处理等问题。融合班级的特殊教育需要学生和普通学生可能存在一些常见的问题行为，需要运用积极行为支持的方法进行干预，同时注重学生社会技能的培养。

思考题

1. 你理想中的融合班级是怎样的?
2. 如何秉承"以每位学生最大利益"的理念打造优质的融合班级学习环境?
3. 如何运用积极行为支持改变特殊教育需要学生的问题行为?
4. 融合班级特殊教育需要学生社会技能培养有哪些策略?
5. 观察融合班级的一日活动，分析班级管理中存在的问题。

推荐阅读

1. 吴淑美. 融合班的理念与实务[M]. 台北: 心理出版社, 2004.
2. 张文京. 特殊儿童班级管理[M]. 重庆: 重庆出版社, 2007.
3. 王雁, 朱楠. 智力障碍儿童社会技能训练[M]. 北京: 北京大学出版社, 2014.
4. 昝飞. 积极行为支持[M]. 北京: 北京轻工业出版社, 2013.

第七章

融合学校的建设与运行

本章导读

融合学校是普通学生和特殊教育需要学生共同生活、学习的场域。为推动特殊教育需要学生和普通学生共同在学校教育中获得实质性的进步和发展，普通学校首先，需要从无障碍环境创设出发，为特殊教育需要学生的顺利融入创设基本环境和条件保障；其次，融合学校还要建设一支完备的师资队伍，从课堂教学和生活管理方面全面落实融合教育的具体工作；再次，普通学校还需明确融合教育的工作程序，建设相关制度和管理办法，确保融合教育的顺利运行；最后，普通学校还要及时对其融合教育开展情况进行评价，查缺补漏，及时监测并完善融合教育相关工作。

第一节 融合学校无障碍环境创设

无障碍学校环境创设是指消除存在于校园及周边环境中对有特殊需求学生造成障碍的不利因素，通过对学校建筑和设施、教学设施设备、班级空间和设施等“硬环境”的设置与改善，以及校园、班级文化等“软环境”的设置与改善，给特殊教育需要学生提供便捷的生活、学习空间和相关支持，让所有学生能够使用学校的辅助设备，顺利到达学校的每一处，参与到学校的课程和公共活动中去，帮助他们克服学习和生活困难，实现物理、心理和功能的融合，从而获得高质量的学校教育，让学生真正成为学校的主人。

一、无障碍学校建筑和设施

参照2011年由国家发改委、住房和城乡建设部颁布的《特殊教育学校建设标准》(建标156－2011)以及由住房和城乡建设部、国家质量检验检疫总局2012年发布的《无障碍设计规范》(GB 50763—2012)中的“无障碍设计要求”及“教育建筑规范”，建议我国具备条件的融合学校参照以下标准，逐步完善学校常用的无障碍建筑和相关设施。

(一)无障碍出入口

按照相关标准和要求，融合学校无障碍出入口的设计和完善，需要符合如下规定(部分)：

第一，出入口的地面应平整、防滑。第二，室外地面滤水箅子的孔洞宽度不应大于 15 毫米。第三，除平坡出入口外，在门完全开启的状态下，建筑物无障碍出入口的平台的净深度不应小于 1.50 米。第四，建筑物无障碍出入口的门厅、过厅如设置两道门，门扇同时开启时两道门的间距不应小于 1.50 米。第五，建筑物无障碍出入口的上方应设置雨棚(见图 7-1、图 7-2)。

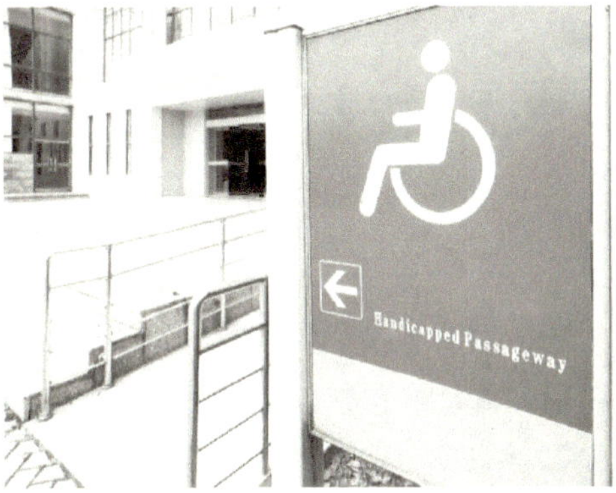

图 7-1　无障碍出入口图例 1

图 7-2　无障碍出入口图例 2

(二)轮椅坡道

按照相关标准和要求，融合学校内轮椅坡道设计和完善需要符合如下规定(部分)：

第一，轮椅坡道宜设计成直线形、直角形或折返形。第二，轮椅坡道的净宽度不应小于 1.00 米，无障碍出入口的轮椅坡道净宽度不应小于 1.20 米。第三，轮椅坡道的高度超过 300 毫米且坡度大于 1∶20 时，应在两侧设置扶手，坡道与休息平台的扶手应保持连贯。第四，轮椅坡道的最大高度和水平长度应符合表 7-1 的规定。第五，轮椅坡道的坡面应平整、防滑、无反光。第六，轮椅坡道起点、终点和中间休息平台的水平长度不应小于 1.50 米。第七，轮椅坡道临空侧应设置安全阻挡措施。第八，轮椅坡道应设置无障碍标志(见图 7-3、图 7-4)。

表 7-1　轮椅坡道的最大高度和水平长度

坡度	1∶20	1∶16	1∶12	1∶10	1∶8
最大高度/m	1.2	0.9	0.75	0.6	0.3
水平长度/m	24	14.4	9.0	6.0	2.4

注：其他坡度可用插入法进行计算。

图 7-3　无障碍坡道示例 1

图 7-4　无障碍坡道示例 2

(三)无障碍通道和门

按照相关标准和要求，融合学校内无障碍通道需要符合如下规定(部分)：

第一，室内走道不应小于 1.20 米，人流较多或较集中的大型公共建筑的室内走道宽度不宜小于 1.50 米；室外通道不宜小于 1.80 米。第二，无障碍通道应连续，其地面应平整、防滑、反光小或无反光，并不宜设置厚地毯；无障碍通道上有高差时，应设置轮椅坡道。第三，固定在无障碍通道的墙、立柱上的物体或标牌距地面的高度不应小于 2.00 米；如小于 2.00 米时，探出部分的宽度不应大于 100 毫米；如突出部分大于 100 毫米，则其距地面的高度应小于 600 毫米。第四、斜向的自动扶梯、楼梯等下部空间可以进入时，应设置安全挡牌(见图 7-5、图 7-6)。

图 7-5　无障碍通道示例 1

图 7-6　无障碍通道示例 2

按照相关标准和要求，融合学校内无障碍门设计需要符合如下规定(部分)：

第一，不应采用力度大的弹簧门并不宜采用弹簧门、玻璃门；当采用玻璃门时，应有醒目的提示标志。第二，自动门开启后通行净宽度不应小于 1.00 米。第三，平开门、推拉门、折叠门开启后的通行净宽度不应小于 800 毫米，有条件时，不宜小于 900 毫米。第四，在门扇内外应留有直径不小于 1.50 米的轮椅回转空间。第五，在单扇平开门、推拉门、折叠门的门把手一侧的墙面，应设宽度不小于 400 毫米的墙面。第六，平开门、推拉门、折叠门的门扇应设距地 900 毫米的把手，宜设视线观察玻璃，并宜在距地 350 毫米范围内安装护门板。第七，门槛高度及门内外地面高差不应大于 15 毫米，并以斜面过渡等(见图 7-7、图 7-8)。

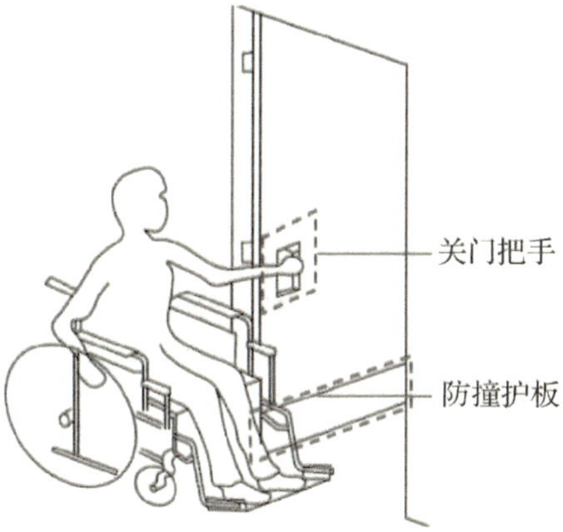

图 7-7　无障碍门设计范例

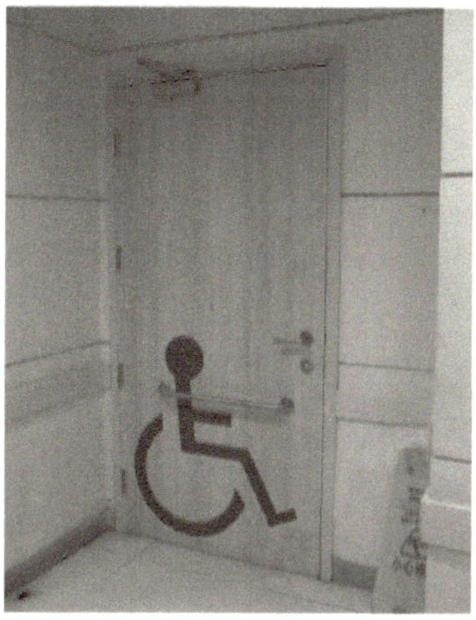

图 7-8　无障碍门示例 1

(四)无障碍洗手间

按照相关标准和要求，融合学校内无障碍洗手间和厕位需要符合如下规定(部分)：

第一，厕所的入口和通道应方便乘轮椅者进入和进行回转，回转直径不小于 1.50 米。第二，门应方便开启，通行净宽度不应小于 800 毫米。第三，无障碍厕位应方便乘轮椅者到达和进出，尺寸宜做到 2.00 米×1.50 米，不应小于 1.80 米×1.00 米。第四，无障碍厕位的门宜向外开启，如向内开启，需在开启后厕位内留有直径不小于 1.50 米的轮椅回转空间，门的通行净宽不应小于 800 毫米，平开门外侧应设高 900 毫米的横扶把手，在关闭的门扇里侧设高 900 毫米的关门拉手，并应采用门外可紧急开启的插销。第五，厕位内应设坐便器，厕位两侧距地面 700 毫米处应设长度不小于 700 毫米的水平安全抓杆，另一侧应设高 1.40 米的垂直安全抓杆。第六，在坐便器旁的墙面上应设高 400～500 毫米的救助呼叫按钮等(见图 7-9、图 7-10)。

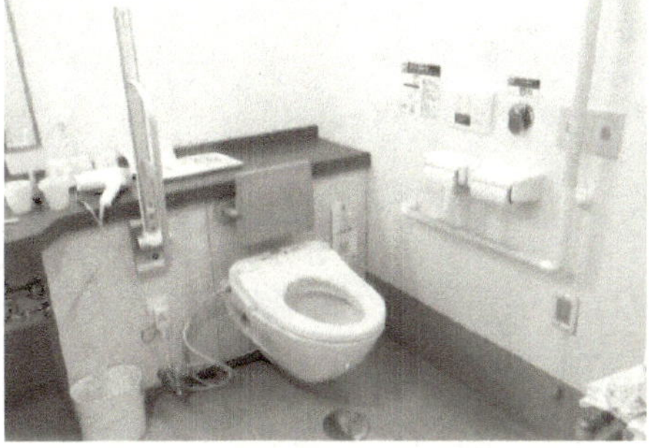

图 7-9　无障碍洗手间示例 1

图 7-10　无障碍洗手间示例 2

(五)无障碍电梯

按照相关标准和要求，融合学校内无障碍电梯安装需要符合如下规定(部分)：

第一，候梯厅深度不宜小于 1.50 米，呼叫按钮高度为 0.90～1.10 米，电梯门洞的净宽度不宜小于 900 毫米；候梯厅应设电梯运行显示装置和抵达音响。第二，电梯轿厢门开启的净宽度不应小于 800 毫米。第三，轿厢的侧壁上应设高 0.90～1.10 米带盲文的选层按钮，盲文宜设置于按钮旁。第四，轿厢的三面壁上应设高 850～900 毫米扶手，轿厢内应设电梯运行显示装置和报层音响等(见图 7-11、图 7-12)。

图 7-11　无障碍候梯厅示例

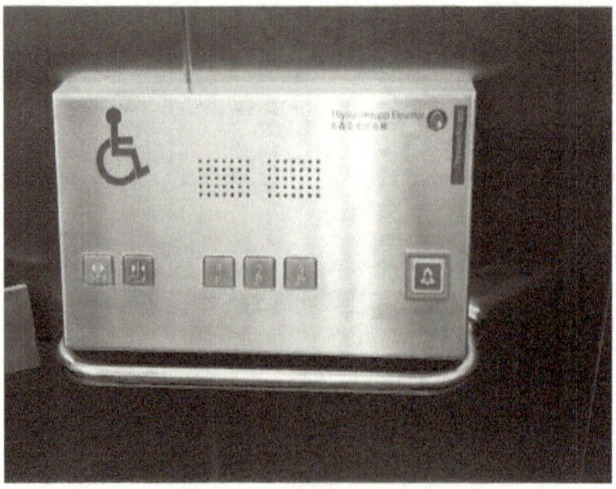

图 7-12　无障碍电梯内按键示例

除了以上常用建筑设施之外，接受特殊教育需要学生的普通学校，有条件的还需要在公共浴室、餐厅、宿舍、体育馆、图书馆、停车位及其他学习、生活场所按照我国相关标准设计无障碍设施，提供无障碍支持条件，并在相关设施醒目位置张贴或悬挂无障碍标识。方便特殊教育需要学生便利的进出学校各种场所，顺利的参与学校各项生活和学习。

二、无障碍班级空间及支持

无障碍班级空间，即无障碍教室环境创设。其中主要包含了教室空间布局和环境布置、座位安排以及教学生活辅助设施、设备的提供等方面内容。

(一)无障碍教室的空间布局和环境布置

考虑特殊教育需要学生是否能最大限度地在课堂教学环境中学习知识和获得生活便利，最少限度的受外部信息的影响，普通学校应该考虑特殊教育需要学生个体化需求，在进行教室布局和环境布置时，予以特殊调整和安排。

在教室内的功能区划分上，教师可以借助结构化的环境安排，将不同内容或功能的教学活动进行清晰明了的功能分区，如小组讨论区、游戏区、读书角、衣物柜、学习资料柜等，便于学生能清晰准确的理解教学活动和各功能区的关系，更好融入组织教学活动，方便学生积极融入。

在教室的环境布置上，要尽可能考虑特殊教育需要学生的认知和身体功能特点，有针对性地对各类学生提供支持。如若班级内的特殊教育需要学生主要为肢体障碍学生，应当首要考虑其生活安全性和便利性，在进行班级环境布置时，尽可能为他们留出便捷的轮椅通道，可以抵达所有教室功能区域；考虑饮水器、开关灯、资料柜等的高度，便利他们的班级生活。如果班级内的特殊教育需要学生为智力障碍学生，则需要为其尽可能创设安全、舒适、丰富的环境。一方面可以为其提供丰富的感官刺激，提升他们班级内生活的兴趣；另一方面也可以利用班级内丰富的活动区域，为其学习及认知发展提供充分的素材。如若班级内的特殊教育需要学生为孤独症学生，则尽可能的设置井然有序的结构化的班级环境，教师在进行环境布局时，可以明确的划分功能区域，将书本、教具、生活学习用品统一归置于特定的区域，并及时建立清晰的指示标识，帮助孤独症学生轻松掌握和使用。如果班级内的特殊教育需要学生为视力或听力障碍学生，则更多需要考虑其生活学习空间的安全性(见图 7-13、图 7-14)。

图 7-13　某幼儿园教室功能分区

图 7-14　某小学教室环境创设

(二)方便特殊教育需要学生的座位安排

针对普通学生的研究中，多数学者认同所谓的“前排—中间效应”①，即坐在教室前排和中间的学生比坐在后排和两边的学生具有更高的学习动力，参与课堂的积极性更高，学习成绩更好，更能获得教师与同学的认同，对班级的态度也更为积极。对于融合班级而言，除了考虑“前排—中间”效应外，依据不同障碍类型的特殊教育需要学生身心情况，还需要做出必要的特别安置。

例如，对于视力障碍学生而言，应尽可能将之安排到中间第一、二排的位置，便

① Biddle B. J. & Adams R. S. , “Teacher Behavior in the Classroom Context,”in *Instruction*：*Some Contemporary Viewpoints. Edited by Laurence Siegel*. San Francisco：Chandler，1967，pp. 56-57.

于他们看清黑板、多媒体和教师的教学演示，减轻其视力负荷。同时，视力障碍学生的座位也需要有相对较大的空间，便于其放置大字本、助视器等必需的学习材料和设备；对于佩戴助听器的听力障碍学生，应尽可能将其座位安置于教室中间一排，便于教师在教室任何角落走动都能被听力障碍学生接收信息；对于孤独症儿童、智力障碍、注意缺陷及多动症儿童而言，应尽力减少其课堂中分心的环境，将其座位安置于教师或前后桌助学伙伴能及时提醒的位置；尽力避免将其安置于门口，靠窗户等容易分心的位置，降低可能的视觉和听觉刺激(见图 7-15)。

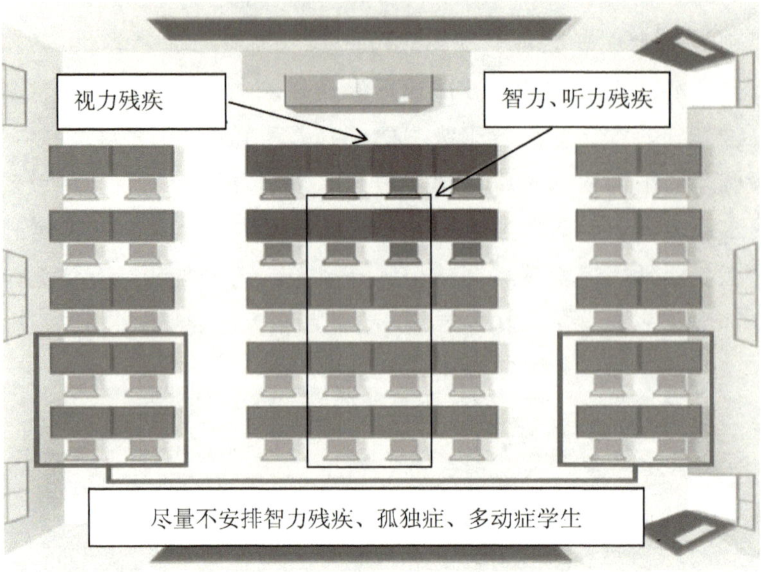

图 7-15　融合教室学生座位安排建议

(三)教室内无障碍辅助设施和信息传播技术的提供

1. 无障碍辅助设施

融合班级内的无障碍辅助设施通常包括移动类、沟通类、学习类和生活类四种，用于解决特殊教育需要学生在融合环境中学习和生活的困难，为他们顺利参与学习生活提供必要支持。以下介绍一些融合班级内常用的无障碍辅助设施设备。

第一，移动类。如用于肢体障碍和脑瘫学生的轮椅、助行器、代步车；用于视力障碍学生的盲道、手杖、电子方向指示器、语音提示器等。旨在协助学生在教室空间内进行无障碍转换。

第二，沟通类。如用于孤独症、听力障碍、语言障碍的沟通图卡、沟通板、计算机辅助沟通系统等。旨在帮助特殊教育需要学生顺畅地与班级内其他成员实现良好沟通，表达需求和希望，进行信息传递，建立社交亲密感。

第三，学习类。如用于精细运动障碍学生的语音输入式电脑、平板电脑，翻书辅助器、异形书写器等；用于视力障碍学生的读屏软件、助视器、手持式镜头、放大辅具、大字本、特殊的照明灯台等。旨在提升学生的学习能力，协助特殊教育需要学生更好地融入课堂学习。

第四，生活类。如为精细动作有障碍学生提供的辅助筷、勺等特制餐具；带有吸盘的餐具、有声音和灯光提示的电铃、震动闹钟、供视力障碍者娱乐休闲的可以发出声音的玩具、球类等，旨在提升特殊教育需要学生校园生活的质量和便利性。

2. 无障碍信息和传播技术

融合教育要求关注心智、能力各异的所有学生种种独特需求，承认不同学生独特的学习方式，为其学校内的各种生活和学习提供支持和便利。除了常规性的硬件支持和物理环境调整外，运用新颖的信息和传播技术推动融合教育的质量提升也是近年来的主要趋势。

通常而言，教育中无障碍信息和传播技术可以包括以下内容①：

第一，各种主流技术，如计算机、网络浏览器、文字处理器、白板、内置无障碍功能的移动电话、平板电脑等。

第二，辅助技术，如助听器、屏幕阅读器、助视器、放大镜、自适应键盘、增强式通信设备等。

第三，无障碍媒体和格式，如无障碍超文本标记语言(HTML)、字幕视频、数字可访问信息系统(DAISY)等。

第四，教学和学习软件，如移动学习、基于云的解决方案、游戏控制器用于学习、交互式学习系统，无障碍教育教学资源、无障碍 APP 等。

> 资料 1：“移动电话战略支助残疾学生学习——小秋魔术口袋里的 99 件工具”，东京大学先进科技研究中心近藤武夫、中村健笠。
>
> 这一研究项目提供了一些小技巧，让移动电话能够以最适合学生们需要的方式使其投入学习。阅读、写作、记笔记和保存笔记、了解时间、计划活动、聆听、计算、使用词典、上网浏览、给朋友打电话发短信等，都可以使用“魔术口袋”里的工具在移动电话上进行。

当然，这些无障碍信息和传播技术在融合课堂中的使用，可能会受到一些因素的

① 联合国教科文组织：《无障碍信息和传播技术与残疾学生的个性化学习：教育界、产业界、政府、民间社会之间的对话》，http://www.unesco.org/new/en/communication-and-information/access-to-knowledge/access-for-people-with-disabilities/，2021-1-3。

影响。比如，教师对运用信息和传播技术的益处的认识；教师对课堂上使用信息和传播技术的态度；学生和家长对信息和传播技术的认识和态度；目前的课程设置、教学方法、评估方法中有无灵活性；满足学生在当前的组织结构下学习时，因广泛存在的差异而面临的挑战等方面。但应该坚信的是，随着现代科学技术的高速发展，借助无障碍信息传播技术，让特殊教育需要学生更多的、更优质的、平等参与课程学习将会有无限可能。

资料 2：推进融合学校信息无障碍的网络资源

信息和传播技术为残疾人教育服务。创新做法审评(2011 年，英文本)

残疾人电子无障碍政策手册

信息和传播技术促进全纳：更有效地普及到更多学生(2010 年，英文本、俄文本)

教师无障碍指南(英文本、西班牙文本)

倡导多样化：创造全纳的学习友好型环境工具包

三、无障碍人文环境创设

无障碍的人文环境创设，即学校和班级融合文化的创设。建设融合学校文化就是要建立一个充满尊重、合作、互助的情感氛围和学习与教学氛围的学校，使学校中的每一个人都感到自己是受欢迎、受尊重的，是学校与班级里平等的一员，对学校和班级有归属感和身份认同①。Pijl 和 Meijer 研究指出，普通学校融合教育的层次可以划分为六个水平，分别为物理空间的融合、名称的融合、管理的融合、社会性融合、课程的融合以及心理融合②。积极行为支持理论也认为，改善个体生存的环境有助于个体的良性发展。因此，除了建设和改造融合校园、融合班级的硬件条件(物质文化)之外，融合的人文环境创设也尤为必要。从某种程度而言，学校和班级融合文化的创设，教师和普通学生对特殊教育需要学生的接纳态度，决定了特殊教育需要学生在融合环境中接受教育的内容、形式和质量，更能促进特殊教育需要学生的学习和生活融入，更能有效地推进融合教育在普通学校的发展。普通学校融合文化的创设，可以从制度文化、精神文化和课程文化三个方面开展，具体形式上可以通过专家引领、家长参与、教师专业发展以及社区资源整合几个方面实现。

(一)融合制度文化创设

融合制度文化是融合学校制度文化创设中的重要组成部分。简言之，融合制度文化即由学校融合教育相关制度所承载、表达、衍生和推动的融合教育相关工作。它是一所学校渗透在体系架构、规章制度、工作流程、岗位职责等内容中的融合价值观念，也是在生成和执行各类制度过程中折射出来的融合价值取向和行为准则。

融合制度文化是有形制度和无形价值的有机结合。一方面，融合制度文化体现在有形的制度上，通过具体的制度文本，呈现刚性的约束力，给师生提供优质的融合文化心理氛围和正确的行为模式；另一方面，其无形价值又渗透在学校融合教育实施、推进和保障的各个环节中，包括特殊教育需要学生的评估和安置、教育教学、课程调整、教学评价、融合教师的师德规范、专业发展、校本研修、工作流程等诸多方面。这一制度整合着学校融合教育组织体系，促进学校融合教育工作运转协调有序。同时，也传递着学校融合文化的信息，塑造融合学校的个性形象。

简单而言，普通学校融合制度文化的创设需要做好两方面工作：一是确保融合教育制度的优质生成。此项工作的着力点在于对融合教育工作制度文本的建设和完善，目的是打造静态的“文本化”制度文化③。需要重点关注融合教育工作制度生成的公正程序、合法性、完整性以及可操作性。二是确保融合教育制度的高效执行。融合教育工作制度的生成并非难事，而融合教育制度文化建设能否到位，主要取决于制度执行是

---

① 邓猛：《融合教育理论指南》，125 页，北京，北京大学出版社，2017。

② Pijl S. J. & Meijer C. J.,“Does Integration Count for Much? An Analysis of the Practices of Integration in Eight Countries,”in *European Journal of Special Needs Education*, 1991, 6(2), pp. 100-111.

③ 顾建德等：《关于学校制度文化建设的思考》，11～14 页，载《现代中小学教育》，2008(4)。

否真正落实。

要想打造高效的融合教育工作制度执行力，普通学校除了通过公开民主的订立制度，以提高师生对融合教育工作制度的认同感和接受度以外，还需要营造氛围，宣传造势，进一步提高学校成员乃至社会各界对学校融合教育制度文化的认同感和理解力；树立融合教育工作制度权威，规范公正高效的执行制度；刚性执行与柔性执行相结合，约束与激励相结合，执行与教育相结合，以提升融合教育执行实效；深入分析并引导非正式制度向正式制度的规则和价值取向靠拢；学校领导带头执行融合教育工作制度，做好示范，同时大力表彰执行制度的先进典型，以增强对师生融合教育工作的说服力和感染力。

(二)融合精神文化创设

融合精神文化的内涵在于差异共存、包容共享、优质平等教育机会获得等核心价值观体现。普通学校融合精神文化的创设，其本质意义在于营造“融合的支持文化”，营造“社区感”的学校和班级氛围，让普通学生和特殊教育需要学生都体验到群体归属，学校的融合文化建设要结合当地的文化传统和文化价值，不可与社区文化背道而驰。具体而言，普通学校除了前述通过融合教育制度的建设、规范和约束以促进残健融合、共同发展之外，还可以从学校和班级两个层面出发，在以下方面努力，充分营造欣赏、认同和接纳差异的环境，着力打造融合学校精神文化。

第一，融合教学培训和研讨。通过定期组织和举办融合教育教学、康复、班级管理、科研、校本资源开发等方面的培训、研讨及经验分享，让普通学校教师全面了解特殊教育需要学生心理与教育规律，掌握融合教育的知识、技能和支持利用途径，学会疏解教学、班级管理的压力，灵活运用家校协同沟通方面的技巧，提升学校教师对特殊教育需要学生和特殊教育需要学生教育的接纳，推进融合教育质量的行动落实。

第二，各类残疾人日活动宣传。在特定的残疾人日(如 4 月 2 日孤独症宣传日、3 月 3 日爱耳日、12 月 3 日国际残疾人日、6 月 6 日全国爱眼日等)开展全校性的宣传活动，促进全校师生、家长对特殊人群教育的理解和接纳。有条件的学校还可以设定每年的某个特定周为本校助残周，通过讲座、助残活动、征文、舞台剧表演、合唱、运动会等多种形式，让教师和普通学生近距离的感知特殊教育需要学生，促进接纳和理解的氛围营造。

第三，成立阳光助残团体，为特殊学生提供学习和生活支持。普通学校要创造条件和支持，鼓励普通学生协助特殊学生的日常学习和生活。通过成立学校、班级助残团体，或以助学伙伴、生活助手的形式，让特殊学生和普通学生结对子，让助学团体、生活助手成为普通学校推进融合教育管理和质量提升的重要力量。另外，普通学校还需要尽可能的发动家长资源，为特殊学生家庭提供力所能及的帮助和支持，以点带面，逐步渗透，共同搭建从校内支持到校外合作的平台。

第四，静态宣传。普通学校可以利用学校的各类宣传栏、网站、校园刊物、公众号、QQ微信群、微博等校内宣传媒介，定期设计和制作有关融合教育、特殊教育政策法规、特殊儿童生活学习故事、普特共融典范等内容的宣传栏目、简报甚至微视频等，促进师生对特殊学生的了解和理解，营造尊重和接纳的校园精神文化环境。

资料3：近十年国际残疾人日主题
2008年：《残疾人权利公约》：人人享有尊严和正义
2009年：为所有人实现千年发展目标：赋权给残疾人和其在世界各地的社区
2010年：让千年发展目标具有包容性：增强世界各地残疾人及其社区的力量
2011年：人人共享美好世界，推动残疾人融合发展
2012年：共建更美好世界，造福全民，造福参与发展的残疾人
2013年：打破障碍，敞开大门：建设包容所有人的社会
2014年：可持续发展：让技术为我所用
2015年：融合至关重要：全社会无障碍，赋权所有人
2016年：落实2030年可持续发展议程，建设人人向往的美好未来
2017年：向人人享有可持续和有活力的社会转变
2018年：赋予残疾人权力，确保包容与平等

(三)融合课程文化创设

课程文化创设是学校发展的核心，也是组成学校文化的核心部分。对于特殊教育需要学生而言，课程融合也是最能决定他们在校学习质量和身心发展的核心要素，是融合教育最高层次的要求。融合学校各学段应对教材进行适宜性改造，形成适合特殊教育需要学生的课程蓝本。幼儿园应重点关注将康复融入日常保教活动，提供功能评估、个训、辅助器矫正等服务，小学阶段要关注特殊教育需要学生的巩固性康复、生活自理及社会适应能力培养，初高中阶段要关注生涯规划，开展相关职业教育。[①] 要想实现“所有儿童都能获得成功”的融合教育目标，普通学校必须在学校课程文化建设中，有意识的渗透“所有学生都能平等、高质量参与”的融合价值导向。

一方面，普通学校需要在“共同课程”中，凸显“学习通用设计”理念。所谓共同课程，即所有儿童都需要学习的课程。从中国学校教育文化背景下而言，即常规的语文、数学、生物、地理、历史、英语、信息技术、音乐、美术、品德社会等课程。我国传统的课程教学中，“一刀切式”的僵化模式长期存在，并不利于存在身心发展迟滞的特殊教育需要学生共同参与和学习。特殊教育需要学生很难像普通学生一样获得知识、技能和学习的热情。学习通用设计的独特之处就在于它以“通达性”为目标，强调在课

---

① 殷雅竹：《普校主体，普特融合：普通学校实施融合教育的有效路径》，5～9页，载《现代特殊教育》，2018(11)。

程设计中，借助于技术的“杠杆”，通过提供多种信息呈现、多种行为与表达方式以及多样化的参与方式，使具有不同背景、学习风格和能力的学生，以及各种类型的特殊教育需要学生能够真正获得和理解课程，提升特殊教育需要学生主动参与课程的自信心，促进特殊教育需要学生从“被决定”到“自我决定”的转变。目前，学习通用设计被认为是“应对融合教育而提出的课程设计理念，从而实现身心障碍的学生也能在普通教育环境中与正常学生同样同等地参与学习活动”。

另一方面，普通学校还要积极开发“功能性课程”，为特殊教育需要学生有效参与共同课程的学习和生活适应提供基础。所谓功能性课程，是为了帮助特殊教育需要学生获得生活必需的适应性技能而发展起来的课程。其涵盖范围非常广泛，包括生活管理、社交技巧、社区参与、自我决定以及职业教育为主的生活技能课程，也包括定向行走、沟通训练、动作技能训练、辅助科技应用等调整沟通与表现方式的课程等。特殊教育需要学生要通过参与功能性课程来确保其获得有利于将来发展的技能。研究显示，兼顾特殊教育需要学生学业知识的共同课程和功能性技能的功能性课程学习，既能提升儿童发展的期望值和教育的可能性，又能为其将来独立自主生活打下基础。

第二节
融合教育的团队建设

融合教育在普通学校的顺利开展，需要学校不同部门的相互协调，需要学校领导、教师、普通学生、家长、资源教师等相关人员的通力配合。如果在相关配套设施、制度和团队的建设尚未完备的条件下就激进的实施融合教育，有时候很容易带来负面效应，甚至形成融合教育推进的新困难和阻滞。本节内容从融合教育的师资团队建设及运行机制两个方面，介绍普通学校如何协调各参与成员共同开展融合教育工作。

一、融合教育的专业团队构成

(1)融合教育的实施者

1. 校长

校长是学校教育的领导者，一所学校的灵魂。其主要工作涉及三大专业范畴和六大职业角色。三大专业范畴包括教育价值领导、教学领导、组织领导，六大职业角色涵盖学校愿景规划者、学习文化营造者、教师专业发展促进者、创新人才激励者、内部组织管理者、外部环境协调者[①]。对于融合教育而言，一个能够深刻理解融合教育精神，认同融合教育价值理念，愿意从学校发展规划、融合文化营造、融合教师团队建设和专业发展、融合教育资源和支持、融合教育组织、协调和管理等方面倾心付出的校长，是保障普通学校融合教育顺利开展和质量提升的关键因素。

2. 资源教师

资源教师是负责普通学校资源教室运行和管理的专业师资。教育部发布的《第二期特殊教育提升计划（2017—2020年）》以及2017年国家新修订并颁布的《残疾人教育条例》中明确指出，要“以区县为单位统筹规划，重点选择部分普通学校建立资源教室，配备专门从事残疾人教育的资源教师”。

从国际融合教育的先进经验来看，资源教师在普通学校融合教育推进过程中，扮演非常重要的角色，是普通学校融合教育工作的核心组织和实施者。资源教师的专业化发展水平直接决定资源教室功能能否有效实现，进而影响随班就读工作的整体质量和特殊教育需要学生的受教育水平[②]。其主要职责包括：特殊教育需要学生的评估和安置、对特殊教育需要学生进行个别辅导、补救教学，对普通班级教师和家长提供咨询与支援以及相关的行政管理、公共关系维护等。从我国目前普通学校资源教师的配备情况来看，多由特殊教育学校的教师担任，负责指导融合学校的教师工作和帮助特殊学生学习，也有部分学校设有专职的资源教师[③]。各地区专职资源教师队伍的建设尚未形成体系，大部分开展融合教育的地区和学校以兼职的普通学科教师为主，且学科背景几乎涵盖义务教育阶段的所有学科，高级职称教师仍然稀少，并且专业性和稳定性严重不足。

3. 班主任

与欧美等西方发达国家小学段以教师“包班”、中学段以学生“走班”为制度基础的没有班主任的教育文化不同，中国大陆有近四百多万的中小学“班主任”[④]。作为“中小学日常思想道德教育和学生管理工作的主要实施者”“中小学生健康成长的引领者”和“中小学生的人生导师”，他们对特殊教育需要学生融合教育的成败具有最直接的影响。

在中国教育文化背景下，班主任是特殊教育需要学生日常生活学习的直接管理者、教育者，也是班级融合文化创设的主要实施者，还是家校合作的主要桥梁，全面负责班级所有学生的教育、学习和操行评定等。他们对待融合教育的态度、对待特殊教育需要学生的态度，直接体现在特殊教育需要学生的日常生活管理、学习支持提供、发展评价等诸多方面，并间接的影响普通科任老师、普通学生和家长对待特殊教育需要

---

① 陈永明等：《我国中小学校长专业评价指标体系探究》，41～44页，载《中国教育学刊》，2009(1)。
② 冯雅静等：《随班就读资源教师专业化发展的现状与对策》，45～51页，载《中国特殊教育》，2018(2)。
③ 邓猛：《融合教育实践指南》，55页，北京，北京大学出版社，2016。
④ 李家成：《论中国“班主任制”的意蕴》，11～19页，载《教育学术月刊》，2016(11)。

学生的态度。一个真正关心、关爱特殊教育需要学生的班主任会积极带动班级学生、科任老师和家长共同为特殊教育需要学生打造一个能使他们顺利“融入”班级学习和生活的人文环境，并实现课上课下的互动和通达，使得特殊教育需要学生有平等机会融入班级，获得高质量发展。

4. 科任教师

在融合教育背景下，我国学校教育中以科任教师为代表的普通教师将成为融合教育尤其是教学和育人工作的主体，每位科任教师都有可能面对特殊教育需要学生的教育教学。他们是除班主任、资源教师之外，最多时间、最大程度参与特殊教育需要学生教育管理工作的群体。除了针对具体科目开展常规教学之外，还通过日常教学活动对学生进行品德塑造和操行培育。他们对融合教育的理解和认同，自身秉持的对待特殊教育需要学生教育的态度，所掌握的处理和应对特殊教育需要学生心理和行为问题的技能，以及他们所具备的为特殊教育需要学生提供支持的意识和积极性，都会对特殊教育需要学生在班级和学校中的学习生活产生重要影响。

5. 特殊教育巡回指导教师

从世界范围来看，为解决普通教育机构缺乏专业支持的问题，由专门的特殊教育机构参与融合教育，提供巡回指导服务已经成为各国实施融合教育的成熟经验和普遍做法①。所谓巡回指导，是指为促进普通学校融合教育的实施，由特殊教育学校(或者地区资源中心、地区特殊教育指导中心等)通过派出专业人员或师资，定期或不定期深入普通学校，为特殊教育需要学生融合教育提供支持和服务，为相关师资提供培训、咨询和指导的重要服务形式。这些专业的巡回指导人员就称为巡回指导教师。

在我国北京、厦门、中山、广州、上海、南京、南通等发达城市，巡回指导已经成为融合教育实施过程中的常态模式。通过地区性的特殊教育资源中心或者指导中心统一协调，由各级特殊教育教研员、特殊教育学校骨干教师组成的专业巡回指导教师队伍已经常态化的深入普通学校，在特殊教育需要学生鉴定与评估、融合教育师资培养、特殊教育需要学生教育康复指导、个别化教育指导、家长咨询与支持以及融合教育社区资源开发等方面发挥着重要作用。在一些不发达省市和地区，巡回指导模式尚未真正建立健全，巡回指导的功能还比较模糊。

(二)融合教育的重要参与者

1. 普通学生

普通学生既是融合教育的对象，又是与特殊教育需要学生在融合教育过程中互动交流最多的群体。他们对特殊教育需要学生的态度、表现出的行为，对特殊教育需要

---

① 李拉：《巡回指导：学前融合教育的专业支持模式》，43～46页，载《现代中小学教育》，2013(3)。

学生的学校生活和学习都有重大影响。对于特殊教育需要学生而言，获得他人的接纳、理解和认同，让他们不再感觉被排斥、歧视和隔离是保障他们融合的最基本前提。在此前提之下，通过日常生活学习中的互动交往、合作、支持提供才能有效推动特殊教育需要学生在普通学校融合教育过程中获得实质性进步。

作为普通学校融合教育的重要参与者，推动特殊教育需要学生有效融合的重要支持，普通学生首先需要在教师、家长的引导以及自身的换位思考下转变观念，真正从心底接纳和理解残障，做到不歧视、不排斥；其次普通学生要在自己力所能及的范围内主动从生活、学习方面关心、帮助特殊教育需要学生，帮助他们适应学校和班级生活，为他们提供必要的支持；最后班委要积极发挥带头引领作用，营造良好的融合氛围，协助老师做好特殊教育需要学生的教育工作。

2. 家长

家庭教育是学校教育的延伸和补充，特别对于特殊教育需要学生而言，在其品德修养的培养、习惯养成、文化知识学习和巩固、缺陷补偿和康复训练等方面，都不宜从时空上把学校教育和家庭教育隔离开来，而应该是学校教育和家庭教育二者有效衔接，共寓于特殊学生的整个学习生活之中。家庭是特殊教育需要学生除学校之外最长时间的教育环境，也是特殊教育需要学生最主要的支援资源。特殊教育需要学生家长必须和普通学校师生共同合作，为特殊教育需要学生的融合教育提供全方位支持。

具体而言，特殊教育需要学生家长参与融合教育的形式和内容主要包括：第一，全面的、不隐匿的提供孩子各种关键信息(包括心智发展水平、主要障碍和困难、情绪问题行为、学业能力、生活习惯、性格特点、优势能力、家庭教养方式、教育和康复经历等)，为学校教育决策提供必要参考。第二，全面参与孩子学校融合教育的全过程(包括特殊教育需要学生的教育评估与安置、个别化教育计划制订、学习生活资料的准备、课后学业辅导、问题行为干预与矫正、学习生活习惯培养、发展评价等)，为特殊教育需要学生顺利融入学校提供最大的支持。第三，全方位配合学校融合教育的管理和运行，必要时为学校提供支援，包括必要时候的陪读、适宜的教辅具和教学材料提供以及相关政策、信息的收集、教学资源的开发等。

3. 其他人员

除上述人员之外，普通学生家长、普通学校心理咨询师、相关职能部门(如教务处、德育处、后勤、图书馆)管理人员、工作人员都会直接或者间接的参与到融合教育的具体工作中来，影响特殊教育需要学生学校教育和生活参与的内容和质量。普通学校除了需要落实好融合教育直接参与者的相关工作外，对于融合教育相关的人员，也要通过融合文化的积极创设，引导他们积极参与到融合教育实践工作中来。

二、融合教育团队的工作机制

普通学校融合教育工作的顺利实施，需要全校力量的共同参与和通力合作，也需要各管理部门和工作人员相互协调，共同努力。图 7-16 从班级和学校两个层面初步构建了普通学校融合教育工作开展过程中所涉及的相关实施者和参与者之间的关系架构。可以为普通学校融合教育工作的开展提供借鉴和参考。

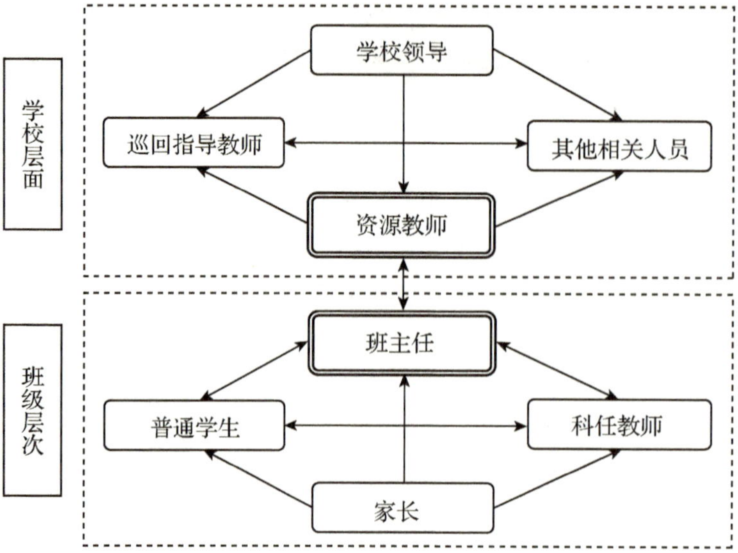

图 7-16　融合教育实施成员间关系图

对于普通学校而言，一个对融合教育持接纳、理解、欢迎态度的校长，一批有志于投身融合教育事业的教师和专业人员，以及众多支持残疾儿童融合教育的家长和普通学生，都是推动融合教育发展的重要力量和实际参与者、执行者[①]。因此，保障融合教育工作的顺畅运行，需要理顺学校和班级层面相关人员的关系。如图 7-16 所示，普通学校融合教育的专业团队运行，要着力突出两个核心——资源教师和班主任。学校层面，要突出资源教师对全校融合教育的统领、协调、管理、指导作用；在班级层面，要突出班主任对融合班级的核心管理、教学组织、协调、表率等作用。而要真正发挥好资源教师和班主任的核心作用，普通学校还需要从学校和班级层面出发，提供全方位的支持。其中，学校领导负责全校融合教育工作的规划布局，并负责相关支持资源的提供和保障；巡回指导教师和其他相关人员在资源教师的统筹协调下，为有特殊教育需要学生的融合班级提供必须的条件和具体指导。资源教师在融合班级和学校之间

① 邓猛：《融合教育实践指南》，11 页，北京，北京大学出版社，2016。

起到衔接、协调、沟通作用，除了落实学校融合教育的整体工作安排部署之外，还需要深入各个融合班级，为班级融合教育工作的开展提供教学、康复指导以及必要抽离式教学及干预。班主任则负责具体融合班级的教育管理，营造班级融合文化，引导普通学生积极转变对待特殊教育需要学生的态度，提高理解和接纳，推进科任教师调整教学方式和内容，在家长的配合及支持下积极落实特殊教育需要学生的个别化教育计划。

第三节
融合教育的工作程序和保障

合理、完善的工作程序是高效执行融合教育的关键，相关管理制度和规定则进一步起到规范、落实和监督融合教育相关工作的作用。本节首先介绍了融合教育工作一般的程序和要求，然后就普通学校开展融合教育工作需要制定的必要的管理制度做简要介绍。

一、融合教育工作程序

(一)特殊教育需要学生的教育评估

做好特殊教育需要学生的教育评估是融合教育顺利实施的基本保障。这一步骤通常包括特殊教育需要学生入学前学校的自我条件评估以及特殊教育需要学生入校后针对特殊教育需要学生进行的教育评估两个方面。

学校融合教育基本条件的自我评估内容主要包括：师生对特殊教育需要学生融合教育的态度、无障碍环境创设的基本条件、融合教育师资的专业知识和技能、特殊教育需要学生教学、学习所需教辅具、教学材料以及生活辅具和便利措施等诸多方面。从我国目前情况来看，各地区在推进融合教育方面差异较大，甚至同一区域内的不同学区、学校之间的差异也非常明显。因此，在接受特殊教育需要学生进行融合教育之前，普通学校首先需要对自身融合教育基本条件进行完整评估，并结合预接收的特殊教育需要学生类型，有针对性地完成融合教育基本条件的完善和补充。

针对特殊教育需要学生入校后的教育评估内容主要包括学生基本能力和学生学业成就两个方面。其中，学生基本能力评估主要包括特殊教育需要学生的智力、发展性评估、感知觉与运动能力、语言、行为、适应性行为评估等方面；学生学业成就评估则包括特殊教育需要学生的阅读能力、数学能力、书写能力等方面。从教育评估的具体方法而言，标准和非标准化的测验是常用的方式，可以起到相互补充完善，共同清晰描绘特殊教育需要学生学业能力和社会适应能力发展水平的作用。

(二)特殊教育需要学生的教育安置

教育评估完成之后，普通学校融合教育面临的下一个工作即特殊教育需要学生的教育安置问题。需要重点考虑以下三个内容：

第一，安置的具体班级。即将特定残障类型的学生安置到哪个具体班级中，每班可以安置的类型是什么，可以容纳的特殊教育需要学生数量多少适宜。从当前我国三十多年融合教育的实践经验和相关的政策规定来看，每个教学班安置的特殊教育需要学生通常不应超过三人，且类型不超过两种为宜。至于安置到哪个教学班中，通常需要重点考虑班主任及相关科任教师、班级学生及家长对待特殊教育需要学生融合教育的态度是否积极、是否有意愿、精力和能力为特殊教育需要学生生活和教学做出调整和改变，班级文化是否具有包容差异的特点等多方面。

第二，教育的基本形式。这需要从特殊教育需要学生认知发展水平、课程性质和难易程度几方面考虑。通常而言，对于那些认知发展水平较高、学习能力较强的特殊教育需要学生，完全的普通班级教学辅以必要的资源教室和家庭补偿性教学即可满足其日常学习需求，并不需要过多的课程调整和改变，只需要为其提供必要的学习条件和资源支持即可；对于那些认知能力和学习能力相对较弱的学生，则需要考虑加大资源教室补偿性教学的时间，着重依托资源教师对其开展个别化教育教学；对于那些存在情绪行为问题的学生，及时性的抽离至资源教室进行干预则可作为日常班级管理的重要补充；对于不符合特定残障类型身心特点的部分课程，如肢体障碍的体育课等，则可以考虑用其他的课程予以替代。

第三，教育支持的提供。绝大多数特殊教育需要学生在融合教育的过程中，需要予以特殊的支持。支持的内容包括生活辅助设备设施的提供、特殊学具的提供、问题行为干预和疏导、教学方法和内容的调整以及信息呈现方式的变化等诸多内容。普通学校需要针对不同学生的障碍类型，提供必要的教育支持。例如，对于低视力障碍学生而言，大字本、助视器和靠前的座位安排是其课堂学习的必要条件；对于智力障碍学生而言，教师教学内容呈现的方式、媒介以及教学内容的选择和教学方法的针对性调整是其课堂学习的必要支持；对于孤独症学生而言，必要的抽离式干预、陪读、沟通辅助工具等是其学习生活的保障；对于精细动作存在问题的学生而言，特殊的学具(如握笔器)和生活用具(如特制餐盘、餐具等)是保障其顺利参与课堂学习生活的必要条件。

(三)特殊教育需要学生个别化教育计划的制定

从国际融合教育经验来看，个别化教育计划是落实个别化教育，确保特殊教育需要学生融合教育质量的重要保障。2017年国务院办公厅印发的《特殊教育二期提升计划(2017—2020)》以及同年颁布的《残疾人教育条例》(修订版)均对个别化教育计划的重要意义和作用有清晰表述。

所谓个别化教育计划，即由专业人员在特殊教育需要学生教育评估的基础上，对特殊教育需要学生学习和生活需求、发展目标、教育安置、课程学习、教学调整、支持提供等诸多方面制定和实施的书面文件，以确保特殊教育需要学生真正享有平等和高质量的教育条件和特殊安排。从制定人员的构成来看，IEP的团队成员包括特殊教育需要学生的家长或监护人、普通教育教师、特殊教育教师或特殊教育服务的提供者、地方教育机构代表、学校行政人员、相关专业人员、能解释评估结果的人、特殊教育需要学生及其他相关人员①。从操作流程来看，IEP的操作流程按顺序可分为五个阶段：准备阶段、拟定IEP初稿、召开IEP会议、实施IEP及总结与拟订新的IEP。从个别化教育计划制订的具体内容而言，包括特殊教育需要学生的发展现状、课程设置和学习方案、安置形式、年度目标、短期目标、教育评价方法等诸多方面。个别化教育计划是促进特殊教育需要学生更好发展的工具，实实在在地体现了特殊教育需要学生现有的发展水平、实际需要、短期与长期发展目标，为此，应根据学生地动态发展及时地加以调整，从而更好地适应学生的发展需求。

(四)特殊教育需要学生融合教育的实施与评价

特殊教育需要学生融合教育的实施与评价主要包含三个方面内容，分别为课程调整、教学策略改变以及发展评价。

课程调整，就是保证普通教育原有课程的基础上，根据特殊教育需要学生的特点对所学的普教课程的内容和标准做出适当的调整或修正，以满足学生的特殊教育需要②。通常而言，精简、充实和替代是融合教育课程调整中常用的三种方法。其中，课程精简是指在保障普通教育课程体系完整性的基础上，降低普通教育课程中的学年、学期目标或者减少学习内容；课程替代包含两层含义，分别为目标的分解和学习的替代，目标分解是将学习总目标分解为若干个可以为特殊教育需要学生理解和掌握的小目标，在不同阶段分开学习，学习替代则是指从不改变学习内容而替代学习结果的行为或动作直至替换学习内容的变化；课程充实是指对普通课程内容进行强化或扩展，

---

① 邓猛：《融合教育实践指南》，264页，北京，北京大学出版社，2016。
② 邓猛：《融合教育理论指南》，103页，北京，北京大学出版社，2017。

以满足学生的特殊需要。包括在原有的课程框架基础上附加、添加的方式充实课程内容以及增加克服特定障碍所必须学习的技能等。而至于具体选择哪一种调整方法，则需要根据特殊教育需要学生的障碍程度和特殊教育需求来确定，通常而言，学生的残障程度越重或需求越特殊，在调整的方向上就会越偏离普通教育的课程内容和目标，调整的力度也会越大。

教学策略是教师为达成教学目标而采用的教学方法，是转化课程内容，提高教学质量，实现教学优化的重要环节。除了常规的教学方法之外，针对特殊教育需要学生的教育教学，还需要对传统课堂教学策略做出一定调整。通过不断的探索，当前融合教育领域发展出了差异教学、合作教学、个别化教学、结构化教学以及通用学习设计等多种教学策略，为特殊教育需要学生的课堂参与提供了必要支持，有效提升了特殊教育需要学生融合教育质量。

特殊教育需要学生进入普通学校融合教育一段时间后，就需要对其身心发展和社会适应能力提升的诸多方面做出评定，以监测其发展质量，并对相应的教育教学过程做出及时反馈。在融合教育环境中，考虑到学生间较大的差异和能力水平，单纯依靠传统的纸笔测验很难满足精准评价特殊教育需要学生发展情况的需求，近年来，国际融合教育的推进过程中，越来越多地采用一些非正式的评估方法来评价特殊教育需要学生在融合环境中的各种表现。比较常用的包括课程本位评估、动态评估、行为表现评估等方式。

（五）特殊教育需要学生的教育转衔

转衔，即过渡之意。教育转衔，即学生从某一学段的学习生活顺利过渡到上一学段的学习和生活。如从幼儿园到小学，从小学到初中，从中学、大学到就业等。考虑到不同学习环境下的学习内容、目标和能力要求的变化以及生活场景的转换，融合教育过程中，需要结合特殊教育需要学生的认知和身心发展需求及水平，针对不同学段的生活和环境特点，通过制订个别化转衔计划将家庭、学校、社会连接在一起，为残疾儿童发展提供系统的、整合的教学与服务[①]，以便在其顺利过渡过程中做出必要的安排和设计，提供连续性的服务。通常而言，教育转衔服务的内容包括：转衔前针对特殊教育需要学生的综合性发展评估、特殊教育需要学生教育转衔需求的调查、校际之间的合作沟通、个别化转衔计划的制订、转衔前的学习能力和生活管理能力培养、特殊教育需要学生转衔后个别化教育计划的制订、转衔支持网络的搭建、特殊教育需要学生学习生活档案的移交、转衔后的跟踪服务和指导等诸多方面，为特殊教育需要学生在学段间的顺利过渡提供必要支持（见表 7-2）。

---

① 邓猛：《融合教育理论指南》，121 页，北京，北京大学出版社，2017。

表 7-2　制定转衔计划的步骤①

转衔评估	
学业表现评估	能力表现评估

↓

目前的表现水平	
学业表现水平	能力表现水平

↓

中学后目标		
教育与培训	独立生活	就业

↓

转衔服务					
相关服务	教育指导	社会经验	中学后成人生活与就业目标发展	日常生活技能的获取	课程学习

二、融合教育制度保障

为确保融合教育各项工作具体落实，普通学校需要制定必要的管理制度，规范和监督特殊教育需要学生融合教育工作的顺利运行。以下是一些常用的融合教育管理制度的简要介绍。

(一)特殊教育需要学生的教育评估制度

特殊教育需要学生教育评估制度，主要涉及的内容应当包括教育评估的基本原则、价值导向、评估的具体内容、指标体系、评估的方式和形式、评估人员的构成与职责、结果性评估资料的呈现方式等。一般而言，教育评估应以挖掘特殊教育需要学生优势能力为导向，坚持主观客观相结合的原则，从特殊教育需要学生的学业发展、学习习惯养成、学科知识掌握和理解、认知能力提升、社会适应能力变化、情绪行为管理等诸多方面开展。实施评估的人员应包括学校的领导、资源教师、班主任、科任教师、特殊教育需要学生本人或家长、普通学生等。

(二)特殊教育需要学生的教学管理制度(办法)

针对特殊教育需要学生的教学管理，除了需要在普通学生的教学管理框架内设计通用的制度内容外，还需要重点考虑如下方面。

第一，特殊教育需要学生的教育安置办法。包括待安置班级的遴选程序和要求、

① 邓猛：《融合教育理论指南》，269 页，北京，北京大学出版社，2017。

班主任和科任教师的教学及管理要求、教育安置的具体形式、支持性环境的创设要求、学习生活必要条件的提供、教育评价的手段内容等。

第二，个别化教育计划的制订和管理办法。包括明确规定个别化教育计划制订者的构成、工作职责、个别化教育计划制订的程序和具体内容、个别化教育计划实施办法和流程、个别化教育计划实施的监督与评价以及学生发展的档案性资料收集与保存等。

第三，特殊教育需要学生的应急管理办法。部分特殊教育需要学生可能存在情绪问题行为，会在课堂学习和班级生活中出现突发事件，影响正常教学和管理工作的进行。为确保教师和学生都能在突发事件出现时，有清晰、规范的处理预案，普通学校需要制定必要的应急管理办法。具体内容包括突发事件的类型、突发事件处理的第一责任人、突发事件处理的具体程序和操作规范等。

(三)融合教育绩效管理制度

融合教育工作积极性不能仅仅依靠个人奉献精神和职业操守维系，而应该从长远出发，建立一套有效的激励机制，用制度维持相关参与者的积极性。具体而言，融合教育绩效管理制度的主要内容应当包括：(1)融合教育工作量的认定。比如有特殊教育需要学生的班级，普通学校可以考虑增加班主任管理津贴，科任教师课时费津贴，以及相关人员参与个别化教育计划制订和实施的津贴或课时量折合认定等；(2)具体奖励措施。学校可以明确将特殊教育需要学生的教育纳入日常教育的基本环节中，制定明确的奖励措施，将教师的职称评定、年终评优、培训支持、专业发展等与其承担的融合教育工作挂钩，支持教师在校内进行经验分享，并利用校内外资源提供各种展示平台，切实提升相关教师和工作人员的教育成就体验。

第四节 普通学校融合教育质量的评价

普通学校融合教育质量通常可以从两个方面来衡量：一是普通学校融合教育工作的整体水平或状态；二是包括特殊教育需要学生在内的所有学生身心发展状态与特定教育目标的差距，前者是确保学生发展的外在条件，包括学校融合教育环境创设、融合教育资源与支持的提供与利用、融合教育的组织管理与监督、融合教育师资队伍建设以及融合班级中教学活动的开展等多个方面；后者是融合教育质量评价的核心，主要包括学生的认知发展成就、知识和技能提升以及良好的社会交往技巧、品德修养等多个方面。

一、融合教育质量评价的基本理念

（一）教育公平：融合教育质量的价值追求

教育公平是社会公平价值在教育领域的延伸和拓展，也是评判融合教育发展是否公正合理的基本原则。主要包含形式平等和实质平等两个层面。

所谓形式平等，即特殊教育需要学生受教育权的平等和教育机会的平等。其中，受教育权的平等是指特殊教育需要学生拥有和普通学生同样的接受高质量教育的权利，主要涉及普通学校对特殊儿童的“零拒绝”，体现普通学校对所有儿童的“非歧视性”。教育机会的平等基于权利平等，主要体现为三个“同等”①：同等的环境，意味着特殊教育需要学生有权在普通教室接受教育，他们无须经过自己的努力去争取、赢得在普通教室接受教育的权利；同等的地位，特殊教育需要学生在班级里与普通学生处于相同的主体地位并且能够平等、全面地参与学校与班级的所有活动，有着较高的身份认同与归属感，而不是班级的附属物；同等的教育，不管特殊学生存在何种困难，他们同样应享受到高质量的、适合他们自己特点的、平等的教育。

所谓实质平等，则是建立在形式平等基础上，指向特殊教育需要学生全面参与融合环境的学习和生活，根据特殊教育需要学生不同的特殊教育需求，为其提供差异化的资源和支持，以满足每位特殊教育需要学生的发展需要。从这个意义上讲，融合教育强调实质性的平等并不意味着平均主义或均等，而是有差别的平等，是异质平等的后现代观。这种平等允许教育资源和支持条件差异化配置的情况出现，但这种差异配置绝非表面上的不平等再现，而是在于提供个性化的支持和资源“最有益于最少受惠的社会成员”。

（二）教育效率：融合教育发展的现实基础

教育效率是决定融合教育是否正当、合理的重要依据之一。教育作为人的再生产的手段，作为国家发展的工具，其效率取决于它对个人发展和国家发展的贡献。教育通过促进学生个人的发展，进而促进国家的发展。因此，教育对国家发展的贡献是间接的，学生的发展状况和水平是衡量教育效率的直接尺度②。融合教育效率最直接的体

---

① 邓猛、景时：《从随班就读到同班就读：关于全纳教育本土化理论的思考》，3～9页，载《中国特殊教育》，2013(8)。

② 褚宏启：《教育公平与教育效率：教育改革与发展的双重目标》，7～13页，载《教育研究》，2008(6)。

现，就是特殊教育需要学生在接受融合教育后在身心各方面所实现的发展，这种发展不仅是特殊教育需要学生未来获得美好人生的现实基础，而且是融合教育发展的现实基础。但是，对于教育公平的过度关注导致融合教育效率长期以来被无意或有意地忽视，因而始终未能得到充分的关注与检验。由于缺乏对融合教育效率有力的实证支持，融合教育一直面临着来自其反对者的拷问与质疑，缺乏效率的融合教育更多地被认为是教育发展中的“虚妄”①。融合教育始于对教育公平的追求，却不能终于对教育公平的追求，没有效率的公平实际上是一种虚假公平，只有直面融合教育效率的状况和水平才是冲破“虚妄”的唯一方法。因此，在融合教育对公平、正义的理念追求已经成为人们的普遍共识的前提下，必须尽快提升融合教育在实践中的有效性，提升教育效率，捍卫其自身存在的合理性。但追求教育效率并不意味着将效率高低作为融合教育是否应该存续的参照，关注融合教育效率的目的在于通过审视与反思，不断改进融合教育的理论与实践方式，从而实现高质量的融合教育。

(三)公平与效率兼顾：高质量融合教育的必然要求

对融合教育而言，效率与公平相互依存，相互支撑，公平是融合教育的内在核心价值理念，效率则是融合教育本体性存在的依据。对任何一方的忽视与过度追求都有可能造成融合教育发展的偏差和低效，二者的均衡与协调才是融合教育要实现目标。追求公平与追求效率并不是相互矛盾的两端，因此不需要为实现公平还是效率做出取舍，倾斜任何一方的融合教育都不能称为高质量的融合教育。因此，融合教育实践在由绝对公平和绝对效率所组成的连续体中所处的位置反映着融合教育质量的状况。

颜廷睿等人以教育公平与教育效率为维度将融合教育归纳为四种典型情况(见图7-17)。象限Ⅰ代表真正“高质量”的融合教育。在这种融合环境下，既能保证对特殊教育需要学生的高度公平，包括享有平等接受教育的权利、与普通学生处于相同的主体地位等，而且还能实现特殊教育需要学生学业、社会性等方面得到了适合其特点、充分施展其潜能的高效发展。象限Ⅱ代表“有偏差的高效率”的融合教育。这种融合教育倾向于以牺牲教育的公平为代价来保证融合的效率，其通常做法是通过选择性接纳障碍程度较轻、基础较好的特殊教育需要学生，排斥和拒绝残疾程度较重、基础较差的特殊教育需要学生。其偏差的另一方面还包括过度强调特殊教育需要学生的认知与非认知方面的发展，忽视他们与普通学生之间以及个体之间的差异。象限Ⅲ代表低质量的融合教育。这种融合教育既没有能够按照公平的原则接纳与培养特殊教育需要学生，也没有能够有效地促进特殊教育需要学生的各方面发展，比较典型的就是所谓的“随班混

① 颜廷睿、关文军、邓猛：《融合教育质量评估的理论探讨与框架建构》，3～9页、18页，载《中国特殊教育》，2016(9)。

读”“随班就座”。象限Ⅳ代表有偏差的高公平的融合教育，即只强调特殊教育需要学生在融合环境下的平等和公平，却忽视了特殊教育需要学生的学业、社会性等各方面的效率发展①。

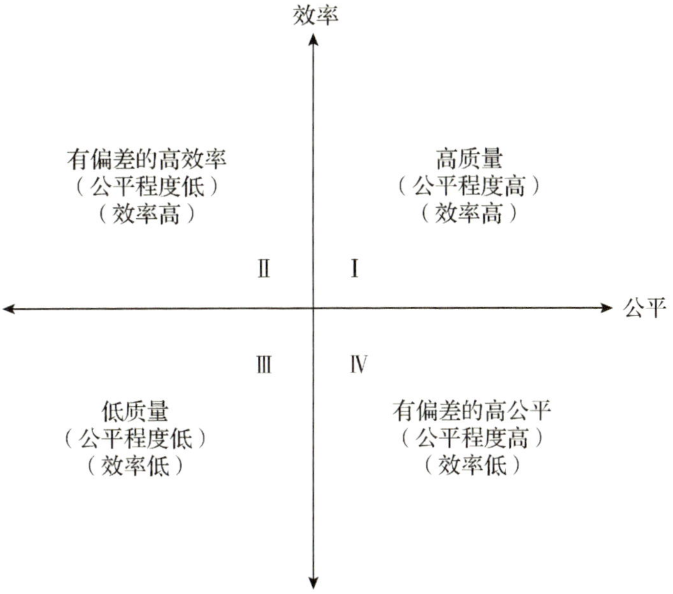

图 7-17　融合教育质量的二维分析

二、融合教育质量评价框架及具体内容

我国随班就读事业发展至今已有数十年的历史，但大陆地区尚未出现统一的融合教育质量评价工具，关于融合教育质量评价的探讨也多出现在学术领域，很难在真实的融合教育实践中发挥作用。随着我国融合教育在提高入学率、扩大教育覆盖范围等方面取得越来越大的进展，对于提高融合教育质量、发展高质量融合教育的追求正在成为我国融合教育事业的主题。要提高质量，首先需要客观、全面、科学地认识与评价质量，因此，一个完善的融合教育质量评价体系至关重要。

(一)融合教育质量评价的框架

1. 国外融合教育质量评价框架

融合教育最早起源于西方的社会运动以及教育变革，西方国家与我国相比拥有着较为丰富的理论与实践经验，借鉴西方在融合教育质量评价领域的已有成果，并将其

① 颜廷睿、关文军、邓猛：《融合教育质量评估的理论探讨与框架建构》，3～9 页、18 页，载《中国特殊教育》，2016(9)。

与我国实际国情相结合，有利于推动本土融合教育质量评价体系的形成与完善。Loreman 等人以欧洲特殊需要教育发展管理署(European Agency for Development in Special Needs Education)在 2009 年发布的欧洲融合教育指标(Development of a Set of Indicators For Inclusive Education in Europe)中所采用的输入(input)—过程(process)—成果(outcome)为框架，在以往研究的基础上分析了已有的融合教育质量评价指标的构成(见图 7-18)①②。

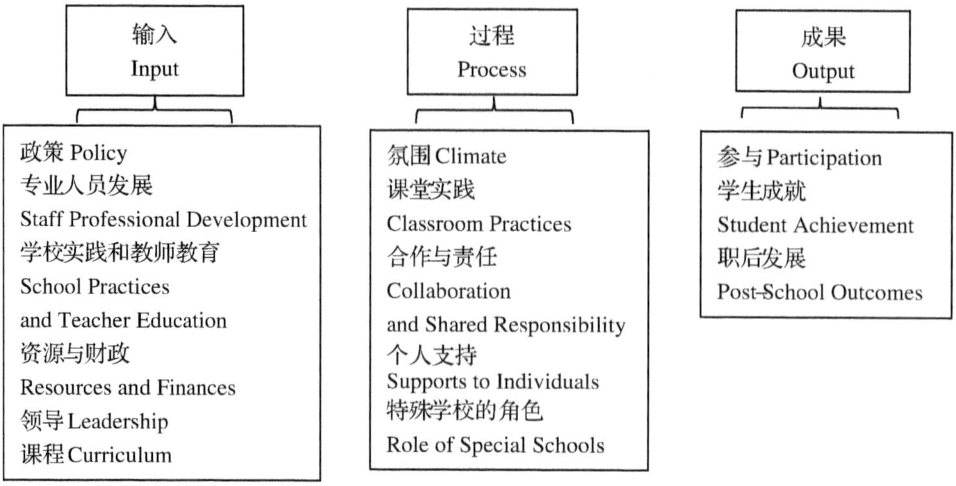

图 7-18　融合教育质量评价框架

2. 我国融合教育质量评价框架

融合学校是融合教育实践最主要的场所，因此这里讨论的是学校层面融合教育质量的评价框架。融合教育质量评价框架应当包括输入、过程与成果三大环节，其中输入环节包括融合教育环境创设、融合教育资源与支持的提供与利用、融合教育师资队伍建设。过程环节包括融合教育的组织管理与监督、融合班级中教学活动的开展；成果环节即所有学生的发展状况(见图 7-19)。

融合教育环境创设指的是形成开展融合教育实践所需的、有利于所有人融入学校和班级的环境。普通学校在推行融合教育实践时，不仅需要从硬条件方面着手，将校园与教室改造为无障碍环境，而且需要从软条件方面着手，营造支持的、平等的、融合的校园文化。

融合教育资源与支持的提供与利用指的是，为融合教育实践提供包括资源教室、

① Kyriazopoulou M. & Weber H.,"Development of a Set of Indicators for Inclusive Education in Europe," in *European Agency for Development in Special Needs Education*. 2009. https://www.european-agency.org/resources/publications/development-set-indicators-inclusive-education-europe

② Loreman T., Forlin C. & Sharma U.,"Measuring indicators of inclusive education: A systematic review of the literature," in *Measuring Inclusive Education*. Emerald Group Publishing Limited, 2014, pp. 165-187.

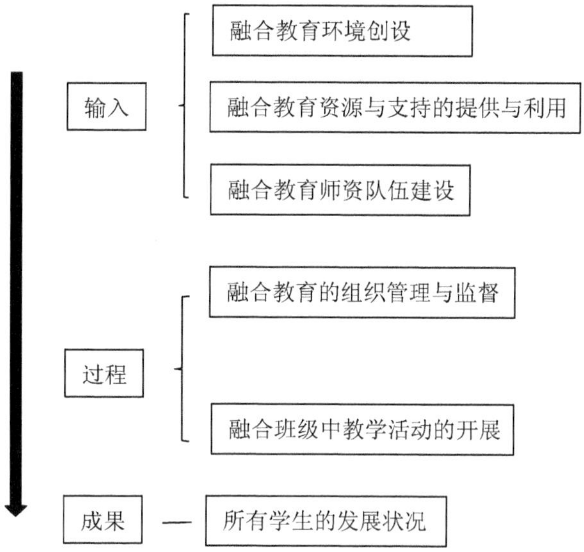

图 7-19 我国融合教育质量评价框架

教具辅具、教学资料等资源，以及为包括融合教师在内的全体教职工提供来自外界的专业指导等支持。同时要对利用情况和效率加以关注，确保有的放矢地为融合教育实践提供资源与支持，并且能够在实践开展和学生发展方面取得成效。

融合教育师资队伍建设指的是，普通学校应当具备符合融合教育要求的教师队伍，组建由特殊教师、康复师、心理治疗师、普通教师等人员构成的合作团队，并且持之以恒地加强师资队伍建设，不断提高普通教师开展融合教育实践的能力与水平。

融合教育的组织管理与监督指的是，学校应当成立专人负责的融合教育管理小组，动员全校人员共同制订融合教育计划，有序地开展每一学期或学年的教学工作，并且对计划的执行进度与效果进行监督，将一段时期的成果作为开展下一次计划的基础。

融合班级中教学活动的开展指的是，对融合教师的教学计划、课程内容、教学方式、教学策略以及教学效果等方面进行评价，将学生是否实现发展作为评价教学的主要依据。班级教学是融合教育质量最核心的体现，也是所有学生实现发展最直接的渠道，因此需要对教学活动进行科学、全面的评价，以不断提高教学质量。

所有学生的发展状况指的是，开展融合教育不应该以阻碍任何一方的发展为代价，融合教育需要兼顾普通学生与特殊教育需要学生的共同发展，这也是融合教育质量最具有说服力的证据。上述所有维度的投入，如果未能在这一维度体现应有的效果，就证明学校的融合教育实践需要做出较大的调整与变革。

(二)融合教育质量评价的具体内容

1. 融合教育环境创设

融合学校环境创设的目的是要建立一个充满尊重、合作、互助氛围的学校，使学校中的每一个人都感到自己是受欢迎、受尊重，对学校和班级有归属感和身份认同。如前所述，普通学校融合教育的环境主要包括无障碍校园硬件环境和设施、融合文化创设以及辅助科技支持等内容。考量普通学校融合教育环境的创设质量，主要关注以下几个方面：

第一，校园无障碍设施的完备程度和便利度。主要包括无障碍设施是否能够满足特殊教育需要学生的特殊需求，是否针对特殊教育需要学生的身心发展特点主动调整学校及班级环境，特殊教育需要学生使用校园无障碍设施的便利程度等。

第二，学校和班级融合文化的价值导向及具体做法。主要考量全体师生对特殊教育需要学生融合教育的态度，学校融合教育的相关制度创设的价值导向及完备性，学校和班级融合活动开展的内容及融合文化创设的导向和质量，特殊教育需要学生和普通学生交流互动的质量等。

第三，辅助科技支持和无障碍信息传播技术使用。主要考量学校和班级是否为有特殊需要的特殊教育需要学生提供必备的生活、学习辅具，特殊教育需要学生对辅助支持的适切度，教师是否有意识地针对特殊教育需要学生认知特点，使用特殊的无障碍信息传播技术和手段等。

2. 融合教育资源与支持的提供与利用

资源与支持的提供是建设融合学校的基础，教师对各种支持的利用程度则从另一侧面反映了学校融合教育工作的开展质量。因此，这一内容需要重点关注以下几个方面：

第一，学校是否通过努力争取和积极创设开展融合教育工作所需各种资源和条件。例如专门的融合教育经费、专门的资源教室、融合教学和特殊教育需要学生学习所需的特殊的教辅具、生活用具、学习素材和资料等。

第二，学校是否有效的和地区性资源中心或特殊教育相关机构建立联系，是否能有效利用这些资源为学校融合教育工作提供巡回指导和专业支持。学校是否能有效和社区合作，利用社区资源和条件，为特殊教育需要学生社区融入创设机会。

第三，学校是否建有必要的资源教室，是否有专门的资源教师或特殊教育教师配置，资源教室的功能发挥情况如何，是否有完备的运行机制。

教师是否有意识地主动利用这些资源开展融合教育工作，对相关资源的熟悉程度和利用程度如何，是否能依据自身的融合教育实践，主动提出切实的融合教育资源和支持需求。

3. 融合教育师资队伍建设

融合教育师资队伍是融合教育相关工作的直接执行者。考量一所学校融合教育专业师资团队的建设，应着重关注以下几个方面：

第一，普通学校是否有跨学科的融合教育教学团队，普通教师、特殊教师以及专业人员的合作程度和效果如何，所有成员是否都积极参与团队的日常讨论与协作。

第二，融合教育教师是否经过专门的培训，学校是否为相关教师提供必要的专业发展支持和培训，学校是否定期组织专门的融合教育教学和管理工作研讨。

第三，学校是否有必要的激励手段提升教师开展融合教育工作的积极性和成就感，学校是否能为相关教师提供融合教育知识技能提升的资源和平台。

第四，相关工作人员是否具有一致的融合教育价值观，是否形成了融合教育的合力，并为之愿意努力付出。

第五，资源教师和班主任的核心作用是否能有效发挥，学校是否形成了融合教育相关工作的协调机制，保障融合教育各环节的顺畅运行。

4. 融合教育的组织管理与监督

融合教育的开展需要学校实现转型与变革，有力的学校领导团队对融合教育实践加以有计划的组织与管理是实现转型与变革的重要保证。对一所学校融合教育实践的组织管理与监督进行全面考量，可以从以下两方面开展。

第一，融合教育发展规划制定的参与性、前瞻性和合理性程度。参与性关乎融合教育发展规划是否能够被接纳与贯彻，如全校教师与行政人员是否都参与了融合教育发展规划的制定，是否针对规划的具体内容达成一致意见并充分了解等；前瞻性表现在当前的发展规划所制定的实践目标是否能紧密结合地区融合教育发展的整体规划，预计达成的实践目标是否能够为未来融合教育实践的进一步发展提供基础；合理性表现在融合教育发展规划是否符合特殊教育需要学生融合教育发展的趋势，并且能够有效提高学校开展融合教育的水平。

第二，融合教育保障制度的完备性和执行效果。包括学校是否制定了融合教育相关制度，是否成立专门负责融合教育的领导小组，制度的执行是否有明确的责任人和监督者，保障制度是否涉及融合教育工作的各个环节，是否有明确的制度实施和运作流程，执行效果是否进行及时检验和完善等。

5. 融合班级中教学活动的开展

融合班级中的教学活动是融合教育实践中最为关键的环节，这一环节的质量直接决定着特殊教育需要学生和普通学生能否在融合教学环境中取得成功。特殊教育需要学生在普通学校中的课程融合是融合教育最高也是最难的标准，考量这一内容，需要从融合班级中的教师的教和学生的学两方面出发，具体而言，需要重点分析以下几个方面：

第一，教师是否形成正确的融合教育理念。普通教师是融合教育的实施者，教师对融合教育的理解往往影响着他们的具体实践。融合教育理念强调每一个人都享有平等的教育权利，因此教师的融合教育理念主要体现在：是否认为所有学生都能够获得成功、是否对所有学生都持有高期望以及是否尊重所有学生等方面。

第二，教师是否具备课程调整的意识与能力。融合课程是实施融合教育的主要依据，其执行环节包括制定课程目标、选择组织课程内容、课程实施以及课程评价，而融合教师课程调整的意识与能力就体现在这些环节之中。如教师是否主动结合特殊教育需要学生的特点、发展需求以及个别化教育计划制定恰当的课程目标；教师是否根据课程目标调整课程内容，通过改变教学方法、创设教学情境等方式开展差异化教学；教师是否能够关注学生对课程调整的反馈，为学生提供多样化的课程评价方式以获得学生的真实发展状况，并且针对课程调整的实施效果进行自我反思，为后续的教学活动积累经验。

第三，学生是否有效参与课堂教学活动。进入普通教室是融合教育最基本的要求，但高质量的融合教育还应当实现所有学生在课堂教学活动中的有效参与。对这一方面的考察主要包括：特殊教育需要学生是否拥有符合自身需求的教学资源、是否获得了充足的课堂参与机会、是否获得充足的与教师、同学的互动机会以及课堂参与和互动的效果如何，是否能够促进学生的发展。

6. *所有学生的发展状况*

融合教育强调实现所有学生的发展，因此对学生发展状况的考察不仅包括特殊教育需要学生，也要关注普通学生。学生发展状况是融合教育质量的最直接体现，对这一层面的考量，需要从学生的认知发展与非认知发展两个方面入手。

第一，认知发展方面，主要体现在学业发展水平(横向和纵向对比)的提高以及学生的课堂表现、学习兴趣与认知能力等方面的提高。对特殊教育需要学生来说，学业发展水平的考察有时无法通过统一的考试体现出来，因此需要为特殊教育需要学生提供多元化的学业评价方式，并且要关注学业发展之外的、其他能力的状况。同时，对普通学生来说，任课教师的关注和精力会因为特殊教育需要学生的融入而重新分配，这有可能会使普通学生的学业发展受到一定程度的影响，因此同样要对普通学生的学业发展等方面的波动加以观察。

第二，非认知方面，主要指学生的社会性发展情况，包括特殊教育需要学生的生活自理与学校适应、学习习惯养成、学业参与、社交能力、职业准备、自我决定等诸多方面内容。与认知发展相比，非认知发展水平难以直接观察，因此需要借助特殊教育需要学生与他人互动的方式与频率、社交状况、心理状态等方面反映出来。普通学生的非认知发展水平也会随着融合教育的开展获得提高，因此需要观察特殊教育需要学生与普通学生的互动情况，引导普通学生接纳并帮助特殊教育需要学生尽快融入班集体。

三、融合教育质量评价的方法和一般程序

(一)融合教育质量评价的常用方法

1. 问卷调查法

问卷调查是社会调查中常用的方法，是指通过标准化的量表和非标准化的问卷，快速就某一主题内容收集资料，分析特点、规律和差异的方法。对融合教育质量的判断，可以是针对融合教育质量的整体调查和分析，也可以就融合教育工作涉及的具体环节，设计专门的调查工作开展调研和分析。比如针对教师融合教育态度、融合教育基本素养、课程和调整等主题的调查，针对学生课堂参与情况的调查、学生学业效能的调查、班级融合文化的调查等，都可以采用这种方法，完成快速、全面、宏观的判断。

2. 访谈法

访谈是指调查人员通过有目的，有计划的和调查对象交谈，了解某一主题下相关人员的态度、理解以及具体行为的方法。有半结构式和结构式访谈之分。与问卷调查相比，访谈可以针对某一主题深入、全面了解调查对象的情况和他们秉持的观点及开展的具体做法，收集的内容更加具体，内容更加丰富。这一方法也是开展融合教育质量评价常用的方法。比如，为了解特殊教育需要学生课堂参与的情况，可以就教师在具体教学环节中针对特殊教育需要学生的关注程度、提问频率和目的、小组讨论安排和主题设置，个别化指导的内容和方式、课程调整和教学方法改变、学习支持提供以及学生的课堂表现等做一详细访谈，最终勾画特殊教育需要学生课堂参与的基本特点。

3. 观察法

观察法是指在自然状态下，根据预定的研究目的和计划，就某一对象在具体活动中的表现进行观察和记录，并就收集的资料和素材进行分析，得出相关结论的方法。观察法一般用时间抽样的方式，在固定时间间隔段内使用事先设计好的观察记录表详细记录目标行为的表现特征(包括目标行为出现的频次、典型特征事件等)，或者以叙事的方式详细描述某一行为发生的具体情况。观察的对象可以是个体，也可以是整个班级层面；观察方式可以是结构化的观察，也可以是非结构化的观察。比如，对特殊教育需要学生回答教师提问的情况进行观察，研究人员可以深入课堂，就教师提问的问题的类型、学生的答题方式、特殊教育需要学生是否被提问、提问后特殊教育需要学生回答的类型、特殊教育需要学生回答问题的质量、特殊教育需要学生回答问题的主动性程度、教师对特殊教育需要学生回答问题的理答方式及是否有追问等方面进行详细观察和记录，进而分析特殊教育需要学生回答课堂提问的基本特点和规律以及教

师的提问策略等内容。

4. 文本分析法

文本分析指从文本的表层深入到文本的深层，从而发现那些不能为普通阅读所把握的深层意义。包括符号学分析法、叙述学分析法、解构主义法以及互文、对话理论分析等多种方法。可以通过对与研究对象相关的作品、政策文本、实施方案、故事情节等诸多内容的分析，描述、勾勒和刻画具体事件及其深层次机理。比如于素红等采用自编个别化教育计划检核表，对上海市九年级随班就读学生个别化教育计划文本内容进行分析。研究发现：随班就读学生个别化教育计划存在计划间不连续、学习基础的制定过于简单、长短期目标缺乏联系、目标达成情况差等问题①。

(二)融合教育质量评价的一般程序

融合教育质量评价是一个系统过程，需要调动学校融合教育工作相关成员共同开展，从评价小组成立，到评价内容和指标构建，到评估方法确定，再到评估的具体实施和评估资料收集，最后到评估结果分析，涉及融合教育工作开展的每一个具体环节。

1. 成立融合教育质量评价小组

融合教育质量评价小组成员既要考虑权威性，又需要考虑成员对相关工作的熟悉程度。通常而言，评价小组由5～8人组成，包括学校领导、资源教师、教务主任、班主任代表、家长等成员。其主要工作内容为制订评价方案、确定评估内容和评估方法、具体实施评估、分析评估结果等。

2. 设计评价指标体系和相关工具

评价指标体系是基于评价内容框架的进一步细化，是评价工具制定的依据。需要由最熟悉融合教育工作，又掌握问卷调查、访谈等方法的教师(通常是资源教师)会同相关人员在明晰评价目标和内容的基础上共同完成。可以是标准化的调查问卷，也可以是观察访谈提纲。需要针对不同的评估内容，选择最易获取资料的评价方式。

3. 融合教育质量评价的实施

融合教育评价小组使用相关调查工具，对学校融合教育实施的各个方面开展调查资料收集。评价小组可以使用问卷对融合教育工作实施情况全面、通识性的了解，也可以通过对教师、学生的访谈观察，就某一具体个案围绕评价内容进行深入挖掘；还可以对教师教学和学生学习的过程性材料(如作业、个别化教育计划、教案、教学材料等)进行收集整理。

4. 融合教育质量的分析、评定及反馈

在完整的收集评估资料之后，就要安排专门人员对所收集的资料进行分类整理和

① 朱媛媛等：《九年级随班就读学生个别化教育计划文本分析研究》，14～21页，载《中国特殊教育》，2011(10)。

分析。比如，对于问卷调查的资料，可以进行初步的统计分析，计算出每个维度的基本情况，做出差异性检验；对于访谈和观察性资料以及文本性资料，则需进一步梳理，提取关键信息，进行有机整合与归纳。最后基于完整的资料分析，形成融合教育质量的最终评价，形成评价结论，并将评价的结论及时反馈于学校领导和具体实施者，促进学校融合教育工作的及时完善和改进。

本章小结

普通学校是微观层面实施融合教育的主要场所，它的建设与运行关乎融合教育实践能否顺利开展，并获得理想的成果。融合学校的建设与运行不仅需要丰富的资源支持和支持融合的环境文化氛围，也需要所有学校成员的共同参与，将开展融合教育作为一项共同的目标，并对融合教育质量的状况做出评价。本章对融合学校的建设与运行所涉及的各个环节展开探讨，包括融合学校无障碍环境创设、融合教育的团队建设、融合教育的工作程序和保障、普通学校融合教育质量的评价。

融合学校环境的创设是否符合特殊教育需要学生的身心特点及教育需求，是影响特殊教育需要学生在普通学校中生活和学习状态的外部因素。无障碍的学校环境包括学校建筑和设施、班级空间与支持等"硬环境"的设置与改善，以及人文环境等"软环境"的设置与改善，通过"硬环境"与"软环境"的创设，为特殊教育需要学生提供优质的学习场所。

具有凝聚力的融合教育团队、流畅的工作程序、有力的保障制度，有利于合理地规划学校融合教育实践的开展，高效地将融合教育资源分配至各个环节，激发所有人参与融合教育的主动性。开展融合教育的责任需要校长、普通教师、特殊教师、资源教师、家长、学生等共同承担，因此需要成立由校领导发起、各方人员积极参与的融合教育团队，并为团队的合作以及融合教育的推进制定工作机制与程序。融合教育工作程序的运行需要强有力的保障制度的推动、监管与支持，包括特殊教育需要学生的教育评估制度、特殊教育需要学生的教学管理制度以及融合教育绩效管理制度等。

融合教育质量是评价学校融合教育工作最为直接的指标，对融合教育质量进行评价不仅能够对当前融合教育实践的状况形成清晰的认识，也能够为下一阶段融合教育实践的继续开展提供依据。评价融合教育质量应当树立教育公平与教育效率兼备的基本理念，并且从学校融合教育工作的整体水平或状态，以及特殊教育需要学生在内的所有学生身心发展状态两大方面入手。

本节以输入—过程—成果为框架，将学校融合教育质量分为融合教育环境创设、融合教育资源与支持的提供与利用、融合教育师资队伍建设、融合教育的组织管理与监督、融合班级中教学活动的开展以及所有学生的发展状况六个环节。学校在评价融合教育质量时可自由选择符合学校实际的评价方法，并且组建融合教育质量评价小组，依据一般程序结合各方意见形成对融合教育质量的客观评价。

思考题

1. 开展融合教育的普通学校应当具备哪些条件？
2. 如何鼓励教师积极参与融合教育实践？
3. 如何依据 IEP 的目标为不同学生做出课程调整？
4. 你如何理解融合教育质量？
5. 如何保证融合教育质量评价的客观与公正？

推荐阅读

1. 颜廷睿，关文军，邓猛．融合教育质量评估的理论探讨与框架建构[J]. 中国特殊教育，2016(9).

2. 李拉．巡回指导：学前融合教育的专业支持模式[J]. 现代中小学教育，2013(3).

第八章

特殊教育需要学生的转衔

本章导读

有特殊教育需要的学生在面对升学、就业或者角色、任务、情景转换时，由于身心障碍的局限，无法像普通正常学生一样自主、顺利地适应新环境。转衔服务能够帮助他们顺畅地从一个学习阶段进入下一学习阶段，接受适合的教育，自如地从学校生活迈向社会独立的生活等。转衔服务逐步成为保障特殊教育需要学生获得“充分参与”和“机会均等”权利的重要途径。通过有效的转衔，特殊教育需要学生能尽快适应新的环境或状态，获得高质量的成长体验。这需要专业的团队及人员，共同努力实现转衔服务的最终目标。

第一节 转衔的内涵与其基本理念

一、“转衔”的内涵

“转衔”一词由我国台湾地区的学者翻译过来。“转”有转换之意，“衔”则有连接、衔接的意思。根据 American Heritage 字典的解释，转衔是由一种形式转变为另一种形式，或由一种状态转变为另一种状态，或由一种活动转变为另一种活动，或由一个地方转移至另一个地方的过程和现象。就心理学而言，转衔是生命、生活或角色形态等的一种转型或改变。一般来说，“转衔”多被界定为由学校转移至独立生活环境及工作环境中，或是由一所学校转至另一所学校的动态过程，也是适应与经验的积累。

二、特殊教育需要学生转衔的含义

1. 转衔的背景

随着 20 世纪 50 年代以来社会对残疾人的不断重视，以及 90 年代以来融合教育理念的不断提倡，残疾人如何在教育过程中接受适合的教育、如何从一个学习阶段顺利地进入下一学习阶段、如何自如地从学校生活迈向社会独立的生活等问题逐步进入研究视野。这些改革旨在确保残疾人获得“充分参与”和“机会均等”的权利。转衔服务对解决残疾人所面临的问题具有积极意义。一个成功的转衔代表着特殊教育需要学生顺利与下个阶段衔接。反之，在特殊教育需要学生未准备好的情况下，使其被迫进入一个全新的阶段或环境，可能会使其产生情绪行为等多方面的问题，甚至退缩到家庭里，不愿处在融合的情境，给学生及其家人带来困扰。

特殊教育需要学生的转衔，最初是由美国学者提出，源于马兰博士所倡导的生涯教育。1990 年的《残疾人教育法》将转衔服务明确列出，并于当年成立了专门的组织“生涯发展与转衔部门(DCDT)”进行管理。①截止到当前，美国已形成了一个完整的转衔服务体系。根据美国特殊儿童学会生涯发展与转衔部门主席 Halpern 出版的《特殊个人生涯发展季刊》可以清楚地发现，美国将转衔服务的发展归纳为四个阶段：即从 20 世纪 60 年代以“工作学习方案”为中心理念的职业教育衔接，到 20 世纪 70 年代强调“生涯教育”的生涯发展衔接，再到 20 世纪 80 年代以“就业转衔服务”为主的社区工作的衔接，一直到 20 世纪 90 年代以一系列成果导向活动为主的转衔服务。

我国台湾省在借鉴美国的基础上进行了“本土化”探索，逐步重视转衔服务对于特殊教育需要学生成功融入社会、适应社会生活的积极意义。转衔服务为特殊教育需要学生美好的未来做好准备。转衔服务如同接力赛的“接棒”动作，将记录特殊教育需要学生资料的棒子，从幼儿园“交”到小学，小学又稳稳地把棒子“交”给初中，初中再“交”给高中(职业高中)或社会。每个“接棒”动作都得确实、到位，转衔计划才可能成功，否则，棒子一旦没接住，掉了下来，特殊教育需要学生的命运就会出差错、落后，甚至失败。随着特殊教育的发展、融合教育的不断提倡，台湾地区的转衔服务逐步完善，大量实证研究也表明特殊教育需要学生不仅有就业转衔教育的需求，他们对升学转衔教育的需要也很迫切。因此，当前转衔教育的发展已涉及特殊教育需要学生的各个阶段各个方面，力图建构多元化的转衔教育服务体系。

2. 特殊教育需要学生转衔的含义

针对特殊教育需要学生的转衔，一般指他们在学习各阶段所面临的学习形态和环境的转换。学者钮文英将个人在学习阶段所面临的转衔进行了详细划分：从幼儿园转换到小学、从小学转换到初中、从初中转换到高中(或高职)、从高中转换到大专院校；从辍学或延迟入学转换到学校；特殊教育和普通教育环境，特殊学校和普通学校特殊班，学校形态的特殊/普通教育和其他教育形态(在家教育、医院附设的特殊班)的相互转换；以及小学普通班低、中、高三个年级班级的转换等。② 无论是哪个学习阶段的转衔，对于一些有适应新环境困难的学生来说都很重要。

由此可见，特殊教育中的转衔，主要是指特殊教育需要学生在入学前、后，面对

---

① 林潇潇、邓猛：《美国学习障碍学生的转衔及对我国特殊教育的启示》，42～47 页，载《中国特殊教育》，2014(3)。

② 钮文英：《拥抱个别差异的新典范——融合教育》，485 页，台北，心理出版社，2008。

不同情况(如转学、升学、就业等)时进行的学习形态或学习环境的转换，包括升学转衔和就业转衔两方面。通过转换使特殊教育需要学生适应物理环境和社会环境，从而更好地完成学业、适应生活。

就义务教育阶段而言，特殊教育需要学生可能面临以下三种转衔：

(1)幼小衔接教育。

幼小衔接是指幼儿教育和小学教育的衔接，即幼儿园和小学两个相邻教育阶段之间在教育上的相互连接，实质指的就是儿童在这一过程中连续不断发展的社会性、心理、身体发展上的衔接。①对于儿童而言，幼小衔接远远超过生态环境的改变；并非仅仅是从家里或是较小的学前教育机构转至较大的、明显具有竞争力的学校环境，更意味着心理、生活、活动方式等多方面的调整与改变。Eutwisle 和 Alexander 曾指出，小学教育阶段是儿童学业与社会发展的关键时期，这对于有特殊教育需要的儿童而言也是如此，专业团队若提供顺畅的转衔过程会对其适应小学一年级的生活产生重大之影响。②

为特殊教育需要学生提供幼小衔接教育是一个各个单位及人员连续性的合作过程，帮助学前幼儿由家庭或是幼儿机构进入学校。幼小转衔目标有二：一是在转衔服务的交付过程中能创造连续性，以使幼儿能很快适应新环境；二是在转衔服务的交付过程能保证延续性，并符合孩子在成长发展时的需要，其最终目的是希望能协助特殊教育需要学生适应新环境，使其发挥潜能。③

美国在 1990 年出台的《残疾人教育法》中强调为特殊儿童提供连续、系统的转衔服务；我国台湾地区也有相关规定："幼小转衔教育应在学前大班阶段，由教育人员与个别化教育计划中规划相关转衔计划。"同时，我国大陆颁布的《幼儿园教育指导纲要(试行)》中也明确指出："幼儿园教育是基础教育的重要组成部分，是我国学校教育和终身教育的奠基阶段。"在总则中强调"幼儿园应与家庭、社区密切合作，与小学相互衔接"。在组织与实施中又强调"幼儿园教育要与 0～3 岁儿童的保育教育以及小学教育相互衔接"。但到目前为止，在我国大陆的特殊教育相关法律体系中还没有提及幼小转衔教育的内容，所以我国急需相关部门加强特殊教育的法制建设。有了坚实的法律做后盾，特殊教育需要儿童的幼小转衔才会引起足够重视和提供良好的转衔服务。④

---

① 蔡军：《从幼小衔接到入学准备：一种新的研究视角》，14～17 页，载《教育导刊》，2010(6)。

② Eutwisle R. D. & Alexander K. L. , "Facilitating the Transition to First Grade: The Nature of Transition and Research on Factors Affecting it," in *The Elementary School Journal*, 1998, 4, pp. 351-363.

③ Ramey C. T. &Ramey S. L. , "Beginning School for Children at Risk. In R. C. Pianta&M. J. Cox(Eds.)," in *The Transition Kindergarten*, 1999, pp. 217-252.

④ 郝晓岑：《我国特殊教育法制建设的回顾与反思》，71～76 页，载《中国特殊教育》，2003(6)。

(2)中小衔接教育。

中小衔接教育，亦称小升初衔接教育，包括小学升入初中前的准备和进入初中后的适应。小学五、六年级到初中一年级是中小学教育过渡的结合阶段，衔接过渡的成功与否对教育质量影响很大，但这也是最容易被忽视的一个环节。

特殊教育需要学生与普通学生一样，具有相同的身心发展规律。小学进入初中，不仅代表着学生的学习迈上了一个新的台阶，而且学生即将进入青春期，在生理和心理上也会出现一定的变化。这对于具有一定身心障碍的学生来说是一个很大的挑战。因此，应该加强对特殊教育需要学生的中小衔接教育，为其在生理和心理上都做好一定准备，使其面对突如其来的变化时不至于束手无策，甚至产生惶恐、畏惧、逃避等情绪。

(3)“普特间”转衔教育。

“普特间”转衔教育是出现在学习过程当中的，是指就读于特殊教育学校(或特殊教育班)的学生需要转衔进入普通学校(或普通班)就读，或就读于普通学校的特殊教育需要学生不能适应普通学校(或普通班)生活而要转入特殊教育学校(特殊教育班)就读时，需要为其进行相关的转衔服务。这种服务目的是使学生在进入新的环境之前提前做好适应转衔后学校环境的准备。这种转衔教育对特殊教育需要学生获得最适宜的特殊环境和教育方式，潜能得到最大限度的发挥至关重要。

这种转衔教育在提倡融合教育的今天逐步得到重视。就当前我国随班就读的发展来看，普通学校和特殊教育学校均需要提供此种相关的转衔服务。例如，孤独症谱系障碍儿童发生率呈不断上升的趋势。一项关于华南地区的调查显示，当前大多孤独症儿童就读于康复机构或特殊教育学校，仅有10.43%在普通学校就读。[①] 孤独症儿童进入普通学校随班就读所接受的教育质量也不尽如人意，“随班就座”“随班就混”的现象普遍发生。这其中很大一部分原因就是学生在进入普通学校之前没有接受相关的转衔教育服务，使其面对新的学校环境时不能适应。当然这其中还包括在随班就读过程中没有为特殊教育需要学生提供持续的转衔教育有关。

例如，“小英”(化名)是一名就读于特教班四年级的轻度智力障碍学生，为了让她有更多与其他学生学习和互动的机会，她的家长计划在小英五年级时让她转衔安置到普通班。小英的特教班导师认为，特教班和普通班的生态环境有很大的差异，小英以前从未在普通班上过课，加上她对新环境的适应度较低，担心她不能适应普通班的课业学习、生活作息和人际互动。这就需要通过转衔教育，为小英顺利从特教班进入普通班做好充分的准备工作，使其适应新的学习环境。

---

① 深圳市自闭症研究会：《中国自闭症人士服务现状调查》，41页，北京，华夏出版社，2013。

(4)同一阶段不同年级间的转衔教育。

同一阶段不同年级间的转衔教育是指在同阶段教育过程中，当特殊教育需要学生的能力不能与当前学习进度匹配时，需要对他们进行转衔教育，使其准备好进入适合其学习能力的年级中。

特殊教育需要学生在生理和心理上，与普通学生相比或多或少有一定差异。在普通学校随班就读的特殊教育需要学生，他们或由特殊教育学校(或特教班)转入普通学校(普通班)，或者直接进入普通班级就读。无论何种方式，均需要先评估其能力，然后制订并实施相关的转衔计划后再转入。如果学生能力低于同年级普通学生的能力，那么需要考虑安排特殊教育需要学生转衔进入低一年级的年级中，这样有利于其更好地发挥自我潜能。反之亦然。这种方式对于改善当前随班就读中出现的“随班就座”“随班就混”现象有积极作用。

(5)就业转衔教育。

就业转衔是指学生离开学校体系后，进入就业市场、独立社区生活的转换过程。同时，就业也是特殊教育需要学生参与社会生活的重要途径。

就业转衔教育对学生从学校进入社会具有重要作用，进入社会意味着有特殊教育需要的学生必须具有一定的工作能力、生活技能、社交技能等。因此，加强对特殊教育需要学生的就业转衔教育一直以来都是各国关注的重点。以就业为目的的转衔，不仅考虑到该阶段可能是特殊教育需要学生最后的学习阶段，还可能是为即将进入高中教育的学生提供。因此，此阶段教育的重心与学生未来职业能力的提升相关，即便学生继续升学，对其职能了解并加强相关能力的培养仍是转衔服务计划制订的重要参考依据。

同时，就当前现状来看，不难发现转衔服务自确立以来一直强调中学阶段的服务，且将重点放在职业教育上，即以就业为服务取向。在法律法规方面，1990 年美国《残疾人教育法》中，将“转衔”定义为：“转衔是以社会适应为导向的一连串广泛服务与相关经验。”之后的修正案及相关法律法规均在此基础上进行修订，在不断强调就业转衔的同时不断扩大转衔内容和范围。其中，2004 年，《残疾人教育法》修正案旨在帮助即将离校的残疾学生顺利转衔到社区生活和工作中，这项任务特别要求美国各州和地方教育机构做出如下工作：

(1)为每一名残疾儿童提供转衔服务。

(2)为残疾学生发展一套协调性活动。这些活动必须集中于实现残疾学生学校后就业或者职业培训，抑或社区生活的个别化目标。

(3)与社区服务机构协调转衔活动，使得中学毕业生更容易获得所需的服务。

(4)考虑残疾学生个人的需要、优势、喜好和兴趣。

在现实需求方面，仅就特殊教育需要学生的家长的需求而言，他们最担心的就是当他们年老后，他们的孩子独自生活的问题。因此，偏重于对特殊教育需要学生离校后进入社会环境的就业转衔教育是必然的选择。

三、实施转衔服务的目的

特殊教育需要学生接受教育的最终目的在于使其成为一个主动、独立的社会成员。转衔服务能够有效地帮助他们实现这一目标。在此过程中需要特殊教育工作者及相关人员，针对特殊教育需要学生做更多的准备性工作，使其适应新环境，更好地发挥潜能，顺利地进入下一阶段的学习或生活。

(一)升学转衔服务以改善学业

升学转衔是特殊教育需要学生从一个学习阶段进入下一个学习阶段的准备服务。它包括从幼儿园进入小学、从小学进入初中、从初中进入高中、从高中进入大学等阶段的准备；同时也包括特殊教育需要学生在学习过程中由特殊教育学校转衔到普通学校就读，或从普通学校转衔进入特殊教育学校就读的转衔服务。升学转衔教育的目的是改善特殊教育需要学生学业水平，提高其认知能力，并通过学业的进步对其其他发展领域(如社会交往、情绪管理等)的发展起到辐射与带动的作用。

美国近些年来逐步将转衔服务的范围进行细化和拓展。尤其是 2004 年《残疾人教育法》中对转衔服务做出了新的规定，指出"转衔服务"是指为残疾儿童提供的一系列协调性活动，在重视培养学校后生活所具备的功能(独立生活、职业培训等)的同时，重点提高特殊教育需要学生的学业水平。① 可见，转衔教育不仅重视离校转衔，而且关注其他阶段的转衔教育，为学生传授知识技能，使特殊教育需要学生可以在学生时代的各个发展阶段都可以得到足够的支持，更有助于他们适应下一教育阶段环境及社会生活。

(二)就业转衔服务以适应社会

就业转衔教育对于特殊教育需要学生转衔进入社会，积极、有尊严地参与、融入社会生活有着重要意义。自转衔教育提出以来，就业转衔教育一直是特殊教育需要学生最为重要的支持项目。

美国的转衔教育自确立以来一直处于动态发展状态，且致力于提升特殊教育需要学生离校后的生活品质。从 1983 年《残疾人教育法》中将生涯教育转变为转衔教育以

---

① Williams-Diehm K. L., Lynch P. S., "Student Knowledge and Perceptions of Individual Planning and its Process," in *The Journal for Vocational Special Needs Education*, 2007, 29, pp. 13-21.

来，以特殊教育需要学生的职业需求为中心的一系列转衔服务被提出，以达成就业目标、提升生活品质及促进自我决定的目的。1990 年，美国对该法案进行修正，其中就授权为 16 周岁及以上的所有残疾青少年提供全面的“个别化转衔计划”(Individualized Transition Plan，ITP)，目的是为了帮助学生离开学校后能够适应社会。[①] 其中，转衔服务包括中学后教育、职业培训、融合性就业、持续的成人教育、独立生活或社区参与。此后，该法案又进行了多次修改。1997 年的修正案中在强调对婴幼儿与学前进行转衔服务的同时，仍将重点放在 16 岁及以上学生的就业转衔上。[②] 2004 年法案也在前面的基础上指出了转衔教育的内容应关注学生从学校生活过渡到学校后的社会活动，这些学校后的社会活动中就包括职业培训、融合式就业(如竞争性就业)、独立生活和社区参与等。

我国台湾地区转衔教育在发展过程中也把就业转衔教育放在重要位置。一系列相关文件中将职业教育作为转衔教育的重点，要求高中(职)职业教育课程应视学生个别需要随年级增高增加其校外课程实施时数，并加强转衔服务。1999 年，台湾地区教育部门将原本的高级职业学校特殊教育实验组更名为综合职能科，以提供残疾学生接受职业教育及发展未来就业所需能力的机会。

进入 21 世纪后，我国台湾地区仍十分重视就业转衔教育对特殊教育需要学生的作用。例如，2010 年的《各教育阶段身心障碍学生转衔辅导及服务办法》中就强调了转衔服务的目的是协助特殊教育需要学生顺利地从前一阶段过渡到下一阶段，使其具备下一阶段所需的能力，进而为未来的生涯发展做好准备，这其中的服务内容就包含就业转衔教育。

四、转衔服务的理论基础

(一)社会系统理论

系统一词，来源于古希腊语，是由部分构成整体的意思。系统论的创始人贝塔朗菲将系统定义为“由若干要素以一定结构形式联结构成的具有某种功能的有机整体”。认为其包含四个基础概念，即系统、要素、结构与功能，强调要素与要素、要素与系统、系统与环境三方面的关系。从系统论的视角出发，发现任何事物于某个层面而言皆可被视作一个系统。同时，系统和系统之间有渗透性，它们彼此交流的过程中，经

① 肖非：《美国特殊教育立法的发展——历史的视角》，91～94 页，载《中国特殊教育》，2004(3)。
② 刘春玲：《特殊教育概论》，53～54 页，上海，华东师范大学出版社，2008。

历“输入—转化—输出—回馈”这样一个循环往复的过程。[①] 而且系统只有在平衡的状态下才不会发生形态的改变，而新形态(或新系统)的形成需要从原形态的不平衡状态发展得到。就如特殊教育需要学生在一种环境下适应后，需要转衔进入新的状态或环境时，对特殊教育需要学生而言就是要打破个体与环境的平衡，在自身能力的基础上不断吸收并转化新的能力，最后获得适应新环境的能力，从而再次达到个体与环境的平衡。

社会系统理论形成于20世纪80年代中期，由德国尼可拉斯·卢曼提出的社会学理论。卢曼认为系统是动态演变的而非静态的，强调发现一种问题的效应，而不在于发现固定不变的因果关系。因此，从社会系统理论视角看转衔教育和服务问题时，我们应注意转衔产生的效应，即转衔引起的机体生理生化功能或形态的变化。例如，当特殊教育需要学生从幼儿园转衔进入小学时，由于环境的不断变化、个体的不断发展，每个特殊教育需要学生的转衔需求都不会一成不变。即使具有相同的转衔需求，由于个体间的差异性(如身心特点、能力、需求等)也会产生不同的适应结果。因此，在转衔的过程中我们要注重转衔过程动态变化，为特殊教育需要学生提供持续的转衔服务。

此外，卢曼从智利生物学家马图拉纳和法芮拉的生物学理论中引入了“自创生系统”的概念，替代了以输入/输出对系统进行解读的传统模式，借以描述系统对自身统一性的再生产过程。他提出“自指涉”，即系统将一些东西标识为“自己(系统本身)”，而“异指涉”，即系统将一些东西标识为“非自己(非系统本身)”。我们可将自指涉理解为一种表述，这种表述与一种使各自的另一方也能继续存在的区分相联系。就此而言，“自指涉”内含着“异指涉”，反过来后者也内含着前者，自指涉离不开环境，因为系统的自我生产与自指涉之运作，需要将环境当作一种“条件”。为特殊教育需要学生提供转衔教育和服务时，在增强其能力的同时，强调各个系统间要相互协调和合作，不能只关注特殊教育需要学生个体内的发展，如只在机构做干预训练，还需要家庭、学校、医院、社区、相关服务机构相互沟通、合作，为特殊教育需要学生提供相应的服务，即与个体有关的各系统均要参与到转衔过程中。

(二)生态理论

生态理论在发展心理学中由布朗芬布伦纳提出的个体发展模型，强调发展个体嵌套于相互影响的一系列环境系统之中，在这些系统中，系统与个体相互作用并影响着个体发展。他指出：“当个体在生态环境的位置改变时，他会经历生态学上的过渡。”[②]

---

① 曾丽娟：《系统理论视角下社会工作实习研究——以S高效2012级MSW实习为例》，17页，山东大学硕士论文，2014。

② 李敏谊：《国外近十年幼小衔接理论研究综述》，86～89页，载《比较教育研究》，2010(5)。

布朗芬布伦纳的生态系统理论对环境的影响做出了详细分析。布朗芬布伦纳认为，自然环境是人类发展的主要影响源，这一点往往被人为设计的实验室里的研究发展的学者所忽视。他认为，环境(或自然生态)是“一组嵌套结构，每一个嵌套在下一个中，就像俄罗斯套娃一样”。换句话说，发展的个体处在从直接环境(像家庭)到间接环境(像宽泛的文化)的几个环境系统的中间或嵌套于其中，每一系统都与其他系统以及个体交互作用，影响着发展的许多重要方面。①

具体说，特殊教育需要学生的衔接可以从以下几个方面理解：

(1)“通过仪式”——一些标志着儿童来到一个新的环境的物品，如校服、饭盒和其他个人的随身用品等。

(2)“越境”——从物理环境或者文化意义上的一个世界进入另一个世界。例如，特殊教育需要学生从家庭转衔进入学校，学生从家庭生活进入学校集体生活；在文化层面上学生的认知也将发生变化。

(3)“制度仪式”——制度要求儿童将在家获得的符号资本转化为在学校可以使用的符号。例如，特殊教育需要学生在家庭中形成的符号，转衔进入学校后使用，符合学校的规章制度。这些从不同角度分析了转衔过程中可能影响特殊教育需要学生的方面。②

第二节 转衔服务的实施流程

特殊教育需要学生的转衔教育与服务的实施流程包括：①了解特殊教育需要学生及其重要他人的需求与想法；②分析特殊教育需要学生拟转衔的环境、角色及其中重要他人的想法和期待；③评量特殊教育需要学生的能力现状和优劣势；④分析特殊教育需要学生与潜在环境或角色间的适配性和差异性；⑤召开转衔会议并制订特殊教育需要学生的转衔计划；⑥实施和评价转衔计划的成效。

---

① 苏彦捷：《发展心理学》，54页，北京，高等教育出版社，2012。

② Fabian，H. and Dunlop，A-W.，*Outcomes of Good Practice in Transition Processes for Children Entering Primary School*. Bernard Van Leer Founda-tion：The Hague，The Netherlands. 2007，p. 2.

一、了解特殊教育需要学生及其家人的需求与想法

为特殊教育需要学生提供适当的转衔服务，必须针对个别需求予以考虑。特殊教育需要学生是服务的对象，也是转衔过程的主体，了解本人的需求和想法对其顺利转衔进入新的环境具有重要作用。对有升学转衔教育的特殊教育需要学生，我们可以了解他/她想进入什么样的学校或学习环境；对就业转衔教育的特殊教育需要学生，我们可以询问他/她对学校生活后的远景、想法和期待。例如，你想从事什么样的工作？你对未来生活有什么样的想法？

同时，家人也是影响转衔教育和服务整体运作的关键，我们可以了解与特殊教育需要学生相关的家长对特殊教育需要学生在各个教育阶段转衔教育的需求和想法。我们可以了解家长对特殊教育需要学生在不同教育阶段的转衔上，期待他/她进入什么样的学校，希望获得什么样的服务和协助。而在学校生活后的社会生活的转衔上，我们可以了解家长对孩子离开学校生活之后的想法与期待如何，以下的问题可供参考：

(1)在您的孩子高中(职)和大学毕业后，您希望他/她做什么？

(2)如果您计划让您的孩子就业，您会考虑让他/她做什么样的工作？

(3)在您的孩子高中(职)和大学毕业后，您希望他/她住在哪里？

(4)在您的孩子高中(职)和大学毕业后，您希望他/她从事什么样的休闲活动？

(5)在您的孩子高中(职)和大学毕业后，您希望他/她参与什么样的社区活动？

(6)您对您孩子婚姻和组成家庭的期待如何？

(7)您的孩子需要什么样的支持和服务，以协助他/她顺利就业，或是生活得更独立而快乐？

二、分析特殊教育需要学生拟转衔的环境

在不同教育阶段的转衔规划与实施上，特殊教育需要学生未来拟转衔的学习环境包括：有哪些具体环境、设备、材料人员、生活作息、课程、活动、要求和期待，存在于环境中的助力与阻力，以及环境中重要他人的想法与期待等；并据此分析这一学习环境和现阶段的学习环境的差异。例如，一名初中智力障碍学生在毕业后拟转衔进入普通高职，那我们需要了解普通高职有哪些科系，以及其入学条件、课程内容等。

如果特殊教育需要学生将从学生转换到就业者的角色，我们可以了解其未来拟转衔的就业环境的基本资料、工作环境、工作性质、工作条件环境中的设备、材料人员、

职场的作息表、所需技能与行为评量、存在于环境中的助力和阻力、环境的可调整性，以及环境中重要他人(如雇主)的想法与期待等。学生的 IEP 计划中，应包含学生离校后的目标。教师应该考虑学生对于目前环境的具体要求(例如，课程与活动的特殊安排)，以及从学校转衔到成年期生活中的未来环境变化。

(一)中学课程分析

中学课程分析主要针对当前学习环境和课程进行具体分析，将其作为转衔评估的一部分。具体内容包括：大学预备课程、基于工作的学习机会、选修课程、社区指导、大学专业的选择以及课外活动等方面的信息。在特定的学校系统中，收集和编辑关于学生选择的各个专业或项目、课程和资源等的信息是教师最容易分析的内容；可以通过校园网获取信息，也可以从辅导员、学校心理老师以及其他学校相关人员那里获得信息。学校环境分析包括以下方面：

(1)专业或项目、课程及先修课程、指导部门开展的帮助特殊需要学生探索和申请大学的各种活动。

(2)为就业准备而开展的各种项目与课程，包括实习、工作经历、职业发展课程、志愿者经历等。

(3)选修课程，包括特殊需要学生可能感兴趣的艺术、戏剧、音乐、摄影、外语、技术等课程。

(4)学校组织和安排的各种课后活动或者暑期项目。

(5)学校的转衔专业人员帮助特殊需要学生规划具体的转衔服务，在转衔交流会上针对 18～21 周岁学生的大学计划提供具体支持。

(6)学校中的俱乐部、课外活动等。

收集和分享学校系统中的信息为学生参与职业探索活动提供了良好的机会，如选择符合特殊需要学生兴趣的内容和选修课，参与课外活动等。尽管这一过程对一些学生和家长来说可能很容易，但对另一些学生来说，它需要高度结构化以确保所有人都熟悉学校系统的组织、对于毕业和学习课程的具体要求，以便为离校后做好准备。

(二)工作环境分析

“工作分析技术”是评估与学生就业目标相关的环境的方法(例如，情境评估、工作样本、社区工作)。工作分析通过对工作职责进行任务分析，对工作的任务及性质进行功能列表，来分析对工作环境的需求。它还包括关于工作地点和条件的信息(例如，监督的数量、生产要求、工作场所的文化和工作地点附近的交通等)。这些信息应该从雇主、观察工作现场和/或从雇主及人力资源人员那里获得。还要考虑不同工作场所的要求，以及不同学生个体的利益、偏好、优势(例如，阅读和数学能力、敏捷、耐力)和具体需求(如住宿、支持人员等)。一旦收集到信息，就应该将其与学生自己收集到的信息进行比较，以确定个人与工作环境之间是否存在匹配。

工作分析技术也有助于确定学生是否需要住宿、支持、辅助技术设备等来完成工作任务及管理工作场所的社会互动。例如，对社区环境进行的具体评估可以包含以下方面内容：

(1)社区资源(休闲与娱乐项目)。

(2)成年期服务(职业康复、残疾人发展机构、独立生活选择机构)。

(3)就业资源，如“一站式”服务中心。

(4)高等教育，如大学项目、成人教育项目等。

(5)交通工具的选择。

这种评估在初期很耗时间，但一旦社区评估完成，只需要定期更新即可。社区评估对于那些在学校就读到21岁的特殊教育需要学生很有效，评估信息也可以在IEP会议上与学生和家庭共享。

三、评量特殊教育需要学生的能力现状和优劣势

转衔评量，又称转衔评估，它是制订转衔计划的重要依据。转衔评估的重点在于依据特殊教育需要学生的身心发展规律，规划以学生需求为主的个别化转衔计划。首先，通过评量特殊教育需要学生的身体健康状况、感官与知觉动作能力、认知/功能性学业能力、语言/沟通能力、休闲能力、职业能力、居家和社区生活的能力、社会/情绪/行为等方面的能力，以及其兴趣、爱好、优缺点等，明确找出学生下一阶段需要准备的转衔技能，并尽可能地反映其在学习、工作及社区生活环境等方面的需求。这有助于我们更清楚地了解特殊教育需要学生各方面的能力和需求。以职业能力为例，我们可以了解以下方面的现状：①雇用前的技能，如阅读、书写、沟通等一般能力和职业知识与技能；②寻求雇用的技能，如找工作、面试的技能等；③雇用后的技能，包括与工作有关的技能，如使用交通工具、穿着工作服、用餐、行动能力、安全意识、职业态度和相关社会技能等。其次，特殊教育需要学生从幼儿园升至小学前，我们需要评估学生的生活自理、动作、社会行为、语言及认知的各领域的发展，还有个别化需求、身体健康状况、优缺点等。通过了解其能力现状和优劣势，为特殊教育需要学生下一步转衔工作做准备。

选择合适的转衔评估方法，需要考虑特殊教育需要学生的年龄、年级、高等教育的目标、职业成熟度、中等教育项目与课程以及社区资源等。对于中学阶段的特殊教育需要学生，高中以及即将准备毕业的学生的转衔评估显然是有差异的。个别化的选择转衔评估就是为每个特殊教育需要学生制订一项计划，或者通过回答一系列问题来指导他们的 IEP 进程。

(一)背景评估

从特殊教育需要学生以往档案记录中找到转衔评估所需的“第一手”信息。基于学生的年龄、离校目标以及个人特征，背景评估包括以下几个方面：

(1)来自以前的教师、支持人员及相关机构人员的观察。

(2)来自特殊教育需要学生 IEP 的与转衔相关的目标、学业进步以及功能性评估结果。

(3)学业成绩、出勤率、纪律处罚、课程参与情况。

(4)以往的各种评估结果以及相关建议。

(5)已经在课堂或社区进行的各种调整、支持以及技术的使用。

(6)医学信息(如过敏历、药物史等)。

(7)兴趣与爱好的清单、职业探索活动经历。

(8)功能性行为评估，行为干预计划。

(9)辅助技术评估/评价。

(10)与离校目标相关的各种评估，如学业成就测试结果(SAT)等。

背景回顾为转衔评估实施人员提供了一个了解特殊教育需要学生基本情况，以及需要哪些额外的转衔评估的机会，并确保学生朝着可评价的具体离校目标努力。例如，对于高三的特殊教育需要学生来说，平时成绩和高考分数对于分析离校之后的教育环境非常重要。这种教育环境将决定特殊教育需要学生是否能与后续教育机构的要求与支持相匹配。此外，与特殊教育需要学生家长的面谈有助于确定学生接受何种高等教育，面谈的内容可以包括家长的期待、可承担的学杂费、距离的远近、机构类型选择等。学校教师可以选择特殊教育需要学生的转衔简况或者表现总结等形式来总结背景回顾中的核心内容。

(二)访谈

来自特殊教育需要学生和他们的家长的信息资源非常重要。在形成青少年职业期望和未来目标方面，家庭成员扮演着重要的角色。背景回顾中的信息能够引导教师向学生和家长提出适当的问题。对特殊教育需要学生访谈中的问题往往涉及兴趣、爱好、生活以及对中学课程知识的掌握。[①] 对于特殊教育需要学生的访谈为IEP团队提供了关于学生的梦想、愿景、社区生活、学习和离校后的工作目标等方面的最佳信息。对学生家庭成员的访谈同样有助于理解学生离校后面临的独立生活以及与工作相关的文化和经济层面上的期望。访谈能够了解学生与家长的目标是否一致。与特殊教育需要学生的教师、咨询顾问、支持人员或者雇主的访谈同样能够提供学生在学校或社区中相关能力与表现的信息。应将这些信息加入学生的档案、转衔简况和表现总结中。

(三)标准化评估

大多数特殊教育需要学生的IEP计划中都包含学业和功能性技能的信息。同时在档案中包含心理特征等方面的评估信息。IEP团队与学校心理教师合作进行评估并及时更新，确定特殊教育需要学生的职业兴趣和职业技能。标准化评估对制定合适的转衔服务有帮助。在对特殊教育需要学生所需合适资源、学生年龄、目标以及学业能力进行回顾后，需要选择合适的标准化评估和非正式评估手段进行进一步的评估。用于转衔评估的标准化评估类型包括兴趣清单、自我决定评估、能力倾向测试、职业成熟度评估、转衔计划清单、适应性行为与独立生活技能评估、社交技能或行为评定量表、工作行为评估、个性与偏好量表等多个方面。教师能够在特殊教育需要学生转衔进程中使用的标准化量表工具包括各种转衔评定量表、社会技能评定量表、生活中心职业教育能力基础评估、自我决定评估，SAT测验、学习风格与工作分析等。

(四)基于课程的评估

标准化常模参照测验评估主要发挥的是对特殊教育需要儿童鉴定的功能，但无法决定如何进行针对性的教学，无法了解学生在课堂上的实际学习情况与表现。基于课程的评估(Curriculum-Based Assessment)是由教师实施的，根据学生的上课课程内容，对学生的学习结果的评估。其测验材料来自学生所学的课程教材；评估结果直接用于教学决策。[②] 基于课程的评估包括标准参照评估、对各学科领域测试、基于课程的测量以及档案(Portfolio)评估。基于课程的评估有助于追踪学生在学业领域的进步，是一种形成性评价。这些信息也有助于在高等教育或者工作场所做出所需的调整与支持的决定。

(五)行为观察

行为观察常常在收集学生参与具体课程、工作选择或者情境评估、基于社区的指

---

① Neubert D. A., "The Role of Assessment in the Transition to Adult Life Process for Individuals With Disabilities," in *Exceptionality*, 2003, 11, pp. 63-71.

② 王辉：《特殊儿童教育诊断与评估》(第二版)，378页，南京：南京大学出版社，2015。

导或者表现/工作样本活动时使用。行为观察就是直接进入当事人的自然环境，观察其周围会影响行为问题的事件(人、物、事)或功能，为分析行为问题的原因、找出相对应的干预策略奠定基础。不断地观察并记录特殊教育需要学生在不同环境中的行为可以为教师提供学生在学校、家以及社区中的兴趣、爱好、优势和需要的有价值的信息。观察特殊教育需要学生的行为同样需要教师记录学生从一个班级(或环境)转到另一个班级(或环境)中要使用到的各种调整、技术以及支持。行为观察与记录的策略包括描述性报告、时间抽样报告、时间动向研究等。例如，特殊教育需要学生对就业准备状况的看法的变化，以及他们认为对职业发展很重要的议题，都需要被记录下来。要观察记录他们有关就业结果的细节，如工作时数、工资率、领取的福利、工作类型等。研究人员还需要知道他们是如何找到工作的，什么样的条件使他们能够在工作中取得成功，以及他们需要付出多少时间和努力才能获得工作。

(六)表现/工作样本

在职业康复环境中，表现或者工作样本常常成为评估进程的一部分，是对面临的实际工作场景、工作内容进行的抽样和模拟。工作样本常常根据就业环境中完成相似工作的一组工作人员的表现来进行标准化和规范化。工作样本常常包括一系列的指导、任务、资料和关键行为观察。

一些学校系统使用正式的商业工作样本来对学生进行培训，具有情境性、模拟性的特点。教师也经常根据教学需要自制表现或工作样本。这些工作样本涉及特殊教育需要学生所做的任务、所需材料与工具，能够在真实生活、学习或工作环境中使用。工作样本的使用对于环境的需要(例如，工作任务、独立生活任务和社区功能性技能)是多样化的。这种测试重视实际动手能力而不是理论上的学习能力；可以是操作性的，也可以用口头表达的；可以通过角色扮演、情景体验等多种方式灵活地进行。与此同时，样本使用过程中需要记录特殊教育需要学生的行为，包括兴趣、爱好、能力水平、材料和任务的组织以及社会互动等。要确定样本中包含的任务，需要对真实的生活、学习或工作的环境进行分析，这是样本活动的重中之重。管理工作样本的关键是观察和记录特殊教育需要学生的兴趣以及对任务的关注程度，他们在活动中对于帮助的需求以及在任务中的实际表现等。

(七)情境评估

情境评估常常用于学校与康复环境中，以观察特殊教育需要学生在特定环境中的行为、技能与兴趣。例如，可以安排学生在学校商店中售卖零食或日用品来实施情境评估，也可以安排学生在校外餐厅点餐来进行实地考评。情境评估常常在社区环境中开展，来确定在不同就业场所中特殊教育需要学生所展现出来的兴趣、表现、需要以及优势，并将情境评估作为基于社区的指导策略的一部分。

为了记录学生行为表现，教师可以使用与情境相关的非正式检核表或者发展技能清单来评估，也可以使用一些康复环境中常用标准化情境评估工具。Peer 和 Tunhula (2010)发现情景评估中常见的领域包括社交技能、工作质量、工作习惯、个人表现以及自信/主动性。[①] 通过观察与记录特殊教育需要学生在不同地点的工作表现来确定他们的工作偏好，或者直接询问学生对于不同地点的兴趣或爱好。[②]例如，视力障碍学生要明确高中毕业后想要做什么，住在哪里，做何种工作，完成哪些培训以及需要他人提供哪些帮助。当他们在校时就需要制订一项计划来为这些事情做好预备。可以通过转衔能力检核表这种非正式评估工具来评估视力障碍学生在特定情境中的行为。

情境评估能够与独立生活环境联系起来。例如，特殊教育需要学生在接受培训后如何搜索公共交通信息，是否喜欢与兄弟姐妹或朋友同住一个宿舍。如果特殊教育需要学生与组织社区郊游的团体或个人分开，他们会不会使用手机联系等。这些能力都需要评估。情境评估的优势在于可以鼓励学生经历多种学校和家庭、社区的环境。表现样本和情境评估对于系统地观察和记录学生的行为和技能都是很重要的。收集到的数据可用于规划和考虑学生下一阶段的安置地点与服务方式，应开展的项目或课程类型，以及具体情境中需要做出的调整等。情境评估也为有特殊教育需要学生 IEP 会议提供有用的信息和数据。这些数据包括观察到的爱好、兴趣、优势、技能表现、人际互动与交往技能，以及学校、家和社区中的具体需求等。

四、制订特殊教育需要学生的转衔计划

在决定安置前，要考虑特殊教育需要学生与下一阶段环境的适配性和差异情形。特殊教育需要学生在进入新的环境前，通过运用《教师社会行为期待标准清单》《与儿童障碍状况相关的社会行为检核表》等相关的适配性评估工具，将特殊教育需要学生当前与拟转衔进入的物理环境、个人能力、环境要求等进行比对，确定其与拟转衔的环境

---

① Peer J. A. & Tenhula W., "Assessment of Vocational Functioning in Serious Mental Illness: A Review of Situational Assessment and Performance-based Measures," in *Journal of Vocational Rehabilitation*, 2010(32), pp. 175-189.

② Cobigo V. M. & Lachapelle Y., "Assessing Work Task Preference Among Persons with Intellectual Disabilities: An Integrative Review of Literature," in *Education and Training in Developmental Disabilities*, 2007(42), pp. 286-300.

间的差异。通过分析其差异，针对性地提高特殊教育需要学生转衔前的相应能力。同时，普通教育环境也应进行调整与改变，迎接身心障碍学生的进入。

在收集并分析相关资料后，接下来就是召开转衔会议，将转衔评估资料汇总进行分析，为特殊教育需要学生制订个别化转衔服务计划。转衔会议一般安排在离开现安置地点的一年前开始，如学前教育大班、小学六年级、初中三年级等开学初就应该进行。转衔会议由转衔团队召开，不同阶段的会议参与人员也有所差异：教育阶段参会人员主要有学生本人、家长、特殊教育教师、下一教育阶段教师等；就业转衔则由特殊教育教师、职业教师及社会福利系统中的就业服务人员共同参与。

转衔会议将针对特殊教育需要学生转衔评估的内容、目前在学业上的优劣势、学习成绩及功能性行为能力进行讨论，目的在于协助特殊教育需要学生找出自己的兴趣、爱好、优劣势与能力，决定其在教育、职业和社区安置方式及所需的辅助设施、支持与服务等。转衔会议还要与下一阶段的生涯目标对应，确定未来服务的内容，进而制订个别化转衔计划。

五、实施和评价转衔计划的成效

转衔教育和服务的最后一个流程是实施并评价转衔计划的成效。我们可以通过观察或评估特殊教育需要学生，或对重要他人进行访谈等途径了解协助特殊教育需要学生在不同教育阶段，或成人生活转衔的成效，从而根据实际情况对转衔计划做出相应调整，不断适应特殊教育需要学生的发展需求。为更好地了解整个转衔服务的流程，下文将以一名幼儿园学生的案例来进行阐释。

小宝(化名)就读于某幼儿园的特教班，欲转衔进入普通学校一年级。为保证小宝顺利转衔进入小学，相关人员为其提供了转衔教育和服务。

首先，相关人员通过访谈、问卷、观察等方式对小宝及其重要他人(家长、教师)了解其想法和需求。然后，了解小宝及其重要他人对未来安置环境的期许，通过对获得的资料进行分析，为下一步做准备。接下来，评量小宝的能力现状和优劣势，比如生活自理能力、维持健康和安全的能力、语言沟通表达能力、学校适应能力等，并为其提供适切的解决方案。在此基础上，由小宝本人及其家长、专业团队共同组织参加了转衔会议。在会议上商讨并制订个别化转衔计划，为小宝转衔进入一年级做出合理规划。转衔计划制订后并不是一成不变的，它通过对小宝在转衔过程中的表现和能力进行恰当调整，以适应小宝的发展需求与变化。最后，对转衔计划的执行成效做出评价。详见图 8-1。

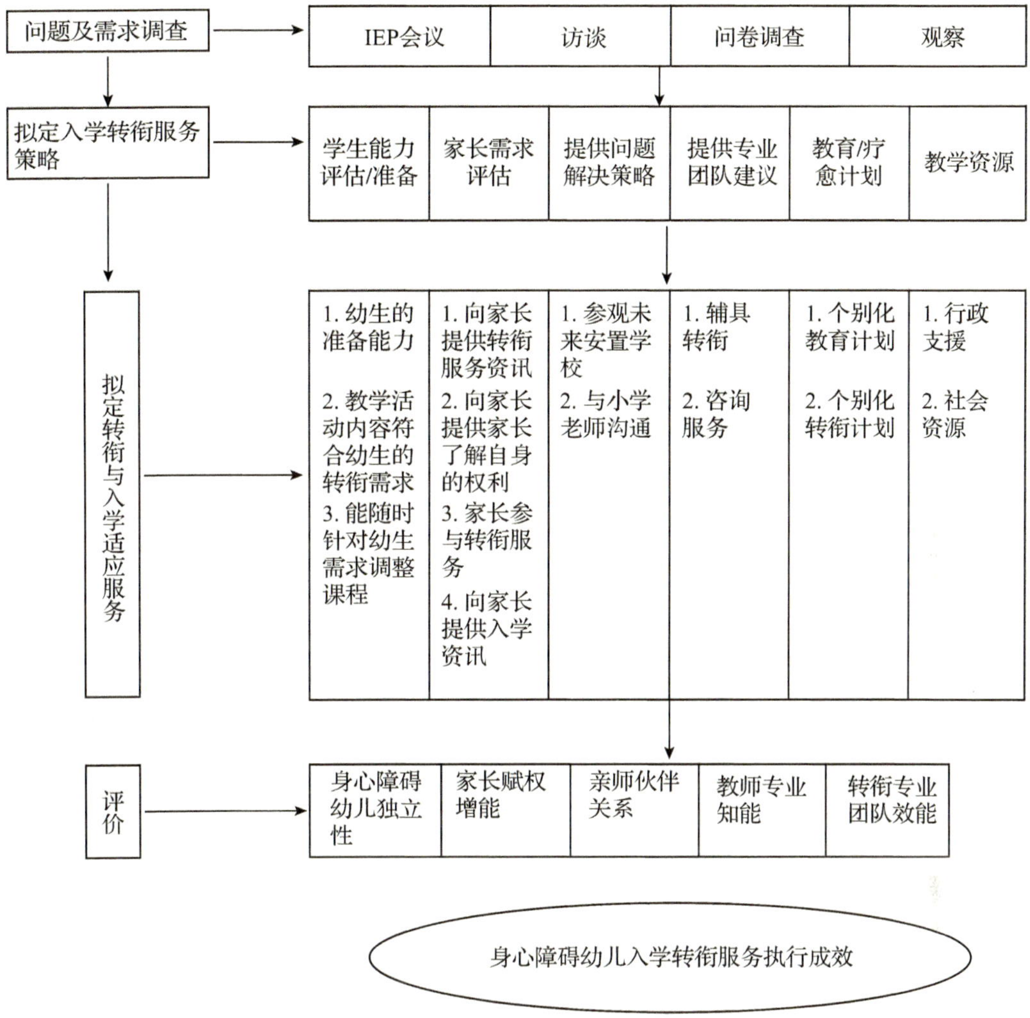

图 8-1　身心障碍幼儿入学转衔服务方案

第三节
转衔服务的要素

转衔服务的目标是确保所有有特殊教育需要的儿童能够拥有公平优质的公共教育，重点在特殊教育及相关服务的规划上能够满足学生个别化需求，为特殊教育需要学生做好继续升学、就业或独立生活的准备。所以，它应该是一系列为特殊教育需要学生设计的协调性的活动。以上海市长宁区为例，其特殊教育需要学生各阶段转衔服务项目就达 37 项(见表 8-1)。而且这些项目的执行，不是单靠教育体系就能完成的，是多部门合作的结果。转衔服务的成功要素包括：以学生为本的个别化教育计划、家长参与、专业团队合作等诸多因素的配合。

表 8-1　长宁区特殊教育需要学生转衔服务项目汇总表①

转衔阶段	转衔项目
早期干预至幼儿园	1. 医教结合评估；2. 家长咨询；3. 新生试谈；4. 新生家长会；5. 混龄融合活动
幼儿园至小学	1. 大班幼儿园评估；2. 大班幼儿个别化教育计划；3. 幼小衔接主题活动；4. 随班就读小学参观；5. 辅读学校参观；6. 医家校转衔会议；7. 医教结合评估；8. 毕业生家长会；9. 辅读新生入学评估
小学至初中	1. 随班就读入学鉴定；2. 随班就读教育康复评估；3. 学业评估；4. 智商复测；5. 随班就读小初转衔会议
初中至初职	1. 资源教学；2. 随班就读学生教育康复训练；3. 初职生技能展示观摩；4. 初职校新生入学评估
辅读之后	1. 作业治疗；2. 现场体验活动；3. 辅读学生作业康复训练；4. 初职校参观；5. 辅读毕业班家长会；6. 职业技能培训；7. 就业心理辅导
初职之后	1. 个别化职业转衔评估；2. 个别化职业转衔服务会议；3. 个别化职业转衔服务计划的实践；4. 高复班；5. 初职到大专转衔会议；6.“阳光之家”学员评估；7. 社团课程

一、学校要做好转衔工作准备

在旧有的观念中，许多人员都强调要提升儿童的“入学准备能力”，以适应学校的生活。然而，Rimm-Kaufman 与 Pianta 的研究指出，儿童特质对于学校适应的解释量只有 1/4，不应该把转衔的责任归诸在孩子个人身上。② 学校应为儿童的不同发展需求做好准备，而非将责任推给家庭和儿童。从生态发展的角度来看，学前环境、小学环境、中学环境、职教环境和工作环境等，都有其不同的文化、特点、要求，要协助儿童跨越阶段差异，必须强化建构一个关系联结的网络。如此，转衔工作就不能仅限于强化儿童的入学准备能力，而更需要从环境脉络着手，从家庭、学校、地区等方面提供支持，协助特殊教育需要学生适应新环境。换言之，对于融合学校，除了考虑“学生的准备能力”之外，更应“做好迎接新生的准备”。

Pianta 等人认为：一所“准备好的学校”提供转衔服务应具备三种特性：(1)要将学

① 夏峰、徐玉珍：《〈特殊学生转衔服务手册〉编制的研究》，12 页，载《现代特殊教育》，2014(12)。

② Rimm-Kaufman S. E. & Pianta R. C., “An Ecological Perspective on the Transition to Kindergarten: A Theoretical Framework to Guide Empirical Research,” in *Journal of Applied Developmental Psychology*, 2000, 21(5), pp. 491-511.

校、家庭、学前单位和小区做紧密连接。(2)要在开学之前就开始进行联结。(3)要为新生入学规划实施转衔工作计划。[①] 具体而言，学校应在特殊教育需要学生入学前准备好辅具配备、改善校园环境、安排教室位置、协调排课、安排支持人力、安排适当的教师等。不过更应该强调的是教师、相关人员以及家长等彼此之间的合作和沟通，包括：主动向家长提供入学相关信息，提前对儿童进行观察，不同阶段教师见面沟通，与家长讨论等。

二、以学生为本的个别化转衔计划

我们在对学生制订个别化转衔计划时，一定要基于学生的个别需求，考虑学生的喜好与兴趣，否则，转衔计划也就失去了存在的意义。有研究表明，由学生的需求和爱好驱动的转衔计划能够导致更好的学习后果。[②] 因此，以学生及其家庭为中心，通过生态分析了解学生的需求与家长的期望，订立个别化转衔计划，落实学生的生涯目标，是转衔服务成功的要素之一。表 8-2、表 8-3 就是一个对学生进行详细评估后，以学生为本，制订个别化转衔计划的例子。

三、学生的自我决策

残障者应该享有尊严、尊重、自我决策和自我满足的权利，自我决定是所有公民包括残障者应该享有的公民权和人权。简单地说，自我决策意思是学生可以为自己做选择及决定、主张自己的权益、自己规划安排事务；是一个人有根据自己的意愿做出抉择并据此采取行动的能力，其假设是所有人都能够在一定的支持下把握自己的生命。[③] 这种能力是当今国际上各国特殊教育中心所强调的重点，因为它决定了一个学生能否具有独立行事的能力，更是成为一个成熟个体的元素。

表 8-2　身心障碍者转衔与评量结果摘要[④]

身心障碍者转衔评量结果摘要	第一部分：学生基本资料
	学生姓名：大毅　学生生日：○年○月○日 年龄：17　性别：男 学校：○○　年级：三 预计毕业日期：○年○月 30○

① Pianta R. C., Cox M. J., Taylor L. & Early D., "Kindergarten Teachers' Practices Related to the Transition to School: Results of a National Survey," in *The Elementary School Journal*, 1999, 100(1), pp. 71-86.

② Benz M. R. Lindstrom L. & Yovanoff P., "Improving Graduation and Employment Outcomes of Students with Disabilities: Predictive Factors and Student Perspectives," in *Exceptional Children*, 2000(66), pp. 509-529.

③ 汪斯斯、邓猛：《当代美国智障教育课程的发展述评》，20～25 页，载《中国特殊教育》，2014(9)。

④ 钮文英：《转衔评量在发展个别化转衔计画之应用探讨》，24 页，载《台中教育大学学报》，2010。

续表

<table>
<tr><td colspan="5">第二部分：学生和家庭的喜好与兴趣</td></tr>
<tr><td colspan="5">学生：毕业后的规划是全时庇护性就业，欲从事的职业种类为家事类(煮饭、洗菜、切菜、炒菜)和服务类(资源回收、包装、清洁、洗衣)；希望有职业训练，即参加为一般人所开设的职业训练方案，但需辅导员协助；在生活安排方面，学生希望独自生活，不要结婚。
家庭：家庭期待孩子毕业后能获得全时支持性就业，从事的职种为服务类(资源回收、包装、清洁、洗衣)；希望有职业训练，即参加为一般人所开设的职业训练方案，但需辅导员协助；在生活安排方面，家长希望孩子能与父母或其他亲戚同住，因为家庭经济状况不允许孩子在外租屋，并且期待他能找到合适对象结婚，生育子女</td></tr>
<tr><td colspan="5">第三部分：下一个阶段的可能规划</td></tr>
<tr><td colspan="5">整合学生和家庭的喜好与兴趣，安排全时支持性就业，从事清洁工作；在就业前，学校为他安排清洁工作的职场实习，而在生活安排方面，现阶段以“与父母或其他亲戚同住”为主，未来若可能，再安排独自生活</td></tr>
<tr><td colspan="5">第四部分：转衔能力评估结果摘要</td></tr>
<tr><td colspan="2" rowspan="2">转衔能力</td><td rowspan="2">收集资料的方法与来源</td><td colspan="2">评量结果</td></tr>
<tr><td>优势</td><td>弱势</td></tr>
<tr><td rowspan="2">转衔成人生活之重要能力</td><td>自我照顾能力</td><td rowspan="2">1. 2007年12月25日施测韦氏智力测验(第三版)。
2. 2009年5月29日访谈妈妈，并且实施家庭和社区生态评量。
3. 2009年7月20日施测高中职身心障碍者转衔能力评量表，资料来源包括家长、教师和学生本人。
检视学生过去的学习记录。
实作评量。
平常的教学观察</td><td>1. 生活自理能力佳，具备基本的个人清洁卫生技能。
2. 能处理青春期的身体变化。
3. 能保管好随身携带或使用的物品。
4. 能整理和装扮自己的外表。
5. 健康状况良好，遇到感冒或身体不舒服的问题，能自我照顾。
6. 视、听觉正常，喜欢把新事物拿到鼻前闻。
7. 能表现适当的饮食能力与习惯</td><td>1. 体型与同年龄者明显瘦弱，而且体力较差，跑操场两圈会喊累。
2. 有时未能按时吃三餐。
3. 不会视天气和场合调整衣着，例如天冷未穿保暖衣物便出门，到正式场合却着拖鞋</td></tr>
<tr><td>心理健康/自我决定能力</td><td>1. 接受自己的长处与弱处，并且喜欢自己。
2. 能阅读和使用一些计时工具，如钟表、日/月历。
3. 能选择吃或喝些什么、穿什么衣服、选购什么物品，并且用适当的方式表达</td><td>1. 知道自己毕业后的目标，但在拟定如何达成目标的计划上，有待加强。
2. 当情绪稳定时，各项表现都非常好；但情绪不佳时，会念念有词，违抗指令，甚至会骂人。
3. 挫折容忍度较低，对于自己认为困难的事，不愿意学习。
4. 较不会规划一周的生活作息，选择和安排做些什么事情或活动。
5. 较为固执，较无法因应日常生活中可预期或不可预期的改变。
6. 当碰到困难或问题时，不知道寻求方法解决</td></tr>
</table>

续表

转衔能力		收集资料的方法与来源	评量结果	
			优势	弱势
转衔成人生活之重要能力	功能性学科能力		1. 平常会使用普通话和闽南语与人沟通，能了解他人话语并正确回答；说话流畅，叙述事情能包含人、事、时、地、物。 2. 认得大部分的常用字。 3. 字体非常工整，像刻钢板一样，每个字大小相同、整齐划一，并且能书写流畅通顺的文章，偶尔会于联络簿上记录生活轶事。 4. 能分辨环境中常听到的声音，并且做出适当反应。 5. 物品分类的辨识能力佳，能将物品正确归类。 6. 各科表现与同伴相较属于中上程度。 7. 对有兴趣的事物记忆力超强，像是日历、数字、语词接龙等，并且能在短时间内回答出过去到未来的任何一天为星期几	1. 注意力会集中于有兴趣的事物，对于没有兴趣者，就会表现较不专心的状况。学习动机强弱视对该课程是否有兴趣而定。 2. 不会填写履历表、存提款单、初诊单
	人际互动能力		1. 情绪好时，能适时且适当地回应别人对他说的话，并且与同伴和平相处，课余时间偶尔与同伴一起约出去逛街。 2. 遇见职场同事会主动打招呼，并且会主动与职场雇主、同事聊天，有时会出现幽默的言谈内容	1. 与人沟通时，眼神会注视，但有时会与人靠太近。 2. 喜欢给老师、同学起绰号，并常用较难听的字眼命名；情绪不佳时，会用不当言辞骂同伴和师长。与家人互动时亦有相同问题。 3. 较无法适时且用适当的方式请求协助。 4. 较无法用适当的方式表达不愉快的感受(如被指正时)和拒绝的想法(如被指派不喜欢做的事)，以及处理与他人之间想法或意见不一致的状况

表 8-3　个别化转衔计划示例①

就读年级阶段	高中(职)三年级
转衔目标	经由支持性就业安置方式，能从事清洁工作
转衔小组成员	○○○・○○○・○○○・○○○・○○○・○○○・○○○・○○○

---

① 钮文英：《转衔评量在发展个别化转衔计画之应用探讨》，24 页，载《台中教育大学学报》，2010。

续表

<table>
<tr><th colspan="4">转衔需求与服务内容</th></tr>
<tr><th>项目</th><th>转衔需求</th><th>转衔服务内容</th><th>负责人</th></tr>
<tr><td>就业辅导</td><td>1. 培养主动帮忙的习惯。
2. 加强主动询问和求助不清楚与不会做之工作的能力。
3. 加强在时间压力下的工作表现。
4. 增进工作时的体力、耐力和搬重的能力。
5. 加强求职的技能</td><td>1. 教导学生所需的转衔能力
①能表现良好的工作态度和行为。
②能表现良好的清洁工作知识和技能。
③具备求职技能。
2. 提供或联结促进学生转衔所需之支持性服务
①安排一周三天清洁工作的职场实习。
②申请支持性就业服务，安排清洁工作，并且带领个案和其家长参观职场。
③提供辅助性科技，以协助个案搬超过其负荷的重物。
④请雇主了解个案的特质，在变动工作内容之前，能尽量事先告知。
⑤提供就业相关的福利服务资讯，协助家长向社会局申请就业辅助。
⑥协助家长辅导孩子获得良好的就业适应</td><td>○○○
○○○
○○○
○○○</td></tr>
<tr><td>心理辅导</td><td>1. 加强拟定达成转衔目标的计划。
2. 加强规划一周生活作息的能力。
3. 加强情绪管理能力。
4. 增进挫折容忍度。
5. 促进人际互动的能力。
6. 提升因应日常生活中可预期或不可预期改变的能力。
7. 增进因应困难或解决问题的能力</td><td>1. 教导学生所需的转衔能力
①能拟订计划和规划生活作息。
②能以适当的方式与家人、老师、同学、朋友、雇主和同事互动。
③能处理不愉快和挫折的情绪。
④能以适当方式因应日常生活中的改变、困难或问题。
2. 提供或联结促进学生转衔所需之支持性服务
①提供社区中心理辅导机构和服务资讯。
②协助家长辅导孩子角色或环境转换之心理调适</td><td>○○○
○○○
○○○</td></tr>
<tr><td>生活辅导</td><td>1. 加强视天气和场合调整衣着的能力。
2. 增进独立处理衣服的能力。
3. 提升处理居家生活的意外事件。
4. 促进良好的健康习惯，改善体型和体力。
5. 加强管理和使用金钱的能力。</td><td>1. 教导学生所需的转衔能力
①能选择适当的衣着
②能处理衣物。
③具备良好的健康习惯。
④能处理居家生活的意外事件。
⑤能妥善管理和使用金钱。
⑥能使用居住之社区中的各种场所、资源和服务。
⑦知道休闲场所和活动的资讯。
⑧能安排休闲活动。
⑨能了解婚姻和家庭的意义、要素和一些准备事项。</td><td></td></tr>
</table>

续表

转衔需求与服务内容			
项目	转衔需求	转衔服务内容	负责人
生活辅导	6. 加强社区生活的能力。 7. 增进休闲生活的安排。 8. 加强对婚姻的了解。 9. 因主要照顾者为母亲，且双亲皆无固定收入，故需提供社会福利资讯	2. 提供或联结促进学生转衔所需之支持性服务 ①提供社区中身心障碍团体的资讯，媒合个案参与他们举办的休闲活动。 ②提供个案和家长身心障碍者居住的社区家园的资讯。 ③协助家长辅导孩子获得良好的居家生活适应。 ④提供就餐相关的福利服务资讯，协助家长向社会局申请就餐辅助。 ⑤提供社区中身心障碍团体的资讯，媒合个案参与他们举办的休闲活动。 ⑥申请社会工作人员协助家庭	○○○ ○○○ ○○○

越来越多的证据表明，自我决策能力与成年人的成就和个人对生活质量的看法呈现正相关。有着自我决策行为的特殊教育需要学生在成年后更有可能获得包括就业和社区独立生活在内的成功。而且，自我决策不仅有助于成年期的结果，同时有助于学生参与转衔计划进程。残疾人要想自主掌控自己的生活，他们可能要倾其一生的时间和精力来学习相关技能，而这些技能就是自我决定的组成要素，也是教师组织教学活动的主要理论依据。Wehmeyer 和同事的一项研究也证实了自我决定在智力和发育障碍学生转衔规划中的重要性。① 他们的研究表明，作为一个整体，尤其是学生的自我调节和自我实现是学生转衔计划中的知识和技能的最为重要的贡献者。这种关系不仅进一步支持了让学生参与转衔计划，而且提升自我决定行为作为更加有效参与的手段的重要性。由此可见，将促进和加强自我决策作为改善特殊教育需要学生成绩的一种手段，是转衔工作的最佳做法之一。特殊教育需要学生的转衔，主要重点在于自我决策的精神，强调特殊教育需要学生的自我规划，以及对自我人生负责与肯定的积极态度。自我决定包含以下的基本要素：做选择、做决定、问题解决、制定和达成目标、独立自主、自我观察、评估和强化、自我指导、自我提倡和领导力。

四、重视家长的参与

家长参与是转衔计划过程成功与否的关键要素之一，因为家长对身心障碍子女的

① Wehmeyer M. & Schwartz M.，"The Relationship Between Self-Determination and Quality of Life for Adults with Mental Retardation," in *Education and Training in Mental Retardation and Developmental Disabilities*，1998，33(1)，pp. 3-12.

期待与价值观会影响转衔的结果。[①] 家长在转衔过程中要负担起教师、信息提供、决定者、支持者及协调者等不同的角色。所以，家长的积极参与对于特殊教育需要学生的转衔而言，是至关重要的影响因素。研究指出，在转衔过程中，如果有家庭的参与和投入，学生在课堂、学习态度等能力上，会有较高的成就表现。

具体而言，家庭参与可以促进关系的建立与稳固，可以共同讨论决策，可以促进服务品质的提升，以及整体提升家庭状况与服务的稳定性与永久性等。家庭参与亦拓展了每个决策的可能与机会，通过更多元的资源连接、不同形式的讨论方式，以更为开放的视角探讨孩子与家庭的需求，再提供适合的资源与服务，使家庭拥有更为稳固与可持续的支持力量。因此，家庭参与所发挥的影响不容小觑，必须发展出家庭自身的能力与资源，帮助学生与家庭在环境改变的阶段中，获得较好的适应与正面的影响。

总之，家长的参与在转衔服务的规划和实施中占有非常重要的地位，家长与学校应建立合作伙伴关系，拟定符合其特殊教育需要子女需要的转衔计划。学校也应教导家长如何运用学校、社区的各项资源，以便有效协助子女更好地适应环境。家长对转衔服务的参与不应只停留在决策阶段，还应进一步协助并配合相关的教学、辅导、评估及训练等。

五、专业机构和有关单位之间的团队合作

学校及政府的有关单位、社会机构及相关团体充分合作与联系，成立转衔小组，以学生及家庭为中心来进行转衔，才能有更好的结果。特殊教育需要学生转衔所需要的服务重点在于“衔接”，每个阶段的转衔服务都会涉及教育、医疗卫生、社会福利、专业服务等多个相关机构与专业人员的协调合作，共同进行特殊教育需要学生的转衔服务的评估与规划。所以，转衔服务须以专业团队合作的方式来为学生规划的。Michaels 与 Ferrara 的研究指出转衔计划团队能有效地合作并解决问题，是有意义的转衔过程中不可或缺的重要因素。[②] 表 8-4 列出了一个社工在转衔服务中的工作。以此为例，可以看出转衔服务是一个系统工作，部门间、组织间、个人间精密衔接和合作，才能使特殊教育需要学生的转衔工作做到位。

例如，通过服务提供者之间的合作，视力障碍青少年能够顺利地转衔进入成年人的世界中。教师能够与其他转衔团队成员分享看法，这些看法包括如何让视力障碍青

① Benz M. R. & Halpern A. S., “Transition Services for Secondary Students with Mild Disabilities: A Statewide Perspective,” in *Exceptional Children*, 1987, 53(6), pp. 507-514.

② Michaels C. A. & Ferrara D. L., “Promoting Post-school Success for all: The Role of Collaboration in Person-centered Transition Planning,” in *Journal of Educational and Psychological Consultation*, 2005, 16(4), pp. 287-313.

少年学得好，他们是否展示出很强的工作习惯以及他们如何在学习环境中使用他们展示知识、能力与技能。来自高等教育机构的人员能够帮助视力障碍青少年了解下一个学习阶段的学习内容、所需能力和学习习惯。视力障碍青少年可以据此来进行准备。当实施成年期的活动时，将职业康复人员纳入转衔计划中非常重要。因为这些专业人员对于劳动力市场非常了解，诸如区域在劳动力市场中有哪些职位，哪些选择和支持在职业类型探索准备工作中是可利用的，哪些调整是合理的，以及如何获得工作等。

表 8-4　社工在幼小转衔服务中的日程与工作重点

阶段	日程	社工的工作重点
宣导	11～1 月	1. 通知家长参与鉴定安置相关流程的信息。 2. 举办转衔说明会。 3. 举办参观小学的活动
办理报名	12～1 月	提醒家长报名鉴定安置
教育评估、转衔、会谈	2～3 月	社工追踪评估教师执行评估一级与家长会谈的状况，进一步了解家庭和孩子目前的能力状况与需求、期望等，并协助沟通一级陪伴和教导家长如何参与鉴定安置
鉴定及安置会议	4 月	若安置有争议，必要时社工会陪同家长参与鉴定及安置会议
确定鉴定及安置结果	5～8 月	1. 社工追踪孩子入校、班别的安置结果。 2. 举办“入小学准备班”“入学相关讲座”等活动
报到入校	9～12 月	社工持续追踪学生的学习、同伴互动等适应情况，以及家校沟通状况，追踪入学后 3～6 个月，再评估孩子与家庭的状况是否可以稳定结案，或需要再联系、转介其他资源

六、与学生的未来生涯发展相结合

在前文中我们提到，融合教育强调所有学生无论个别差异与身心状况如何，教育单位皆需提供适性教育与最大的支持，以使每个学生都能获得充分、和谐的发展。它帮助学生发展，使其向一个更好的、完整的、独立自主的自我迈进。作为融合教育中重要一环的转衔服务，应该立足于每一个学生的整个人生进行规划，而不是仅限于眼前短期目标。当我们将学生的能力养成当作教育的成果与目标，那么教育的价值便得以彰显。

然而根据 Morningstar 等人的研究发现，特殊教育需要学生认为在转衔计划的过程中，学校的专业人员很少重视学生本人的意见且很少在计划中考虑到学生的未来。这使得大部分的学生对于自己的将来与人生感到茫然，导致当他们在计划自己的未来（如离校后)时，只能回头求助于父母亲。[①] 所以，特殊教育需要学生与家庭都应被鼓励表达自己对未来的看法与目标。转衔服务团队通过合作，以问题解决为导向提供支持，使学生及家长能为学生及家庭的未来绘出蓝图并为此采取行动。

综上所述，转衔是由生命的一个阶段进入另一个阶段的过程。转衔服务是多方面的，不只是就业或其他单一层面的议题。同时它的服务又是个别化的，每个特殊教育需要学生依据需要，有不同的转衔服务需求与内容。转衔服务需要学生的自我决策，更需要家长的参与和团队间的合作，这些都是为特殊教育需要学生提供的整体性、持续性服务的重要支持。

第四节 特殊教育需要学生的转衔服务案例分析

针对不同类型的特殊教育需要学生，转衔服务的做法也不尽相同，本节以听力障碍学生的转衔服务进行说明与介绍。

一、听力障碍学生的转衔模式简介

Luckner(2002)发展了一种面向听力障碍学生的转衔模式，通过促进听力障碍学生的态度、知识和技能来促进他们从学校转衔进入成年期生活。[②] 该模式分为六个步骤，如图 8-2 所示：

二、听力障碍学生转衔的步骤

1. 第一步的做法

听力障碍青少年职业意识的发展往往受到多种因素的干扰。首先，听力丧失通常会阻碍个体通过学习获取知识。其次，与家庭成员较少沟通关于职业意识的信息，没有帮助他们形成必要的态度，以及对于职位的经济、心理与社会层面的效益的洞察力

---

① Morningstar M. E. Turnbull A. P. & Turnbull H. P.，"What do Students with Disabilities Tell Us About the Importance of Family Involvement in the Transition From School to Adult life," in *Exceptional Children*，1995 (62)，pp. 249-260.

② Luckner J. L.，*Facilitating the Transition of Students Who are Deaf or Hard of Hearing*. Austin，TX：PRO—ED，2002.

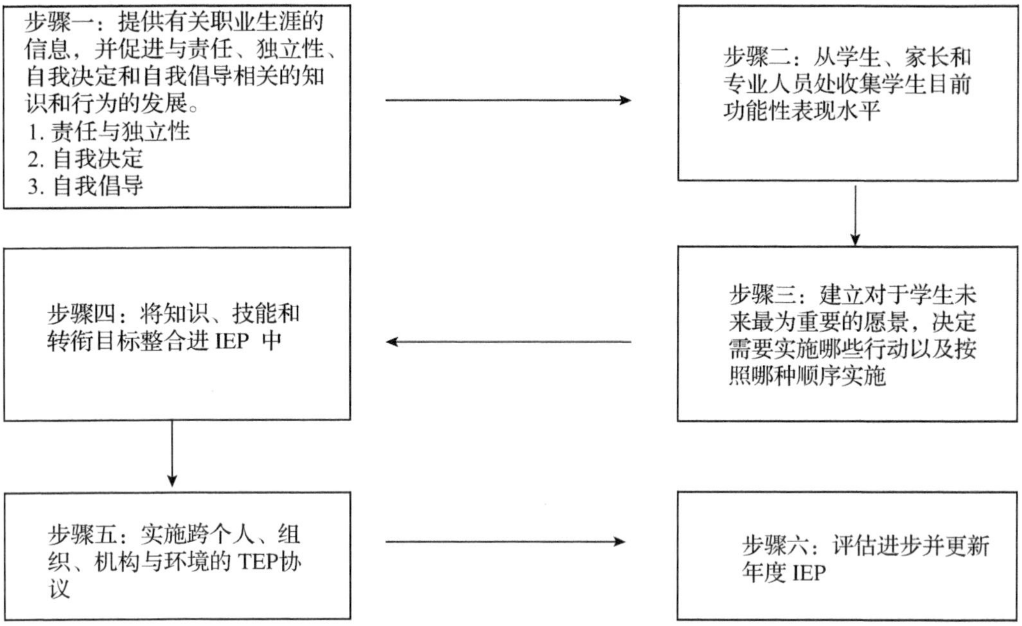

图 8-2　听力障碍学生的六步转衔模式

的经验。最后，由于语言和阅读能力上的不足，许多听力障碍学生无法接触到一些媒体(如书籍、电视、广播、报纸等)，而许多关于职业认识的信息都是通过这些媒体提供的。

此外，自我决定和自我倡导能力也非常重要。听力障碍学生能够利用自我决定多步法(Steps to Self-Determination)、“决策者”自我决定评估(ChoiceMaker self-determination Assessment)等自我决定策略来学习自我决定相关技能。此外，通过以下策略能够帮助听力障碍学生获得自我倡导技能：

(1)使用助听器。

(2)使用策略应对沟通环境(如课堂讨论、嘈杂环境)上的挑战。

(3)翻译协助。

(4)了解学校和工作中拥有的合法权利与职责。

(5)了解何时需要帮助。

(6)了解何时及如何请求帮助。

(7)了解何时调整与修改策略。

(8)向同伴或成年人寻求合适的帮助。

(9)完成申请表格。

(10)为面试做好准备。

(11)有效的表达需要。

(12)确定并获得本地及国家提供的资源。

2. 第二步的做法

可以通过一些评估工具来收集来自听力障碍学生个人、家长以及专业人员关于他们目前功能水平和未来需要的信息。此处介绍一种收集信息的评估方法——以个人为中心的规划(Person-Centered Planning)，该评估方法是一种非正式的转衔评估程序。它收集来自听力障碍学生自身、其家庭成员、朋友以及专业人员的信息，基于听力障碍学生的兴趣、能力、知识和技能来制订一项行动计划，以便听力障碍学生的IEP目标和行动易于实现。在使用以个人为中心的规划策略中可以向听力障碍学生提出以下问题：

(1)你想在哪个年龄毕业？

(2)你希望高中毕业后从事什么样的工作？

(3)你闲暇时间想做什么？

(4)你将如何去工作/学校？

(5)谁会成为你的朋友？

(6)你想要接受哪种类型的高等教育或你有特殊的学习经历吗？①

3. 第三步的做法

回溯计划过程能够帮助转衔团队成员确定每年即将毕业的听力障碍学生毕业前为毕业后目标采取的行动。例如，一名听力障碍学生在毕业后想找到一份修理汽车的工作。收集关于工作要求、职责、工资范围等成为一名维修技术员的相关信息后为他制订一项计划。这项计划中也包括了取得相关维修证书的信息。此外，艺术、商业和汽车课程的知识也很有用。获得成为一名汽车维修技术员所需的知识和技能相关的要求后，教师和学生能够将这些要求与学生目前具备的知识和技能比较。实施回溯工作来确定学生在未来几年需要获得的知识、技能和经验，以便顺利地帮助他转衔到他所选择的领域工作。

4. 第四步的做法

根据听力障碍学生的个别化教育计划，与转衔相关的信息应该包括：

(1)目前的学业水平和功能性表现。

(2)可衡量的离校后目标，包括教育、就业以及独立生活等。

(3)与转衔知识和技能发展相关的目标。

(4)在合适的情况下，开展与教学指导、社区经验、生活技能和功能性职业评估相关的课程学习。

---

① Flexer R. W. Simmons T. J., Luft P. & Baer R. M., *Transition Planning for Secondary Students with Disabilities*. Upper Saddle River, NJ: Prentice-Hall Inc, 2001.

(5)基于社区的相关服务，包括发展知识和技能的支持性服务，以及提供转衔服务的机构。

5．第五步的做法

学生、家长、教师以及其他专业人员间的合作能够促进听力障碍学生转衔的发展。家长能够帮助孩子开展职业探索活动，访问职业技术学校或者大学，开展工作实习，实践独立生活技能，使用当地公共交通工具，参与社区活动等。家长通过与社区专业人员合作来提升孩子离校后的转衔结果。教师同样与转衔协调员、特殊教育教师以及生活技能教师(life skill teacher)合作来为听力障碍学生提供服务。学校员工与社区服务机构建立联系，以更好地帮助听力障碍学生实现他们离校后的转衔目标。学校和机构相关人员通过制定一项机构间的协议，为学生提供全面的无缝转衔服务。协议的具体内容包括确定需要使用的资源、确定目标与活动、确定预期的结果以及制定活动的时间表。

6．第六步的做法

可以使用多种方法来检测与评估听力障碍学生的进步，这些方法包括监控和记录进步，重点评估，档案袋(portfolios)以及特别的文件(如出勤报告、导师评估等)。此外，IEP 团队成员可能希望评估转衔内容的获取情况，以及服务与协调工作的有效性。表 8-5 是关于听力障碍学生转衔实施的评估问卷。

表 8-5　听力障碍学生转衔计划实施评问卷

填写说明：请团队成员按照提供给学生的转衔计划与服务内容对以下行动进行评估
1. 促进职业发展。 优秀(　　)　满意(　　)　不满意(　　)需要立即关注________ 2. 责任感和独立性受到鼓舞。 优秀(　　)　满意(　　)　不满意(　　)需要立即关注________ 3. 促进了自我决定能力的发展和利用。 优秀(　　)　满意(　　)　不满意(　　)需要立即关注________ 4. 发展了自我倡导能力。 优秀(　　)　满意(　　)　不满意(　　)需要立即关注________ 5. 收集并检查了与转衔有关的信息。 优秀(　　)　满意(　　)　不满意(　　)需要立即关注________ 6. 为学生的未来创造了一个共同的愿景。 优秀(　　)　满意(　　)　不满意(　　)需要立即关注________ 7. 将知识、技能和转衔目标整合到 IEP 中。 优秀(　　)　满意(　　)　不满意(　　)需要立即关注________ 8. 实施了跨个人、组织和机构的 IEP 协作。 优秀(　　)　满意(　　)　不满意(　　)需要立即关注________ 9. 评估进步与每年更新 IEP 计划。 优秀(　　)　满意(　　)　不满意(　　)需要立即关注________

本章小结

转衔服务是在社会系统理论和生态理论的基础上提出的。融合教育中的转衔，主要是指特殊教育需要学生在入学前后，面对不同阶段(如转学、升学、就业等)时进行的学习形态或学习环境的转换，具体包括升学转衔和就业转衔两方面。转衔服务的目的是使特殊教育需要学生能够更好地适应下一阶段的物理环境和社会环境。转衔服务需要按照以下流程实施：(1)了解特殊教育需要学生及其重要他人的需求与想法；(2)分析特殊教育需要学生拟转衔的环境或角色及重要他人的想法和期待；(3)评估特殊教育需要学生的能力现状和优劣势；(4)分析特殊教育需要学生与潜在环境或角色间的适配性和差异性；(5)召开转衔会议并制订特殊教育需要学生的转衔计划；(6)实施和评价转衔计划的成效。为确保转衔服务的成功还要考虑以学生为本的个别化教育计划、家长参与、专业团队合作等多种要素的配合。

思考题

1. 在融合教育中，给学生提供转衔服务的目的是什么？

2. 转衔服务的流程包括哪些？在这些不同的流程中，需要哪些人员进行什么样的合作？

3. 如果你是一名有特殊教育需要的学生，正处在小学升初中的阶段，你认为转衔服务应该怎么做，才能满足你的需求？

4. 有人认为，在进入下一个新的教育或生活阶段之前，更多的是需要特殊教育需要学生自己努力做好准备，而不能靠学校或单位、机构去做好准备，毕竟他们需要适应社会，你怎么看呢？

推荐阅读

1. 林潇潇，邓猛．美国学习障碍学生的转衔及对我国特殊教育的启示[J]．中国特殊教育，2014(3)．

2. 钮文英．转衔评量在发展个别化转衔计画之应用探讨[J]．台中教育大学学报，2010．

3. 张阿妮，邓猛．美国特殊教育教师转衔服务能力的培养及其启示[J]．中国特殊教育，2018(2)．

第九章

融合教育教师培养

本章导读

“随班就读”作为我国实施融合教育的具体实践形式，已成为一项基本的教育政策，在各项法律法规、政策文件中得以体现。《国务院关于印发“十三五”加快残疾人小康进程规划纲要的通知》以及连续两期《特殊教育提升计划》均指出，我国特殊教育发展的总体目标是“全面推进融合教育”。教育部 2019 年工作要点提出要研制《关于加强残疾儿童少年义务教育阶段随班就读工作的指导意见》。国家不仅在政策层面提出方向，而且在实践中大力推进融合教育工作，大量的特殊教育需要学生进入普通班级接受教育。然而，融合教育为大量残障儿童提供普通教育机会的同时，也存在教学质量低、特殊儿童边缘化，甚至被迫回归特殊教育等问题。① 特殊教育需要学生基本实现了“有学上”的问题，如何“上得好”成为摆在教育面前的新问题。尽管融合教育质量的提升受多种因素的制约，但教师作为融合教育的教学主体，其能力的发展和改善是影响融合教育质量最为关键的因素。有研究表明，相对于班级规模、班级结构、物理环境、学生背景等其他因素，教师的专业素养对学生的学业表现有着更加重要的作用。②

我国融合教育教师队伍整体素质不高、教师专业化水平偏低的问题已经成为影响融合教育顺利推进的瓶颈。为了应对融合教育理念对教育发展提出的新要求，教育对象的多样化给教育教学及课堂管理等带来的挑战，建立优质的融合教育师资队伍已成为当前的迫切任务，本章将就融合教育教师应该具备的核心素养、融合教育教师的培养现状，以及融合教育教师的专业化发展展开讨论。

第一节 融合教育教师的专业素养

一、融合教育教师的内涵及专业素养概述

(一)何为融合教育教师

融合教育教师，是指承担融合教育教学的人员，为每一位学生提供关怀、支持，

① 傅王倩等：《随班就读儿童回流现象的质性研究》，3～9 页，载《中国特殊教育》，2016(3)。

② Savolainen H.，“Responding to Diversity and Striving for Excellence：The Case for Finland，” in *Prospects Quarterly Review of Comparative Education*，2009，39(3)，pp. 281-292.

促使全体学生身心健康发展的教育工作者。融合教育教师是有别于特殊教育教师、普通教师的概念。在我国的教育实践中，融合教育师资队伍一般包括三类教师：一是在普通中小学校有特殊教育需要学生接受教育的班级担任教育教学工作的教师，主要是指学科教师和班主任；二是在普通中小学校里，为随班就读学生提供跨专业、跨学科的个别辅导与康复训练，并且为其他教师提供咨询、培训工作的资源教师；三是来自普通中小学校或特殊教育学校，为多所学校的随班就读学生提供定期或不定期评估、辅导，为其他教师提供咨询、指导的巡回辅导教师。鉴于三类教师的背景、工作任务、工作范围不同，在融合教育中的角色定位亦有差别，所需具备的融合教育素养结构应各有不同，本章中的融合教育教师是指在普通学校担任教学任务的班主任和任课教师，不包括资源教师、巡回指导教师、康复工作者以及心理咨询师等，而且，融合教育教师是能够为所有学生提供高质量教育并满足学生不同需求的高素质教师，不局限于当前班级里有特殊学生学习的教师。①

(二)融合教育教师专业素养的基本结构

教师的专业素养是指教师成功胜任教育教学工作时所必备的品质，人们对于专业素养应包含的要素有不同的见解。Liakopoulou(2011)认为必要的知识、技能及个人品质(包括价值和信念)是融合教师必备的素养。② 多数关于教师专业素养的研究一致认为其结构包括专业理念、专业知识、专业技能三个方面。③ 邓猛等提出在中国融合教育背景下，融合教育教师应具备“教学能力、沟通与合作、理念与认识、反思与发展”这几项素养。④ 综上所述，我们认为：

(1)融合教育教师首先应是理想主义者。他们相信“人人皆有潜能”“每个学生都能成功”“每个儿童都应享受公平优质的教育”等融合教育的理想并为之努力。他们因此被称作“融合教育主义者”。

(2)融合教育教师其次是人道主义者。他们坚持以人为本、以生为本的理念，相信慈善与人道的精神，践行真善美的教育价值；尊重生命尊严，相信人性的光辉。

(3)融合教育教师还是专业实践者。纸上得来终觉浅，绝知此事要躬行。他们懂得特殊教育及干预的方法与技术，能够将美好的理念转化为课堂实践，辛苦耕耘，践行

---

① 谢正立、邓猛：《论融合教育教师角色及形成路径》，25～30页，载《教师教育研究》，2018(6)。

② Liakopoulou M.，“The Professional Competence of Teachers: Which Qualities, Attitudes, Skills and Knowledge Contribute to a Teacher's Effectiveness,” in *International Journal of Humanities and Social Science*, 2011(1), pp. 66-78.

③ Deng M.，Wang S.，Guan W. & Wang Y.，“The Developmentand Initial Validation of a Questionnaire of Inclusive Teachers' Competency for Meeting Specialeducational Needs in Regular Classrooms in China,” in *International Journal of Inclusive Education*, DOI, 2006.

④ Ibid.

专业，以自己的教育行动改变特殊学生的命运。

(4)融合教育教师更是社会活动者。他们不是只知道低头拉车、不知抬头看路的教书匠。他们了解现代社会的媒体、信息、人际关系、法律等各种资源，倡导公平、维护权利，能够做好各种宣传动员工作，起到沟通协调的作用。

因此，融合教育教师是具有多种能力的复合型、创造性的教师，他们应该具备专业能力、专业经验及专业智慧三个方面的素养。专业能力指特殊及融合教育相关的知识和技能，专业经验指从事特殊或者融合教育的实际经历并积累了一定的经验，达到熟悉甚至是精通的程度。专业智慧则指及时根据学生特征与需求调整教学的"回应性"能力，对教学及干预进行系统总结与提升的"反思"能力，以及整合"回应性"和"反思"的批判性思维。① 浓厚的人文精神和强烈的批判性思维，是形成融合教育教师专业素养不可或缺的两个基本要素。

我国目前尚未出台专有的融合教育教师专业标准，没有统一对融合教育教师的专业素养提出要求。2012 年，教育部发布《小学教师专业标准》《中学教师专业标准》文件，其中初步涉及了普通教师融合教育素养的规定。《小学教师专业标准》中明确提到教师应"了解不同年龄及有特殊需要的小学生身心发展特点和规律""信任小学生，尊重个体差异，主动了解和满足有益于小学生身心发展的不同需求"。《中学教师专业标准》则有"尊重个体差异，主动了解和满足中学生的不同需要""尊重教育规律和中学生身心发展规律，为每一位中学生提供适合的教育"等类似的相关规定。毋庸置疑，这些规定对于普通教师的融合教育素质提出一定的要求。在 2015 年，教育部进一步研究制定了《特殊教育教师专业标准》，确定了特殊教育教师的专业素养，也从普通教育教师所需特殊教育知识和技能的角度为融合教育教师素养的建构提供了参考依据。虽然普通中、小教师专业标准和特殊教育教师专业标准都已经建立，但是融合教育素养不应该是普通教育素养与特殊教育素养双轨发展的简单叠加。应当将普通教师置于融合教育服务体系中对其素养进行综合分析，体现出融合教育教师与普通教师和特殊教育教师的角色差异，实现二者的融合。② 为了满足融合教育的发展需要，教师应该具备的不同于普通教育和特殊教育的专业素养结构是什么呢？本节以教师专业发展理论、融合教育理论为基础，以融合教育教师三维结构模型为核心，参考《特殊教育教师专业标准》③，以及《中学教师专业标准》《小学教师专业标准》④和欧洲特殊教育发展机构颁布的《融合教育

---

① Forlin C.，*Teacher Education for Inclusion*. London：Routledge，2010.

② 冯雅静、李爱芬、王雁等：《我国普通师范专业融合教育课程现状的调查研究》，9～29 页，载《中国特殊教育》，2016(1)。

③ 中华人民共和国教育部：《特殊教育教师专业标准(试行)》的通知．http://www.moe.gov.cn/srcsite/A10/s6991/201509/t20150901_204894.html

④ 中华人民共和国教育部：《幼儿园教师专业标准(试行)》《小学教师专业标准(试行)》和《中学教师专业标准(试行)》的通知，http://www.gov.cn/zwgk/2012-09/14/content_2224534.htm.

教师素质标准》，并结合我国融合教育发展的现状以及趋势，科学地构建融合教育教师融合素养结构。

二、专业理念与师德

（一）认同融合教育的理念

理解和认同融合教育的价值和意义，热爱融合教育事业，具有实施融合教育的坚定信念。坚信教育机会均等，肯定所有学生在普通教育环境平等接受教育的权利。认同融合教育教师职业的专业性、独特性和复杂性，注重自身专业发展。具有良好职业道德修养和人道主义精神，为人师表。了解融合教育发展的历程与趋势，熟知融合教师的工作流程。

（二）尊重学生的多样性和个性

主动关爱所有学生，富有爱心、责任心、耐心、细心和恒心，重视学生身心健康发展，将保护学生生命安全放在首位。尊重学生的独立人格，维护学生合法权益，接纳并尊重所有学生的差异性，公平对待每一位学生。不讽刺、挖苦、歧视学生，不体罚或变相体罚学生。信任学生，理解人类发展的多样性，尊重个体差异，主动了解和满足学生身心发展的多样化需求。促进学生之间、家长与学生之间、普通教师与特殊教育需要学生之间互相接纳。尊重教育规律和学生身心发展的特点，尊重和了解每一位学生的独特个性和需求，为每一位学生提供适合的教育。引导普通学生正确认识学生发展的多样性，对特殊学生友好，引导特殊学生正确认识和对待残疾，自尊自信、自强自立。对每一位学生抱有积极的学习成就期望，坚信每一位学生都能够成功。积极创造条件，帮助学生使其潜能得以最大化地发展。

（三）树立积极的教育教学态度

树立德育为先、育人为本、能力为重的理念，将学生的品德养成、知识学习与能力发展相结合，潜能开发与补偿缺陷相结合，重视学生的全面发展和个性化发展，提高学生的综合素质。引导学生体验学习乐趣，保护学生的求知欲和好奇心，培养学生的广泛兴趣、动手能力和探究精神。善于自我调节情绪，能够保持平和心态。以终身学习为个人责任，不断进取。注重教育教学与生活实践整合。重视普通学校与特殊学校、家庭、社区的合作，能综合利用各种资源。

三、专业知识

（一）学生发展知识

理解不同年龄及有特殊需要的学生身心发展特点和规律，掌握不同特殊需要学生的障碍类型、原因、程度、发展水平、速度等方面的特点。掌握学生的语言发展特点和沟通方式，掌握学生多样化的学习特征和行为特点。掌握满足学生特殊需要的教学策略和方法，以促进学生的身心健康发展。了解学生教育安置和不同教育阶段衔接的知识，掌握帮助学生顺利转衔的方法。了解对学生进行青春期和性健康教育的知识和方法。了解学生安全防护与救助的基本知识和方法，掌握针对学生可能出现的各种侵犯与伤害行为、意外事故和危险情况的危机干预。

（二）学科知识

掌握所教学科的知识体系、基本思想与教学方法。了解所教学科与社会实践、其他学科的联系。能够运用课程统整策略，整合多学科、多领域的知识与技能。理解学科知识、专业知识、技术知识之间的关系，掌握技术性学科教学知识，能够运用技术手段实现学科知识与教育专业知识的融合。

（三）教育教学知识

掌握普通教育以及特殊教育教学基本理论、教育教学原则、方法。能够掌握融合教育课程与教学知识、融合教育的实践指导知识。掌握教育评估的知识与方法。掌握教育心理学的基本原理和方法，促进不同学生认知发展、语言发展、沟通技能的策略和方法。掌握所教学科的课程标准和教学调整策略与方法。

（四）通识性知识

具有相应的自然科学和人文社会科学知识。了解与学生权益、教师责任、融合教育和特殊教育发展相关的法律法规及政策规定。了解中国教育事业和残疾人事业发展的基本情况。具有相应的艺术欣赏与表现知识。具有适应教育内容、教学手段和方法的现代化信息技术知识。

四、专业能力

(一)教育教学组织与实施能力

能够根据不同学生的学习风格、能力水平、学习兴趣合理制订与实施个别化教学计划与集体教育教学计划，开展差异教学，促进教学融合。能够为有特殊学习需求的学生提供及时的、合适的辅导与支持。能够针对学生多样化学习需求做出积极的教学反应，例如改变教学进度、水平或类型。能够利用证据选择和调整合适的教学策略与方法、资源、现代教育技术以及辅助技术，运用科技手段实现差异化教学，提高教学的科学性和有效性。例如，根据特殊教育需要学生主要通过听觉和触觉获取信息的特点，为其提供声音及可触摸的学习工具和材料。能够与资源教师、巡回教师及其他相关专业人员进行合作教学，使差异教学与个别化教学得以实现。能够基于研究和实践融合多种教学方法和策略进行创新性教学。运用积极的行为管理策略防止和矫正不良行为，科学有效地管理课堂。协助相关专业人员，为学生提供必要的生涯规划与职业指导教育。具有教学智慧，妥善地应对教学中的突发事件。较好地使用口头语言、肢体语言与书面语言，使用普通话教学，规范书写钢笔字、粉笔字、毛笔字。

(二)设计和调整课程的能力

能够充分考虑全体学生的共同性并且兼顾个体差异性设计灵活、弹性、可调整的融合课程，以适应所有学生。针对学生的特殊需求，进行课程调整，对课程的相关要素，如目标、内容、策略、活动、评估、环境、教学材料和资源等进行分析、编辑、修改、补充、删减或重组①，促进所有学生融入课堂。借助于技术的“杠杆”作用，通过提供多种信息呈现、多种行为与表达方式以及多样化的参与方式，使具有不同背景、学习风格和能力的学生，以及各种类型的残疾儿童能够真正获得和理解课程。② 例如，教师在讲解某一概念时，可以在口头讲解的同时配合使用图画、影像和具体的实物演示以满足班上不同学生的信息获取需求；学生可以用自己拍摄的视频、制作的画册等来代替文字形式的作业。③ 根据课程和学生身心特点、认知能力、学习偏好，合理地调

① 邓泽兴：《试论融合教育推动下的课程调整》，148～152 页，载《重庆文理学院学报》(社会科学版)，2012，31(6)。

② 颜廷睿、关文军、邓猛：《融合课堂中差异教学与学习通用设计的比较分析》，3～9 页，载《中国特殊教育》，2015(2)。

③ 赵勇帅、邓猛：《西方融合教育课程设计与实施及对我国的启示》，9～15 页，载《中国特殊教育》，2015(3)。

整教学目标和教学内容，使教学目标和教学内容具有层次性、个别化、可替代性，科学编写教学方案，促进每一位学生的最大程度发展。合理安排每日活动，促进教育教学与生活实践紧密结合。

(三)创设融合环境的能力

能够为所有学生创设融合教育环境。创设安全的物理环境，根据学生的特殊需要调整物理环境，以提高其对环境的适应性。建立良好的教学环境，提供充满关怀、支持性的学习环境，促进学生参与。形成包容、友好的融合氛围，建立平等互信的良好师生关系，帮助学生建立良好的同伴关系。

(四)激励与评价能力

具有多元评估的能力，能够弹性使用多元的评价方式对学生进行评估，恰当地评价学生的发展情况，并且能够科学、专业地解读评估结果，综合评估学生教育需求，从而不断地调整教学方式和改进教育教学工作。针对不同学生的特点，运用合适的评估工具和评估方法，对学生日常表现进行观察与判断，发现和赏识每一位学生的点滴进步。结合学生已有的知识和经验激发其学习兴趣，调动学生学习的积极性，塑造学生的学习热情，鼓励学生自主学习。引导学生进行积极的自我评价。

(五)沟通与合作能力

运用恰当的沟通方式和策略与学生进行有效沟通，创建学生平等参与、积极互动与合作的学习机会。例如，对于语言沟通有障碍的学生采用图片沟通的方式，达到沟通目的。具有良好的团队合作精神，能够与资源教师、巡回教师及其他相关专业人员积极开展协作与交流。围绕有特殊教育需要学生的发展定期组织活动，如召开评估小组会议、制订个别化教育计划等，分享经验和资源，以满足学生的学习需求。与家长进行有效沟通合作，为家长提供教育咨询服务，尊重家长的意见和权利，家校合作共同促进学生的最大化发展。协助学校与社区建立合作互助的良好关系，促进学生融入社区，使他们能够在社区中获益。能够对资源进行整合和共享。

(六)反思与发展能力

主动收集分析相关信息，不断地在实践中进行反思，探索融合教育的教学规律，改进教育教学工作，提升教育智慧。具有研究意识，针对教育教学工作中的实际问题，进行探索和研究，积极开展教学改革与创新。结合融合教育发展的现实需要，评估个人的发展现况，制定专业发展规划。具有自主学习意识，开展终身学习，积极参加专业发展活动和学习共同体，不断提高自身专业素质。把融合教育工作作为继续学习与发展的基础，认识到终身学习的重要性，不断促进个人的专业发展。① 能够了解并且主动寻求获取支持、资源等的途径，整合资源使所有的学生能最大化地发挥自己的潜能。

第二节
融合教育教师培养

融合教育教师培养包括从职前培养到职后培训的整个过程，是教师专业化发展的关键阶段。在职前培养阶段，我国当今的教师教育体制是二元独立的，即特殊教育教师与普通教育教师分开培养，二者各自都有专门的职前培养机构、培养目标、课程设置。普通师范教育主要承担普通中小学师资培养的任务，特殊师范教育的职业培养目标是为特殊教育学校输送专业师资，二者均已形成比较成熟的职前培养体系。随着融合教育的推进，这种泾渭分明的传统职前教师培养模式未能给特殊教育与普通教育教师提供充分的专业准备，导致融合环境下特殊教育需要学生的受教育质量未得到根本性改变，已与融合教育发展对于教师素质培养需求存在较大的差距。

一、融合教育教师的职前培养

总体来说，融合教育教师的培养模式有三种：一是通过在综合类院校或者高等师范类院校中的普通师范专业设置特殊教育相关课程，培养融合教育教师；二是在师范院校特殊教育专业设置融合教育相关课程，培养融合教育教师；三是设置专门的融合教育专业，培养融合教育的专门化人才。

(一)普通教师教育

在我国的融合教育实践中，大量融合教育教师来自普通师范教育专业，普通教育教师的培养体制渐趋成熟，但是融合教育教师的培养体系尚未建立，现有的教师教育课程体系中没有系统地包含融合教育内容。国家相继颁发了法律、法规、政策文件以支持在普通师范教育中设置课程以补充式模式培养融合教育教师。2008 年新修订的《中华人民共和国残疾人保障法》中规定“普通师范院校开设特殊教育课程或者讲授有关内容，使普通教师掌握必要的特殊教育知识”。2014 年出台的《特殊教育提升计划(2014—2016)》更进一步提出“鼓励高校在师范类专业中开设特殊教育课程，培养师范生的全纳

---

① 周丹、王雁：《美国融合教育教师素养构成及启示》，89～95 页，载《比较教育研究》，2017，39(3)。

教育理念和指导残疾学生随班就读的教学能力”。2017 年出台的《第二期特殊教育提升计划(2017—2020)》中再一次强调了“普通师范院校和综合性院校的师范专业普遍开设特教课程，在教师资格考试中要含有一定比例的特殊教育相关内容”。在政策的推动以及融合教育发展实践的催化下，部分高校通过开设特殊教育相关课程补充准教师的特殊教育知识，以应对未来融合教育课堂带来的挑战。

1. 培养目标

普通教育专业的培养目标是基础教育师资，例如部分师范院校对于普通教育教师的培养目标表述是培养掌握现代教育理论、具有较强的教育教学实践和研究能力的高素质的中小学(基础教育)教师。在培养目标中忽视对教师融合教育素养的培养要求。

2. 课程设置

在 2011 年教育部发布的《教师教育课程标准(试行)》对教师教育课程目标的规定中，没有包含融合教育素养培养的内容，仅在幼儿职前教师教育课程设置中涉及“特殊儿童的发展与学习”，其他层次的教师教育课程设置中未有涉及。我国高等师范院校的教师教育课程中至今没有明确要求普通教育师范生必须学习融合教育知识以及修习一定的融合教育学分，缺乏顶层制度设计，这直接导致多数承担融合教育任务的普通学校教师缺乏指导多样化学生的知识和教学技能。

尽管政策层面的关注日渐加强，但是普通师范教育中开设融合教育相关课程比例仍然较低。研究者曾以 137 所师范学院为调查对象，发现仅有 19 所师范学院已开设特殊教育课程，其中，大多数只是偶尔开设或曾经开设过这类课程，能坚持每学年开设的很少；即使是每学年都开设特殊教育课程的院校，也因重视程度、师资和学时等条件的制约，规模很小。① 近些年这种情况有所好转，普通师范教育中逐渐增设融合教育和特殊教育相关课程，但是课程性质多以选修课的形式存在。

在融合教育相关课程内容的组织上，多以特殊教育学科体系和内在逻辑组织课程，课程目标以教授特殊教育需要学生为主，普遍强调对特殊教育基本理论以及概念的掌握，缺乏融合教育课程，没有体现融合教育的理念，课程定位在对于师范生进行特殊教育知识补充。由于课程性质以选修课居多，其灵活性导致各个学校的课程内容不一致，任课教师根据自己的经验和认识选择并组织课程内容，缺乏规范、科学的指导。课程内容以知识性内容为主体，教师在融合教育课堂中的具体应对策略、教学策略等技能性内容缺失。有研究者于 2016 年以 6 所开设特殊教育课程的高校为研究对象，调查结果显示，6 所学校将特殊教育课程均设定为选修课，时间上并非一直开设，中间有

① 汪海萍：《普通师范院校特殊教育课程开设情况的调查》，13～17 页，载《中国特殊教育》，2006(12)。

断续的现象，并且多次更换教师、教材以及课程名称甚至核心内容等。[①]

由此可见，普通师范教育开设融合教育相关课程缺乏统一的规范，还没有形成成熟的课程体系，以普通教育知识加上少量的特殊教育课程为框架，缺乏对融合教育环境和融合教育教师角色和责任的考虑。

(二)特殊教师教育

我国特殊教师教育以为特殊教育学校培养专任教师为主，大部分特殊教育专业的培养目标定位在各级各类特殊教育机构从事特殊教育需要学生教育、训练、康复服务及相关研究工作的特殊教育专业人才。培养方案设置大致有两种方向：一是专业化指向，针对某一具体障碍类型学生教育技能的培养；二是通识化指向，以综合化的特殊教育通识人才培养模式为主，并不针对某类特定障碍类型进行深入的学习与实践。[②]

融合教育的蓬勃发展必然需要培养具备融合教育理念、掌握特殊教育和普通学校教育知识和技能的、不同类型与层次的特殊及融合教育专业人才。一些特殊教育教师职前培养机构开始探索，在特殊教育教师的职前培养中加入一定比例的普通教育课程、学科知识，以期应对特殊教育教师未来进入融合课堂的挑战。然而，由于诸多因素的制约，特殊教师教育容易削弱普通学校学科教学的专业性，特殊教育专业毕业生真正在融合班级中从事主要教学工作的比例非常小，即使参与部分科目的教学工作，往往体现出特殊教育专业知识技能具备优势，普通教育教学技能不足，使得他们在普通学校中的角色定位更趋向于资源教师。

受传统特殊教育理念的束缚，特殊教育教师的培养专业化更强，课程设置以特殊教育需要学生发展、特殊教育相关课程为主，更加偏重于特殊教育知识和技能的养成，融合教育基本理论偶有涉及。某些高校开设融合教育概论课程，但是学时较少，目的重在初步了解融合教育的基本知识，未能深入触及融合教育理论的内涵以及实践性、技能性内容。更多地高校只是在特殊教育概论等课程中安排融合教育内容，特殊教育师范生融合教育理念以及知识建构、技能获得就更加困难了。在特殊师范教育的课程结构中，学科课程、学科教学技能等课程缺失，导致准教师在实际教学情境中难以胜任普通班级的教学工作。

融合教育的发展必然呼唤教师教育改革，特殊师范培养机构开始积极探索适合的培养理念和模式。自 2014 年起，在华东师范大学、重庆师范大学、南京特殊教育师范学院、郑州师范学院、泉州师范学院 5 所师范院校启动实施卓越特殊教育教师培养改

---

① 冯雅静、李爱芬、王雁等：《我国普通师范专业融合教育课程现状的调查研究》，9～29 页，载《中国特殊教育》，2016(1)。

② 关文军、邓猛：《我国高等师范院校中开设融合教育专业(本科层次)的思考与建议》，105～109 页，载《黑龙江高教研究》，2017(7)。

革项目，重点探索师范院校与医学院校联合培养机制、特殊教育知识技能与学科教育教学融合培养机制。此外，重庆师范大学设立通识性师资的培养目标，是指在教育观引领下一种贯通型，能思考处理多种教学环境，面对多种教育对象，满足学生多样化教育需求的理论和实践相结合的新型特教教师。特殊教育通识性师资既有一般性班级教学的经历，又有运用个别化教育观和教育技术开展团体、小组、个别教学的探索；既能以特殊教育学校、机构班级从事特教，又能进入普教推进融合教育，同时又能支持协助普教，服务特殊教育需要儿童。① 这些措施开启了特殊教育教师教育的变革之路，以适应国际融合教育发展趋势，以及我国现实发展需要。

(三)融合教育专业

融合教育的不断推进使我国特殊教育进入了新的发展阶段，也为高等师范院校特殊教育专业人才培养提出了新的挑战与历史机遇。② 一些高校已经开始了融合教育专门人才培养的实践探索，形成了相对独立的融合教育培养方案。在本科培养阶段，华中师范大学融合教育专业于 2020 年成功获得教育部审批和备案，这是目前全国通过审批设置的该类第一个也是唯一一个新专业。该专业以马克思主义为指导，致力于培养具有坚定的政治方向、高尚的道德品质、扎实的融合教育基本理论和实践技能，能够在普通学校、特殊教育学校、资源中心(教室)、融合教育中心等各级各类教育机构从事教育教学、巡回指导、管理与研究等工作，为实现教育现代化贡献力量的专门人才。此外，南京特殊教育师范学院开办小学教育专业(随班就读方向)，培养德、智、体、美、劳全面发展，适应新时代小学教育发展规律和特点，有创新精神和研究能力的专业人才。该方案对所培养人才提出了较为具体的要求：具有良好的职业理念与师德，有融合教育的理念；具有从事小学语文(数学)教育与教学工作的专业知识与技能，具有从事小学语文(数学)教育与教学工作的能力及班级管理能力；熟悉小学的组织和运行。该专业以小学教育为根本，强化教师教育基本知识、基本能力的培养，以融合教育为特色，增设模块化课程，培养普通学校能胜任儿童多样化需求的高素质融合教育教师。这标志着融合教育专业独立化已现端倪。在硕士培养层次，北京师范大学、华中师范大学、华东师范大学等高校开设特殊教育(融合教育方向)，但是培养目标以融合教育的研究为主，没有体现为一线融合教育学校输送教师。③

---

① 张文京：《特教师资培养与高师特教专业建设思考和行动》，15～17 页，载《现代特殊教育》，2009(9)。

② 邓猛：《我国特殊教育教师的困境与出路初探》，8～11 页，载《现代特殊教育》，2009(9)。

③ 关文军、邓猛：《我国高等师范院校中开设融合教育专业(本科层次)的思考与建议》，105～109 页，载《黑龙江高教研究》，2017(7)。

二、融合教育教师的职后培训

随着融合教育的深入实施，普通班级中特殊教育需要学生人数日益增多，广大普通教育教师将成为融合教育的主体，每一位教师都可能在课堂上面临有不同特殊教育需要的学生，但是他们所经历的专业培训与所承担的融合教育教师角色很不一致，致使普通教育教师融合教育技能不足。因此，短期内提升普通教师融合教育素养的最佳途径无疑是职后培训，提升普通教师的融合教育理念，使其形成积极的融合教育态度，掌握融合教育知识、教学技能，促进教师专业化发展。

（一）职后培训概况

为了提升融合教育教师的专业素养，国家出台了一系列相关文件，2010年颁布了《国家中长期教育改革和发展规划纲要（2010—2020年）》之后，各地纷纷把对随班就读教师的特殊教育培训纳入了中小学教师在职培训体系。不论是普通中小学教师的在职培训，还是特殊教育教师的在职培训环节均日益受到重视，从政策层面和实际操作层面均呈现出繁荣的态势，各种培训项目如雨后春笋般应运而生，这意味着我国的教师职后培训正在快速发展，并且取得了较大的成绩。与此同时，我们仍需意识到事物发展进程中必然存在的不足。我国的中小学教师从来没有像今天这样有这么多的培训，有关培训也从来没有如此多地标榜教师专业发展。然而，谁也否认不了的事实是，教师从来没有像今天这样辛苦和劳累，他们的学生甚至学生的家长，也一样很辛苦劳累。[①] 这种现象同样出现在特殊教育教师培训中。

另一方面，由于没有形成独立的融合教育教师职后培训体系，自然没有专项经费。《教师教育振兴行动计划》中明确规定了中小学、职业学校按照年度公用经费预算总额的5%安排教师培训经费，但是融合教师没有单独列出来，培训分配比例由各校自由分配。政策规定上的缺失会导致经费分配出现两种极端：一种是一些地区或学校用于融合教育教师培训的经费充足，教师不得不被动地参加各种专业培训活动，教师出现上述疲于应对现象，呈现出典型的“被培训”状态；另一种是融合教育教师获得的培训经费少，教师很少有参加相关培训的机会。[②]

（二）职后培训的主体和客体

融合教育教师的培训主体多为特殊教育教师职前培养机构、教育行政部门（当地教

① 杨启亮：《教师专业发展的几个基础性问题》，1～4页，载《教育发展研究》，2008(12)。

② 王和平、肖洪莉：《随班就读资源教师工作及其专业培训的思考》，33～36页，载《中国特殊教育》，2017(6)。

委委托特教中心或特教教研室计划、组织并实施)、残疾人联合会等特殊教育相关部门。组织培训的师资队伍以高校特殊教育专业教师及特殊教育研究者居多，还包括特教中心教研员和少数特殊学校教师。目前所开展的融合教育相关培训涉及的培训对象群体相对较窄，多数是在普通学校从事特殊教育需要学生教学的教师(资源教师)，而并非面向全体普通学校教师。因此，大部分正在从事融合教育工作的教师仍然对特殊教育和融合教育知识、技能知之甚少，缺乏相关的应对技能与经验。此外，融合教育教师接受培训存在机会不均等的现象，有些学校的培训机会掌握在少数教师手里，使得这部分教师反复多次参加相似的培训，教师所接受的培训内容势必重叠，而另外一些从事融合教育教学工作的教师很少或几乎没有接受培训的机会，造成了培训资源的浪费。加之融合教育教师队伍的流动性相对大，导致培训长期处于上岗培训的初级阶段，后续的深入性培训无法进行。

(三)职后培训的时间和形式

由于融合教育教师没有规范化的培训体系，所以多数培训项目的目标并不清晰。培训形式亦较为刻板，以集体授课、专题讲座形式多见，近年来在形式上有所丰富，例如在集体培训时安排教师到特殊学校实地参观体验，观摩特殊学校课堂教学等。培训时间通常为短期的集中培训，在寒、暑假期间进行的居多，也有的在工作日定期进行(如每周末两天，连续数周)，培训时数较少。融合教育教师专业素养的提升并非通过短时间的集中学习和实践即可达成的，需要接受相对长时间的系统培训并不断地实践探索，才能有效促进教师的专业成长。

(四)职后培训的内容

融合教育教师相关的培训内容主要包含特殊教育领域的相关知识和理论(例如特殊教育需要学生发展特点、特殊教育需要学生的康复训练、个别化教育计划制订、特殊教育需要学生教育教学方法等)，融合教育基本理论(如融合教育相关政策、差异教学等)，对教师系统的实践教学指导，课程调整、沟通合作以及相关法律方面的培训较少。① 培训内容没有因人而异，缺乏层次性的设计，教师的自主选择性无法实现，对他们的实际工作鲜有直接的指导作用，有些内容过于学术化，与融合教师实际工作情境相去甚远，未能满足教师的个性化需求，置教师于“被发展的角色”。有些一线教师明确表示，培训内容忽视了教师的主体需要，哲学和理念上的阐释难以对课堂教学中的各种问题提供指导，与真实的融合教学情境脱节，无法激起教师的兴趣，教师参与的积极性不高。脱离教师现实诉求的培训耗时耗力，对教师解决教学问题能力的提升也

① 冯雅静:《随班就读教师核心专业素养研究》，4～22页，载《中国特殊教育》，2014(1)。

有限。

(五)职后培训的评价

在培训的评价方面，多数培训项目会给教师颁发结业证书，但是证书仅能证明教师参加培训的主题和课时，对于学习过程的监督以及考核没有提出要求，使评价流于形式。另外，融合教育教师培训尚未建立培训评估指导体系，大多数培训项目缺少项目实施后的效果评估，使得培训质量难以评价。

第三节
融合教育教师专业发展的路径

2002 年，《教育部关于“十五”期间教师教育改革与发展的意见》中首次提出“教师专业发展”的概念，并出台了一系列促进教师专业发展的措施。教师专业化发展的过程是一个终身学习与进修的过程，从个体的生涯发展角度来说，指教师自身通过掌握专业理论知识、学会运用知识进行解决实际教学问题来提高和完善自身的综合素养(包括专业理念、知识、技能等方面)，不断超越自我的过程。同时，教师专业发展又不全然是个体活动，仅仅依靠教师个人的更新、反思和探索，缺乏外在专业发展或者培训活动的支持，也同样难以获得发展所需的各种专业知识和技能。[①] 近年来，教师专业发展的概念不断延伸，当前的研究认为专业发展历程包括教师职前培养、入职教育、在职培训和校本研修在内的整个系统。[②] 在这个过程中，教师主动的学习和努力是促进和提高自己专业素质的主观条件，而制度层面完善的法律和政策体系、教师教育体系和良性的专业环境，是教师专业化发展必不可少的客观条件。教师专业化发展受自身因素和来自周围环境等外部力量的影响，其实践途径必须融合外部驱动与自身发展的双重路径。

随着教师专业发展概念的不断扩大，我国传统的师范教育从纵向上已经向职前、职后一体化的教师教育转型，教师专业化的程度也日益提升。教师专业化从范围上来讲应该是整个教师群体的专业化，其中包含各阶段的所有教师类型，融合教育教师作为教师群体中的一个不可或缺的构成部分，其专业化必然会促进我国整个教师群体的

---

① 柯政、洪志忠：《教师专业发展的本土理解——基于对 132 位中学高级教师的调查》，48～56 页，载《教育发展研究》，2011(18)。

② European Commission，*Teachers' Professional Development：European in International Comparison*，Luxembourg：European Union，2010.

专业化进程与层次。

一、健全制度保障体系

(一)法律及政策方面的保障

法律、政策层面的规定是教师专业发展的重要依据和基本保障，我国现有的法律、法规、政策、文件等关于融合教育教师素养的表述更多地局限于特殊教育和残疾人事业发展的文件中，导致其贯彻与实施弱化。要实现融合教育教师的专业化发展，提升融合教育质量，必须加强顶层制度设计，在整个教师教育领域的相关政策中对融合教育教师的培养和培训做出详尽、具体、可操作性强的规定，从教师专业化发展历程的各个阶段建立和完善政策规定。

(二)学校层面的行政管理保障

第一，加强学校领导对于融合教育工作的重视程度。在营造融合教育氛围、调配学校资源等管理过程中，学校领导的积极态度非常重要，学校领导对融合教育工作的重视和关注有助于为整个学校营造良好的融合教育氛围，形成接纳、认可多样化学生的校园文化，能够有效激发教师对融合教育工作的动力和热情。学校领导通常是争取和创造更多的专业资源和培训机会的具体执行者。第二，学校要建立促进融合教育教师专业发展的制度体系，在职称评定、绩效考核等方面给予支持。第三，学校要创造适宜的教学环境，通过开展教研活动、校本研修、同行合作、经验分享等活动，促进教师的专业化发展。

二、建立基于标准的融合教育教师资格认证制度

教师资格准入制度是国家对教师实行的一种法定职业资格认定制度。教师资格认证制度的实施是依法治教，是教师任用走上科学化、规范化和法制化轨道的重要保证，有利于体现教师的职业特点，把住“入口关”，多渠道培养和聘用教师以及推动教育人事制度改革。[①] 在关于印发《教育部教师工作司 2019 年工作要点》的通知中提出，要不断深化教师教育改革，深入推进师范类专业认证工作，研制出台特教师范类专业认证标准，建立三级五类师范类专业认证体系。目前我国普通学校教师资格认定以及考试制度已确立，专门的特殊教育教师资格认证制度和融合教育教师资格认证制度尚未形

① 龚兴英：《日本教师资格制度的特点及其启示》，13～17 页，载《比较教育研究》，2004(5)。

成。从我国目前融合教育的实际发展情况来看，可以分层次逐步建立融合教育教师的资格准入制度。

(一)完善现有的普通教师资格认证制度

2019 年 12 月《教育部教师工作司关于中小学教师资格考试增加“特殊教育”等学科的通知》中规定：自 2020 年开始，小学类别面试及初中、高中和中职文化课类别笔试和面试增设“特殊教育”等学科，各试点省根据需要开设。新增学科的笔试科目一、科目二与已开考学科一致，科目三《学科知识与教学能力》由试点省份自行命题或结合面试一并考核。面试暂由各试点省(区、市)和部属师范大学自行命题和组织。待条件成熟后再由全国统一命题。该规定增加了教师资格考试的类别和专业性，适应教师队伍的多样化需求，为融合教育教师从业资格的推进迈出了关键一步。但较为遗憾的是，特殊教育学科并不对所有的考生做一致性要求，而且仅仅体现在初、高中教师资格考试的笔试、面试环节，以及小学教师资格考试的面试环节，在幼儿园、小学教师资格考试的笔试环节没有增加。因此，需要进一步完善普通教师资格考试制度，一方面在科目一、科目二中纳入一定比例的融合教育或特殊教育相关内容；另一方面在幼儿园、小学教师资格考试的笔试环节增设特殊教育学科。此外，应该规定考生需要修习相关的课程才有资格参加特殊教育学科的考试。

(二)实行双证书制度

在美国、英国、澳大利亚等国家普遍实施双证书制度，即规定融合教育教师持有普通教育教师资格证书和特殊教育教师资格证书两种证书，才有资格承担融合教育教学工作。尽管目前我国还没有建立专门的特殊教育教师资格制度，但近些年关于建立特殊教育教师资格制度的呼声不绝于耳，一些举措也正在推进，尤其是 2020 年《教育部教师工作司关于中小学教师资格考试增加“特殊教育”等学科的通知》规定了特殊教育教师资格的考核方式等，此文件将特殊教育学科列入教师资格认证的类别，标志着我国特殊教育教师资格制度的建立取得突破性进展，今后将逐步形成成熟的制度体系。首先，从准入资格上要求融合教育教师持有特殊教育学科考试的证书上岗，待特殊教育教师证书制度建立成熟后，再进一步推行普通教育资格证书＋特殊教育教师资格证书的双证式制度，提高融合教育教师的入职门槛。

(三)建立独立的融合教育教师资格认证制度

从长远发展来看，改革现在的教师资格认证制度，实施独立的融合教育教师资格认证是促进融合教育教师规范化、专业化的必然选择，是融合教育质量提升的基础保障。应尽快建立合理、科学、可行的融合教育教师专业标准，不仅是促进融合教育教师专业发展的依据，也是教师提升专业发展水平的指南，依据专业标准的内容认证融合教育教师从业资格。

三、职前培养与职后培训的一体化

教师在不同成长阶段应采取相应的学习方式来持续地发展专业化，在教师专业化路径的选择上，根据教师专业发展的连续性和阶段性，科学设计职前培养、职后培训相互衔接而又特色鲜明的融合教师教育培养、培训体系，加速融合教育教师的专业发展和成长的进程。

(一)创新普、特融合的职前培养体系

教师教育是实现融合教育教师队伍专业化、规范化的重要保障，能够使融合教育教师培养目标得以真正体现。当前，我国应从职前培养阶段养成教师的融合教育素养，做好应对融合教育环境的准备，迎接融合教育带来的变革。有研究指出，普通教育教师在融合环境中教育残疾学生能力的培养必须从职前阶段开始。

融合教育的发展增加了教育对象的多元化与个别化，使教育变得更为复杂，传统的教师教育已无法满足教育变革对于教师的需求，实施教师教育改革已成为当前较为迫切的任务。创新普通教育教师和特殊教育教师职前培养模式，突破传统普通教育与特殊教育师资培养体制的隔离，统筹安排普通教育与特殊教育，以融合教育理念为指导进行专业整合，协同培养，是融合教师培养的必由之路。

1. 普通师范教育培养模式

在当前融合教育教师没有形成独立职前培养体系的现状下，普通教育教师将成为融合教育的主体，任何一位普通教育师范生走上教师岗位后均有可能担任融合教育教师的角色，因此，培养“准教师”的融合教育理念和指导多样化学生的教学能力就显得尤为重要。鉴于我国目前融合教育的发展需要以及教师教育现状，将融合教育理念和知识系统地纳入普通教师培养体系中来，在普通师范专业的培养方案中渗透融合教育的目标，将融合教育或特殊教育相关内容独立设置课程，这种补充融合教育和特殊教育相关知识的模式是提升其专业素养的最为直接途径，同时亦是当前便利于大范围实施并且可操作性较强的实践方式。相关课程的开设可以从职前培养阶段，催化学生的融合教育意识生成，建立融合教育理念，促成其对专业目标的理解和专业情感的培养以及优良专业品质的习得。为此，改革职前教师教育课程结构不仅必要，而且十分紧迫。为了加大教师教育课程改革的力度和促成改革的尽快推进，使融合教育知识得以切实地在普通师范教育中普及，将融合教育课程纳入教师教育课程标准中，要求全部

教师教育机构在教师教育课程中融入融合教育课程模块，确保融合教育课程的地位。

第一，确定融合教育课程模块的性质。普通学校的特殊教育或融合教育相关课程通常以选修课的形式存在，不仅缺乏连续性和稳定性，而且这一性质决定了教师在课程内容的组织和安排上具有较大的自由度，相同的课程名称在不同学校甚至不同的任课教师都会呈现不同的内容，课程内容缺乏规范化。普通学校可以依据融合教育课程模块中各门课程的特点以及重要程度，采用必修课与选修课结合的形式，将一部分基础课程定位在必修课，另一些作为选修课拓宽师范生的知识基础，并且通过专业共同体研讨，协商制定课程纲要，规范课程的内容。

第二，强化融合教育实践性课程。融合教育理念不仅应体现在理论性课程中，还应体现在教育实践中，实践性技能在从普通教师到融合教师的专业成长中扮演着关键的角色。一项关于融合教育教师培养的元分析结果表明，在理论学习基础上增加有效的后续实践经验课程更可能确保教师在融合实践中保持变化，提升教师对于融合教育的积极态度。① 因此，理论知识教学应当与实践教学并重，在培养方案中明确规定理论性课程与实践性课程的比例，强化实践知识与技能的学习，提高教师的融合教学胜任力。此外，注重融合教育实践环节的安排，需打破普通师范院校的师范生只能去普通学校实习的惯例，建立普通中小学与特殊学校共同接纳师范生实习的机制。② 诚然，无论是一般的普通教育环境还是特殊教育环境都与融合教育环境存在较大的差异，因此融合教育的实践最好是体验真实的融合教育环境，或至少有一定的时间在融合课堂实践。可以通过建立融合教育实践基地等措施为普通师范生多提供融合课堂见习、实习的机会，保障足够的见习、实习时间。创建专业教师与优秀的融合教师相结合的指导团队，加强融合教育见习指导，开展教育实习研讨等活动，以弥补职前阶段理论知识落实于实践教学技能的劣势。

第三，优化课程结构。在实施融合教育的背景下，课堂中有特殊教育需要的学生已经不仅指向残障学生，处理不同学生的多样化教育需要，也不单是融合教师所直面的唯一困境。因此，单纯地增加特殊教育相关课程已不能解决融合课堂日趋复杂的问题。为普通师范专业学生开设的特殊教育或融合教育相关课程应当站在更高的角度，以融合教育理念为核心指导思想，优化课程结构，整合特殊教育与普通教育教师的课程资源，提升融合教育素养。如 Forlin 认为，融合教育课程应包括融合教育的基本概

---

① 陈光华、李茂粉：《国际融合教师教育模式研究的回顾——基于近 10 年文献的元分析》，21～27 页，载《中国特殊教育》，2019(8)。

② 李拉：《专业化视野下的随班就读教师：困境与出路》，34～36 页，载《教育理论与实践》，2012(23)。

念和政策介绍，有关残障、性别和文化融合的讨论，融合实践的益处等内容。①

2. 特殊教育教师培养模式

特殊教育需要学生进入普通学校随班就读这一现实绝不全是普通教师群体的职责，在充分发挥普通师范教育在融合教育师资培养中作用的同时，不能忽视特殊师范教育的培养路径。当普通学校成为绝大多数特殊教育需要学生的教育安置方式时，特殊教育教师进入普通教育课堂，与普通教育教师协商课程，为特殊教育需要学生的教育教学提供辅导与支持，甚至是承担普通班级的教学工作是未来特殊教育教师的重要角色转变。融合教育要求普通教师和特殊教育教师在融合学校中相互合作、协同教学。普通教师掌握特殊教育及融合教育相关知识与技能，特殊教育教师学习普通教育相关教学方法，成为融合教育的必然选择。② 我国高等师范院校特殊教育应进行新的人才培养模式探索，主动适应国际融合教育发展的趋势和我国特殊教育学校功能转型的双重变革，以融合教育为背景和前提条件，增设融合教育知识和技能的课程以及学科相关知识的学习，使其了解普通课程的体系和一般教学规律，并以普通教师和特殊教育教师协同教学为目标，培养特殊教育师范生的融合教育素养。例如，有研究者建议在现有特殊教育专业课程结构的基础上增加普通儿童的相关学科内容和教学方法，注重对融合教育环境下具备多样化特征的不同儿童进行差异化教学，建立健全完整的特殊教育师资培养体系，将特殊教育师资培养真正纳入我国整体的教师教育体系。③

3. 建立专门的融合教育专业

随着融合教育理念的深入和实践的变迁，融合教育已逐步发展成为独立于特殊教育的体系，培养专门的融合教育教师是推进其发展行之有效的策略。可以利用普通教育与特殊教育人才培养体系较为完善的特点，探索出有效的融合教育教师培养体制，建立专门的融合教育师资培养方案，以健全教师教育体系。美国一些大学创办专门融合教育专业的实践证明，专门的融合教师教育项目、基于应用性知识的新型培养模式，学生受益匪浅，他们更能够胜任融合环境中的教育教学。④

融合教育专业的培养目标不能将视线仅仅局限于特殊教育需要学生，也不是普通教育与特殊教育的二元叠加，合格的融合教育教师应该能够在具有多样化学生的课堂中实施有效教学。在融合教育教师的职前培养阶段，其课程目标亦不应局限并且过于

---

① Forlin C., Chambers D., "Teacher Preparation for Inclusive Education: Increasing Knowledge But Raising Concerns," in *Asia-Pacific Journal of Teacher Education*, 2011, 39(1), pp. 17-32.

② 邓猛、赵梅菊：《融合教育背景下我国高等师范院校特殊教育师资培养模式改革的思考》，75～81页，载《教育学报》，2013(6)。

③ 关文军、邓猛：《我国高等师范院校中开设融合教育专业(本科层次)的思考与建议》，105～109页，载《黑龙江高教研究》，2017(7)。

④ 邓猛：《融合教育理论指南》，240～243页，北京，北京大学出版社，2017。

强调特殊教育和特殊教育需要学生本身的相关内容，对于融合教育教师的要求也不是同时具备普通教育和特殊教育的双重技能。[①] 应当转变目标定位，直接立足于融合教育教师的角色定位和工作任务，充分评估教师在融合教育情境中的现实需要，确定课程的内容，培养教师同时兼顾大部分普通学生以及少部分特殊教育需要学生的教学能力，驾驭较大差异化课堂的综合性知识和技能。具体可以设置通识性课程、学科课程、特殊教育课程、融合教育课程、实践性课程五大课程模块，优化五大模块的课程比例，通过科学地设置必修课与选修课实现课程的融合，促进教师普通教育知识和特殊教育知识的有机整合和在实践中的综合运用。

（二）加强职后培养

要成功落实融合教育，教师培训是教师专业发展中不可或缺的重要环节。通过外部驱动的方式对教师进行有组织、有计划的培训，从而促进教师的专业发展，切实提高普通教师从事融合教育工作的专业素质。参加相关培训能够影响教师对融合教育的态度与关注程度，并对其专业知识、专业技能，以及专业支持的利用程度产生影响。[②] 融合教育教师的培训既不能纳入普通教育教师培训体系，也不适于与特殊教育教师培训完全相同，应构建独立的融合教育教师在职培训体系。融合教育教师对于培训的需求呈现出个性化、层次化的特点，依据教师的需求组织多层次的培训，使教师可以根据实际教学中遇到的问题选择不同层级、不同形式、不同内容的培训。从社会需要和学生发展的需要出发，依据融合教师的职业要求，制定培养目标、确定培训内容，满足教师的专业发展需求。虽然小规模培训和一次性培训在融合教育的早期阶段都很重要，但是必须建立一个长期的教师培训方案，不断为教师提供融合教育的支持[③]，增强培训的系统性与实效性。

1. 规范培训目标

根据融合教育的发展和教师在融合课堂中的现实需要建立培训目标。第一，分层次按类别设定培训的目标。融合教育教师在学历背景、学科背景、专业背景、知识储备、教学经验、所处的融合教育支持环境等方面均呈现出较大的差异性，因此，应该遵循教师职业生涯发展规律，系统设计多层次的培训目标，如新教师入职培训、青年教师提升培训、骨干教师研修和卓越教师领航项目等，提升教师各阶段核心素养和关键能力。在融合教育实践中教师工作的侧重点也有所不同，应该针对承担不同工作任务的教师设定相应的培训目标，如以行政领导及相关管理工作的人员为对象的培训，

---

① 冯雅静、李爱芬、王雁等：《我国普通师范专业融合教育课程现状的调查研究》，9～29 页，载《中国特殊教育》，2016(1)。

② 王雁等：《随班就读教师专业素养现状及影响因素研究》，46～52 页，载《教师教育研究》，2015(4)。

③ 联合国教科文组织编：《全纳教育共享手册》，陈云英等译，北京，华夏出版社，2004。

以承担融合班级教学工作的教师为培训对象的项目等，加强培训的针对性。第二，培训目标应包括显性目标和隐性目标，前者旨在提高教师的专业能力，后者则希望通过培训能够激发融合教育教师自主发展的主动性和积极性，引起其认知结构、思维方式和行为方式的改变。第三，培训目标应该以融合教师专业标准(参考本章第一节——融合教育教师的素养)为导向，包括专业理念、专业知识、专业技能的内容。

2. 拓展多样化的培训形式

根据各级教育行政部门和学校的培训主体进行培训，包括国培、省培、市培、新教师培训、继续教育学分培训等。在培训形式方面应该拓展多样化的形式，增加培训的灵活性。第一，集中培训与分散培训相结合。可以采取平时分散培训、假期集中培训的形式进行，培训的时间灵活安排。第二，线上培训与线下培训相结合。不仅组织传统的线下面对面的培训，也可积极开发网络平台，利用线上上课、专业咨询与指导等，提升专业素养。2012 年《关于加强特殊教育教师队伍建设的意见》就指出依托“国培计划”，采取集中培训和远程培训相结合的方式，加大对全国特殊教育学校教师的培训力度。第三，传统授课与全员研讨相结合。除集中授课、专题讲座这种传统的培训形式外，还可以组织案例评析、个别实践教学指导、观摩优秀教师课堂教学、协同备课、经验分享会、课题研究等，提高培训的实用性。例如，教师工作坊是近年来比较流行的一种新形式，也可看作是一种短期的培训或研讨会。教育部在 2014 年出台的《网络研修与校本研修整合培训实施指南》中指出，要充分发挥教师工作坊的作用，组建跨校学习共同体，引领教师开展研修。教师工作坊以解决某一个实践中的现实问题为主题而形成学习共同体，以合作学习模式和同伴互助策略为基础，针对这一问题形成的主题进行交流讨论，不断分享和改进观点，形成新的观点再应用到实践教学中。

3. 培训内容

培训内容涉及融合教育基础理论及法律政策类课程(如融合教育导论)，各类特殊教育需要学生发展类课程(如视力障碍、听力障碍学生的特点以及学习需要)，融合教育教学类课程等知识模块(如通用课程设计、有效教学技术、教育教学训练方案设计、教学活动组织实施的技术和方法等)。

实践是实现融合教师培养目标的终极途径，教师在融合教育环境中开展教学并不在于他们已经掌握了多少知识和技能，而在于他们面对特点各异的学生时如何充分运用这些知识和技能。[①] 融合教育教师的培训应将理论培训与实践操作相结合，运用有关的基础理论知识对融合教育教学中的具体问题、教学模式、教学事件等进行深入探讨，加深其对理论知识的理解，提高综合应用理论知识解决实际问题的能力，通过问题解

---

① Florian, L., Linklater H., “Preparing Teachers for Inclusive Education: Using Inclusive Pedagogy to Enhance Teaching and Learning for All,” in *Cambridge Journal of Education*, 2010, 40(4), pp. 369-386.

决促进知识、技能建构，丰富职业体验，实现教育教学理念和实践力的双重提升。在职后培训中强化实践性技能的内容，并增加实地指导的环节，为教师提供充分、广泛参与融合教育实践的机会。融合教育教师需要在教育实践中运用个人的实践智慧来探索融合课程实施中问题的解决方式。拥有丰富实践智慧的融合教育教师能够在解决问题时从多种视角加以整体把握，洞察多种可能性，迅速做出决策。①

培训内容依据培训目标也应呈现出层次化，针对教师的不同专业发展阶段、不同工作内容等需求提供连贯性和系统性的培训，为教师的专业化发展提供持续支持。例如，针对融合教育管理人员进行宏观政策的培训，针对新入职的融合教育教师进行知识普及与基本技能的培训，针对有经验的融合教育教师进行融合教学技能提升的培训。香港对于在职教师的培养实践反映了这种层级化，香港教育局在2007年推出五年教师专业发展架构，为在职教师提供系统的三层培训课程，分别为基础课程、高级课程、专门为某类特殊教育需而设置的专题课程，并且对每一层级的课程培训内容及完成指标(如每一个学校至少多少数量的教师必须完成该课程)上做了详尽的说明。2012年，香港教育局对培训课程的内容和模式做出适当调整，务求课程更切合教师的培训需要。

4. 培训的效果评价

建立培训项目指标评价体系，从融合教育理念的培养、课程内容设计、教学方法、培训师资、对实践产生的影响等方面建立评价指标，以评价培训是否达到了预期的目标和效果，为日后改善培训工作提供参考。

四、建构教师专业发展支持网络

2018年3月，教育部等五部门联合印发《教师教育振兴行动计划(2018—2022年)》，指出在教师培养培训方面，我国将启动实施“互联网＋教师教育”创新行动，充分利用云计算、大数据、虚拟现实、人工智能等新技术，推进教师教育信息化教学服务平台建设和应用。在新时代下充分利用互联网、大数据等技术开发和优化支持在线培训、资源共享、知识建构及个人反思的在职教师培训平台、教师互助平台以及信息共享平台。优化“平台＋教育”服务模式与能力，加强平台资源管理、分配和利用，促进教师培养方式的转变。

(一)建立融合教育教师专业发展平台

教师专业发展平台应该包括网络数据系统、咨询指导系统以及管理系统。可以将

① 颜廷睿、侯雨佳、邓猛：《融合教育教师课程执行力的内涵、结构及发展策略分析》，3～9页，载《中国特殊教育》，2017(7)。

每位教师的教案、学材、培训的案例和实践心得汇集成教师专业化发展的资源数据库，结合当前信息技术发展的趋势，特别是要引入移动信息技术和大数据库的运算功能，并根据反馈数据对专业发展情况、培养和培训体系进行评估，开展各种层级的教师专业发展培训。同时根据数据，为教师提供专业发展指导，鼓励完善个人专业发展规划。例如澳大利亚通过高等院校提供融合教师的职后培训平台，教师需要申请并通过考核来获得相应学分。① 欧盟于 2015 年为教师、学校和培训机构提供专业素养提升工具包，可以帮助教师评估个人专业发展中存在的困境和个人专业学习的需要；可为学校制定教师专业发展规划、组织教师专业发展活动提供参考；可以按照发现问题、确认融合教育的实践需求、设定融合教育的目标和核心要素、选择融合教育的策略和方法、融合教育的实施、评估和反馈五个主题，详细地描述提升教师融合教育素养的具体过程和方法。②

(二)建立合作共同体

融合教育是一个系统工程，由普通教师、特殊教育工作者、资源教师、巡回指导教师、康复治疗师等相关专业人员共同参与，高效的沟通和合作是有效开展教育教学工作的基础。教师个体的专业化发展过程亦需要多主体的共同努力。

1. 建立学习共同体

根据团队成员的专业知识、技能和经验的构成状况，在教师专业化发展管理系统中搭建专业教学团队的知识和经验管理模块，深化同行群体内部的专业知识、技能和经验的高度共享，形成专业群体内部同行之间相互学习、借鉴和友好评析的氛围，促进群体的共同进步和发展。

2. 建立专业共同体

深化职前教师教育机构(通常指高等学校)、普通中小学、特殊教育学校、康复机构、各级残联和民政部门等政府部门的合作。充分利用各部门的优势，实现教育信息和资源共享，结合各自的现实发展和需求组成专业共同体，在职前培养与职后培训中共同协作，促进融合教育教师专业化发展。政府和相关部门可以积极宣传融合教育，提供相关的政策支持，让全社会了解融合教育教师专业素养发展的重要性。③ 在职前阶段，高校可以为准教师提供理论知识学习平台，中小学校、特殊教育学校可以开展师范生见习实习、教师跟岗培训、顶岗培训和教研教改工作，为师范生积累融合教育经验提供实践平台。在职后培训阶段，高校与中小学共同制订教师的培训内容和形式，

---

① 郭立强：《澳大利亚全纳教师培育的经验及其启示》，154～157 页，载《教育探索》，2016(3)。

② 杜媛、孙颖：《普通学校教师融合教育专业素养提升路径的分析及启示》，71～79 页，载《残疾人研究》，2019(3)。

③ 同上。

扩大相关成果的共享范围，是融合教育教师专业发展的动力保障。[①] 多方的有效合作聚焦于实际教学问题，立足于问题解决，不仅为职前教师所学知识提供了实践场所，同时也给予在职教师专业学习的机会，强化各自的薄弱环节，有利于更有针对性地解决问题，增加融合教育教师理论联系实践的能力，促进教师专业化发展。

五、融合教育教师专业自主发展

作为专业主体的融合教育教师，其专业发展的路径如果一直是外铄的，专业发展注定是低效的，因为专业标准的实现最终需要专业主体的内化。[②] 专业自主发展是教师在教育职业活动中具备强烈的专业发展意识与发展动机，基于职业认知、职业评估的基础上，通过专业架构剖析、职业生涯规划、教学反思等实现专业发展目标的过程。[③] 钟启泉教授指出，国际教师教育学倡导教师学习的三大定律为：越是扎根教师的内在需求越是有效；越是扎根教师的鲜活经验越是有效；越是扎根教师的实践反思越是有效。[④] 教师的专业化是一个不断发展变化的动态过程，一个循序渐进的可持续性过程，教师在不同成长阶段要采取相应的自我学习与进修来提高自身的专业化水平。

(一)建立专业自主意识

专业自主发展意识是教师专业发展的基础，是指教师有自主发展的心理需求，能够认识到专业自我发展的重要性和必要性，专业自主意识能够不同程度地促进或阻碍教师专业化的发展。教师的主动参与是教育专业化发展的必要条件，教师如果缺乏自我发展愿望，其专业发展必定是低效和低水平的。通过外部力量的驱动能够有效激发教师自主发展意识，专业自身发展又不仅仅依靠外部力量的驱动，更是自我知识更新与实践探索的过程。个体的专业成长必将带动和促进融合教育教师队伍整体的专业化，使教师队伍的整体质量得以提升。

(二)制定自主发展和终身学习规划

专业自主发展能力是专业发展的保障。教师在专业发展有时会感觉迷茫，对于自己的专业发展认知不明确，自己的专业发展目标并不清晰，除了被动地参加培训以外，

---

① Waitoller F. R. & Artiles A. J. , "A Decade of Professional Development Research for Inclusive Education: A Critical Review and Notes for a Research Program," in *Review of Educational Research*, 2013, 83(3), pp. 319-356.

② 申卫革：《实践理性视域下教师专业实践路径探究》，73～77 页，载《中国教育学刊》，2014(11)。

③ 陆菊：《教师专业自我发展研究》，61～63 页，载《教学与管理》，2018(9)。

④ 钟启泉：《教师研修的挑战》，载《光明日报》，2013(16)。

不了解如何实现专业自主发展。这就需要教师基于自身的立场，有针对性地制定适合的规划。

第一，融合教育教师需要了解教师专业发展的阶段性理论。首先，评估现状，全面剖析自身的能力、兴趣、优势、薄弱等方面，明确自己当前所处的发展阶段和状态；其次，分析专业发展环境，把握专业发展的大方向，将自身发展置于不断变化的社会环境及教育实践变革中；再次，制定目标，基于以上分析，列出短期优先发展领域与长期发展规划；最后，拟定专业发展路径，精心设计具体可行的专业发展行动方案，并在落实过程中依据实际情况进行优化调整，以确保自身的专业发展能够顺利进行。

第二，树立终身学习意识。由于融合教育理念的持续发展变化，融合教育工作以及相关学科的知识演进更新，教学对象的易变性、多样化，以及融合教育课堂的复杂性带来的问题和挑战，因此融合教育教师在专业领域上必须采取终身学习的方式来充实自身的知识储备，不断调整自身的知识结构以便回应和处理职业生涯发展中的改变，进一步推动教师专业自主发展。

(三)自我反思

融合教育教师专业成长的核心与关键，在于个体教育意识的全面觉醒，即个体是否开始拥有了自己独到的对于教育教学实践的理解与觉悟，并把这种觉悟渗透在自己新的教育教学实践之中。融合教育的教育理念和教育对象迫切要求教师重新认识教育的本质并审视自己在教育中扮演的角色，以此来完成并实现融合教育的使命。在实践中反思，既能够推动融合教育教师的知识观和教学观的转化，也能够推动教师的自我成长，从而主动建构自身角色。① 为此，反思性实践成为融合教育教师的核心素养，如欧盟将反思性实践与终身学习作为推动教师个人专业发展的两大动力。它要求教师对自己的教学过程进行不断的教学评估、反思与修正，评判性地审视自己的信念和态度以及自身行为所产生的影响，致力于发展成为反思型教育实践者。② 教师在融合教育的课堂教学中，不断地调整和反思自己的教学适应能力、整合能力以及对学生的评价能力，借此改进和提高自身内在的专业结构。

融合课堂教学策略主要是通过个别化、合作、差异化三个层面实现③，反思的主要目标之一是解决课堂教学实践中出现的个别化教学、合作教学、差异化教学问题的技巧和方法，帮助每个学生融入课堂；目标之二是处理教学问题的具体情境、各种突发性事件。教师要把整个教学过程作为反思对象，从融合教学理念、教学能力、学生状

---

① 谢正立、邓猛：《论融合教育教师角色及形成路径》，25～30页，载《教师教育研究》，2018(6)。

② 周琴、谭丹：《欧盟全纳教师教育改革与发展趋势》，19～23页，载《比较教育研究》，2014，36(11)。

③ 杜林、冯秋涵：《国际融合教育研究进展综述及对我国的启示》，19～24页，载《残疾人研究》，2019(1)。

态、教具的使用情况、自身教学计划的实施进度和成效，关注相关科研成果和媒体资源的应用，自身在授课过程中教学行为的适宜性，自身与他人进行知识交流和共享的方式、途径，到与其他教师、学生沟通、合作的情况，以及参加教研活动等方面，认真寻找自身专业发展存在的问题。不断从日常教学中发现问题，不断研究解决新问题，使问题成为教师专业发展的起点。

关于反思的执行方式方面，教师可以通过做读书笔记、撰写教学日志、微格教学、观摩和分析优秀教师的教学活动、课例分析、教师自传、教师成长记录袋、撰写反思日记的方式，把教育教学过程中的一些感触、思考和困惑记录下来，以帮助自己重新审视和认识自己的教育教学行为，促进建构性反思。教师可以构建自我反思档案，并定期剖析自身专业的发展行为和轨迹，有针对性地完善、修正专业发展路径，以促进教师专业自主发展。

（四）行动研究

融合教育教师可以通过行动研究和自主探究，从融合课堂实践中寻找专业能力提升的有效路径。融合教育教师可以将解决教师教学过程中最需要解决的实际问题作为研修课题，在课题研究过程中自主反思解决教学实际问题的最佳实践方式、自主建构自身技能提升的最佳模式，获得必要的知识与技能，以及寻求教学问题的解决方案，更好地应对和处理融合教育课堂中的问题与挑战。

（五）寻求资源支持

“获取支持的能力”是融合教育教师专业素养中的重要内容，但是在其各维度中，获取支持的能力却最差。[①] 首先，教师要充分利用国家、社会以及学校的政策优势与导向，抓住不同层面主体给予的发展机会，有意识地积累知识资源，提升专业自我发展能力，如学历进修、专题讲座、学术研讨、网络教育等均是很有效的专业自我发展途径。其次，教师要优化整合不同层面的资源，在融合课程设计、个别化教学、合作教学与学习、差异化教学等课堂教学实践中，不断提升自身的专业发展能力，以实践之所需，带动理论之所思，进而以立足于实践所需的理论之思，达成实践与理论的融通。[②] 充分利用互联网时代获取信息的方式寻求有效的网络资源，促进自我专业化发展。

---

① 王雁、王志强、冯雅静等：《随班就读教师专业素养现状及影响因素研究》，46～51页，载《教师教育研究》，2015(4)。

② 孟凡丽、程良宏：《教师专业发展路径的理论逻辑和实践逻辑及其批判》，13～18页，载《教师教育研究》，2010(4)。

本章小结

本章中的融合教育教师是指在普通学校担任教学任务的班主任和任课教师，不包括资源教师、巡回指导教师、康复工作者以及心理咨询师等，而且，融合教育教师是能够为所有学生提供高质量教育并满足学生不同需求的高素质教师，不局限于当前班级里有特殊教育需要学生学习的教师。融合教育教师的角色是理想主义者、人道主义者，专业实践者和社会活动者。融合教育教师是具有多种能力的复合型、创造性的教师，他们应该具备专业能力、专业经验及专业智慧三个方面的素养。融合教育教师的培养包括从职前培养到职后培训的整个过程。职前培养模式有三种：一是在综合类院校或者高等师范类院校中的普通师范专业设置特殊教育相关课程；二是在师范院校特殊教育专业设置融合教育相关课程；三是设置专门的融合教育专业。我国尚未形成独立的职后培训体系，融合教育培训纳入特殊教育教师培训和普通教育教师培训中。职后培训存在没有专项经费、教师接受培训机会不均等、培训目标不明确、培训形式单一、培训内容缺乏针对性、培训评估指导体系未建立等不足。融合教育教师专业发展包括职前培养、入职教育、在职培训和校本研修在内的整个系统。在这个过程中，融合教育教师主动学习和努力是促进专业化发展的主观条件，教师组织层面完善的法律和制度体系、教师教育体系和良好的专业环境，是教师专业化发展必不可少的客观条件。

思考题

1. 融合教育教师的专业素养包括什么？
2. 融合教育教师职前培养模式有哪些？
3. 融合教育教师职后培训存在哪些不足？
4. 试述融合教育教师的专业发展路径。

推荐阅读

1. 邓猛，赵梅菊．融合教育背景下我国高等师范院校特殊教育师资培养模式改革的思考[J]. 教育学报，2013(6).

2. 关文军，邓猛．我国高等师范院校中开设融合教育专业(本科层次)的思考与建议[J]. 黑龙江高教研究，2017(7).

3. 谢正立，邓猛．论融合教育教师角色及形成路径[J]. 教师教育研究，2018(6).

4. 陈光华，李茂粉．国际融合教师教育模式研究的回顾——基于近 10 年文献的元分析[J]. 中国特殊教育，2019(8).

第十章

融合教育的支持系统

本章导读

融合教育并不只是一种安置方式的转变，更重要的是观念和文化的转变，能够尊重和接纳多元化的世界和差异。融合教育的成功实现，必须有强有力的支持系统从多个方面为其提供充足的资源。支持系统包括微观层面的家长、教师、同伴等，中观层面的微观主体之间的关系，外层系统中儿童家庭所处的社会经济地位、家长的工作环境、社会大众的态度等，宏观系统中的文化、亚文化和社会环境，以上不同层级系统中的主体需要提供充足的支持资源，并且相互之间要有效沟通与合作，才能保证融合教育有序发展，从而最终实现所有儿童获得合适的教育，实现融合教育的理想。

第一节
融合教育支持系统的模式与结构

加强融合教育支持保障体系的建设，需要理解支持保障体系的理论基础，明确融合教育支持的主体、支持的内容以及支持体系的运行机制，支持保障体系的建设才会更加完善。

一、融合教育支持系统的理论基础

(一)生态系统理论

任何儿童毫无例外地总要存在于大大小小及各式各类的系统之中，各系统中的要素会以各种方式共同作用于儿童个体。根据布朗芬布伦纳提出的生态系统理论，儿童的发展同时受到与其直接联系以及间接联系的生态环境的影响。影响儿童发展的生态系统包括微观系统、中间系统、外层系统、宏观系统、时间系统五个层面，主要内容如下①：

(1)微观系统主要指儿童生活的场所以及周边环境，是儿童所处的直接环境，包括家庭、幼儿园、学校、邻居和社区。这个环境是不断变化和发展的，随着儿童的不断成长，活动范围会从家庭不断扩展到学校、同伴关系、社区。在微观系统中，所有关

① 陈更娟、于松梅：《论我国高等融合教育支持系统建构——基于生态系统理论的探讨》，71～76页，载《毕节学院学报》(综合版)，2013，31(2)。

系都是双向的，即成人、教师、同伴等社会主体会影响着儿童的反应，儿童也会影响成人、教师、同伴等人的反应。此外，两两相互影响的关系还会受到第三方的影响。以同伴关系为例，如果教师的影响是积极的，儿童与同伴的关系会更进一步发展，相反，儿童与同伴的关系就会遭到破坏。对于融合教育而言，家庭、幼儿园、学校、邻居和社区成为融合教育成功实施的重要支持主体，儿童与父母所构成的关系是核心，且主要是家长而非儿童成为该系统建构的能动要素。

(2)中间系统是指微观系统中两个环境之间的相互关系。例如，学校与家庭、家庭与社区之间的关系对儿童的发展具有重要的影响。如果微观系统之间具有较强的积极联系，儿童的发展则可能实现最优化。相反，微观系统间的消极联系则会对儿童的发展产生不良的后果。例如，家庭对于儿童的溺爱会影响儿童在学校与他人友好相处，从而无法建立积极的同伴关系。

(3)外层系统是指那些会对儿童的发展产生间接影响的系统。例如，儿童家庭所处的社会经济地位、家长的工作环境、社会大众的态度等。

(4)宏观系统指的是存在于以上三个系统中的文化、亚文化和社会环境。宏观系统实际上是一个广阔的意识形态。它规定如何对待儿童，教给儿童什么以及儿童应该努力的目标。在不同文化中这些观念是不同的，但是这些观念存在于微系统、中系统和外系统中，直接或间接地影响儿童知识经验的获得。

(5)时间系统。时间是贯穿于生态系统模型的重要因素，布朗芬布伦纳强调要将时间和环境相结合来考察儿童发展的动态过程。随着儿童的不断成长，儿童生存的微观系统环境不断发生变化，这种环境的变化称为“生态转变”，每次转变都是个体人生发展的一个阶段，是人生的过渡点。转变包括正常的转变和非正常的转变两类，前者包括入学、青春期、参加工作、结婚、退休等，后者包括家人去世或病重、孩子被退学、夫妻离异等，这些转变贯穿在人一生的发展中。①②

特殊教育需要学生的发展不仅受到家庭、学校等微系统社会因素的影响，还受到各个系统之间交互作用的影响。生态系统理论大大扩展了“环境”的范围，且强调系统之间存在着千丝万缕的关系，因此在论及融合教育支持系统的建构问题时，要强调与特殊教育需要学生发展有关的多方面环境的支持，多途径保障特殊教育需要学生的权益。此外，生态系统理论将时间维度融入系统中，将环境看作一个不断变化发展的动态过程。融合教育的支持系统的建构也要根据特殊教育需要学生在不同阶段的发展特点和需求，动态性地提供有针对性的支持，并且需要整合各个系统的资源，体现连续

---

① 刘杰、孟会敏：《关于布郎芬布伦纳发展心理学生态系统理论》，124～126页，载《中国健康心理学杂志》，2009(2)。

② 李瑶：《从生态系统理论视角分析环境对于青少年的影响》，81页，载《湘潮》(下半月)，2012(3)。

性和整体性。[①] 要结合时间和环境建构支持系统，建立贯穿特殊教育需要学生一生的教育与生涯规划。

(二)社会支持理论

社会支持是他人提供的一般性或者特定性的支持行为，这种行为能够帮助个体更好地适应社会环境，免受不利状况的伤害。[②] House(1981)认为社会支持对压力及健康有两种效应模式，分别是主要效应和缓冲效应，其模式如图 10-1 所示。①主要效应(Main Effect)，又称为直接效应，指出社会支持能满足个体对安全感、隶属感及社会接触的需求，既能直接减轻个体的压力，又能增进个体的身心健康及幸福感，对个体的发展产生正面的效果。②缓冲效应(Buffering Effect)，又称干扰效应，指社会支持扮演缓冲压力的中介角色，使处于压力情境中的个体能借着所提供的社会支持，减缓压力对个体所带来的冲击，并间接地对身心健康及生活调适方面产生正向影响。[③]

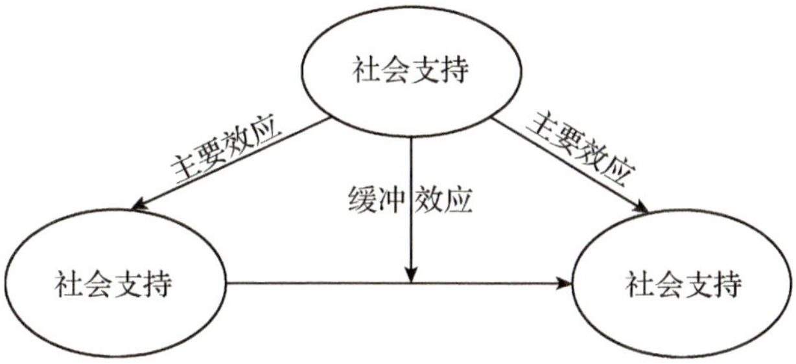

图 10-1　社会支持影响工作压力和健康的效应图[④]

社会支持理论认为个体需要从社会支持系统中获得支持资源，来促进个体的发展和解决个体的困境，而造成个体发展问题的情境是社会联结的断裂。[⑤] 特殊教育需要学生由于身心发展方面的限制，无法依靠自身的努力适应融合教育的环境。学校环境对特殊教育需要学生而言是潜在的危机环境，会对特殊教育需要学生的健康发展带来负面影响。从社会支持理论来看，为了帮助特殊教育需要学生成功融合，使特殊教育需要学生在融合环境中接受合适的、高质量的教育，从而促进其健康发展，政府、学校、社区、家庭所构成的社会支持网络必须发挥各自的支持功能，为特殊教育需要学生提供充足的社会支持。

---

① 熊絮茸、孙玉梅：《自闭症儿童社会生态系统初探》，37～44 页，载《中国特殊教育》，2014(7)。

② 吕培瑶：《关于社会支持理论研究的综述》，109 页，载《时代教育》，2010(4)。

③ House，J. S.，*Work Stress and Social Support*，Addison-Wesley Longman Incorporated. 1989.

④ Ibid.

⑤ 郝薇薇：《智障儿童家庭女性照顾者的社会支持网络建构》，20～21 页，广州，华南理工大学硕士论文，2018。

从支持的主体来看，最为普遍的分类是将社会支持分为正式支持与非正式支持。正式支持主要来自正式组织提供的支持，包括政府、各级组织、企业、社区等，而非正式支持是由亲人、朋友、邻居、志愿者等组成。① 也有学者将社会支持分为四种类型，包括以官方组织或者社会组织为主导的正式支持、以社区为主导的准正式支持、由个人网络提供的非正式支持、由专业人士提供的专业技术型支持。② 从支持的内容来看，划分的维度上不尽相同，有的学者将支持的内容分为情感性支持、工具性支持、网络支持、信息支持、物质性支持以及抚育性支持。③ 有的学者则将其分为情感支持、帮助支持、信息共享及工具性支持。④

依据社会支持理论的内容，融合教育社会支持系统需要从正式、非正式、准正式、专业支持等方面建构支持网络，并全面评估各个支持主体提供的支持内容，以及调动多方支持主体在融合教育发展中的支持作用。在由支持主体与支持内容构成的社会支持系统中，家长、教师、同伴和社区成员之间提供支持的交互作用体现得更为明显。其中，教师和家长之间的合作交流是最好的融合教育实践，他们之间合作关系发展的核心是建立信任、赋权的关系。教师和同伴是学校范围内融合教育实施的核心力量，两者的交互作用主要体现在教师对同伴支持的指导与监督以及同伴对教师支持的效仿与辅助，从而为特殊教育需要学生的融合提供较好的同伴支持以及构建良好的同伴交往关系。⑤

二、融合教育支持体系的系统结构

结合生态系统理论以及社会支持理论，已有研究从融合教育支持体系的主体、支持内容等方面探讨了融合教育的支持系统结构。

牛爽爽、邓猛在对融合环境下残疾学生社会支持体系的探讨中提出，融合教育背景下残疾学生的社会支持系统呈现出多层次的网状结构模型，如图 10-2 所示。该模型主要包括：①支持的内容，涵盖情感支持、信息支持、工具支持、评估支持和陪伴支持五个维度；②支持的性质，即残疾学生客观接受的支持以及主观所感受到的支持；③支持的主体，包括残疾学生的父母、教师、同伴和社区成员；④支持的环境，指的

① 熊珍琴：《高校贫困生非正式社会支持网络探析》，100～103 页，载《昆明理工大学学报》(社会科学版)，2008(10)。

② 林顺利、孟亚男：《国内弱势群体社会支持研究述评》，132～156 页，载《甘肃社会科学》，2010(1)。

③ 左习习、江晓军：《社会支持网络研究的文献综述》，75～77 页，载《中国信息界》，2010(6)。

④ 程虹娟、张春和：《大学生社会支持的研究综述》，88～91 页，载《成都理工大学学报》(社会科学版)，2004，12(1)。

⑤ Pavri S. & Monda-Amaya L.，"Social Support in Inclusive Schools：Student and Teacher Perspectives，" in *Exceptional Children*，2001，67(3)，pp. 391-411.

是与残疾学生联系最为密切的家庭、学校和社区。在该模型中，残疾学生处于核心地位，在客观上接受来自父母、教师、同伴和社区成员提供的情感支持、信息支持、工具支持、评估支持和陪伴支持等；也在主观上对主体所提供的支持内容和程度有不同的感知。支持的环境构成了融合教育背景下残疾学生社会支持系统一个很重要的方面。正如图 10-2 所示，环境是支持主体在提供社会支持时所赖以依存的背景，其中有两点值得注意。首先，社会支持主体并非在单一的环境中提供支持，父母除了在家庭中支持残疾学生之外，也会在学校和社区的环境中发挥重要作用；教师在学校的环境中发挥着无可替代的支持作用，也会通过直接或间接影响家庭微观环境为残疾学生提供社会支持；同伴和社区的成员也不只局限在其日常所处的环境，而在与家庭、学校、社区相连的情境中都提供了重要的支持作用。其次，主体在不同的情景下所提供的社会支持内容有所不同。例如，父母在家庭中为残疾学生提供更多的是呵护、照料等情感支持和金钱、时间等工具支持，也提供了大量的陪伴支持；然而在学校的环境中，家长主要通过与教师交流残疾学生的发展情况和参与制订个别化教育计划等提供信息支持。教师在学校中提供大量的信息支持和工具支持，而在与家庭相连接的情景中，则往往以反馈学生在校情况的形式提供评估支持。该网络结构模型中各要素环环相扣、紧密连接，支持的主体提供的支持内容直接作用于残疾学生，而支持主体所提供的支持又依赖于其所处的环境。[①] 该模式清晰地反映了融合教育背景下残疾学生的社会支持系统的脉络。

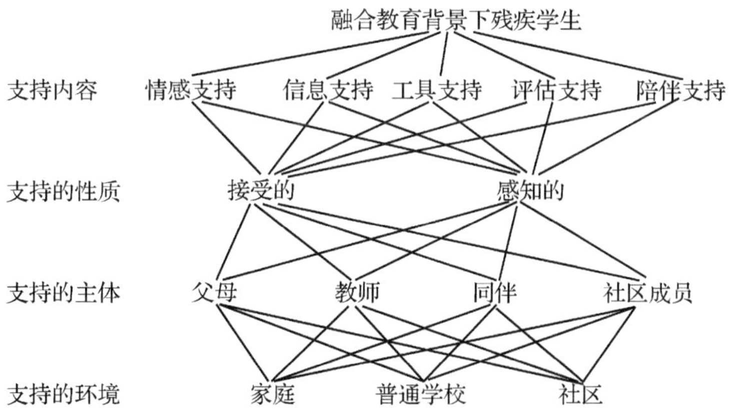

图 10-2 融合教育背景下残疾学生的社会支持系统

于素红、朱媛媛从特殊教育需要学生的教育支持系统、教育支持的保障系统两个子系统来构建随班就读支持保障体系。其中，教育支持系统从支持内容来讲，主要包

① 牛爽爽、邓猛：《融合教育背景下的残疾学生社会支持系统探析》，3～8 页，载《中国特殊教育》，2015 (9)。

括学习支持、心理支持、物理环境支持、相关服务支持；从支持发生的场所和提供支持的人员来讲，主要包括学校教育支持、家庭教育支持、社区教育支持。教育支持的保障体系则将保障内容分为输入、过程和输出三个部分。输入保障是指提供教育支持所需要的人力资源、物质资源等教育资源的保障；过程保障是指制定与实施教育支持的细则，对教育支持实行过程进行监控，及时发现存在的问题、进行校正；输出保障是指对教育支持的成效，即随班就读学生的综合素质、发展情况，进行恰当的评价，确保随班就读学生获得充分的发展。① 三个部分构成一个相互关联、相互制约的整体。

申仁洪认为，融合教育支持系统的主体来自家庭、普通学校、特殊学校、社区和现代技术等方面，为融合教育的实现提供了物质、制度和意识层面的支持，从而构筑起一个三维立体、强大的支持系统，以上三个层面的支持相互依存、相互关联，并相互作用共同构成一个整体。其中，意识为融合教育提供了理念性的支持，优质教育资源的均衡配置为受教育者获得相对平等的教育机会和条件提供物质支撑，制度则保证每个儿童都能获得平等的入学和就学机会，使融合教育理念的可能变为现实。②

高喜刚等人则提出要促进和发挥资源教室在推动融合教育发展中的中心作用，并建立以政府为领导核心，以特教资源中心、特教资源教室为技术指导中心，以普通学校为实施基地，辐射乡镇中心校的特殊儿童随班就读行政支持系统。③

综合已有的研究可以看出，融合教育是一个系统性工程，融合教育的成功需要来自各方面的支持，强调社会不同主体全面参与，包括政府支持、学校支持、家庭支持、社区支持等。与融合教育相关的主体，包括政府、社区、学校、教师、家长、学生等，不应该处于相互隔绝孤立的状态，而是相互合作，共同为特殊教育需要学生在普通学校的发展提供各方面的支持。

第二节
融合教育支持系统的建设现状

探索融合教育支持保障体系的建设路径，分析不同的支持主体应该如何提供支持资源，如何更加有效地调动不同支持主体的支持资源，以及如何进一步完善现有支持体系的不足，需要了解现有支持体系的建设情况、不同支持主体对融合教育的支持现

---

① 于素红、朱媛媛：《随班就读支持保障体系的建设》，3～8页，载《中国特殊教育》，2012(8)。

② 申仁洪：《全纳教育的支持系统及其生态化走向》，106～112页，载《重庆师范大学学报》(哲学社会科版)，2006(1)。

③ 高喜刚：《强化校内随班就读管理　提高随读生的学习质量》，9～10页，载《现代特殊教育》，2004(11)。

状，以及受到哪些因素的影响。基于对融合教育支持系统建设现状的了解，支持体系的进一步建设和完善才会更加有针对性。

一、政府对融合教育的支持现状

我国有关融合教育的立法及支持性政策体系建设起步晚、基础薄弱，但是自2001年至今，政府出台了一系列的政策法规支持和推动融合教育的发展，逐步形成了融合教育的政策法规体系。例如，2001年，《关于"十五"期间进一步推进特殊教育改革和发展的意见》虽然提出要进一步加强对随班就读工作的指导，但是该文件首先凸显的是普通学校的特殊教育班，对残疾学生随班就读的重视程度和支持力度有限。2007年党的十七大报告中指出"关心特殊教育"，2010年《国家中长期教育改革和发展规划纲要》提出"关心和支持特殊教育"，2012年党的十八大报告进一步要求"支持特殊教育"，2017年党的十九大报告提出要"办好特殊教育"，2014年指出要全面推进"融合教育"，2017年的《特殊教育提升计划》除了再次强调全面推进融合教育之外，还进一步强调优先采用普通学校随班就读的方式，就近安排适龄残疾儿童少年接受义务教育。普通学校和特殊教育学校责任共担、资源共享、相互支撑。《普通学校特殊教育资源教室建设指南》则为普通学校资源教室的建设提供直接指导。以上这些文件充分体现了党和国家对特殊教育需要学生融合教育的重视，在很大程度上为我国融合教育的发展提供了政策支持和保障，使融合教育成为特殊教育需要学生接受义务教育的主体形式。

我国融合教育相关的政策法规仍在建设与完善中，依然存在一些亟待解决的问题。比如，我国现有的有关融合教育的政策法规设计刚性与实施力度不够，多处使用"应该""应当"等一些不够确切的词汇，责任主体也不明确，当特殊教育需要学生的受教育权利受到侵害时，难以确定受责的主体。其次，现有的政策法规缺乏严格的鉴定和评估工作制度。例如，《残疾人保障法》2008年修订版规定："残疾人教育应当根据残疾人的身心特性和需要，依据残疾类别和接受能力，采取普通教育方式或者特殊教育方式。"但没有明确规定评估残疾类别和接受能力的方法、标准，以及何种类别、程度的残疾儿童能够接受融合教育。依据残疾类别和接受能力决定安置形式的规定，甚至成为众多普通学校以"不达标"拒绝特殊教育需要学生入学的借口，将融合的失败归结为特殊教育需要学生的残疾和能力不足。[①] 此外，国家对特殊教育需要学生的义务教育的重视程度一直都比较高，但是对于特殊教育需要学生的学前教育以及职业教育和高等教育重视程度不够，相关文件在对各部门的工作安排上只是在强调要创造条件以保证学前教育、职业教育及高等教育的学校或者相关机构提高对特殊人群的接纳度，以保

---

① 陈燕琴、兰继军：《对现行有关随班就读政策法规的分析》，61～64页，载《残疾人研究》，2014(4)。

证其入学率，而缺乏更进一步的细则。

二、家长对融合教育的支持现状

(一)家长对融合教育的支持态度

家长对融合教育的接纳度是顺利开展融合教育的前提和保障。研究发现，即使西方国家实施融合教育多年，但是家长对融合教育的态度，包括对不同安置方式的态度并不一致，依然有家长对融合教育的实践持怀疑和谨慎的态度。[①] 国内众多学者对特殊教育需要学生和普通学生的家长对融合教育的态度进行了广泛的调查，调查结果如下：

对于学前教育阶段的融合教育，刘晓红、邓宇超对河南省 15 所城市幼儿园的 900 名家长进行调查发现，家长对学前融合教育在认知、情感和行为方面的接纳度均比较高，但是对相关概念和法律意识的接纳度较低。特殊儿童家长对学前融合教育的态度比普通儿童更加积极，更倾向于认为特殊儿童会从融合教育中受益，而普通儿童家长会比特殊儿童家长更担心普通儿童的教育质量受到影响。[②] 苏雪云等人通过对上海市部分普通小学一年级儿童和幼儿园儿童的家长进行问卷调查，结果发现，普通儿童家长对孤独症儿童参与早期融合教育的态度总体上是积极的。[③]

对于义务教育阶段的融合教育，顾新荣对北京市城区四所小学随班就读儿童家长参与学校教育的情况及其态度进行调查，结果表明，随班就读儿童家长具有参与学校教育的意识，对参与学校教育持积极的态度。[④] 苏雪云对上海市和安徽省合肥市 14 个教育机构的特殊儿童家长和普通儿童家长进行调查，结果发现，两类家长对于自闭谱系障碍儿童融合教育态度总体积极。[⑤] 这说明普通儿童和特殊儿童的家长对于融合教育的态度都比较积极。就两类家长的态度比较而言，特殊儿童家长对随班就读的态度较之于普通儿童家长表现得更为积极、理解、支持。[⑥] 但是，调查也发现，虽然家长的态度是积极的，但是家长对随班就读的态度存在矛盾性，一方面绝大多数家长支持随班就读政策，但另一方面只有少部分家长认可随班就读的安置模式。而且家长对随班就

---

① Leyser Y. & Rea K.，“Evaluating Inclusion：an Examination of Parent Views and Factors Influencing Their Perspectives，” in *International Journal of Disability，Development and Education*，2004，51(3)，pp. 271-285.

② 刘晓红、邓宇超：《城市家长对学前融合教育的接纳度》，29～41 页，载《学前教育研究》，2018(11)。

③ 苏雪云、吴择效：《上海市普通儿童家长对自闭症儿童参与早期融合教育的态度调查》，43～47 页，载《幼儿教育》，2013(9)。

④ 顾新荣：《随班就读儿童家长参与学校教育的现状分析》，1～2 页，载《中国校外教育》，2015(12)。

⑤ 苏雪云、吴择效、方俊明：《家长对于自闭谱系障碍儿童融合教育的态度和需求调查》，36～41 页，载《中国特殊教育》，2014(3)。

⑥ 牛玉柏、刘泽文、田宝：《家长对残疾儿童随班就读态度研究》，72～73 页，载《中国康复理论与实践》，2005，11(1)。

读政策了解度并不高，内涵认识并不完全正确。①

综合以上研究成果，可以发现，家长普遍认可特殊教育需要学生在普通学校接受教育的平等权利，对融合教育的态度在认知层面是积极的，但是由于对融合教育推行的信心不足，在行为和情感层面持比较消极的态度。

(二)家长对融合教育态度的影响因素

郑易安的研究发现女性家长对学前融合教育的情感接纳度和行为倾向接纳度两个维度上明显高于男性家长。从家长的年龄来看，年龄越小的家长接纳度越高，这种现象的原因可能是，年轻家长相对开放，接纳度也就较高，而年长的家长在认知上或者观念上还比较保守。②

从不同类型特殊儿童的家长来看，听力障碍儿童的家长对随班就读的态度明显积极于智力障碍儿童家长的态度，原因可能是家长认为生理有障碍的儿童对正常儿童的不良干扰小些，而智力障碍的儿童对正常儿童的负面影响更大些，因而更愿意接受智力正常而生理有障碍的儿童。③

在学历差异性问题上，高中和高中以下学历家长对学前融合教育对特殊儿童的作用的认识，比硕士和博士研究生学历的家长的认识更为积极。这可能是因为我国长期以来普通教育和特殊教育体制的严重分割，导致在这种体制中成长学习的人主观上更容易认为特殊教育而非融合教育对特殊儿童更为有效。④

三、教师对融合教育的支持现状

态度与信念是融合教育的核心要素，是融合教育成功的关键，尤其是融合教育的直接实施者“教师”的态度，只有在教师对融合教育持积极的接纳态度，而且解释得到充足的支持的情况下，融合教育才能获得成功。⑤ 此外，融合教育的实施必定带来普通学校教学对象的多样化和差异性增大，对教师的教学素养也提出了新的要求，它要求特殊教育教师具备普通教育能力，更需要普通教育教师具备特殊教育的知识与技能，因此，教师的专业成长也成为融合教育成功的关键因素。

---

① 赵静、黄姗：《甘肃省陇南地区小学生家长对随班就读态度的调查研究》，44～49页，载《兰州文理学院学报》(社会科学版)，2017，33(5)。

② 郑易安：《天津市幼儿园教师与家长融合教育观念调查研究》，32页，天津，天津师范大学硕士论文，2017。

③ 牛玉柏、刘泽文、田宝：《家长对残疾儿童随班就读态度研究》，72～73页，载《中国康复理论与实践》，2005，11(1)。

④ 严冷：《北京幼儿园教师全纳教育观念的调查》，17～21页，载《学前教育研究》，2008(5)。

⑤ 邓猛：《全纳教育的基本要素与分析框架的探索》，43～47页，载《教育研究与实验》，2007(2)。

(一)教师对融合教育的接纳态度

从教师对特殊教育需要学生接受融合教育的整体态度来看，教师对融合教育的态度呈现出地区差异，经济较发达的地区教师对融合教育的态度相对更加积极。例如，研究表明，北京市普通中小学教师对随班就读持积极态度，对随班就读师生关系有积极的认识，但是对随班就读工作难度估计过大。① 安徽省的教师则对随班就读认识不足，态度模糊。② 教师对不同类特殊学生接受融合教育的态度方面，调查发现，天才、言语和语言障碍是教师较能接受的特殊教育需要学生，且程度以轻度为主。③ 多数普通教师认为随班就读不是孤独症学生教育的最佳选择，特殊教育学校才是这类学生的最佳教育安置地点，且反对“无法控制个人行为、常扰乱课堂活动的学生”进入普通班。④

(二)融合教育教师的融合教育素养现状

已有的研究发现，随班就读教师的专业知识得分显著低于专业态度和专业技能。产生这一结果的可能原因在于，专业态度和专业技能更多的是在教学实践中，与特殊教育需要学生、特殊教育及相关专业人员，以及与特殊教育需要学生家长的互动中逐渐培养的，是在特殊教育需要学生表现出正向的积极的和发展性的特质时逐渐促动和形成的，而随班就读教师专业知识的提升对培训的依赖性更强。⑤ 吴扬研究发现，我国幼儿园教师融合教育素养的整体水平和态度、技能、知识、获取支持的能力四个方面都不甚理想，四个维度得分从高到低排列分别是态度、技能、知识、获得支持的能力。⑥ 综上所述可知，融合教育教师对融合教育的态度较为积极，但是在融合的技能和知识方面有所欠缺，这与当前融合教育教师所接受的相关培训不足有关。例如，朱佳妮的调查显示大多数教师表示他们所在学校尚未建立资源教室，大多数教师并未接受特殊教育方面的培训，学校行政方面缺乏对随班就读学生的有效支持。⑦ 李静的研究也

---

① 钟经华、孙颖、张海丛：《北京市普通中小学教师对随班就读态度的调查》，12～14 页，载《现代特殊教育》，2011(9)。

② 吴锐、吕武、吕吉：《安徽省义务教育阶段随班就读学校教师的特殊教育素养调查研究》，93～95 页，载《滁州学院学报》，2015(3)。

③ 李秀：《普小教师对随班就读态度的调查研究——以福建省为例》，20～25 页，载《绥化学院学报》，2016(4)。

④ 关文军、颜廷睿、邓猛：《随班就读学校教师对孤独症儿童教育安置的态度研究》，87～92 页，载《残疾人研究》，2017，28(4)。

⑤ 王雁、王志强、冯雅静等：《随班就读教师专业素养现状及影响因素研究》，46～52 页，载《教师教育研究》，2015，27(4)。

⑥ 吴扬：《幼儿园教师融合教育素养的调查研究》，13 页，载《中国特殊教育》，2017(11)。

⑦ 朱佳妮、姚莉萍、陈超翰：《随班就读轻度智力落后学生学校范围内社会支持现状的调查》，11～15 页，载《中国特殊教育》，2004(5)。

表明，幼儿园教师希望获得以保教实践技能为主的多种形式结合的特殊教育培训。[①]

四、同伴对融合教育的支持现状

同伴支持是融合教育支持系统中的重要支持力量，同伴不仅可以成为特殊教育需要学生重要的协助资源，还可以解决老师无法时时兼顾特殊教育需要学生的问题，能够缓解融合教育专业人士支持资源不足的问题。[②]

（一）普通学生对特殊教育需要学生的态度

就普通学生对特殊教育需要学生的整体态度而言，普通学生对该群体的接纳态度并不乐观，特殊教育需要学生在学校存在被边缘化的情况。例如，许小燕对小学随班就读的学生进行调查发现，仅有6.43%的学生认为随班就读学生有很多朋友，而其他同学均认为随班就读学生没有朋友或者朋友很少，这说明随班就读学生在班级群体内受欢迎的程度有限。就随班就读学生已经建立的同伴关系，约1/3的普通学生是在老师的安排下成为随班就读学生的助学活动，而约有1/3的同学是主动要求与随班就读学生交往。[③]

从认知维度看，有研究者从“残疾”的概念等问题出发询问幼儿发现，四五岁的普通幼儿已经对残疾形成了朴素的看法与观点，他们主要以自身为参照物，从外在身体特征敏感察觉残疾人与自己的差异，认为身体残疾或使用辅具的人是残疾人。[④] 幼儿此时的思维属于前运算阶段，对事物的本质认识容易受到外在显著特征的影响，因此肢体残疾作为相对外显的残疾类型进入幼儿的意识范畴，符合幼儿的认知发展特点。同时，范秀辉指出，研究者发现幼儿对于“残疾人”的概念同样比较模糊，少数幼儿提到马路边的乞丐是残疾人，手或脚断掉了；有的幼儿说在公园里看到了坐轮椅的人；还有幼儿提到“黑人”，他们看上去黑，觉得他们应该是残疾人；也有幼儿表示自己没有见过残疾人，只在电视上见过。[⑤]

在情感维度，由于特殊教育需要学生存在不会做很多事情、常常制造很多麻烦、

---

① 李静：《幼儿园教师融合教育素养与培训需求分析——以北京地区为例》，62～68页，载《教师发展研究》，2017(4)。

② Orton M.，“Class-wide Respect and Social Support Skill Training to Increase Peer Interactions of Students with Autism Spectrum Disorders,” in *All Graduate Theses and Dissertations*，2011，1071.

③ 许小燕：《小学随班就读学生的同伴关系研究——以江苏省如皋市为例》，33页，沈阳，辽宁师范大学硕士论文，2018。

④ 刘颂、钱红、付传彩：《北京市学前融合班级中普通幼儿对残疾的认识与接纳态度》，3～8页，载《中国特殊教育》，2013(10)。

⑤ 范秀辉：《普通幼儿对身心障碍同伴接纳态度之干预研究——以江苏省如皋市为例》，40页，重庆，重庆师范大学硕士论文，2012。

不愿意与人玩耍、会很奇怪地说很多广告词等方面的问题，普通学生表示不愿意与其有过多接触和言语的交流。

在行为维度，由于教师日常的要求与提醒，普通学生能按教师的指示表现出愿意帮助特殊教育需要学生的愿望，但是在实际的观察记录中，这一行为却极少出现。研究者对普通学生与特殊教育需要学生的互动进行观察发现，互动行为主要来自班级中常帮助特殊教育需要学生的几位同伴，或是由教师引导或要求之下的被动正向行为，其他大部分普通学生与特殊教育需要学生互动很少或几乎没有互动，特殊教育需要学生在同伴地位中处于被忽视的境地。当特殊教育需要学生发起的请求帮助的互动事件中，普通学生明显持负向回应或拒绝提供帮助的情况较多。①

（二）特殊教育需要学生感知的同伴接纳度

在特殊教育需要学生与普通学生交往的质量方面，许小燕对小学随班就读的学生进行调查发现，大部分随班就读学生表现出愿意与同伴进行交往、获得对方友谊的强烈愿望和心理需求。② 90%以上的随班就读生均将“对方愿意跟我玩”作为选择朋友的主要标准，反映出随班就读学生在同伴关系的建构中处于被动状态。就不同类型的特殊教育需要学生来看，听力障碍学生对听力障碍群体、家庭和学校依赖性明显，不能够主动表达向同伴发起交往的愿望和需求，与同伴之间开展交往活动的过程不够深入，友谊质量也明显低于平均水平。智力障碍学生社会交往能力不足，常常以身体语言作为发起同伴关系的主要方式，因而被对方误解。且智力障碍学生之间的交往过程相对简单，难以形成有效的互动。

在特殊教育需要学生感知到的同伴接纳程度方面，王娜对北京市随班就读儿童在与同伴相处中的自我感觉进行调查，结果显示，随班就读儿童认为自己被同伴接纳的状况较好，交往过程中的恐惧、自卑等心理情绪较弱。③ 许小燕对小学随班就读的学生进行调查发现，随班就读学生对于自身同伴关系的自我感觉或自我评价不太乐观，他们能认识到自己在班级中不受欢迎，能普遍感受到班级同伴对自己的不接纳和不喜欢，他们对于自己的同伴关系现状表现出强烈的不满与渴望打破现状的愿望，但是面对自身的能力、地位和影响力有限，又无力改变这种局面。④

---

① 刘子琳：《学前融合班级中普通幼儿对特殊需要幼儿同伴接纳态度的研究》，25～26页，杭州，杭州师范大学硕士论文，2015。

② 许小燕：《小学随班就读学生的同伴关系研究——以江苏省如皋市为例》，31页，沈阳，辽宁师范大学硕士论文，2018。

③ 王娜：《智力落后儿童的适应行为及其与父母教养方式、同伴关系的相关研究》，33页，北京，首都师范大学硕士论文，2006。

④ 许小燕：《小学随班就读学生的同伴关系研究——以江苏省如皋市为例》，56页，沈阳，辽宁师范大学硕士论文，2018。

第三节 融合教育支持系统的有效运行

根据融合教育支持系统的结构可知，融合教育是一个系统性工程，融合教育的成功需要来自各方面支持主体提供的正式支持和非正式支持，以及不同主体间的共同合作。但是我国融合教育支持系统的建设现状并不乐观，政府关于融合教育的相关政策、法律法规建设滞后，支持主体中的家长、教师、同伴对于融合教育的态度较为消极，融合教育教师的知识技能不足更是制约了融合教育质量的提升……针对我国融合教育支持系统存在的问题，如何探究可行的路径确保支持系统的有效运行尤为重要，不仅直接决定融合教育推行的质量，也将直接影响到教师、家长、特殊教育需要学生、同伴等相关利益主体如何从融合教育中获益。

一、政府对融合教育的支持

政府在推动融合教育的发展上扮演立法、理念和政策引导、经费支持以及监督评估的重要角色。政府及教育行政主管需要在相关法律法规以及政策的制定中，确立融合教育的理念，以给予学校实施融合教育清楚的指引，引导学校如何应对融合教育的趋势来改变学校的运作方式。钮文英教授在综合他人研究的基础上提出政府在融合教育推动方面的十二条建议：

(1)确立融合教育的理念、愿景和实施进程，并且加强倡导融合教育的政策，提供完整的计划和充足的时间，让学校人员做好准备。

(2)继续贯彻小班小校的政策，改善学校和班级结构。

(3)给学校更多的自主权实施融合教育，例如，赋予学校和教师更多编选课程、调整进度、实施评估的自主权，形成学校本位的管理。

(4)鼓励学校发展、实验和分享融合教育方案。

(5)建立学区的支持服务网络，例如，在学区设置实施融合教育的专业团队，团队成员包括特殊教育学者、资深优良的特殊教育教师、曾教过特殊教育需要学生的资深优秀普通教育教师、特殊教育相关专业团队人员(例如，心理咨询师、语言治疗师、物理治疗师、职能治疗师、社会工作师)，特殊学生家长团体代表等，支持学校实施融合教育。

(6)与师资培育或者学术研究单位合作，研究探讨如何推行融合教育，辅导并协助学校建立以学校为本位的支持服务系统，强化普通教育与特殊教育的合作基础。

(7)增加普通教育教师参与融合教育的动机，如给予适度的工资倾斜、提供奖励、减少授课时数与行政工作等。

(8)规划班上有特殊教育需要学生的普通班教师参加相关特殊教育知识技能研习，而且此研习是有层次的；以及加强各个县市主管教育行政机关中，普通和特殊教育行政人员规划与实施融合教育的态度、知识和技能养成的在职训练。

(9)主管教育行政机关需要支持资源教师的角色，从仅仅直接服务特殊教育需要学生转变成支援普通班教师的角色，突破每周固定授课节数的旧思维，让资源教师能弹性安排服务形态，增加咨询、沟通、计划、评估等角色功能，而且服务等对象不仅限于特殊学生，一般学生中有特殊需求或者可以成为服务的对象，以预防学生问题的扩大。

(10)将支持和推动融合教育列入师资培训政策中。

(11)推动社区总体营造活动，安排社会教育课程或活动，向社区宣导特殊教育理念。

(12)对特殊教育需要学生的考试提供便利设施。①

我国对融合教育的支持重点在义务教育阶段，对于学前教育阶段及高等教育的融合教育支持力度不大，尤其是学前融合教育作为特殊教育需要学生学习的开端，对于特殊教育需要学生的健康、语言、科学、社会等多个领域能力的发展都极为关键，特殊教育需要学生学前教育阶段的成功融合是小学阶段融合的基础。政府应该将更多的支持资源往学前教育阶段延伸。

二、学校对融合教育的支持

普通学校是实施融合教育的主体，普通学校在实施融合教育上扮演着倡导融合教育理念、提供资源、支持和协助的重要角色，以支持全校教师应对所有学生的需求，是融合教育支持系统中至关重要的主体。学校随班就读质量的真正提高，有赖于普通教育真正把随班就读工作作为自身的重要任务，有赖于普通学校、教师真正把特殊教育需要学生与普通学生一视同仁。普通学校不愿接纳或者接纳而不愿为特殊教育需要学生的学习付出努力一直是影响融合教育质量的重要原因。② 如果普通学校缺乏自觉，仅依靠外在形式的推动无法真正提升融合教育的质量。③

英国学者 Tony Booth 和 Mel Ainscow 将融合教育的质量评估标准分为三个相互关

---

① 钮文英：《拥抱个别差异的新典范——融合教育》，605～606 页，台北，心理出版社，2008。

② 于素红、朱媛媛：《随班就读支持保障体系的建设》，3～8 页，载《中国特殊教育》，2012(8)。

③ 李拉：《我国残疾儿童随班就读的发展策略反思——基于矛盾分析的方法》，28～33 页，载《基础教育》，2016，13(5)。

联的维度：创建融合性文化、制定融合性政策和发展融合性实践①，也为学校融合教育支持体系的构建提供了思路。

(一)创建融合教育文化

创建融合教育文化是学校推动融合教育发展的核心，总体目标是创建一个安全的、接纳的、合作的、激励的团体，让每个人都感到自己是受欢迎的。此外，强调使学校的所有教师、学生、领导和家长形成共同的融合教育价值观，融合学校文化中的原则和价值观指导政策决策和课堂上的实践，使得学校发展成为一个持续的过程。②

创建融合教育文化的具体目标包括两个方面：建立融合共同体和确立融合价值观。建立融合共同体的目标包括：①使每个人都感到自己是受欢迎的；②学生之间相互帮助；③教师之间相互合作；④师生之间相互尊重；⑤教师与家长之间相互合作；⑥教师与管理者之间配合默契；⑦学校是民主的典范；⑧学校鼓励人们理解世界各地人们之间的相互联系；⑨成人和儿童对作为性别的各种方式都有反应；⑩学校和当地社区相互发展；⑪教师将学校的活动与孩子们在家里的生活联系起来。

确立融合价值观的目标包括：①学校发展共享的融合价值观；②学校鼓励尊重所有人的人权；③学校鼓励尊重地球的统一性；④融合被视作增进所有人的参与；⑤对所有学生都保持高期待；⑥学生是同等重要的；⑦学校反对一切形式的歧视；⑧学校提倡非暴力的互动和解决争端；⑨学校鼓励儿童和成人有良好的自我意识；⑩学校致力于促进儿童和成人的健康。③

(二)制定融合性学校政策

普通学校作为实施融合教育的主要场所，学校校长在制定学校的各项规章制度、发展规划等政策性文件时，都要将融合的精神融入其中，将融合教育的发展纳入学校发展的整体规划中，实现全效性的融合改革。④

融合性学校政策包括发展全民学校(Developing the school for all)、组织多样性的支持(Organising support for diversity)两个目标。发展全民学校的目标包括学校有一个参与式的发展过程、了解和恰当发挥教师的专业技能、学校设法招收本地所有的孩子、公平地安排学习小组，以及支持所有学生的学习。组织多样性的支持的目标包括：所

---

① Booth T., Ainscow M., Blackhawkins K., Vaughan M. & Shaw L., *Index for Inclusion: Developing Learning and Participation in Schools*, 2002, p. 13.

② 钮文英：《拥抱个别差异的新典范——融合教育》，294 页，台北，心理出版社，2008。

③ Booth T., Ainscow M., Blackhawkins K., Vaughan M. & Shaw L., *Index for Inclusion: Developing Learning and Participation in Schools*, 2002.

④ 钮文英：《身心障碍者的正向行为支持》，538 页，台北，心理出版社，2009。

有形式的支持都是相互协调的、帮助教师适应多样性的专业发展活动、学校确保关于“特殊教育需要”的政策支持融合、消除欺凌现象、减少入学的阻碍、行为政策与学习和课程开发相关等内容。①

(三)发展融合性实践

融合学校对班级中所有的学生保持高期待，而这种高期待主要是通过高质量的教学来实现的。融合课堂中的教与学是融合教育发展的核心。发展融合性实践包括为所有人构建课程、组织学习两个目标。

为所有人构建课程目标的内容包括：学生要学习食物的产生与消费、水的重要性、健康、星球宇宙、地球上的生活、能源资源、文学美术音乐、权力与政策等不同领域的知识，保证为所有学生提供高质量的课程内容；组织学习的目标包括：计划学习活动时要考虑到所有的学生、学习活动鼓励所有学生的参与、鼓励学生们成为自信的批判性思考者、学生们积极参与自己的学习、学生们互相学习、课程让学生了解人与人之间的异同、评估鼓励所有学生取得成就、纪律是建立在相互尊重的基础上的、教职员一起计划、教学和回顾、员工开发共享资源来支持学习、助教支持所有学生的学习和参与、布置家庭作业是为了帮助每个学生的学习、课外活动涉及所有的学生、了解和使用学校所在地的资源。② 第二个目标的内容体现了融合教育在长期的教学实践中形成的一系列的最佳实践方式，包括合作教学、差异教学、合作学习等。

为了达成以上三个层面的目标，学校在推行融合教育时需要考虑以下几个关键的要素，包括：①决策层要对融合的内涵以及所追求的价值达成一致；②教师、专业成员、家长、学生要持续合作，要共同解决问题；③课程和教学策略要将个体的目标融入日常的教育活动中；④为合作提供充足的时间；⑤强大的行政管理支持要伴随着积极主动的领导力；⑥家长参与；⑦强大的同伴支持网和其他自然的支持。③ 以上要素是成功的融合教育学校的重要指标。在学校校长如何推动融合教育的发展方面，国外的研究者提出了学校校长实施融合教育的六个步骤，包括：①成立具代表性的策划小组；②致力于共识性“愿景化”；③评估需求，确定优先顺序；④组建校级规划团队；⑤组建学生个人策划小组；⑥实施调整方案。提出了应对学校在实施包容过程中面临的挑战的技术。这些步骤涉及学校组织的改变、确定和提供支持、教师角色的改变、有意

---

① Booth T., Ainscow M., Blackhawkins, K., Vaughan M. & Shaw L., *Index for Inclusion: Developing Learning and Participation in Schools*, 2002.

② Ibid.

③ Snell M. E. & Janney R., “Including and Supporting Students with Disabilities Within General Education,” in *Change Strategies*, 1993, p. 42.

义的参与、不同年龄组学生的融合、基于社区的教学计划以及相关服务的整合。[①]

三、特教中心对融合教育的支持

特殊教育资源中心(简称“特教中心”)是中国融合教育发展过程中的本土化产物，是构建融合教育支持保障体系的重要组成部分，负责为区域内融合教育学校教师、特殊教育需要学生及其家长提供专业支持与服务。[②] 2017 年新修订的《残疾人教育条例》明确指出“支持特殊教育学校建立特殊教育资源中心，在一定区域内提供特殊教育指导和支持服务”。有研究者指出，特教中心的建立有利于集中区域内的特教资源，优化资源的配置，增强特殊教育自身对社会环境的适应能力，进而有利于推动特殊教育的普及。[③] 因此，特教中心在区域融合教育发展中起到重要推动作用。在政策的推动下，国内多个城市建立了市级特教中心—区级特教中心—学区特教中心—学校资源教室的四级支持模式，积极探索特教中心推动融合教育的策略与路径。

(一)市级特教中心的支持

市级特教中心一般挂靠在市级教委，以制定融合教育相关的政策和规章制度，调查特殊儿童融合教育情况，指导各个区特教中心的工作，加强各个区融合教育工作的交流与学习，组织市级融合教育师资培训，为各个区特教中心工作的开展提供支持等，能从整体上统筹规划融合教育的实施进展。

(二)区级特教中心的支持

区级特殊中心是为全区提供特殊教育工作专业指导及支持。我国长期以来形成了以特殊教育学校为骨干，以随班就读为主体的格局，大量的特殊教育资源，尤其是专业师资集中在特殊教育学校中。为了适应融合教育的发展，我国特殊教育学校不仅仅要为本校的学生进行教学，还要为其所在的行政分区内的幼儿园和普通学校提供融合教育支持[④]。因此，我国众多特殊学校重新定位，成为区级特教指导中心，只有少部分地区区级特教中心成为独立的行政单位，直接隶属于区级教委。

区级特教中心作为融合教育的重要支持者，主要职能包括特殊儿童评估、师资培

---

① Sailor W., “Advances in Schoolwide Inclusive School Reform,” in *Remedial & Special Education*, 2014: 36(2): pp. 94-99.

② 王红霞、王秀琴、王艳杰等:《特教中心对促进区域融合教育发展的作用研究——以海淀区特教中心为例》, 10～14 页, 载《中国特殊教育》, 2017(4)。

③ 邓猛:《健全随班就读支持保障体系》, 24～25 页, 载《现代特殊教育》, 2014(2)。

④ 朱楠、王雁:《融合教育背景下特殊教育学校职能的转变》, 5～10 页, 载《中国特殊教育》, 2011(12)。

训、资源教室监管、咨询服务、资源调配、巡回指导、上传下达等功能，从而起到促进区域融合师资水平提升、指导融合实践难题的化解、为学生提供特殊教育专业服务和构建支持保障体系的作用。以徐州市鼓楼区特殊教育指导中心为例，该中心以“合理配置特殊教育和康复资源，缩小和消除特殊教育与其他社会事业发展的差距”为职能定位，以普通学校资源中心建设为抓手，推进区域融合教育健康发展，确保区域特殊教育水平稳步提升。该指导中心定期组织融合教育资源中心开展特殊教育需要学生个案交流、教学研讨活动，并对其融合教育工作给予帮扶，还加强巡回指导，强化对普校融合教育资源中心专业支持。此外，该中心还加强对普校的师资培训工作，要求普通学校接受师范生见习、实习时，优先安排有特殊教育需要学生的班级，使他们初步了解特殊教育需要学生；再由各融合教育资源中心负责人做专题介绍，为师范生职后参与融合教育工作奠定基础。另外，与教师发展中心共同将融合教育纳入新教师培训课程，把区特教学校列为新教师师德教育基地，全区新教师每学年特殊教育教学实践要求不少于 2 课时。①

(三)学区及学校资源中心的支持

学区及学校一级的资源中心的支持以资源教室运作方式为主。资源教室是随班就读支持保障体系中重要的一环。加强资源教室的建设，组建高素质的资源教师队伍，提高资源教师的专业化水平，促进资源教室科学、有效地运行是提高随班就读质量的重要保障。在国家政策的推动下，国内多个城市的普通学校开始建设资源教室。以北京市为例，截至 2012 年，北京市有随班就读学校 1091 所，随班就读学生数 5616 人。为使随班就读工作健康有序发展，北京市教育委员会投资近 1500 万元，在全市中小学建设了 75 个资源教室，区县投资自行建设的资源教室 73 个，北京市资源教室总数达 148 个。②

2016 年，教育部印发的《普通学校特殊教育资源教室建设指南》，对资源教室的总体要求、功能作用、基本布局等进行了详细的规定，强调资源教室是为随班就读的残疾学生及其他有特殊需要的学生、教师和家长，提供特殊教育专业服务的场所，应具备如下主要功能：开展特殊教育咨询、测查、评估、建档等活动；进行学科知识辅导；进行生活辅导和社会适应性训练；进行基本的康复训练；提供支持性教育环境和条件；开展普通教师、学生家长和有关社区工作人员的培训。③ 资源教室的功能和职责明确保

---

① 张延珍：《发挥区域特教指导中心作用，推动融合教育资源中心建设落地落实》，13～14 页，载《现代特殊教育》，2018(23)。

② 孙颖：《北京市资源教室建设现状与发展对策》，22～26 页，载《中国特殊教育》，2013(1)。

③ 教育部办公厅：《普通学校特殊教育资源教室建设指南》. http://zfxxgk.fh.gov.cn/auto80/auto87/201602/t20160219_187756.html.

障了资源教室运作的方向，使资源教室真正发挥了在学校随班就读工作中的支持作用。

融合教育团队中，资源教师是普通教师的重要支持。资源班教师具有较强的融合经验和处理特殊学生问题的经验，因此是核心团队的重要组成之一。资源班教师需要承担学生评估、行为问题介入以及教学内容的设计与指导等职责，为普通班教师提供咨询，并协助普通班教师处理特殊教育需要学生的问题。

四、家长对融合教育的支持

家长和教师是特殊教育需要学生成长的引路人，是学生发展共同的协助者，教师和家长合作可以保证融合效果的最大化。尤其是在我国现阶段融合教育支持条件不足的情况下，融合班级的教师面对分数至上的传统精英教育带来的压力以及融合教育带来的新挑战，在没有团队支持的情况下，学校无法为特殊教育需要学生提供有效的支持。而大部分家长在陪伴学生成长的过程中，积累了丰富的教育与康复的经验以及支持资源，家长的参与和家长的资源可以在一定程度上弥补学校资源不足的困境。因此，学校需要充分重视家长在融合教育发展中的支持作用，积极调动家长的积极参与，与家长积极的合作关系。

(一)特殊教育需要学生家长对融合教育的支持

1. 家长可提供的支持

(1)提升学生的生活自理能力。生活自理能力包括学生独立地上厕所、洗手、吃加餐、脱衣服、穿衣服、整理物品等方面的能力，吃、喝、睡觉等生活活动是特殊教育需要学生幼儿园生活的重要组成部分，进入小学后，生活自理能力则是学生必备的学校适应能力。如果特殊教育需要学生不具有独立的生活能力，需要班级教师大量的辅助，在学生人数多、班级教师少的情况下，将会给班级教师带来很大的工作压力。教师可以观察特殊教育需要学生的生活能力，将学生在学校的情况与家长沟通，让家长在家加强对学生生活能力的培养。

提升学生的模仿能力。模仿能力在特殊教育需要学生的集体教学活动、做操、游戏、社交行为、生活自理等多个方面有重要的作用，是特殊教育需要学生学习其他的技能的重要基础能力。当学生有较好的模仿能力，就会多了更多自我学习的机会，也可以减少教师的工作负担。模仿是普通学生学习的重要途径，但是特殊教育需要学生尤其是孤独症学生，常常沉浸在自己的世界里，不会去关注他人，也缺少模仿这条重要的自我学习的途径。如果学校没有特教老师单独为学生提供额外的教学，班级教师可以让家长加强学生的模仿能力的练习。家庭模仿的内容最好与学校所需的能力结合起来，班级教师可以为家长列出学生在学校最需要具备的动作清单。如课堂所需的大动作——举手、起立、坐下；户外活动最需要的大动作，如双手上举、下蹲、叉腰、拍肩、跳、转圈、向前走、向后退等；课间操的模仿。当学生具备基本的大动作模仿能力后，教师可以将学校课间操的视频发给家长，让家长在家多给学生播放，让学生模仿练习。

提升学生的游戏能力。同伴交往常常包括各种共同游戏的技能，家长教学生学会一整套游戏技能可以使他在同伴中更有“价值”，为其与同伴的社会交往做准备。以特殊教育需要学生在幼儿园的融合为例，如果特殊教育需要学生不具备基本的游戏能力，在区域活动中，当同伴玩得不亦乐乎时，特殊教育需要学生只能在一旁观看，而无法参与到同伴的游戏中。有的特殊教育需要学生在不知道如何加入到同伴的游戏当中时，还可能会出现通过破坏行为来吸引同伴的注意。教师可以让家长根据学生的兴趣，在家带着学生重点学会几种游戏。当学生在家掌握一些游戏技能后，教师便可以在幼儿园给特殊教育需要学生创设与同伴一起游戏的机会，把学生在家学到的游戏技能用到真实的同伴交往情境中。家长还可以利用社区资源，带着学生与社区的儿童一起游戏，发展学生在游戏中的发起、回应、组织等能力。

提升学生的学习能力。特殊教育需要学生的认知发展水平往往落后于普通学生，在学习方面常常无法跟上班级教学的节奏，当特殊教育需要学生听不懂时，便会用问题行为来打发课堂时间。教师可以将学校将要学习的内容提前发给家长，让学生在家教学生先学习。当学生发现课堂上教师教学的内容是自己熟悉的材料时，会减少听不懂的焦虑和缓解畏难情绪。家长也可以将特殊教育需要学生掌握的内容告诉教师，以便教师在课堂上给特殊教育需要学生表现的机会。

为学生建立友好的社交环境。特殊教育需要学生由于在某些方面落后于普通学生的发展，容易在班级被同学边缘化，在与同伴建立友谊方面存在困难。在与同伴的社交方面，除了班级老师积极营造相互帮助的友好氛围，家长可以通过帮助学生认识和了解同班同学、邀请学生的同伴到家做客、约学生的同班同学一起游玩、与同伴分享礼物等方式，帮助学生获得社交的机会，也为学生发展更多的朋友。笔者曾经对部分在普通同学融合的特殊教育需要学生的家长进行访谈，家长都提及会在学生融合的过程中为孩子提供社交环境的支持。举例如下。

齐齐妈妈(化名)：孩子入学的第一天，我抓紧时机拍下了班上所有同学的照片，抄下了所有同学的名单，回家当天就陪孩子将名单输入电脑，然后用彩色打印机将所有照片打印出来，上学后由齐齐送给每一位同学，希望这样同学们能够接受他。开学第二天，学校没有开水，有些学生也没有带水，我就赶紧去超市买了水送到班上。我就是想通过我的努力，帮齐齐创造好的交往环境。

乐乐妈妈(化名)：乐乐所在的学校有很多民工子弟，我经常让乐乐带好吃的分享给他的同学，也经常请乐乐的同伴到家里做客。班上的同学对乐乐非常友好，从来没有欺负过他。有一次班上新转来的一个学生欺负了乐乐，结果被班上的同学胖揍了一顿。

(2)重视家长参与，提升学校融合教育质量。家庭参与是所有学生获得优质教育的基础，家长与专业人员之间的伙伴关系在特殊教育需要学生早期教育中发挥着重要作用[①]。在融合教育背景下有计划地保障家长参与到特殊教育需要学生的教育以及融合教育学校文化的创建中，为家长参与提供相应的支持服务是融合质量提升的重要内容[②]。美国的《残疾人教育法修正案》(1997 年)明确规定父母有权参与子女的转诊、测试、项目规划、安置和项目评估，赋予了特殊教育需要学生家长参与权利的法律保障。

在融合教育实施的过程中，家长作为特殊教育需要学生接受教育的直接负责人，对融合教育的考虑和建议需要得到学校的重视。有研究证明，虽然许多家长赞成融合教育，但他们同时也从学生受教育质量的角度出发，表示出对融合教育的怀疑和关切。例如，担心同龄人可能对孩子进行语言、身体上的虐待和社交孤立；担心自己孩子获得服务的机会，孩子的学业进步；担心教师的接纳态度和教学技能和融合教育环境中的教学质量等。Tony Booth 和 Mel Ainscow[③] 基于三个维度的融合教育评估指标，编写了针对学校教师、家长、学生的调查问卷，这些调查问卷用来调查与学校融合教育相关的人员对融合教育实施现状的看法及担忧，从而帮助学校确定进一步提升融合教育质量的行动方案。关于家长的调查问卷内容见表 10-1，共包括 56 个题目。学校可以利用该问卷，邀请家长就学校的障碍和资源进行详细的对话，也可以利用该问卷作为向无法到学校参加会议的家长收集信息的一种方式。通过重视家长的建议与反馈，保障家长参与的有效途径和权利，将家长的建议纳入学校融合教育的发展策略中，从而建立全员参与的融合校园文化。

表 10-1　融合教育评估家长调查问卷

问卷题目	1. 不同意	2. 中立	3. 同意
(1)我的孩子通常盼望着上学。			
(2)我的孩子在学校有好朋友。			
(3)我觉得自己是学校社区的一部分。			
(4)学校经常让我了解情况。			
(5)我被要求对课程做贡献。			

① 谢正立、程黎：《美国特殊需要儿童早期教育中的家长参与》，42～49 页，载《残疾人研究》，2019，33(1)。

② 米括：《融合教育背景下特殊儿童家长参与学校教育存在的问题及对策研究》，173～175 页，载《兰州教育学院学报》，2018，34(11)。

③ Tony Booth，Mel Ainscow，*Index for Inclusion：Developing Learning and Participation in Schools*. UK：The Centre for Studies on Inclusive Education，2011.

续表

问卷题目	1. 不同意	2. 中立	3. 同意
(6)我认为这是这个地区最好的学校。			
(7)学校和操场很吸引人。			
(8)厕所干净又安全。			
(9)孩子们相处得很好。			
(10)老师们相处得很好。			
(11)成人和儿童相处得很好。			
(12)老师和家长相处得很好。			
(13)所有的家庭对学校的老师来说都是同等重要的。			
(14)我在其他父母中有朋友。			
(15)我喜欢老师。			
(16)老师们对我告诉他们的、有关我孩子的事很感兴趣。			
(17)学校里有来自不同背景的孩子是件好事。			
(18)仅仅在学校，我的孩子就学会了如何与人相处。			
(19)我的孩子在这所学校学习民主意味着什么。			
(20)我的孩子学会了爱护环境的重要性。			
(21)我的孩子在学校吃得很健康。			
(22)我一直致力于把学校建设得更好。			
(23)任何住在这所学校附近的孩子都受欢迎到这里来。			
(24)当我的孩子开始在这所学校的时候，学校有努力让我感到参与感。			
(25)每个孩子都受到尊重。			
(26)学校接受并尊重残疾儿童。			
(27)男孩和女孩相处得很好。			
(28)身为男同性恋或女同性恋或变性人被视为生活中很平常的一部分。			
(29)不论你的肤色如何，你都受到尊重。			
(30)不管你的宗教信仰是什么，你都是学校里平等的一分子。			
(31)人们不会因为孩子的穿着而看不起他。			
(32)人们尊敬你是因为你的努力，而不是你考试的分数。			
(33)孩子们不会互相辱骂。			
(34)学校没有欺凌问题。			

续表

问卷题目	1. 不同意	2. 中立	3. 同意
(35)如果有人欺负我的孩子，我知道我会得到学校的帮助。			
(36)如果孩子请假一天，老师会想知道他去了哪里。			
(37)老师没有偏爱某个孩子。			
(38)我认为老师表扬学生是公平的。			
(39)我认为老师惩罚学生是公平的。			
(40)当孩子中断上课时，其他孩子会帮助他平静下来。			
(41)我的孩子通过听、说和妥协来学习如何解决分歧。			
(42)如果孩子表现不好，学校就把他送回家。			
(43)课程很好地利用了我的孩子在校外学到的东西。			
(44)当孩子们有困难时，学校有一个很好的系统来帮助他们。			
(45)我的孩子在这所学校学到了很多东西。			
(46)孩子们常常被相信可以独立学习。			
(47)这所学校在节能方面做得很好。			
(48)我的孩子学会了关心学校和周围的环境。			
(49)当孩子们忙于学习任务时，他们互相帮助。			
(50)我的孩子知道如何在需要的时候得到学习任务上的帮助。			
(51)学校是一个人们真正倾听彼此想法的地方。			
(52)我的孩子总是知道下一步该做什么。			
(53)我的孩子通常知道给他/她布置家庭作业时该做什么。			
(54)家庭作业有助于我的孩子学习。			
(55)在午餐时间，我的孩子有时参加俱乐部或做运动。			
(56)放学后，我的孩子有时参加俱乐部或参加体育活动。			
(57)以下是我最喜欢这所学校的三点： 1.　　　　　　2.　　　　　　3.			
(58)以下是我最想要这所学校改变的三点： 1.　　　　　　2.　　　　　　3.			

2. 教师如何与家长沟通

(1)沟通要做到及时。教师与家长的沟通要及时，教师可以拍一些短小的视频，帮助家长了解学生在学校的情况。尤其是当特殊教育需要学生出现一些问题行为时，教师要及时与家长形成合力帮助特殊教育需要学生解决问题。特殊教育需要学生的问题在刚出现时，解决所需要耗费的人力最小，效果也最好。教师切不可等到特殊教育需要学生的问题行为发展得越来越严重，以至于影响到班上的其他普通学生或者教师的教学时，才与家长沟通，这样做的结果往往是多败俱伤。

(2)沟通内容要具体。当班级教师希望家长配合班级的工作，在家发展特殊教育需要学生在班级融合所需要的能力时，教师给家长提的要求要越具体越好。例如，教师希望家长在家带着特殊教育需要学生在家学习手指操，最好将具体的名称、哪个版本告诉家长。

(3)及时分享学生在学校的进步。家有特殊教育需要学生，家长承受了巨大的心理压力，教师在跟家长沟通时要尽量做到同理特殊教育需要学生家长的心情。不能仅仅只在学生出现问题时才与家长沟通，当学生在学校有了进步时，也应该及时与家长分享，增加家长的信心，才能使家长更加积极地配合学校的工作。

(4)保持真诚和尊重的态度。在与家长互动的过程中，要用家长能够理解的语言进行沟通和交流，避免使用过多的专业术语，多分享学生在学校的好的表现，建立家长的信任。教师与特殊教育需要学生家长有效沟通的方法有以下六项：一是接纳；二是积极聆听；三是提问，借着问问题来探询家长的想法；四是鼓励；五是维持讨论的方向和焦点；六是发展成合作的伙伴关系，也就是促使教师和父母形成协助学生的共同目标。①

3. 家长如何与教师沟通

(1)家长要掌握沟通的主动权。当孩子进入学校之后，家长要主动告诉教师孩子的情况，如孩子的喜好、怎样跟孩子沟通孩子能够听懂、当孩子出现某些问题时，用哪些策略最有效……主动帮助教师想好对策，主动帮助教师解决孩子的问题。一方面，减轻教师的压力，让教师在一次次成功的处理中找到对孩子的信心，从而避免教师因为习得性无助而拒绝孩子；另一方面，当教师知道怎样处理问题时，可以避免激化孩子潜在的问题行为。当学校有一些活动需要家长帮助时，家长要积极响应，这是家长进入学校了解孩子在班级融合情况的大好时机。

(2)家长需要与班级教师积极沟通与合作。融合教育在社会支持不足的情况下，实施的过程中存在重重困境，班级的教师更是挑战的直接应对者，家长与班级教师需要相互理解，相互合作。对于孩子在班级里出现的问题，家长需要以平和的心态与教师沟通，共同合作解决孩子的问题，避免孩子在出现问题后，家长对教师横加指责，不断给教师施加压力，最后有可能因为家长与教师之间的矛盾升级而给孩子造成不良的影响。

(3)积极提升孩子融合所需要的能力。家长切不可认为有教师教孩子，自己就可以高枕无忧，家长在家提升孩子融合的能力，一方面是家长通过与班级教师沟通后，了解孩子在真实情境中的表现，可以在家给孩子提供有针对性的干预，能够达到最好的泛化。另一方面是家长在教孩子的过程中，也是自身教育能力的提升，家庭才是孩子

---

① 钮文英：《身心障碍者的正向行为支持》，522页，台北，心理教育出版社，2009。

的归宿，孩子很多生活能力是要在家庭中练习的。

(二)普通学生家长对融合教育的支持

通过对普通学生家长对融合教育支持现状文献的梳理可以了解到，普通学生家长对融合教育的态度总体是积极的，这为融合教育的开展奠定了良好的社会接纳环境。但是研究也表明，普通学生家长对融合教育的实际执行效果存在质疑，这说明在支持系统不健全的情况下，虽然家长对融合教育的态度是积极的，但是在实际行动中却对融合教育持有质疑的态度，近些年来普通学生家长联名逼迫特殊教育需要学生退学的新闻频繁发生，正好说明了家长的态度与实际行动之间的差距。为了获得普通学生家长对融合教育的支持，普通学校需要做好普通学生家长的工作，消除普通学生家长的疑虑，将普通学生家长转变为支持力量。

1. 让普通学生的家长了解融合教育的理念

向家长强调融合教育关注的是所有学生的发展，融合教育关注每一个学生的差异性，而不仅仅关注传统意义上的特殊教育需要学生。融合教育理念主张每一个人都有其个别化的教育需要，而不仅仅是特殊教育需要学生。融合教育是撬起普通教育改革的杠杆，最终受益的是融合环境中的不同群体。

2. 了解普通学生家长对融合教育关注和担心的问题

通常普通学生家长较为关心的问题是，特殊教育需要学生是否会影响其孩子的学习品质，是否会伤害孩子。班级教师要向家长普及特殊教育需要学生的身心发展特点，让家长了解到攻击行为、情绪行为等问题并不是特殊教育需要学生与生俱来的，而是在被不当强化的情况下才有可能出现。此外，教师要定期与普通学生家长分享普特学生关系的建立情况。

五、同伴对融合教育的支持

同伴是普通班级中特殊教育需要学生的最大的支持资源，即使是最优秀的教师，也无法取代同伴的角色。在融合班级里，同伴是很好的协助者，可以成为特殊教育需要学生的模仿对象、社会互动的发起者、适当技能的教导和提示者、人际冲突的协调员，以及行为表现的监督和汇报者，借此可以增进特殊教育需要学生的社会技能与适当行为，以及与同伴互动机会。因此，同伴可以扮演促进特殊教育需要学生融合的角色[①]。但是，同伴与特殊教育需要学生之间的互动并不会因为同处一个空间而自然增

---

① Ireland E., Kerr D., Lopes J., "Active Citizenship and Young People: Opportunities, Experiences and Challenges in and Beyond School// Active Citizenship and Young People: Opportunities, Experiences and Challenges in and beyond School Citizenship Education Longitudinal Study," in *Fourth Annual Report. Research Report*, 2006, p. 732.

加，甚至存在因为误解带来的同伴歧视与鼓励的现象。教师必须做出适当的安排和引导，尤其是特殊教育需要学生需要教师给予详细的计划、系统的介入和支持才能与同伴发展出友谊，而普通学生需要教师的引导和支持才能给予特殊教育需要学生正向的关注和支持。

(一)教导同伴了解和接纳特殊教育需要学生

要教导普通学生与特殊教育需要学生建立友谊，进而支持和协助特殊教育需要学生，必须建立在了解和接纳的基础上，包括了解特殊教育需要学生的特质、行为、优势弱势与其特殊需求。了解和接纳之后，才能进一步教导他们如何与特殊教育需要学生相处，并且给予协助。

帮助普通学生了解与接纳特殊教育需要学生常见的方法包括：

①阅读与特殊人群有关的书籍，众多研究表明，阅读与特殊教育需要学生相关的绘本或书籍，有助于提升通学生对特殊学生的接纳度[①②]，普通学校的教师可以使用诸如绘本等儿童文学作品来帮助幼儿园和小学阶段普通学生建立对残疾的认识、理解和接受。与特殊教育需要学生相关的绘本见第六章的表 6-3；②观看相关的影片，众多与特殊教育需要学生有关的经典影片有助于帮助年龄较大的普通生形成对特殊人群的积极态度。例如与孤独症有关的影片《自闭历程》、与智力障碍有关的影片《阿甘正传》、与学习障碍有关的影片《来自星星的孩子》、与视力障碍有关的影片《天堂的颜色》；③邀请曾经与特殊教育需要学生同班而且相处不错的同学来分享；安排普通学生和特殊教育需要学生有关系平等的互动机会，以对特殊教育需要学生有正确的认识，进而产生接纳、尊重的态度，和适当的互动行为；④设计活动让普通学生体验障碍(见第六章的表 6-2：体验障碍活动举例)；⑤邀请成功的残疾人士现身说法等。

安排以上活动的目的在于让学生认识到每个人都有不同的优势和需求，身心障碍同伴也有其能力的优势，从而引导学生彼此针对对方的需求给予帮助。

(二)运用同伴支持协助特殊教育需要学生

同伴支持是同伴在老师的指导和监督下，担任教学与支持者，给特殊教育需要学生提供学业和社会的支持，一般主要安排特殊教育需要学生的同桌或其好朋友来担任指导者。同伴支持的形式多种多样，常见的有同伴个别指导、同伴督导等。同伴个别指导即由教师挑选、安排训练班上的能力较优秀的学生担任小老师，为功能较低的学

---

① Maich K. & Belcher E. C., "Using Picture Books to Create Peer Awareness About Autism Spectrum Disorders in the Inclusive Classroom," in *Intervention in School & Clinic*, 2012, 47(4), pp. 206-213.

② Bland & Mason C., "A Case Study of General Education Teacher use of Picture Books to Support Inclusive Practice in the Primary Grades of an Inclusive Elementary School," in *Proquest Llc*, 2013.

生提供各科所需要的个别指导，是同伴指导的主要模式。① 同伴督导则是同伴协助特殊教育需要学生表现出更多的生活自理能力或独立完成某项工作②。此模式适用于教导学生适应环境、自我照顾、社交参与等部分。

教师在使用同伴支持策略的时候，需要注意以下事项，才能保证同伴支持的有效性：

(1)教师需要提前设计教室中的互动机会。例如，团体时间和就餐时间，让学生分享和传递素材或者点心；在扮演活动中安排特定的角色，并分配角色；安排学生一起完成教室中的工作；课堂上安排小组讨论环节。

(2)筛选同伴指导者。关于同伴指导者的选择，同伴指导者应具备以下特征：年龄稍长于被帮助的特殊教育需要学生、情绪稳定、善于沟通、能力较强、志愿服务。此外，避免只安排一位同伴，尽量同时多安排几位同伴，以避免对同伴协助工作的厌倦。

(3)同伴必须知道“做什么”和“如何做”。班级教师必须向协助的同伴说明帮助特殊教育需要学生时要做些什么？例如，教师说明完整的流程，而同伴只需要协助特殊教育需要学生完成做不到的部分。

此外，教师可透过讲述教学、讨论、示范、角色扮演、脑力激荡、技能练习以及学生试教再予以修正等方式进行同伴支持的培训。目的在于使同伴指导者能熟悉相关教学技巧，并能实际运用于同伴指导课程中。教师还需要定期了解同伴在教学过程中遇到的困难，并给予同伴指导者恰当地指导与建议，使其在教学的过程中能有据可依③。

笔者在普通学校支持一名孤独症学生时，发现所支持的孤独症学生课上出现较为频繁的溜号、在课桌或书本上随意涂画、面向窗户坐、上课大声说话等行为，考虑到班级教师教学任务的繁重及支持教师介入带来的标签效应，决定使用同伴提醒，即上课的时候让同伴提醒孤独症儿童上课的分心行为。在使用同伴培训时，笔者利用课间10 分钟对同伴进行了培训。

培训步骤：

①老师和同伴相互介绍。

②了解珍珍(化名)和西西(化名)和小 A 的位置关系。

③让两个小伙伴说一说小 A 的优点：上英语课、数学课有些别人不会回答的问题，小 A 能够大声地回答，并且回答正确，这是小 A 最大的优点；有时候老师瞥一下小 A，小 A 就可以安静坐好。

---

① 陈芊如：《浅谈转型中听障班内实施同侪指导教学的概况》，54～61 页，载《屏师特殊教育》，2007(22)。

② 李淑玲：《普通班融合重度及多重障碍学生》，227 页，台北，心理出版社，2011。

③ 邓猛：《融合教育实践指南》，146 页，北京，北京大学出版社，2016。

④让两个小伙伴说一说小 A 上课有一些需要改进的地方，包括：

上课在桌子上、书上乱画；上课说一些奇怪听不懂的话；上课的时候拿别的书出来看。

⑤老师总结和说明是由，小 A 有他的优点，也有需要改进的地方，陈老师认为你们两个特别棒，希望你们两个成为她的小助手，帮一帮小 A，让他表现得更好。

⑥讲明帮助的方法：如果小 A 上课说一些听不懂的话、大笑，就轻轻拍一下他，比安静的手势，如果做到了，就给他点赞。如果小 A 上课涂涂画画、看别的书、坐的不端正，就轻轻拍一下他，比坐好的姿势，坐好了就给他点赞。老师边做边演示。

⑦角色扮演。老师和小伙伴并排坐，老师演小 A，分别做出小 A 的第一类行为，同伴给予提醒。同伴做对了，老师及时鼓励和夸奖，如果没做到，老师再次给同伴示范并再演示。共进行 2 次。第一个小伙伴演示后，换第二个同伴。

⑧再次表扬两位小伙伴，并告诉她们当好小助手首先自己上课要认真听讲，才能成为小 A 的好榜样。

以上步骤共 10 分钟。

同伴支持实施的情况：课上同桌珍珍共提醒小 A 共 9 次，其中 4 次是小 A 坐不住趴到桌上，5 次是小 A 伸手翻看课桌里其他的书。同伴能够做到先拍拍小 A，再给予示范，再给予表扬。其中 7 次是同桌主动提醒，2 次是课程下半段，小 A 趴到了地上，同伴忘了提醒，支持教师给予了手势提示。

教师对同伴的反馈：

①课上，班主任给贴了一面小红旗，表扬珍珍对小 A 的提醒。

②课下，支持教师告诉珍珍："上课及时提醒了小 A，小 A 也很听你的话，表现比之前好很多，你的小助手当的很棒。老师也给你贴小红旗感谢你对她的帮助。"

(4)避免同伴支持过度。同伴需要认识到特殊教育需要学生并不是一无是处，特殊教育需要学生和班上的其他学生一样，有他人需要帮助的地方，也有自己的优势和长处。教师在引导同伴帮助特殊教育需要学生的时候，须要避免同伴的过度辅助，从而导致特殊教育需要学生过于依赖他人和能力的弱化。如果教师发现同伴辅助过多，应该及时提醒同伴。教师可以特别提出特殊需要学生能够独立完成的事情，或者告知同伴特殊需要学生的长处，并给他们在班级展示自己长处的机会。

本章小结

融合教育是一个系统性工程，融合教育的成功需要来自各方面的支持，强调社会不同主体全面参与，包括政府支持、学校支持、家庭支持、社区支持等。与融合教育相关的主体，包括政府、社区、学校、教师、家长、儿童等，不应该处于相互隔绝孤立的状态，而是相互合作，共同为特殊教育需要学生在普通学校的发展提供各方面的支持。但是根据融合教育支持系统的现状调查可以发现，我国融合教育支持系统的建设存在多种问题，政府关于融合教育的相关政策、法律法规建设支持力度有待加强，支持主体中的家长、教师、同伴在理性层面对融合教育持较为积极的态度，但是在行动和情感层面却较为消极，对融合教育的质量存有质疑。普通学校教师的融合教育素养的不足更是制约了融合教育质量的提升。为了建立有效的融合教育支持系统，政府需要扮演好在推动融合教育的发展中的立法、理念和政策引导、经费支持以及监督评估的重要角色。学校层面要创建融合学校文化、制定融合性政策和发展融合性实践。特教教育资源中心要完善市级特教中心—区级特教中心—学区特教中心—学校资源教室的四级支持模式，积极探索特教中心推动融合教育的策略与路径。家长层面，学校要充分调动家长参与的积极性，尊重家长的参与意愿，将家长对学校融合教育发展的建议及担忧纳入学校融合教育发展的行动方案中，共同促进融合教育的发展。特殊教育需要同伴层面，教师需要重视同班支持的作用，通过教师的引导帮助普通学生形成接纳多元与差异的正确态度，同时通过教师的示范和持续性支持，提升同班支持的质量。

思考题

1. 融合教育支持系统的核心要素有哪些？
2. 我国融合教育支持系统的建设现状如何？
3. 如何有效推进我国融合教育支持系统的构建？

推荐阅读

1. 牛爽爽，邓猛．融合教育背景下的残疾学生社会支持系统探析[J]．中国特殊教育，2015(9).